(第3版)

Educational Laboratory

Home-School Relations

Working Successfully with Parents and Families

家校关系

与家长和家庭成功合作

[美] 格雷恩·奥尔森 玛丽·娄·福勒/主编

朱运致/译

南京师范大学出版社
NANJING NORMAL UNIVERSITY PRESS

图书在版编目(CIP)数据

家校关系：与家长和家庭成功合作：第3版/(美)奥尔森，(美)福勒主编；朱运致译.—南京：南京师范大学出版社，2013.12(2021.9重印)
(教育实验室)
ISBN 978-7-5651-1081-8

Ⅰ.①家… Ⅱ.①奥… ②福… ③朱… Ⅲ.①学校教育—合作—家庭教育—研究 Ⅳ.①G459

中国版本图书馆CIP数据核字(2012)第250812号

Authorized translation from the English language edition, entitled HOME-SCHOOL RELATIONS： WORKING SUCCESSFULLY WITH PARENTS AND FAMILIES, 3E, 9780205498406 by OLSEN, GLENN W.； FULLER, MARY LOU, published by Pearson Education, Inc, publishing as Merrill, Copyright © 2008,2003,1998 by Pearson Education,Inc.

All rights reserved. No part of this book may be reproduced or transmitted in any form or by any means, electronic or mechanical, including photocopying, recording or by any information storage retrieval system, without permission from Pearson Education, Inc.

CHINESE SIMPLIFIED language edition published by PEARSON EDUCATION ASIA LTD., and NANJING NORMAL UNIVERSITY PRESS Copyright © 2013.

本书简体中文版由南京师范大学出版社在中国大陆地区出版发行。
本书封面贴有Pearson Education(培生教育出版集团)激光防伪标签。无标签者不得销售。
著作权登记号 图字：10-2010-520号

丛 书 名	教育实验室
书 名	家校关系：与家长和家庭成功合作(第3版)
主 编	(美)格雷恩·奥尔森 玛丽·娄·福勒
译 者	朱运致
丛书策划	张 春
责任编辑	吴曼丽 张夏秋
封面图片	Gettyimages
出版发行	南京师范大学出版社
地 址	江苏省南京市宁海路122号(邮编：210097)
电 话	(025)83598919(总编办) 83598412(营销部) 83598297(邮购部)
网 址	http://www.njnup.com
电子信箱	nspzbb@163.com
印 刷	南通印刷总厂有限公司
开 本	787毫米×1092毫米 1/16
印 张	23.75
字 数	501千
版 次	2013年12月第1版 2021年9月第3次印刷
书 号	ISBN 978-7-5651-1081-8
定 价	54.00元
出 版 人	张志刚

南京师大版图书若有印装问题请与销售商调换
版权所有 侵犯必究

献给我的父母、丈夫、孩子和孙子（女）们，
感谢他们对我的教育、给我的爱和欢乐。
——玛丽·娄·福勒

献给我的妻子，芭芭拉·海格-奥尔森；
我们的三个女儿，莎拉、安和贝卡；
以及我的父母，海伦·梅和克米特·奥尔森。
感谢父母激励我持之以恒地学习并走上教学与写作之路。
——格雷恩·奥尔森

总 序

近年来,我国幼儿教育事业经历着持续的变革和发展。在新的时代背景下,面对幼儿教育实践中出现的新问题和新挑战,广泛了解国内外幼儿教育理论与实践的发展,不断提升幼儿教育的质量和水平,就成为广大幼教工作者的迫切需要。有鉴于此,为了更好地引领幼儿教育的实践发展,我们策划并引进了这套《教育实验室》丛书。

《教育实验室》丛书是一套体现国外最新幼教理念和实践成果的书系。丛书的作者都是长期深入教育第一线的专家型研究者,他们立足前沿,在亲身研究、反复实践的基础上系统地阐述了儿童早期学习、发展与教育的广泛内容。他们的研究涵盖了当前幼儿教育领域的理论热点和重要研究问题,如儿童保育与教育、儿童游戏与发展、早期儿童读写能力发展、早期儿童数学教育、儿童双语发展与教育、0—8岁儿童的学习环境创设、家校关系、早期儿童发展与多元文化教育等,并通过丰富的教育案例、活动方案、学习范例、教育反思等,在理论、研究和实践之间架起了桥梁,有效地帮助幼儿教师扩大视野、更新观念,并引领其专业成长和发展。

本套丛书倡导教育科学和教育艺术的融合,既总结了基于研究成果、生成教学策略的理论内容,又根据儿童的特点富有针对性地论述了具体的教育策略和教学方法,指导教师开展多样化的教育教学实践。具体而言,教师既应是一个灵活的决策者,能够批判性地看待儿童教育、课程设计和材料选择,又应是一个自觉的研究者,能够主动反思自己的教学,对教育策略、儿童发展、课程发展、环境创设等进行积极的关注和思考。比如,有关早期儿童读写能力发展的研究,作者站在当今读写研究的最前沿,在简要总结各种语言理论的基础上,结合不同年龄段儿童读写发展的标准,对早期儿童读写能力发展作了具体的分析,并立足于读写教学的综合性视角,将示范式读写教学和经过实践检验的"课堂策略"等有机贯通,详细地阐述了多元的读写策略、组织和管理读写课程、家庭读写的配合、早期读写的评估等重要内容。有关早期儿童数学教育的研究,以全美数学教师协会的课程标准为中心,重点体现了平衡和整合数学知识理解与基本技能的过程,既运用了认知指导教学——一种经过深入调查的、建立在儿童天生解题方法基础上的教学法，又提供了积极的支持性环境和新的儿童学习范例，阐释了儿童如何发展对数学总体内容的理解方法，从而帮助儿童更好地建构对重要数学关系的理解，形成数字意识以及解决难题的能力。有关游戏、发展与早期教育的研究，则将游戏与幼儿课程相结合，把游戏看作一种学习模式，重点论述了游戏作为一种自我表达的手段，一种获得社会意识的交流渠道，对于儿童认知、情绪、社会性和身体等全面发展所具有的重大意义，并以"室内游戏"、"室外游戏"和"有特殊需要儿童的游戏"等为主题，对游戏的特点和方法进行了详细的说明。

本套丛书将照顾儿童的不同需要和不同背景作为贯穿性的重要理念，强调以儿童的个体需要为导向，通过形式多样的直接指导和大量评估，对儿童的个体发展进行细致的教育和引导。丛书作者紧扣不同年龄段儿童的身心发展特点，通过分析不同儿童在社会性、情感、身体、智力等各方面能力的不同，以及在文化背景、生活经验和教育环境等方面存在的差异，强调教育教学要根据每个儿童的个体需要和不同天性进行调整，注重立足真实的课堂经验进行教育教学。比如，在早期儿童读写能力发展的研究中，作者强调结合不同年龄段儿童读写发展的标准，将涉及问题解决技巧的建设性观点与明确直接的教学方法有机结合，努力通过多样化的教学满足不同儿童的个体需要。有关早期儿童数学教育的研究，针对不同文化背景和特殊需求的儿童的学习需求，从学习特点、教学计划以及富有针对性的评估方法等角度，探讨了针对各种有差异或障碍的儿童所作的课程修订和策略调整。有关儿童学习环境创设的研究，研究者针对0—8岁儿童所涉及的读写区、感觉操作区、科学区、数学区、建构区、戏剧表演区、艺术区、特殊兴趣区等区域游戏和学习内容，阐明了教师在各个活动区的具体角色，全面指导教师在设计环境和课程时，既考虑儿童的个体需要和兴趣，又有机地融入早期学习经验，从而让儿童在游戏中学习，有挑战地发展，体验好奇和喜悦并有新的发现。

本套丛书体现了理论与实践紧密结合的特点，不仅渗透有效的师幼互动，而且强调给儿童充足的时间和空间，让他们通过玩耍、操作和探索来学习。其中，有关早期儿童读写能力发展的研究，既引导儿童通过读、写、听、想、看的结合来学习阅读，又强调将这些读写技能整合到活动区的学习中，呈现了一个建立在理论和研究基础上的儿童早期读写发展方案：强调丰富的读写环境、社交互动、同伴合作以及指导明确的全班、小组和个别学习，重在实现与实际生活经验相关、对儿童既有意义又有趣味的读写发展教育。有关早期儿童数学教育的研究，不仅提供了有助于新手教师准备激励性环境的内容，还根据儿童学习数学的特点开展了丰富多样的趣味性数学游戏，阐明了发生在数学领域里的正式学习和非正式学习的具体规律，并将儿童如何处理数学关系的新兴研究与早期教育课堂的日常现实有机地联系起来。有关儿童发展与多元文化教育的研究，通过"评估幼儿"、"从研究到实践"、"育儿指导"等内容，帮助专业人士解读儿童在课堂中的行为，总结实用的课堂和家庭育儿方法，并据此制订活动计划，形成促进儿童社会性、情感、认知、语言与身体发展的方法和技巧，从而有效地指导课堂互动。其中，有关各个国家的不同文化的案例，可以帮助读者有效地将理论、研究与实际生活相结合。针对家校关系、家庭教育的研究，重点探讨了如何建立积极的家校合作关系、教师怎样与家长建立良好的关系以及如何进行科学的家庭教育等核心问题，为读者提供了有用的教育地图，为促进家长与教师、家庭与学校之间建立良好关系提供了周全的指南。

此外，本套丛书以0—8岁儿童为论述对象，提供了针对幼儿园、小学初期及特殊教育的教育教学模式，为教师在不同的教育阶段提供了有针对性的指导，特别是为幼儿园和小学的有效衔接提供了全面的指导。同时，本套丛书的案例提供和实践者都是经验丰富的一线教师、家长和教师教育者，他们依据自己的经验提供了大量教育教学的成功案例，让我们看见了教师专业成长的美好前景。

"他山之石，可以攻玉"，我们期待《教育实验室》丛书能够有效地帮助教师拓展视野，深入了解国际幼儿教育的理论和实践发展，并有机地运用到自己的教育实践中，从而在理论和实践的互动中提升自身的教育智慧，不断促进专业的成长。

《教育实验室》丛书编委会
2013年9月

序　言

《家校关系：与家长和家庭成功合作》为促进家长与教师、家庭与学校之间建立良好关系提供了详细而周到的建议。本书开宗明义地强调了家长是孩子的第一任且是最重要的老师，深入阐述了引导儿童和青少年成长的行为倾向、语言、价值观和文化理解只有在家庭中才能得到充分学习（值得注意的是，本书中"家庭"这一概念包含了现有的各种育儿方式）。

尽管学校常常表明自己重视家长的积极参与，但家长很少被看作完全的合作者。大多数时候，家长不太了解自己的孩子在学校学了什么，孩子学习能力的发展如何得到保障，孩子在学习或社交上遇到困难时需要什么样的支持和帮助，以及作为家长如何最大限度地为孩子的校外学习提供帮助。家长们只有获得这些信息才可能成为真正的合作者。

有时候家长得到的信息不在他们的语言体系中，他们难以理解。也有些时候，学校安排的会议时间与家庭活动时间相冲突。此外，家长会往往时间很短，而会议总是以教师发言为主，孩子一般都不在场。大多数学校的教师对这样的交流并没有多少热情，而家长也不指望得到什么有用的信息。这一局面需要得到改善。如果学校不主动认同和鼓励家长扮演合作伙伴角色，儿童教育的深度和广度将大大受到限制。

如何才能建立起积极的家校合作关系？教师需要了解什么才能与家长建立起良好的关系？本书提供了一张有用的地图——一份极具启发性的指南，可以帮助教师坚守对家长的承诺并能够代表家长拓展自身角色。我用"能够"一词是因为我深知教师仅有与家长合作的愿望是不够的。对不同文化的家庭真实生活现状的了解，以及对处理家长与教师关系的技能的掌握都是不可或缺的。本书恰好提供了这方面的帮助。

本书的编辑和为本书提供宝贵意见的人都是经验丰富的教师、家长和教师教育者。他们依据自己的经验提供了大量家校沟通的成功案例。值得注意的是，家校关系在教师培训中总是被忽略，部分原因是这方面的文献寥寥无几。本书的编写填补了这一空白,改变了这一领域的面貌,让我们看见了教师和家长可以亲密合作的美好前景。本书的编写者能够将自己的经验和心得与教育界的同仁及家长们分享,着实令人欣慰!

威托·佩若尼

哈佛大学教育研究生院

前　言

要做一名成功的教育者，我们必须理解学生的家庭以及他们在与学校合作方面得到过哪些机会与鼓励，这样我们才能逐渐掌握积极合作所必备的技能。本书探究了现代家庭的本质——它的面貌、功能以及它与学校之间的关系。这其中包含了多样性（文化、种族、宗教、性取向）和收入对家庭的影响。要理解一个家庭，你必须理解多样性。为了帮助教育者更好地理解家校关系的复杂性，本书还涵盖了其他著作忽略了的话题，如父亲的角色、贫困以及家长对学校的认识。

除了给读者提供一个理解家庭面貌和功能的渠道，本书还具有高度的实用性。书中介绍了家长参与项目的成功案例，并专设一个章节讨论沟通技巧和活动设计（宣传册、会议等），还提供了教育者们迫切需要的应对家庭暴力的信息。此外，随着有特殊需要的儿童被纳入常规课堂，很多教师发现自己对这些儿童的家长展开工作时心有余而力不足。本书能够为这些教师提供有用的信息。其他章节能帮助教育者理解常被忽略的家校关系中的法律和政策问题、校园暴力和欺侮行为以及教育选择的问题。

学生

本书是根据有效学习的原则编排的。首先，你必须成为学习过程的积极参与者。作为学习材料的综述，学习目标列在每一章开头。每一章都包含练习，以帮助读者回顾所学内容。最后，每一章末尾附有参考资料，学生可以通过这些资源进一步探究本章所设计的问题。

教师

大学教师的工作负担很重，本书尽可能为教师提供各种活动建议以促进课堂教学具有互动性、反思性和激发性。

本书运用互联网作为教学工具，提供了各种网址帮助学生预习。此外，还有资源清单，包括儿童书籍、文章和录像，可以用于布置学习任务或作为学生个人专业发展的参考资料。

主要特点

多样性

第三章专门讨论了多样性问题,包括文化/种族、经济、宗教以及家庭结构的多样性。对多样性的讨论贯穿了本书所有的章节。这一主题对于大多数来自于白人中产阶级家庭的师范生来说格外重要,因为他们当中很少有人与其他家庭背景的人进行实质性的交往。

贫困

第十二章讨论了贫困对家庭的影响。我们参阅的其他书籍从未涉及这一重要话题,而统计数据却令人吃惊:16%的儿童生活在贫困线以下,其中21%的儿童年龄在6岁以下。家庭的经济状况对儿童的学习表现有着巨大的影响,可这一问题常常被忽略。

家长的声音

通常家长的声音在这类书籍中是听不到的。而本书不仅纳入了家长对家庭教育的看法,还包含了家长对家校关系及教育的感受。

有特殊需要儿童的家庭

有特殊需要的儿童曾经被归入特殊教育范畴,而如今,让有特殊需要儿童进入常规课堂的全纳教育广泛开展,教师必须了解如何与这些儿童的家长合作。

父亲的角色

父亲常常只出现在教育文献的脚注中。可如果想要了解家庭的整体状况,就必须了解父亲和他所扮演的角色。

学校选择

现在的家长比过去有更多的教育选择。一些家庭选择不把孩子送入公立学校或公立学校的特殊班级。本书将对所有择校行为进行分析和审视。

欺侮行为和校园暴力

本书用了大量篇幅深入讨论了戏弄和欺侮行为,强调了这些行为与校园暴力的关系。这些已经成为校园环境中的重要问题,在本书中我们提供了阻止欺凌行为和校园暴力的策略和建议。

代言人

对从胎儿到18岁的儿童权益的倡导日益受到重视。儿童没有选举权,他们只能依靠成年人为他们代言。儿童权益的倡导者关注地方、州、国家各层面的公共政策,以促进对儿童有益的决策。

希望你会发现本书全面透彻、引人深思、与时俱进、切合实际。在设计本书的过程中,我们因资料缺乏(特别是有些主题)而备受挫折,但我们最终完成了本书的编写,十分欣慰。但愿你读完本书后也将同样欣喜。我们热切盼望听到你的成功经验,这样我们可以将这些经验传递给其他教师。

本版的新增内容

在第三版中,你将发现:
- 新增的一整章有关儿童权益倡导的内容。
- 关于欺侮行为和校园暴力的最新信息。
- 关于家庭暴力及其对儿童影响的最新信息。
- 关于学校选择,包括特许学校、磁力学校和教育资助的信息。
- 关于父亲/男性在学校参与的范围。
- 大多数章节中的案例分析。

我的实验学校

"我的实验学校"是一个网络教学工具集,能帮助你完成本课程学习,通过资格考试,发展教学生涯。登陆 www.mylabschool.com 可以获得以下资源:
- 真实课堂教学的录像片,为你提供机会反思并提出如何将理论运用于实践的见解和建议。
- 大量的文本资料和多媒体案例,帮助你了解真实的课堂情境和真实的教学挑战。
- 爱琳和贝肯的课程与作业集创建系统的运用,包括一个综合的国家标准参照工具。
- 运用科研导航的研究论文辅助工具,可以进入三个信誉度很高的会员制数据库:EBSCO's ContentSelect Academic Journal Database, The *New York Times* Search by Subject Archive, and "Best of the Web" Link Library.

•**职业发展中心**:提供考试和资格证书考试的复习材料以及职业档案创建、求职、面试等方面的信息。

致 谢

衷心感谢曾经帮助过我们的人。欧文·威廉姆斯,明尼苏达大学图书馆管理员,协助我们收集资料,功不可没。这位16岁的年轻艺术家还为每一章的第一页画了插图,为本书平添了亲和力。凯蒂·斯奎布纳在本书完成的最后阶段帮助我们打印和校对。在明尼苏达大学董事会成员帮助下,我们才能够坚持从公共教育的现实状况出发编写此教材。感谢帕姆·兰格丽对新增章节的审阅和莎拉·奥尔森对资源的审核校对。我们还要感谢两位审稿人:西南浸礼会大学的朱莉·布莱恩特和贝瑞大学的法伊·罗斯曼。

目 录

第一章　家庭概论
格雷恩·奥尔森　玛丽·娄·福勒

定义"家庭"，明确家庭的责任　003
家庭、儿童与教师　004
变化的世界，变化的家庭　005
以往的家校关系　005
关注家庭　006
家长参与　010
儿童读物　011
参考文献　012

第二章　家庭及其功能——历史与现状
卡罗尔·马特莱克　玛丽·娄·福勒

家庭的演化　015
当代美国家庭　022
婚姻，离婚和再婚的模式　025
功能健全的家庭　030
功能不健全的家庭　031
小结　032
推荐活动　032
儿童读物　033
补充资源　034
参考文献　035

第三章　家庭的多样性
伊万·瓦兹　桑德拉·维因·塔特维勒

变化的家庭　039
家庭结构　039

另一种家庭结构　040
民族与文化多样性　041
非裔美国人家庭　043
亚裔美国人家庭　045
西班牙裔家庭　047
美国印第安人家庭　049
宗教多样性　050
小结　051
推荐活动　052
儿童读物　052
补充资源　053
参考文献　058

第四章　家长的育儿观
凯伦·齐默曼

初为人父/母　063
育儿风格　065
不同家庭结构中的育儿行为　066
为人父母的回报和满足感　073
小结　074
推荐活动　075
儿童读物　076
补充资源　076
参考文献　077

第五章　教师与家长——多重观点
朱迪丝·麦克唐纳

学校教育和家庭教育　083
教师对家长的看法　085
家长对教师和学校的看法　091
小结　095
推荐活动　095
儿童读物　096
补充资源　096
参考文献　097

第六章 家长与教师交流——谁在说话？

莎拉·弗里泽·哈南

建立平等关系 102

双向交流的障碍 102

双向交流的辅助 105

发起交流 105

常规交流 106

书面交流 107

家长—教师座谈会 108

与中学生家长交流 111

其他常规交流方式 114

特殊情况下的交流 115

小结 117

推荐活动 117

补充资源 118

参考文献 119

第七章 家长参与学校教育

素音·林

家长参与的含义 123

家长参与的益处：研究有哪些发现 123

家长参与的六种类型 125

促进有意义的家长参与的基础 136

推荐活动 138

补充资源 139

参考文献 140

第八章 家庭与残疾儿童

卡里·齐亚森 艾米苏·雷利

历史视角 145

接受特殊教育服务的儿童数量 146

联邦特殊教育法律法规 147

家庭系统 151

小结　157

儿童读物　158

补充资源　159

参考文献　162

第九章　家庭参与模式

特殊教育中的家庭参与

玛丽·麦克林　玛格丽特(佩吉)·谢弗

家庭系统概念框架　169

以家庭为中心的干预　170

早期教育中的家庭参与模式

素音·林

开端计划　174

早期开端计划　175

平等起点　176

全美幼儿教育协会　176

明尼苏达早期儿童家庭教育　177

"进步"项目　178

家长与儿童教育　179

小结　179

小学的家庭参与模式

玛西·格莱斯纳

教师请家长参与完成学校作业　180

超级技能　181

儿童保育促进中心　181

全美合作伙伴学校网络　182

科默学校发展项目　182

小结　183

推荐活动　183

补充资源　184

参考文献　184

第十章 教育法和家长权利
格洛丽亚·珍·托马斯

家长和学校法律关系的历史 191
州宪法和教育 192
州立法机构和教育 193
州及联邦法庭与教育 194
小结 214
推荐活动 215
补充资源 216
参考文献 216

第十一章 家庭暴力对教师、家长和儿童的影响
塔拉·李·穆劳瑟 道格拉斯·诺尔顿

举报儿童虐待和忽略 222
家庭暴力 227
行动建议 231
小结 236
推荐活动 236
儿童读物 236
补充资源 238
参考文献 240

第十二章 贫困——儿童与家庭的敌人
玛丽·娄·福勒

什么是贫困 245
对贫困的误解 247
贫困的影响 247
学校和贫困家庭 249
与低收入家庭合作 251
与低收入家庭合作的建议 251
小结 254
推荐活动 254
儿童读物 254
补充资源 255
参考文献 256

第十三章 父亲角色、社会与学校

查尔斯·海农　格雷恩·奥尔森　格雷恩·帕尔姆

基本前提　262

不同环境中的父亲角色　264

父亲的行为　267

理解父职　271

父职与学校成就　272

父亲参与学校和学校教育的益处　273

社会层面的干预　276

社区和学校层面的干预　277

父亲在学校中的参与　279

家庭层面的干预　281

小结　284

推荐活动　286

儿童读物　286

补充资源　288

参考文献　288

第十四章 教育中的学校选择

乔·奈森

学校选择项目的四个特征　297

理由　297

简要历史背景　298

优惠券　298

家庭学校　301

磁力学校　301

校中校　302

新的小型学校　304

特许学校运动　306

高等教育选择/双重录取　308

共享设施　308

小结　310

推荐活动　311

补充资源　311

参考文献　312

第十五章　家校关系对学校暴力和欺侮行为的影响
约翰·胡佛　凯瑟琳·约翰逊　玛丽·贝丝·诺尔　格雷恩·奥尔森

学校暴力　317

欺侮和暴力　317

有关欺侮行为的基本信息　319

与欺侮行为相关的适应问题　321

家庭互动模式影响欺侮和受害儿童　322

社会认知图式：教育者理解家庭在欺侮问题中的角色的途径　324

家校关系和欺侮行为：教育者和未来教育者须知　325

遏制欺侮和暴力行为的系统方法　325

小结　331

推荐活动　331

儿童读物　333

补充资源　333

参考文献　335

第十六章　让儿童发出声音——儿童权益支持者在行动
芭芭拉·阿诺德-腾格斯德尔

儿童的权利　341

促使公共政策的改变　342

标志性的公共政策　343

权益支持　347

小结　349

推荐活动　350

补充资源　350

参考文献　352

第一章
家庭概论

格雷恩·奥尔森
北达科他州立大学

玛丽·娄·福勒
北达科他州立大学

本章提供了一些背景信息以帮助你认清并理解家庭的重要性——你、你的学生以及学生的家庭将如何从中获益,你如何因此而成为一名更成功的教育者。具体而言,本章将促进你思考以下内容:

◇ 家庭的目的和行为。
◇ 家庭保护儿童的需要。
◇ 促进儿童社会化以融入其家庭文化的需要。
◇ 教师的角色。
◇ 以往的家校关系。
◇ 变化中的家庭。

如今，教育者的工作比过去复杂多了。教育者不仅要洞悉家校关系中长期存在的传统问题，还要将家庭置于社会学和教育学框架中理解其功能。只有这样，教育者与学生家庭之间的合作才能进入佳境。

按照常规，教师必须组织家长—教师会议，了解各学龄阶段的家长参与模式——幼儿园、小学、中学以及有特殊需要孩子的家长的参与模式。但现在，我们还必须了解当代家庭的变化及其对家庭功能的影响。我们必须理解家庭受到文化背景、经济条件、家长角色变化等因素的影响。学生可能来自于单亲家庭、领养家庭、隔代家庭、同性恋家庭、有特殊宗教信仰的家庭或双语家庭，有些家庭是"完整"的，有些则可能是"重组"的。家庭的类型简直不计其数，家庭的多样性使得教师的责任更重了，这就迫切需要教师走出教室去理解家庭和学校之间的关系。

教师还需要明白教育可以通过哪些途径为家庭提供支持。这包括理解和运用公共政策以及宣传倡导和家庭、学校相关的法律法规。没有这些知识，教师只能帮助个体学生和他们的家庭，但为更多的家庭提供更广泛的支持将更有积极意义。

定义"家庭"，明确家庭的责任

美国人口普查局(2000)对家庭的定义是：家庭由两个或两个以上有血缘、婚姻或收养关系并居住在一起的人构成。根据这一法律定义，家庭完全取决于血缘或契约关系。与之不同，社会学对家庭的定义则考虑了家庭的功能。一名二年级小学生，尽管不是社会学家，却对家庭作出了一个社会学定义：家庭就是人们居住在一起，相互帮助、相互关爱。

这名二年级学生的定义的高明之处在于，他关注了家庭所做的事而不是家庭呈现的样子。家庭，能为孩子做两件重要的事：一是保护他们免受各种有害影响，二是帮助他们做好适应文化（即社会）的准备。无论是中美洲前哥伦比亚时代的玛雅家庭、明朝的中国家庭，还是当代泰国的佛教家庭或美国休斯敦的中产阶级家庭，从古至今，家庭的首要目的都是相同的——保护孩子并帮助他们做好进入社会的准备，而差异仅在于不同家庭所处的生活环境和他们为达到这些目标而采取的方式。

保护儿童免受危害

危险因时因地而异。史前时期，居住在阿留申群岛的父母最害怕的是凶猛的老虎，狄更斯笔下的大工业时期，英国父母忧虑的是孩子在恶劣的环境中辛苦劳作。当代美国父母担心的则是孩子通过媒体和网络接触性与暴力。但无论何时何地，父母们都关心孩子的健康、营养和安全。发生变化的不是家庭的功能，而是危险的性质和孩子将要融入的社会的特点。

过去的家庭竭尽所能确保孩子的健康和生存,而现在的父母大多不用为孩子的存活和长大成人而担忧,他们更关心的是孩子的心理健康。

帮助孩子适应社会

你是如何学会在礼拜堂、博物馆、宴会或家庭聚会上守规矩的?尽管在这些场合不会有正式的指令或教导,可大多数人都明白应该怎么做。因为,从孩提时期我们就听从父母的教导,观察家庭成员与他人在不同社交场合的言谈举止,从而学会这些技能。人类学家将这类学习称为"文化涵化"(enculturation)——家庭和/或社会帮助儿童学会恰当行为并尊重其所处社会的文化价值观与传统的过程。"文化涵化"确保了在特定社会中的人能够理解其社会内部的其他人,并能恰当地与他人交往。

家庭、儿童与教师

简单地说,家庭努力为孩子提供一个安全有益的成长环境,让他们能够在社会中发挥功能。在大多数家庭生活在偏远乡村的时期,孩子的社会化主要在家长的监护下完成。因为家庭是相对独立的单元,家长必须为孩子扮演教师、医生、心理学家、精神领袖等多种角色。在工业化时代,社会越来越复杂,家庭仍继续发挥着保护和抚育孩子的功能,但社会的日益复杂让家长感到仅靠他们自己来满足孩子的需求变得越来越困难了。教师、医生、牧师、社会工作者以及各类机构,如学校、公共医疗服务机构、教堂、社区社会服务机构等开始在培养孩子方面扮演越来越重要的角色。尽管学校承担更多的教育职责,家长仍是孩子的第一任教师,也是最重要的教师,因为孩子是通过家庭学会如何在这个世界上生活的。

如今,教师担负起了一些曾经属于家长职责范畴的责任。教师接管了教育孩子的责任,因为现代社会的教育需要一般人所不具备的专业知识和技能。即便家长有能力教育自己的孩子,他们未必有时间为孩子提供正式教育。于是,教育者的技能和知识成为了对家庭教育的补充和替代。

如果教师的专业职责是对家庭教育的补充,那么教师就必须深入理解家庭及其功能。首先,因为学校教育与家庭教育应协调一致,所以教育者需要了解学生的家庭以使得教育效果最大化。其次,通过了解在家庭中负责照料孩子的人,教育者才可能和家长合作,共同帮助孩子安全、顺利地进入社会。第三,对家庭和家长的了解有助于教师的进步与成长。

变化的世界，变化的家庭

学校在变化，家庭在变化，整个社会都在变化。你使用电子邮件或手机与别人交流的时间还不算长。你可能在用计算机而不是打字机，用微波炉而不是炉灶，用DVD播放器看电影而不是去电影院，从自动取款机里取钱或使用信用卡而不是写支票。

学校也在变化。教室里有了电脑。儿童可以使用网络和互动电视。变化还发生在学校餐厅里，餐厅提供自助色拉和各种风味食品。尽管发生了这些变化，学校仍被看作是一成不变的机构。在9月份的教室公告栏里，我们仍常常看到用纸板做的带钟楼的单间红色小屋模型作为学校的标志。但它与现代学校的差距就如同2B铅笔与文字处理器之间的差距一样显著。

学校的变化还体现在我们社会的人口特征上，家庭结构、可用的经济资源以及用这些资源可以买到或不能买到的东西都在发生变化，而且远不止这些。技术、社会和人口方面的所有变化都体现在对家庭的要求上。尽管家庭向来要承受一些压力，但如今压力的性质似乎发生了改变，而且压力在显著增加。离婚、单亲家庭、再婚、重组家庭、对不同种族儿童的领养、同性恋家庭、未婚妈妈、因再婚而产生的祖父母及其他扩大家庭成员、跨种族婚姻等发生率逐渐增加，这些现象足以证明家庭的变化。

> **反思** 想一想你的家和你亲戚的家，有多少种类型的家庭？列一个清单。问问你的父母或他们那一代的其他人，了解上一代或再上一代的家庭有多少类型。

以往的家校关系

美国教育者与家长的关系史与美国的经济史息息相关。尽管公立学校的建立早在17世纪就在马萨诸塞州通过了立法，可直到很多年以后家长们才开始将公立学校看作合适的教育选择。当时的经济以农业为主，大多数人口居住在乡村，乡村地区的家长很有影响力，对学校、教师和教学，甚至教师在课堂内外的行为举止都要过问。

最初，乡村学校的数量比城市学校多，学校由社区成员组成的学校董事会管理。在19世纪80年代中期美国的工业化进程中，大量人口从乡村迁入城市，城市社区规模日益扩大，家长对学校的影响则逐渐减弱。学校董事会成员主要是功成名就的商人,是大部分家长不认识也无从结识的。同时,学区的范围也扩大了,校董事会很大程度上依靠学校管理人员来主持学校的日常工作。简单地说,权力从家长(通常是父亲)手中转移到了学校管理层和董事会的男性成员手中。

家长的角色也从学校管理的积极参与者转变为了学校的客人:他们被邀请参加学校的特殊活动和一些问题的商讨。另一方面,早先父亲是学校和教育事务的主要参与者,随着家校关系的变化,母亲逐渐承担起与学校联络的主要责任。和学校打交道成了"女人的事",因为当时女性的社会地位较低,相应地,母亲们对孩子教育的投入和影响也比较弱。

在20世纪50年代至70年代,家长的角色依然没有什么影响力,母亲仍然是与学校联络的主要家长。家长群体集会、家长—教师会议等一般都安排在下午举行,这使得上班的父亲很难有机会参与其中。出于实际考虑,大家都认为父亲不需要积极参与孩子的日常照料和教育。

但这样的安排存在严重的问题。与大家一贯的认识相反,很多母亲也是劳动大军中的成员。这些母亲往往来自不同民族或种族,或低收入家庭。因为这些女性不能参加下午的会议,家长参与的学校活动基本上以白人中产阶级妇女为主。这充分显示了当时少数民族和低收入人群是不被重视的。

美国经济自20世纪70年代开始发生了巨大变化。现在的双份工资只相当于1970年时一份工资所提供的可支付收入(Sherman,1994)。为了维持中产阶级生活水平,很多学龄儿童的母亲仍在职场奋斗。结果,即使是中产阶级家庭的母亲也无法在上学时间参与学校的活动。既然所有经济、民族/种族背景的家长都不能在学校上课的时间参加活动,学校就需要重新考虑如何促进家长参与学校教育,更要考虑家长的参与应该是何种性质。

同时,很多家长希望更积极地参与到自己孩子的教育中,而不只是接收孩子的成绩单。这一简单愿望却因家长参与活动的时间限制而变得复杂。这些问题将在后面的章节中详细讨论。

关注家庭

因为儿童将自己在家庭中的经验带进课堂,教育者只有了解家庭才能更好地了解儿童。大多数关于家校关系的书籍侧重技能(家长—教师会议、家长参与项目等),这些的确是重要问题,本书也将对此进行深入探讨。然而,我们强烈地感受到对家庭的认识和了解是建立学校与家庭之间真正有意义的关系的前提条件。

为了帮助你获得相关技能,我们将考察影响家庭的四大因素及其对家庭的影响(见图1-1)。

1. 家庭的可支配收入。
2. 家庭的民族、种族和文化背景。
3. 家庭的结构。
4. 家庭的个体差异。

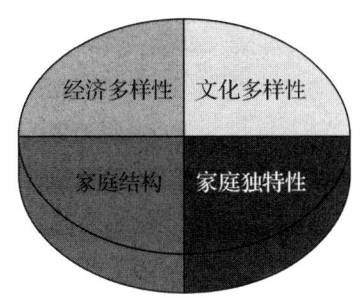

图1-1 理解家校关系需要考虑的因素

家庭收入水平变化

对大多数家庭来说,收入比其他任何一个因素都更影响家庭生活的质量。令人担忧的是,美国有21%的儿童生活在贫困之中。贫穷,正如福勒在第十二章所指出的,将家庭推入绝境并使儿童的求学之路格外艰难。

中产阶级家庭对低收入家庭的境遇知之甚少。这一点值得重视,因为教育者大多来自中产阶级家庭(Shaughnessy, 2005),他们的感受和经历与来自贫困家庭的儿童差异很大。中产阶级家庭生活的感受和经验往往会局限其对贫困的理解。

尽管大多数教育者充满爱心和智慧,并希望儿童得到最好的发展,但中产阶级和贫困家庭生活经历的差异——一种数量和质量上的双重差异,常常被忽略。结果,教育者总是对低收入家庭的人抱有成见,进而阻碍了他们与低收入家庭学生的有效互动。虽然教育者希望满足所有儿童的需要,但如果他们对贫困的理解有限,这一任务就难以完成。

民族/文化/种族的人口变化

公立学校儿童的家庭状况呈现出了前所未有的多样性,而教师和师范生仍以白人、中产阶级和女性为主(Fuller, 1994)。

大约31%的公立学校儿童是有色人种。事实上,在一些州有色人种儿童占据了学龄儿童的大多数。最近,加利福尼亚州58%的学龄儿童来自于少数民族群体,预计到2020年,学校里这些群体的儿童人数将超过白人主流儿童人数(Gollnick & Chinn, 2001)。这些儿童生活在各种不同的民族、文化、种族、家庭和经济环境中,他们的经历与教育者童年的经历有着很大差别。

家庭的民族/种族多样性的改变源于多种因素：有色人群的高生育率和移民模式的变化是两个主要原因。美国的早期移民主要来自北欧或加拿大（1951至1960年，67％的移民来自于欧洲或加拿大，25％来自墨西哥或拉丁美洲，只有6％来自于亚洲），到1998年，34％的移民来自于亚洲，44％来自于墨西哥和拉丁美洲，只有15％来自欧洲和加拿大（U. S. Census Bureau, 2001）。这一趋势不仅导致了学生及其家人面貌的改变，他们不再是清一色的北欧长相。更重要的是，除了文化的多样性，基督教以外的宗教，如伊斯兰教、佛教、印度教等，也使得我们的课堂愈发丰富并充满差异。第三章将讨论民族、文化和种族的问题。

理解家庭的多样性

首先，教育者必须理解自己的文化行为、价值观、传统和家庭背景。如果我们不能辨别自身经验的特征，就很难发现自己的文化背景与他人的差异。缺少了对自身文化和家庭背景的清醒认识，我们对儿童的认识就可能受个人成长史的局限，从而对其他家庭作出民族中心主义的评判。这些判断轻则可能阻碍交流，重则可能导致教育者与儿童及其家庭之间无法弥补的裂痕。只有充分了解不同群体的需要和期望，我们才能够有针对性地采取适当的方式满足不同学生家庭的诉求。

需要提醒的是，任何文化内部都存在巨大的差异性（社会经济状况、家庭结构等也是如此），这些群体内差异和群体间差异同等重要。这就意味着，在了解一个特定文化的家庭时，还需要考虑各种具体因素。

传统与同化。其中一个因素是儿童及其家庭同化的程度。同化是指一个家庭从一种文化过渡到另一种文化的程度——通常是从出生文化到主流文化的转变。例如，印第安儿童的同化程度越高，他从传统文化向社会主流文化的转变就越大。即便一个家庭已逐渐远离其传统文化并融入主流文化，对传统文化的了解仍很重要，因为这将有助于教育者更好地了解影响学生及其家庭的行为与态度的背景。

由于文化内部的巨大差异（社会经济状况、家庭结构等），家庭的特点无法一概而论，正如我们不可能简单地概括一个文化中所有人一样。对文化及其成员的描述往往是过度概括，从而造成了刻板印象。刻板印象是有害的，因为它无视文化内部的差异性，不利于我们理解和预测我们所观察的对象。

刻板印象之所以会对教师和儿童家庭造成影响，是因为单一的简单描述被应用在各种不同的情境中。换言之，简单的解释被用于理解复杂的文化现象。当教师运用刻板印象时，往往会忽略影响行为的因素的复杂性，因而无法辨析儿童的行为模式。这就意味着不符合刻板印象的行为容易被看作是偶然的、无法解释的。这样一来，教师就很难理解不同于自己家庭的其他文化的家庭。

变化的家庭结构

自古以来,家庭的模式众多:已婚、单亲(鳏/寡)、一夫多妻、一妻多夫、继养家庭等等。在现代西方社会,不仅家庭的模式在发生变化,不同类型的家庭的数量也在改变。例如,女性主导的单亲家庭并不新鲜,但这类家庭的数量自1970年以来翻了一番。1970年,45%的家庭有孩子,而1995年,只有35%的家庭有孩子。这些数据非常重要,因为它们有助于教师了解学生家庭正在发生的变化(U.S. Bureau of the Census,1995)。

家庭的另一个变化是初为人父母的年龄。1994年,男性在27岁,女性在25岁左右首次结婚。这比1950年的数据推迟了4年多(U.S. Bureau of the Census,1995)。婚龄的推迟意味着学生家长的年龄普遍比以往要大一些。

家庭的变化中还包括父亲的角色——相比于西方社会工业化以来的其他时期,越来越多的父亲积极参与到抚养儿童的任务中。离婚给父亲的角色带来了变化。没有监护权的父亲也想要继续参与孩子的教育。此外,父亲获得监护权的比例也有所增加。这对于教育者来说是一种新的情况。第十三章将详细讨论这一内容。

家庭的独特性

每个家庭都是不同的,各自有着独特的历史和特点,影响着家庭成员的经历。所有的家庭都经历过成功和失败。有些家庭运转良好,有一些则问题重重。第十二章将对此进行详细讨论。有些家庭有特殊需要的儿童。所有教育者,无论是否给有特殊需要的儿童上课,都需要了解这类儿童及他们的家庭。齐亚森和雷利将在第八章详述这一内容。对有特殊需要的儿童进行全纳式教育已经十分普遍。那些曾被单独送入特殊学校的儿童进入了我们的传统主流课堂。为了让有特殊需要的儿童更好地融入学校生活,学校建筑和交通工具都进行了改造。这也意味着我们必须重新思考教师与有特殊需要的儿童家长之间的关系,以确保这些儿童真正成为教育系统的一部分。

家庭并非静止不变,而是在不断改变以适应社会的影响,因而教育者也必须不断调整来满足这些家庭的孩子的需求。例如,由于《民权法案》赋予妇女机会和责任,很多女性成为军队的一员。由于国家政治,很多妇女发现自己陷于伊拉克和阿富汗的军事冲突中。不少军人有孩子,其中9万人是单亲母亲(也有少量单亲父亲),这就带来了一个问题:当父母一方被派遣在外,儿童不能随军时,谁来负责照料这些儿童?更糟的是,入伍军人的收入很低(一名军需专员的工资每月只有大约2000美元),儿童的长期照料成了问题(Piore,2003)。

我们还必须了解儿童及其家庭所经历的暴力事件。掌握如何应对暴力事件影响的知识和技能对有效制止家庭暴力来说是刻不容缓的。第十一章将对暴力问题进行讨论。

乔丹10岁,上五年级。他在棒球队里打三垒,是教会青少年团体的活跃成员,学习成绩中等或中上。他有几个从一年级就认识的好朋友,常在一起玩。他偶尔惹点麻烦,主要是和兄弟姐妹打架,总的来说,他是个"好孩子"。

实际上,乔丹的父亲在小时候和他也差不多。但是,父子俩的童年却在很多方面有显著差异。乔丹的父亲有一个完整的家庭,父亲在外工作,母亲是全职主妇。而乔丹的父母在他5岁时离异了。他和母亲及兄弟姐妹一起生活,每隔一个周末去探望父亲和继母以及两个非同胞兄弟。他的母亲在外工作,父亲付抚养费,尽管如此,家庭经济仍很拮据。

乔丹最初不适应他的继母和两个非同胞兄弟,但情况逐渐有了改善,他去父亲那里时气氛不那么紧张了。此外,他的继母一家是西班牙裔,因而他必须努力改变他不知不觉中形成的对西班牙裔的刻板印象。尽管乔丹的母亲、父亲和继母都希望给他最好的照料,可他的生活比他父亲的童年复杂多了。

如今的家庭比起过去可谓千差万别:家庭结构、家庭经济资源、文化多样性,当然还包括每个家庭的独特性。遗憾的是,人们往往对超出自己经验或不同于常态的事物抱有消极态度。

问题和思考:
1. 乔丹的生活在哪些方面与他父亲的童年生活有差异?
2. 乔丹的家庭结构有哪些优点?
3. 哪些方面有潜在问题?

家长参与

第六章将介绍家校关系的历史,帮助我们从历史的角度看待这一问题。目前,设计家长参与活动是为了让家长回到学校中来。家长必须成为孩子的教育团队的成员。教育者是教育领域的专家,而家长是自己孩子的专家。然而,由于过去家长和教师关系中的权力分配不均衡,现在双方都需要重新学习如何进行团队合作。首先,要了解家庭和家长对教育责任的认识以及教育者对教育责任的看法。第四章、第五章和第七章讨论了家长、学校和教师以及他们之间的交错关系。

理解家庭是与家庭合作的第一步。第二步则必须是让家长参与到自己孩子的教育中来。目前有很多值得借鉴的家长参与模式:幼儿园、小学、中学和特殊教育

（第九章）。此外，理解家长的经历也十分重要，尤其是那些决定让家庭和孩子远离传统学校教育的家长。因此，第十四章将讨论选择非传统教育途径的家长持续增加这一现象的历史与原因。教师有责任了解家庭和学校的相关法律问题，并告知家长他们的权利和义务。第十章将围绕家长及其权利分析相关的法律和责任问题。作为教育者，我们有时对权益倡导和公共政策并不清楚，这使得家校关系的系统转变格外困难。我们只有掌握这些知识，才能有效完成教育使命。第十五章将把学校暴力和欺侮作为一个重要教育问题来讨论。

本书的编写力求满足幼儿园、小学、中学和特殊教育教师的需求，帮助他们更好地与现代家庭达成深入理解与良好合作。

编写本书的初衷是为了帮助教师作好更充分的准备与家长合作，也是为了更好地为学生服务。我们（奥尔森和福勒）长期在家校关系这一重要领域从事教学与科研工作。我们在教学中参考了很多书籍，其中一些书写得令人叹服。但我们有着不同的愿景——让教师能够洞悉家庭的愿景。脑海中有了这个目标，我们花了相当长的时间考虑将哪些内容纳入本书，还邀请了相关领域的专家给我们出谋划策。谨以本书献给我们的学生、你、你的学生和他们的家庭。

儿童读物

以下儿童读物可以帮助您的学生思考本章所涉及的问题。

家庭

《家庭知识 ABC》
作者：波比·科尔姆斯　插图：戴思丽·奇尼，布莱恩·拉帕
阅读级别：婴儿或学前儿童
ABC: A Family Alphabet Book
Bobbie Combs, Desiree Keane (Illustrator), Brian Rappa (Illustrator)
Two Lives Publishing (2000)

《我的家在变：家庭破裂的第一印象》
作者：帕特·托马斯　插图：莱斯利·哈克
阅读级别：4—8岁
My Family' Changing: A First Look at Family Break Up
Pat Thomas, Lesley Harker (Illustrator)
Barron's Educational Series (1999)

《每家都很特别》
作者：诺玛·西蒙　插图：特蕾莎·弗拉文
阅读级别：4—8岁
All families Are Special
Norma Simon, Teresa Flavin (Illustrator)
Albert Whitman & Company (2003)

《家庭书》
作者：托德·帕尔
阅读级别：3—6岁
The Family Book
Todd Parr
Little, Brown & Company (2003)

《家里有谁？》
作者：罗伯特·斯库奇　插图：劳拉·尼恩豪斯
阅读级别：4—8岁
Who' in Family?

Robert Skutch, Laura Nienhaus (Illustrator)
Ten Speed Press (1998)

《居民区的同一种家庭》
作者:悉尼·泰勒　插图:玛丽·史蒂文斯

阅读级别:年轻成年人
All-of-A-Kind Family Uptown
Sydney Taylor, Mary Stevens (Illustrator)
Taylor Productions (2001)

参考文献

Fuller, M. L. (1994). The monocultural graduate in a multicultural environment: A challenge to teacher education. *Journal of Teacher Education*, 43(4), 269—278.

Gollnick, D. M., & Chinn, C. (2001). *Multicultural education in a pluralistic society* (6th ed.). Upper Saddle River, NJ: Prentice Hall.

Piore, A. (March 2003). Home alone. *Newsweek*, 53—53.

Shaughnessy, M. F. (2005, June 1). An interview with Ruby Payne: About teaching children in poverty. *Education News*. Retrieved July 29, 2005, from http://educationnews.org.

Sherman, A. (1994). *Wasting America's future: The children's defense fund report on the cost of child poverty*. Boston: Beacon Press.

U. S. Bureau of the Census. (1995, September). Household and family characteristics. (*Current Population Series*, P20—483). Washington, DC: U. S. Government Printing Office.

U. S. Bureau of the Census. (2000). Poverty in the United States (*Current Population Series* P60—185). Washington, DC: U. S. Government Printing Office.

U. S. Bureau of the Census. (2001). *Statistical Abstract of the United States* 2001: *The National Data Book*. Washington, DC: U. S. Government Printing Office.

第二章

家庭及其功能
——历史与现状

卡罗尔·马特莱克
明尼苏达大学莫理斯分校

玛丽·娄·福勒
北达科他州立大学

教育者要想为儿童创设最好的学习环境,就必须了解他们来自于什么样的家庭。大多数家庭并不符合"美国家庭"的固有印象。本章是帮助你:

◇ 回顾家庭的历史。
◇ 了解当代家庭的结构和需要。
◇ 比较家庭的今昔。
◇ 描述一个功能健全和一个功能不健全的家庭。

本章将提供有助于你了解家庭并成为成功教师的背景信息。具体而言,本章将帮助你:①从历史角度看待过去的家庭以及对家庭产生影响的各类问题;②形成洞悉当代家庭的视角;③审视健全和不健全家庭的特征。换句话说,阅读和理解本章将有助于你获得对家庭的基本知识,理解家庭如何且为何以特定的方式运转。

家庭的演化

为什么采取历史视角

尽管家庭的结构在变化,但我们对家庭的刻板印象却一成不变。尽管我们观察到的事实不同,但我们对所有美国家庭的认知仍是一个完整的、有孩子的家庭,父亲在外工作,母亲全职在家。实际上,这样的家庭占美国家庭的4%都不到,而且这个比例仍在下降。完整家庭比例的下降(这常常被看作是家庭价值的削弱)是不是各种社会问题的根源,如贫穷、犯罪、吸毒,以及教育失败?还是这些社会问题造成了家庭的问题?换句话说,是不是一个坚实的家庭单元有助于创造一个更稳定的经济、社会和政治环境?还是一个不断发展的、支持性的、繁荣的经济,社会和政治环境有利于家庭的稳定?回溯家庭发展的历史能帮助我们思考这些问题。

斯科尼科(1991)鼓励我们以看待不同文化的家庭的方式看待不同历史时期的家庭。这样的比较是恰如其分的,因为不同历史时期的家庭有着独特的家庭价值观和家庭功能以适应当时的社会、政治和经济环境。以前的家庭价值观与功能和当代家庭一样,用于保护孩子,并帮助孩子作好立足社会的准备。家庭总是在和各种因政治、经济和社会力量引起的问题作斗争(正如当代的家庭一样),所以我们可以用看待当代家庭的方式看待过去的家庭。实际上,这样做有助于我们洞察家庭是如何形成其行为方式和价值观的。借助历史视角不仅是记录变化,更重要的是预测未来的发展趋势。具体地说,我们将考察一系列不同历史时期的家庭,探寻过去的家庭如何保护孩子免受伤害,如何帮助孩子成长为社会的一员。

早期历史

史前家庭。原始社会的生活条件决定了当时的家庭必须团结合作谋求生存。为保护每个人,尤其是孩子,免遭饥饿、恶劣环境和疾病的威胁,大家必须付出坚持不懈的努力。出于实际需要,有着相同习俗和信仰的家庭团结在一起维护共同的安全,这些集体被称为"宗族"。居住在同一地区、文化相近的多个宗族组成"部落"。部落比宗族更能保护其成员免受敌对部落的侵扰,并能保证每个人都有足够的食物维生。根据部落习俗,残疾人也能得到照顾。儿童观察自己的父母、其他成年家庭成员和部落成员并模仿所看到的一切。儿童向负责照料他们的人学习,从而融入自己所处的文化。因为部落的延续需要依靠儿童来继承传统,儿童受重视的程度反映在对儿童的传统、规范和习俗的教育中(Berger,2003)。

文化的学习使得人们能够更有效地满足基本生存需求(如食物的供给因动物的驯养和农作物的耕种而越来越有保障),家庭所面临的威胁随之发生了变化。社会组织中的新问题出现在族群内部和族群之间。在内部,个人越来越依赖家庭以外的成员;而在外部,不同群体的人需要学习如何相处。总之,社会越来越复杂,儿童需要学习更多的内容才能成为对社会有用的成年人。

希腊和罗马时代的家庭。这一时期,儿童的教育首次成为复杂的任务。将儿童的教育转移到父母职责范围之外,使父母能更好地保护自己的孩子,同时确保他们学到必需的知识以便成年后在社会中找到立足之地。柏拉图(公元前427—347)、亚里士多德(公元前384—323)、西塞罗(公元前106—43)和波利比亚斯(公元前204—122)等希腊、罗马哲学家们相信对家长和儿童的教育能使国家受益。不过,他们看重的是富裕家庭的男孩。男孩们需要学习公共事务管理、军事策略、商务管理等,所有学习活动的目的都是将他们培养成本族文化的领袖。

这样的观点与早期社会并无太大差异,家庭仍是保护孩子的主要责任者,因为只有贵族家庭的男孩才能接受正式教育,女孩仍在家学习家务技能。家境一般的男孩继续在家庭环境中学习技能和知识,以备日后在社会上谋求一个职位。尽管当时的法律和习俗允许杀害婴儿和贩卖儿童,但希腊和罗马文明总的来说还是支持家庭和儿童的(Berger,2003)。

罗马帝国衰败后,家庭生活和儿童在家庭中的角色发生了巨大的变化。在中世纪(400—1400),社会结构的破坏意味着原本由一大群人共同应对的威胁(如社区防御)重新成为家庭和家庭集团的责任。简单的生存成了很多人的首要目标,儿童被看成了财产。除此之外,生活的艰辛和生命的短暂迫使儿童必须在很小的年纪就要成长为成年人,而且没有时间接受教育。事实上,农民孩子的家庭生活从始至终都是为满足衣食住等基本需求而奋斗。只有极少数贵族家庭的孩子才有机会受教育,他们受教育是为了继承财产和保持传统。

欧洲中世纪家庭。中世纪时期儿童的生活境遇十分严酷,严厉是家长育儿的主导风格。无论是贵族阶层,还是农民阶层,都把儿童当作小大人看待。儿童发展的过程在家庭中得不到尊重。当时的教会对政府事务和家庭生活,包括养育儿童的方式都有着强大的影响。

教会认为儿童天性邪恶,要想让他们长大成为健全的人,就必须对其进行严格教导、不断惩戒并严厉处罚。正因为如此,当时流行一句俗语:"把恶魔从孩子身上打出来。"在社会各个阶层的家庭,父母在情感上冷落孩子或把孩子丢给奶妈、修道院的比比皆是。总之,中世纪严峻的经济条件和教会宣扬的儿童观使儿童处境凄惨，家庭也得不到支持。儿童基本上得不到保护，富家子弟虽然有机会接受教育（希腊、罗马时期提倡的那种教育），但这种教育经历往往是被扭曲的、不健康的。但我们可以确定的是，儿童通过观察和模仿周边社会来学习如何成为成年人。

文艺复兴和宗教改革时期的家庭。文艺复兴时期（1300—1400）和宗教改革时期（1500—1600），普通民众对自由的向往得到了关注。伴随这一关注，社会组织发生了变化，逐渐消除了一些家庭面临的威胁。人是独特个体而不仅仅是群体成员的思想，削弱了中世纪时期的社会等级观念。个性和自由的思想也被拓展到对儿童和儿童教育的理解上，确保儿童受到更好的教育。儿童被认为是纯洁而善良的，这与中世纪教会所宣扬的原罪思想形成了鲜明的对比。

马丁·路德（1482—1546），宗教改革之父，提出了关于儿童教养方式的改革。他倡导父母教孩子道德准则和基督教教义。他坚信，家长是儿童最重要的教育者，教育对于男孩和女孩同等重要，无论男女，受过教育的孩子都会成为更优秀的成年人。

路德的思想，以及此后不久在1439年约翰尼斯·古腾伯格发明的印刷术，让一些家庭能够获得书籍并教育自己的孩子。在欧洲，更多的学校建立起来为那些有经济条件的家庭服务。但当时的学校仍然只招收贵族家庭的男孩，为普通老百姓提供的教育在很多年以后才出现。

理性时代

理性时代（1600—1700），也被称为启蒙运动时期，是重大理性运动发生的时期。许多宗教领袖、哲学家和教育家提出了关于儿童如何学习以及家庭如何教育孩子的新理念。夸美纽斯（1592—1670），一位主教、教师和作家，深信所有儿童本质上都是善的；而洛克（1632—1704），一位英国哲学家，认为儿童的思想就像"白板"，家长和教师可以在上面添加儿童需要学习的内容。

克蒙尼厄斯和洛克主张教育应以维护民主为目标，哲学家卢梭（1712—1778）却从社会的角度理解儿童。在他的著作《爱弥尔》中，他倡导儿童的世界应摆脱社会的傲慢和非自然的条条框框。他提出了完整儿童的概念，主张儿童需要在一个宽松的、自如的氛围中，根据自然的时间表逐渐走向成熟。裴斯泰洛齐（1746—1827），一位瑞士教育家，深受卢梭影响。他拓展了卢梭的思想，认为可以鼓励儿童学习基本技能来促进儿童的自然发展。此外，他认为任何社会经济阶层的母亲都必须在家教授孩子一些基本技能，并重视完整儿童的发展。至此，家庭有责任将儿童培养成人的观念逐渐形成，人们也逐渐认识到儿童作为个体需要开阔的成长空间。值得注意的是，此时家庭仍然是儿童教育的中心。

福禄培尔（1782—1852）是一位德国教育家，被称为"幼儿园之父"。他跟随裴斯泰洛齐从事研究工作,后来开创了一所通过游戏促进学习的幼儿园。受过培训的教师负责设计有助于学习的活动,儿童的游戏在教师引导下进行。经过专门训练的教师在帮助儿童学习必备的技能和知识方面减轻了家庭的责任。

理性时代的思想家强调人的价值和尊严,他们认同弗朗西斯·培根的观点,相信"知识就是力量"。尽管尊重每个个体(包括儿童)的进程已经展开,但工业革命的到来却使人们对待儿童的方式发生了逆转。

工业革命时期

从理性时代到黑暗时代——工业革命是一个剥削儿童的时期。18世纪和19世纪的工业革命给法国和英国带来了社会和政治危机。在工业革命时期,穷困潦倒的家庭无力保护自己的孩子,实际上,孩子成为了家庭的支柱。很多贫寒家庭的孩子,在十岁左右的幼小年纪就成为廉价劳动力,每天在工厂里工作10到14个小时。

并不是所有的儿童都是如此。伯格(Berger)指出"当时的家庭可以分为三类:富裕家庭,花钱请人照顾自己的孩子,但自己却漠不关心;新兴的中产阶级家庭,希望以特有的方式引领、指导和塑造自己的孩子;贫穷和穷困潦倒的家庭,几乎没有办法维持基本的家庭生活"(44页)。尽管存在社会阶层的差异,儿童仍普遍被要求在很小的年纪就像成年人一样行事。

在工业革命时期,欧洲的政治和经济格局改变了社会看待儿童和家庭的方式。与此同时,在新世界的殖民地,另一种政治、经济和社会环境正在发展形成。

北美殖民地时期的家庭

在18世纪和19世纪,当很多城市儿童在工厂里被奴役并流落街头的时候,另一些儿童在家庭农场或作坊里帮工。尽管经济拮据,但很多殖民地家庭基本上能够自给自足并保护自己的孩子。儿童通过世俗和宗教教育完成社会化,这其中含有一些娱乐的机会。

重要的是,这些家庭并不是独立完成养育儿童的任务。库恩兹(Coontz,2000)曾指出,政府为殖民地家庭提供了欧洲家庭所没有的资源。平原农场主和拓荒者家庭可以获得一大片联邦赠与地,政府资助的军事动员赶走了数百个印第安群落,没收了墨西哥的大部分土地;国家资助的经济投资流入了新土地,其中很多土地以远低于公共财政部收购价的价格卖给了定居者和投机商。18世纪,政治与宗教冲突、经济的发展和免费土地使很多年轻的家庭与个人得以自立门户,从而产生了独立的家庭结构(Skolnick,1991)。儿童的情况又如何呢?尽管在新世界,儿童被看作家庭经济中重要的、不可或缺的部分,但是清教徒家庭的育儿方式仍保持着欧洲的传统——严厉且不留情面。儿童被认为生性堕落,家长有责任摧毁他们的意志,驱除他们的邪恶本性。在男权社会,对妻子以及孩子的体罚是合法的,也十分常见(Skolnick,1991)。儿童对父亲必须绝对顺从。

尽管这一时期的家庭形象被赋予了浪漫色彩,可事实上很多幼儿夭折,人的平均寿命不到五十岁。很多妇女死于难产,由于妇女的高死亡率,"只有三分之一的婚姻能延续十年以上"(Skolnick,1991)。因生活所迫,鳏夫们往往很快再婚,因此殖民地时期很少有单亲家庭,但有大量的重组家庭。黑人家庭从非洲被带到北美,但他们无法享受新移民的福利。由于黑人家庭的成员常常彼此分离,黑人家庭的结构与其他家庭有着显著差异。至今,我们仍能感受到对黑人家庭的破坏产生的影响(Berger,2003)。

美国的工业化与家庭

从19世纪50年代到20世纪20年代,殖民地时期的清教思想发生了巨大改变。美国在工业化、城市化的进程中日渐繁荣。制造业蓬勃发展,移民为工厂提供了廉价劳动力;加利福尼亚州发现了金矿,西部的土地正待开发,农作物的大量种植保障了食物供给。

到1920年,一周工作日从六天缩短为五天,中产阶级的比例增加了。工人阶级也得到了实惠,繁荣的经济和民主的政治氛围使得普通人能够享受到原来只有富人才能享用的奢侈品。随着国家的富足,关于家庭职责、家庭成员角色以及儿童形象的社会观念也发生了变化。

家庭功能的变化之一出现在乡村。由于农业生产力的提高,农民家庭开始种植经济作物而不是仅仅满足自己的直接需求,这些家庭开始用赚来的钱去购买其他人的产品。同时,农业机械化减少了农场对劳动力的需要,农场的规模越来越大,越来越兴旺。对农场工人需求的减少导致了从农村向城市的移民。

斯科尼科(1991)指出,"经济的繁荣与'个人生活'的扩展——一种对内心体验的关注,以及贯穿生命周期的心理发展是平行展开的"。因此,与经济发展相伴随的是洛克、卢梭、裴斯泰洛齐和福禄培尔等人的著作的流行,童年开始被看作人生发展的一个阶段,儿童被认为天性善良。弗洛伊德的精神分析理论大受推崇,华生的行为主义理论深刻地影响了人们的育儿方式(Skolnick,1991)。1912年,政府设立了儿童办公署,专门负责帮助营养不良、被忽略和虐待的儿童。

对儿童态度的转变进一步引发了家庭内部的变化。丈夫和妻子,父母和子女之间的关系更为融洽。家庭成员的角色分工更明确、具体:父亲为家庭的经济保障在外工作,母亲负责料理家务,照看孩子。中产阶级和上流社会的母亲可以雇佣仆人来照料孩子。

不过,有一名中产阶级的上班妇女对传统性别角色提出了挑战,引发了选举权运动。最终在1920年,妇女赢得了选举权。越来越多的女性进入大学学习。

免费义务教育的出现是19世纪的另一项重大社会变革。尽管在这之前学校也在儿童教育中起着辅助作用,但家庭仍承担着教育的主要责任。而现在政府通过公立学校的建立担负起正式教育的主要责任。政府认为妇女,尤其是移民家庭的妇女,没有能力将儿童教育成民主社会所需要的合格公民。因而,政府建立了豪瑞斯·马恩公众学校,以促进所有公民的美国化。家庭仍然有责任保护自己的孩子并教育他们成人,但在教育方面更大的责任交到了政府的手中。

第一次世界大战和经济大萧条使得新思想停滞下来,因为人们整日为生存而挣扎。家庭的功能和家庭成员的角色又变得和过去一样,忙于应对经济的窘迫和社会的危机。

大萧条和第二次世界大战

大萧条和第二次世界大战的政治和经济影响对家庭的功能产生了巨大的冲击。男人在经济危机中失去了工作,也失去了家庭支柱的角色。随着女人加入劳动大军,家庭集中居住以共享资源和削减开支,男人的压力更大了。女人工作和家庭合住的模式一直持续到第二次世界大战开始后丈夫和父亲们参军作战。有些家庭极其不幸地被拆散,孩子们只能由祖父母照看。

教育者看到了幼儿教育的重要性,儿童保育中心应运而生。政府通过工作进展管理处资助托儿所并雇佣失业教师来帮助家庭照顾儿童。从1941到1946年,政府依据蓝森法案投资建立了战时保育院来照料父母投身战争或军需工作的儿童。当时最著名的保育院是凯瑟幼教中心,它在战争期间为有工作的母亲提供24小时的幼儿保育服务。这个中心在战争结束后关闭,因为母亲们纷纷离职回归家庭(Gordon,2003)。实际上,妇女上班被看作是为战争作出的牺牲。当男人从战场返回重新担当起养家的角色后,传统的性别角色又恢复了原样。

> **反思** 假设你自己生活在大萧条时期。你的生活会是什么样?大萧条可能给你的家庭带来什么样的影响?请比较一个大萧条时期的家庭和一个当代的家庭。

20世纪50年代至70年代

从20世纪50年代到70年代,美国经历了有史以来最大的经济增长。很多社会学家认为,由于经济的繁荣和政治的稳定,美国社会总体上,尤其是家庭,是安全而稳定的(Coontz,1995)。50年代,核心家庭被认为是儿童社会化的主要渠道和所有个人幸福的核心(Coontz,1995),家庭是完全独立于其他外部渠道的。

就像20年代的农场家庭一样,50年代的家庭也并非完全依靠自己。当时,政府推行辅助项目帮助退伍老兵(主要是中产阶级白人男子)获得大学教育和购买房屋。换句话说,让他们有一个新的开始。可惜这些项目并不支持有色人种、少数民族群体或单亲、离异及上班母亲。实际上,在这个所谓的"黄金"时期,有30%的家庭仍生活在贫困中。此外,妇女在二战以前获得的独立也消失殆尽。

同时,中产阶级妇女有了更多的孩子,因而被束缚在郊区的家里。50年代,育儿的方式受到艾里克·埃里克森、阿诺德·格塞尔和本杰明·斯波克等专家的影响。他们强调儿童的个体差异需要得到呵护,每个儿童按照自己的速度完成各个阶段的发展,不能拔苗助长。每个儿童需要的不是被催促发展的压力,而是爱以及对孩子作为独特的、重要的家庭成员的认可。

60年代和70年代是社会和政治动荡的年代。50年代的儿童并不乖顺,他们成长为独立的、具有批判思想和创造性的年轻人(Skolnick,1991),当他们进入大学时(大学生人数之多前所未有),他们质疑所有机构——家庭、教育、宗教、经济和政府(Berger,2003)。他们目睹了这个社会无视贫困与默许种族歧视,对此深恶痛绝(Skolnick,1991)。越南战争导致了国家内部的分歧。这期间,对政府参战的抗议导致了很多冲突和家庭关系的紧张。对战争的不同立场放大了家庭矛盾。

经济和政治的动荡再次导致家庭和其功能的变化。更多的妇女返回职场工作,其中有的是单亲母亲,也有的是为补贴家用,儿童照料又成了一个重要问题。在这一时期,皮亚杰,一位瑞士心理学家,得到了广泛认同。他提出了儿童认知发展理论,表达了对儿童认知发展,特别是幼儿时期的认知发展的关注。阅读了皮亚杰及其追随者的文章后,家长们渴望自己的孩子在认知方面的发展得到促进而不是简单地任其自然发展。

与此同时,政府开始了反贫困的斗争,希望为低社会经济地位家庭的儿童提供教育、医疗和心理健康服务。开端计划(Head Start),一项幼儿教育项目开展起来。这一项目包括家长参与,为弱势儿童提供幼儿教育机会,为幼儿进入小学打下基础。"开端计划"的成功促使其他幼教项目迅速扩展。"开端计划"的一个重要特点是,除了雇佣受过良好训练的教师进行教学外,还邀请并培训家长参与儿童养育工作。

总体上,家庭在过去和将来都担负着对儿童的两项责任:保护儿童免受侵害,确保他们茁壮成长;教育儿童成为对社会有贡献的成员。发生变化的是家庭所处的文化环境,在这个错综复杂的环境中,家庭受到特定条件和事件的影响,并对其作出反应。斯科尼克(Skolnick,1991)概括了家庭和社会的关系,他指出:家庭对历史和文化困境作出反应,而这样的反应又激发更多的困境。

改变既有积极的,也有消极的。当积极变化发生时,社会的发展能够使家庭保护和教育儿童的任务变得容易。例如,在希腊、罗马时期,社会组织形式减轻了家长保护儿童的负担。同样,在文艺复兴和宗教改革时期,社会威胁减少,儿童首次被看作独立的个体得到承认。内战和二战之后的阶段,经济繁荣和政府支持使家庭得以在儿童教育上投入更多精力。

家庭在养育孩子方面最为艰难的时期是中世纪和工业革命时期,经济资源的匮乏严重威胁着成年人,使他们无力照顾自己的孩子。此外,在特定历史时期,社会意识不到儿童和成年人的区别,也无法理解在儿童的成熟过程中不应把他们当作小大人来看待。

当代美国家庭

现在我们把目光投向20世纪末的美国家庭,看看它们是如何完成保护和教育儿童的使命的。在这个过程中,我们必须考虑美国当代社会中常见的各种家庭模式。

大多数人一想到家庭就会想到孩子,而实际上只有24%的家庭有未成年的孩子。此外,这24%的家庭可谓千差万别(Field & Casper, 2001)。除了完整家庭(亲生父母和孩子),还有单亲家庭、同居家庭和同性恋家庭,也有重组家庭和由祖父母照料未成年儿童的家庭以及其他不同结构的家庭。更为复杂的是,在每一类家庭中还存在很大的差异。

家庭的改变不仅体现在结构上,家庭的文化构成也发生了改变。从1970到2000年,生活在跨种族家庭中的儿童人数增加了近三倍——从90万到300多万。跨种族婚姻的比例虽然还很小:从1970年的1%增长到2000年的5%,但这些数据反映了这一类型家庭的增长,教师有必要对学生家庭的文化有所了解。

自二战以来,家庭的结构发生了很大变化,之后仍将继续改变。非家庭(主要是单身男人和女人)比过去更为普遍,这可能是因为社会对选择不结婚或推迟结婚的人更加宽容了。另一方面的变化是"另类"家庭数量的增加,单亲家庭、祖父母为主导的家庭、寄养家庭、同性恋家庭等,这些在过去不被看作"真正"的家庭(Field & Casper, 2001)。

尽管无子女的已婚夫妇的数量并没有明显变化,但导致他们不生孩子的原因发生了变化。现在,年轻夫妇推迟生育或选择不生育的理由有很多(比如事业等)。而在1970年,人们普遍认为所有具备生育能力的夫妇都愿意生孩子——当时不孕不育的问题比现在棘手多了。那时也有夫妻双方协商决定不要孩子,但他们可能计划在将来生育,没孩子只是暂时的;也有的是因为各自已经有子女,只是孩子不在现在的家里。

1970年和2000年的家庭之间最大的差异在于有子女的已婚夫妻的数量。可靠、便宜的避孕措施的发明使得人们能够将生育推迟到事业有成以后,结果,家庭的规模越来越小,比起上一代,妇女初为人母的年龄提高了(Field & Casper, 2001)。

单亲家庭的数量也增加了,是1970年的两倍,其原因是离婚率的提高和未婚母亲数量的增加(从1960年的5%增加到1989年的27%)。此外,离婚后再婚的比率提高,重组家庭的数量因而显著增加(Ahlburg & De Vita, 1992)。最后,因为婴儿潮时期出生的人大部分已过了育儿期,因此有子女的已婚夫妇的数量下降了。

作为与家庭分担儿童教育责任的教育者,你必须充分了解你的学生家庭结构的类别和特点。尽管家庭结构的类型不同,但它们的重要程度是同等的。我们这里主要讨论三种类型的家庭:单亲未婚母亲家庭、单亲离婚母亲家庭和重组家庭。选择这三类家庭是因为它们比完整家庭更容易被误解。

单亲家庭

目前,有一半儿童将在单亲家庭度过部分童年时光,而大多数情况下母亲是监护人(Coontz, 1995)。你的课堂里会有这样的儿童,只有了解他们才能更好地满足他们的需求。单亲家庭分为两大类:未婚母亲家庭和离异导致的单亲家庭。单亲家庭所占比例很大,但不幸的是,在所有家庭结构中,人们对单亲家庭的成见是最深的。

未婚母亲

31%的儿童是未婚母亲生育的。可这个数字意味着什么并不明了。公众对单亲母亲的概念是一个靠福利生活的未婚少女。事实上,单亲母亲包含两种不同的群体——青少年和20岁以上的女性。与大众的认识相反的是,成年女性占大多数,占了未婚生育人数的54%(Usdansky, 1996)。

20岁及以上人群。20岁及以上的未婚母亲也可分成两大类:选择怀孕的和意外怀孕的(Ahlburg & De Vita, 1992)。第一类人年龄相对较大,经济条件更好,教育程度更高,但没有结婚。这些人一般在30岁以上,而且她们认为,从生理角度考虑,如果想要孩子就必须尽快。因此,她们的决定一般是经过深思熟虑的,权衡了受孕甚至领养的各种选择(试管婴儿、人工授精、男性伙伴等)。而且,这类女性往往事先考虑了经济保障。她们大多对自己的决定感到满意(Ahlburg & De Vita, 1992)。

第二类人一般是二十刚出头的女性,经济条件和受教育程度一般。她们没有打算怀孕,而且通常不够成熟,也没有足够资源来养育孩子。需要注意的是,虽然是意外怀孕,但这并不代表孩子在出生时不受欢迎(Ahlburg & De Vita, 1992)。

> **反思** 想一想,当你在小学时,班上学生的家庭结构是怎样的。当时和现在相比,有什么差异?

少女妈妈。在美国,每年未婚少女生育的孩子占婴儿出生人数的13%。这个数字很惊人,但与70年代相比,未婚少女妈妈的数量已经明显减少了。然而,年龄在15至17岁的未婚生子的少女人数增加了。这个问题很严重,因为它使养育孩子的过程变得困难重重,包括母亲不够成熟、经济资源的缺乏等。这些母亲往往会面临各种问题:生活贫困、没有工作、工作技能低下、教育背景有限、育儿技能欠缺等等(Ahlburg & De Vita, 1992)。

由于低龄未婚少女妈妈人数的增长,近几年出现了另一种家庭结构——由孩子的外婆来抚养小妈妈们生育的孩子。社会学家把这种现象称为"隔代养育"(skip generation parenting)。作为教师,你很可能要同时与孩子的祖父母和他们的年轻母亲合作。

你的学生中将有未婚母亲的孩子,他们的家庭和其他家庭一样,也是各不相同的。一个单亲家庭的孩子可能有一位成熟的、受过良好教育、有经济保障、关心并愿意参与孩子教育的母亲。另一个学生的母亲可能在生他/她时只有15岁,而这有可能会带来问题。年轻的母亲可能无法参加学校活动,因为她上班抽不出身,或是老板不准假,或者她不舍得放弃收入。这些家庭的差异是数不胜数的,就像其他各种家庭结构一样。

雪莉,12岁

雪莉的妈妈生她时只有15岁。尽管她妈妈努力想读完高中,但最终还是辍学了。最初两年,雪莉和妈妈住在外公外婆家,后来就一直居住在廉租公寓里。雪莉妈妈的学历限制了她的就业机会,她基本上只能在没有什么福利的快餐店打工。

南希,12岁

南希的妈妈35岁时生下她。她大学毕业,有一份收入不错的职业,福利也很好。南希的妈妈以前总认为自己有一天会结婚生子。可既然没能结婚,她就决定立刻采取行动生个孩子。南希就读于一所很好的学校,家住在一个很好的社区里。她踢足球、上体操课,还常和妈妈去旅行,她们都很喜欢滑雪。

问题和思考:

1. 比较南希和雪莉的生活。
2. 你如何解释她们两人生活的差异?

婚姻、离婚和再婚的模式

下面要讨论的两种家庭结构是离婚导致的单亲家庭和重组家庭。这两类家庭有一个共同点：父母都是结了婚的，或起码是结过一次婚的。

单亲家庭：离婚

危机期。父母刚离婚的儿童往往要经历一个危机期，这个阶段一般会持续18个月。儿童在此期间通常会表现出一系列感伤行为：否认、愤怒、消沉、最终接受现实或适应。并非所有儿童都会经历每一个阶段，而且每个儿童反应的强度和持续时间各不相同。然而，大多数儿童会经历这些阶段。感伤是对失去的事物的反应（Trozzi & Massimini，1999），即使儿童原来的家庭处境并不好，他们仍会感到失落。这时候他们失落的是梦想——有一个幸福家庭的梦想。

在这一时期，儿童感到内疚和害怕十分常见——他们觉得自己对父母的离婚负有一定的责任，并且害怕失去父母中的一个。在危机期，儿童需要被理解、悉心关照和情感的支持，这样他们才能平稳度过危机期，最大限度地继续正常的生活。可人们常常只关注危机期的儿童，因为这一时期儿童表现出沉重的压力、强烈的需要或奇怪的、激化的行为，容易得到关注。人们还容易认为离婚对儿童带来的阴影会持续一辈子。但实际上，儿童的复原能力很强，大多数儿童能够走出感伤期。

经济水平。要理解单亲家庭的儿童，就必须考虑家庭收入。57%的女性主导的单亲家庭年收入低于国家的贫困线（Field & Casper，2001）。由于90%的监护人是女性，所以经济资源的缺乏成了这些家庭的一个切实的问题。

贫困影响着家庭生活体验，从营养不良（儿童可能在课堂上无精打采）和医疗保健不足（疾病防疫不足，难以保证儿童的健康），到生理和心理环境的质量（监护家长可能因经济拮据而忧心，顾不上关心孩子）。总之，在我们努力理解单亲家庭孩子的生活质量时必须考虑家庭经济状况。我们常常把离婚家庭的孩子的问题归咎于家庭结构，而不是贫困导致的压力和限制。因此，我们要问一个重要问题：儿童在课堂上表现出的问题是因为缺少了一个家长，还是因为缺少经济资源？

烙印化。我们总会听到有人在解释一个儿童的行为时说"她来自一个破碎家庭"。如果离婚是近期发生的，我们最好说"那孩子正处在一个艰难时期"，因为这样说更能准确地反映事实。当你的学生已经度过了危机期，把他们的行为怪罪于离婚就不再是充分的解释，也有失公允。在危机期后，离婚并不会造成儿童更多的不良行为，正如婚姻不能保证儿童都循规蹈矩一样。此外，用于描述这些儿童和他们的家庭的语言大多是消极的，例如"破碎家庭"。破碎的意思是有缺陷的，毫无疑问没人愿意买有缺陷的东西。可这个词语却被频繁地用于描述离婚家庭。离婚的确使一个家庭破裂，但同时演化出一个新的家庭。单亲家庭可能是惩戒性的，不理想的，也可能像大多数普通家庭一样，都在尽力而为。将父母离异的孩子描述成破碎家庭的孩子无疑是将他们和他们的家庭打上了烙印。

不幸的是，这样的刻板印象十分普遍。在20世纪80年代初，一个颇有声望的教育管理者组织开办的杂志用一个专刊讨论了单亲家庭孩子的问题。其中公布的研究结果来源于该组织受委托进行的一项研究。他们的研究报告指出，单亲家庭的孩子与完整家庭（亲生父母）的孩子相比，在很多方面都明显不足，尤其是学习方面。这一信息被各大媒体报道，很快在国内外的报刊上流传开来。然而，这一研究在设计上存在一个重要统计缺陷：家庭的收入水平是一个干扰变量，却没有被考虑在内。此后，在这一刊物的另一期最后几页的一个小方框里，刊登了一则更正声明。可惜，这一声明并没有被媒体报道——这不足以成为新闻，因而至今还有人沿用那些不准确的研究结果。

近几年，很多关于离异家庭儿童的负面观点是由朱迪丝·华勒斯坦恩通过她的书和无数次做客脱口秀节目发布的（Wallerstein, Lewis, & Blakeslee, 2000）。华勒斯坦恩声称一半以上离婚家庭的儿童经历着长期痛苦、担忧和不安全感，他们的恋爱和工作关系因此受到负面影响。这一断言的问题在于，这些结论是建立在她自己错误的研究之上的，很难站得住脚。正如库恩兹（Coontz, 2000）所指出的，这种本应具有权威性的研究只采用了研究者主观选择的60对夫妻作为样本，而且研究没有将离异家庭和非离异家庭的儿童进行比较来确定他们的行为问题是否源于其他因素。此外，研究样本是从正在一家心理诊所进行心理治疗的客户中选取的。只有三分之一的样本在研究开始前处于心理健康状态。遗憾的是，华勒斯坦恩的言论影响了很多人，因为人们无从得知她的研究细节，也不了解离异家庭儿童的研究状况。

单亲家庭的儿童：离婚。 很多针对单亲家庭儿童的研究只包含了离婚家庭的孩子，不包括未婚母亲的孩子，这使得情况愈加复杂。所以，当我们看待单亲家庭的研究时，需要问清楚"哪一类单亲家庭"。

作为教育者，我们特别关心离婚家庭儿童的学习情况。近几年，一系列研究显示离婚家庭和完整家庭的儿童在学习上没有或只有很小的差异（Hines, 1997; painters & Levine, 2000; Shim, Felner, & Shim, 2000; Wadsby & Svedin, 1996）。但媒体没有报道这些研究以让公众明白：度过了感伤期的离婚家庭的儿童，和其他儿童并无多大分别。媒体报道的缺失加深了人们对离婚家庭儿童的误解。

传统（完整）家庭的儿童和单亲家庭的儿童之间的差别很小，但毕竟这两类家庭的儿童生活在不同的家庭结构和环境中。下文描述了他们的差异。

单亲家庭的家长与孩子之间的谈话多于传统家庭的家长（家庭中没有其他成年

人的情况下），单亲家庭的儿童比双亲家庭的儿童更成熟，自我效能感更强（部分是因为他们与成年人的交谈更多）。另外，相比于双亲家庭的父母，单亲家庭的家长更少迫使孩子遵守社会规范，更容易表扬孩子的学习成绩。另一方面，单亲家庭的家长在监督孩子做功课和与学校互动方面比双亲家庭父母花的时间少。此外，双亲家庭的经济基础更稳固，更少陷入贫困。

需要注意的是，单亲家庭的统计数据往往不清晰。当你听说一半儿童将生活在单亲家庭时，并不是指在一个特定时间单亲儿童的总数。这一数据指的是在十八岁以前有一段时间生活在单亲家庭的儿童。另外，通常单亲家庭儿童的统计数据并不包括离婚家庭的儿童。这些数据一般指未婚母亲的孩子和父母一方亡故的孩子。

重组家庭

重组家庭（继养家庭）数量的不断增加并不出人意料，因为单亲家庭（包括未婚和离婚家庭）的数量在增加。

英语中继父母中的"继"（step）一词，由来已久。它从古英语中表示"被剥夺了生活必需品和教育机会"的一个词语演化而来，用来指代双亲中有一人亡故而进入另一个家庭。挽救家庭于经济困境曾被看作是英雄式的行为。尽管"继养家庭"（stepfamily）一词被广泛使用，但本章仍选择"重组家庭"（blended family）这一术语来表示这一类家庭。

过去，死亡是家庭重组的主要原因。而现在，离婚和未婚生子成了重组家庭的最重要的原因。过去，父母任何一方身亡都会给家庭带来问题，而父亲的死亡更可能是灾难性的。女人通常都不工作，而且在很长一个历史时期中，她们没有权利继承财产。因而，再婚能够将孤儿寡母从经济困顿中拯救出来。

尽管单亲家庭的儿童最容易得到媒体的关注，重组家庭却很可能最终成为家庭结构的主流。在各种结构的家庭中，对重组家庭的误解是最深的。实际上，单亲家庭与重组家庭相比更接近于完整家庭。教育者经常对单亲家庭感到别扭，当得知单亲家庭成为重组家庭后都会不约而同地长舒一口气。毕竟，重组家庭看上去更像我们熟悉的传统（完整）家庭。

然而，完整家庭和重组家庭最大的共同点就是它们看上去相似。重组家庭的运作方式与其他家庭有很大区别。重组家庭的成员给他们的新家带来了复杂的历史和传统。尽管任何一种家庭结构内部都呈现出多样性，但重组家庭的复杂性是无可比拟的。伊利诺伊州的北布鲁克临床社会工作研究所曾界定了32种重组家庭。教育者迫切需要了解这些家庭结构，才能将教育工作做好。

对重组家庭的研究十分有限，而且目前的研究结果还不足以得出确定的结论。一些研究者认为重组家庭的成员比传统家庭的成员面临更多问题，而另一些研究者则认为两者的区别只是面临的问题不同而已。后一类研究者认为重组家庭孩子和完整家庭孩子的适应能力一样好(Coontz,2000)。

重组家庭的真实情况。重组家庭的真实情况如何？下面列出了一系列大多数研究者都认同的事实：

- 幼儿在重组家庭中适应情况最好。
- 青少年，尤其是那些与继父/母同性别的孩子，容易对继父/母产生怨恨。
- 一般来说，亲生父母一方去世的孩子比父母离异的孩子更容易适应继父/母。
- 离婚后，相关成年人的态度（监护方、非监护方和继父/母）对儿童在重组家庭的适应有很大影响。毋庸置疑，积极态度比消极态度更能促进良好适应。
- 大多数重组家庭自称生活幸福。

想一想童话中继母的形象。你能记得多少负面的描述？多少正面的描述？你如何解释这之间的差异？

对重组家庭的错误理解。令人遗憾的是，很多对重组家庭的想象是建立在误解而不是事实的基础上的。下面列出了四个最具危害性的错误理解。

误解1：重组家庭中的家庭角色和传统家庭相似。

事实上，尽管另一个成年人取代了配偶的位置，但却不能取代亲生父/母亲的位置。继父母的角色总是很尴尬的，因为孩子们总会提醒他们："你不是我爸爸/妈妈！"虽然继父母能够抚养和支持孩子，但他们很少扮演亲生父母的角色。

误解2：家庭成员很快就能彼此相爱。

其实，在重组家庭中，成年人要花一些时间建立和谐的关系，而期望继父母和继子女自然而然地相爱则更不现实。他们需要时间来建立关系，但即使给予时间仍有很多复杂的因素可能成为阻碍。矛盾的忠诚感可能给重组家庭带来烦恼："如果我爱我的继父/母，那我是不是对自己亲生父/母不忠诚？"另外，兄弟姐妹、继父母之间的嫉妒也经常成为问题。只有解决了这些问题，重组家庭才能发挥正常功能。

误解3：重组家庭和传统家庭的功能一样。

传统家庭拥有共同的历史、传统和亲友，而重组家庭却没有。相反的，重组家庭享有伴随着差异性的丰富多彩——尽管这种差异性需要改变。家庭传统（生日、圣诞节、家庭旅行等）能提供愉快而丰富的经历，但也可能导致冲突。此外，所有兄弟姐妹（有监护权和没有监护权的子女）之间的关系都必须协调。在很多家庭，非亲生的兄弟姐妹既为家庭增添了乐趣，也增加了摩擦。

误解4：重组家庭的生活就像情景剧。

可能最具损害性的误解都来自于电视节目。尽管早期的有关重组家庭的传言（如

"灰姑娘"、"汉塞与格雷泰"、"白雪公主")已经遭到批评,但我们却用新的一套误解取而代之(如"布莱迪一家"以及更新的关于重组家庭的电视节目)。"布莱迪一家"可能在形式上是一个重组家庭,但剧作家让他们演成了一个传统(完整)家庭。教育者必须了解重组家庭的真实情况。类似"布莱迪一家"的电视节目里表现的乌托邦式的完美适应以及随后连续不断的重播,比"灰姑娘"的故事更具隐患。在"灰姑娘"的故事中,邪恶的继母被大家看作故事书里的人物,而电视剧中的"布莱迪一家"却被认为是可能存在的,这令很多重组家庭感到内疚,因为他们的生活没有达到这一当代童话的境界。

当我们审视那些有别于传统印象的家庭时,往往会特别关注它们显现出的差别。而那些不同于传统家庭的行为常常被看作是不理想的。非传统家庭的优势容易被忽略。加农和科尔曼(2003)帮助我们发现了重组家庭的优点。

灵活性。重组家庭的儿童要学习适应不同的价值体系。因而他们可能在遇到新的传统和情境时更能灵活应对,更容易适应。这些儿童通常知道如何协商解决问题和在必要时妥协。因而,当环境对行为提出新要求时(新学校、教师等),重组家庭的儿童可能已经掌握了一些重要的应对技能,能够应用到其他各种环境中。

多重角色榜样。与其他结构的家庭相比,重组家庭中往往成年人更多。成年人为儿童提供了各种各样的榜样。苏珊阿姨是一个出色的商人,吉姆表哥非常有创造性,梅奶奶是个学者,对重组家庭的儿童来说,这些都是角色榜样。

解决矛盾的经验。有人说重组家庭的孩子能成为出色的政治家或商业管理者,因为他们知道如何协商解决问题。他们的协调能力一般都比较强,因为他们可能要设法和彼此敌对的人(例如,离异的父母)保持良好的关系。

扩大的亲友网络。重组家庭的儿童有更多父母、祖父母、姨妈姑姑、舅舅叔叔、表亲等。他们不仅有更多的学习榜样,还有了更多爱与支持的来源。

更高的生活水平。大多数重组家庭的儿童原先与母亲生活在单亲家庭中,经济条件拮据。随着母亲的再婚,家庭总收入提高。经济条件的改善提高了家庭生活水平,并为孩子创造了更多机会。此外,因对家庭经济不稳定的担忧而造成的压力减轻了。

快乐的父母。再婚给儿童提供了一个更有利的情感环境,父母比以前更快乐。对于在原来的家庭中深受敌对情绪影响的儿童来说,一个充满关爱的环境格外有益。父母再婚的幸福还能让孩子亲身感受到积极的夫妻互动模式。

重组家庭并不是传统家庭的重温,而是具有自己独特优势和需求的一类家庭。理解重组家庭的真实情况,消除误解,我们可以更有效地与这些家庭的孩子及其家长合作。知识可以让我们不仅看到重组家庭与传统家庭的差异,更能充分认识到这类家庭的优势。

总体上,教育者不仅必须了解、尊重学生的家庭,还必须了解家庭结构的变化对其生活的影响。家庭的概念是动态的,下面这个例子可能会发生在你未来的课堂中。安吉出生于一个完整家庭,父母离婚后,安吉在单亲家庭生活了一段时间,母亲再婚后,她进入了一个重组家庭。安吉的父亲也再婚了,她又成为父亲新家的一员。但父亲又离婚了,目前正在计划再次结婚。安吉的童年在多个家庭中度过,父母中的监护方和非监护方重新组建的家庭都与她有密切的关系。与安吉有着同样经历的儿童很多,她只是其中一个代表。

随着家庭的变化,家庭的需要也在发生变化。例如,随着单亲家庭数量的增加,对儿童保育的需求也在增加。各种类型的家庭都在不断改变,传统家庭也不例外。家长的职业、对儿童的照料安排或家庭的经济状况等都会变化。此外,家庭的流动性增加,现代家庭的迁移比以往更加频繁。总之,家庭始终处于变化的状态中。

> **反思** 想一想你所熟悉的一个功能健全的家庭。你会用什么样的形容词描述这个家庭?

功能健全的家庭

功能健全的家庭有哪些特征?美满的家庭看起来如何?又做些什么?功能不健全的家庭对学生的生活会有怎样的影响?

当我们对家庭作出评价时必须非常谨慎。你不能仅凭家庭的结构来判断家庭的效能。一个居住在高收入社区,有两个孩子的完整家庭并不一定比一个居住在工薪社区的双子女单亲家庭更好。长期以来,有关家庭的大量文献都围绕功能不健全的家庭——因为它们显而易见,容易研究。近年来,对功能健全的家庭的研究明显增多,这类家庭的显著特征也随之显现出来。我们必须明白什么样的家庭是健全的,什么样的家庭是不健全的。

功能健全的家庭并非完美家庭。如果一个家庭看上去完美得令人难以置信,那它可能的确不真实。所有家庭都有问题,只是问题的性质、严重性和家庭解决问题的能力不同。寻求专业帮助的家庭并不一定功能不健全。实际上,这很可能恰恰体现了它们解决问题的能力。

功能健全家庭的特征

史莱辛格(Schlesinger,1998)回顾了家庭治疗的理论文献中健康家庭系统的概念,提炼出了功能健全家庭的一些基本特征:

- 交流和倾听。
- 相互肯定和支持。

- 教孩子相互尊重。
- 发展信任感。
- 有游戏精神和幽默感。
- 表现出共同分担责任的意识。
- 教孩子是非意识。
- 具有强烈的家庭习俗和传统意识。
- 家庭成员间互动平衡。
- 有共同的宗教信仰。
- 尊重彼此的隐私。
- 尊重他人的服务。
- 鼓励家庭成员共同进餐和对话。
- 有共同的休闲时间。
- 承认问题并愿意寻求帮助以解决问题。

我想在这个列表中加上一条：好的家庭是快乐的。在我与家庭打交道多年的经验中，我发现功能健全的家庭充满快乐、淳朴自然、享受生活。

请注意，上述特征没有一条涉及家庭的形式。一个好的家庭既可以是一个单身汉与他领养的孩子，也可以是一对年轻夫妇和几个孩子，或是一对年过三十的夫妇和他们刚有的第一个宝宝，或者其他任何一种家庭构成。最重要的不是家庭看上去如何，而在于家庭是否能够良性运转。

功能不健全的家庭

功能健全的家庭能够让儿童在安全的、支持性的环境中逐渐独立，而功能不健全的家庭则不能。它们有可能满足儿童基本的物质需要，但无法提供个体情感健康发展所需要的环境。

功能不健全的家庭常常飘忽不定，没有规则或很少有规则，导致儿童焦虑、不自信；或者规则太多，导致儿童缺少自主意识。很难将功能不健全的家庭的特征一一列举出来。因此，了解功能不健全的家庭可能产生的影响会更有意义。

功能不健全家庭的特征

不信任。 在功能不健全的家庭中成长的儿童往往很难学会信任别人。在大多数儿童学习信任他人的重要发展时期，这些儿童却发现不信任比信任更安全。因而这些儿童更多依靠自己，而不是他人。为此他们要付出很高的代价——缺乏与他人的亲密关系。

低自尊。功能不健全家庭的儿童总是对自己很苛刻,常常有不必要的愧疚感。

不快乐。功能不健全家庭的儿童内心常常充满愤怒、厌恶、忧郁和悲伤。他们对自己过于严肃,而且不会自嘲(Taylor, 1990)。

羞耻感。很多功能不健全家庭的孩子感到自己遭受到的待遇是活该。他们的心理是这样的:成年人毕竟是绝对权威,所以如果他们对自己不好,一定是自己有问题。这是功能不健全家庭儿童的普遍反应,遭到暴力和性虐待的儿童尤其容易这么想。于是,这些孩子长大后往往认为自己不配得到更好的待遇。

特别令人不安的是,这些感受在孩子离开家庭后不会停止,甚至不会淡化。除非接受积极干预,这些儿童成年后会因为早年的家庭经历而形成心理障碍,并且容易用同样的方式对待自己的孩子。这些人常常一生都在努力证明自己是有价值的人。此外,他们成为父母后,很可能将这种功能不健全家庭的痛苦延续下去。

小结

家庭是一个伟大的机构。它帮助儿童做好准备适应更广阔的世界,教会他们对家庭、社区、国家和他人负责。这是儿童获得爱与呵护的地方,是一个安全的、允许他们尝试新行为的社会实验室。

家庭的构成在过去的50年里发生了巨大的变化。我们知道,家庭的成败与否取决于家庭的运转方式,而不是家庭的构成方式。完美的家庭是不存在的。所有家庭都会面临问题和挑战,但一个功能健全的家庭能够把它们转换成学习经验。

作为教育者,不了解家庭的性质就会阻碍我们有效地工作。作为理解的一部分,我们必须充分认可和感激家长所付出的努力。并且我们必须记得,绝大多数家长热爱自己的孩子,一心为他们好。

推荐活动

1. 描述你家庭的故事。包括家庭角色、传统、家庭关系等。你可以提供一些照片和纪念品来充实你的描述。

2. 选择一个历史阶段,描述当时的家庭生活,并与你的家庭生活进行比较。

3. 分别访问单亲家庭、重组家庭和完整家庭的家长各一位。你可以询问关于家庭传统、角色、决策等问题。

4. 审视流行杂志,剪切有关家庭的图片50张,进行观察。

5. 邀请一名家庭治疗师与学生进行有关功能健全和不健全家庭的讨论,以及对后者的治疗干预。

儿童读物

以下儿童读物可以帮助您的学生思考本章所涉及的问题。

儿童与父母离异

《这不是你的错,可可熊:写给离异中的父母与幼儿》
作者:维奇·兰斯卡尔　插图:简·普林斯
阅读级别:4—8 岁
It's Not Your Fault, Koko Bear: A Book for Parents and Young Children During Divorce
Vicki Lansky, Jane Prince (Illustrator)
Book Peddlers (1998)

《别在星期六分手!离婚家庭儿童生存手册》
作者:阿道夫·莫瑟　插图:大卫·梅尔顿
阅读级别:9—12 岁
Don't Fall Apart on Saturdays! The Children's Divorce-Survival Book
Adolph Moser, David Melton (Illustrator)
Landmark Editions Inc. (2000)

《我该怎么办?写给父母离异的儿童》
作者:丹尼艾尔·罗瑞　插图:伯妮·马修斯
阅读级别:9-12 岁
What Can I do? A Book for Children of Divorce
Danielle Lowry, Bonnie J. Matthews (Illustrator)
Magination Press (2001)

《帮帮我!离异与重组家庭女孩不可不看的指导书》(入选美国女孩必读书目)
作者:南希·霍约奇
Help! A Girl's Absolutely Indispensable Guide to Divorce and Stepfamilies (American Girl Library)
Nancy Holyoke
Sagebrush(1999)

单亲父母

《我有爸爸吗?一个单亲孩子的故事,专设章节写给单身的母亲和父亲》
作者:珍妮·华伦·林赛　插图:迪迪·瓦尔
阅读级别:6—7 岁
Do I Have a Daddy? A story about a Single-Parent Child with a Special Section for Single Mothers and Fathers
Jeanne Warren Lindsay, DeeDee U. Warr (Illustrator)
Morning Glory Press (1988)

《红毯子:单亲父母领养的孩子》
作者:伊莉莎·托马斯　插图:乔·塞皮达
阅读级别:婴儿或学前儿童
The Red Blanket: Children's Adoption by Single Parent
Eliza Thomas, Joe Cepeda (Illustrator)
Scholastic, Inc. (2004)

《与单亲父母共同生活须知》
作者:理查德·曼希尼
阅读级别:年轻成年人
Everything You Need to Know about Living with a Single Parent
Richard E. Mancini
Rosen Publishing Group (1999)

《世上最好的单亲妈妈:我是如何被收养的》
作者:玛丽·奇斯克
阅读级别:5—8 岁
Best Single Mom in the World: How I was Adopted
Mary Zisk
Albert Whitman (2001)

重组家庭

《两个家》
作者:克莱丽·马苏瑞尔　插图:凯蒂·麦克唐

纳·丹顿
阅读级别：婴儿或学前儿童
Two Homes
Claire Masurel, Kady McDonald Denton (Illustrator)
Candlewick (2003)

《我的重组家庭》
作者：朱莉·约翰逊
阅读级别：4—8岁
My Stepfamily
Julie Johnson
Stargazer Books (2004)

《台阶》
作者：瑞切尔·科恩
阅读级别：8—12岁
The Steps
Rachel Cohn
Simon & Schuster (2004)

《我只在周末见到爸爸：儿童讲述的离婚与重组家庭故事》（儿童帮助儿童）
作者：贝丝·马修斯　安德鲁·亚当斯　凯伦·多克雷
阅读级别：年轻成年人
I Only See My Dad on Weekends: Kids Tell Their Stories About Divorce and Blended Families (Kids Helping Kids)
Beth Matthews, Andrew Adams, Karen Dockrey
Chariot Family (1994)

《青少年的重组家庭生活：与继父母及兄弟姐妹和谐相处》
作者：乔·布洛克　苏珊·巴特尔
阅读级别：青少年
Stepliving for Teens: Getting along with Stepparents and Siblings
Joel D. Block, Susan S. Bartell
Penguin Putnam Books for Young Readers (2001)

补充资源

家庭

图书：

库恩兹 (2002)
《我们从未有过的经历》（第二版）
这本出色的书能够帮助我们理解家庭的历史与现状。书中辨析了有关家庭的传言与误解。作者对家庭的研究既广博深刻又妙趣横生。
Coontz, S. (2002). *The way we never were* (2nd ed.). Basic Books

汉姆纳，特纳 (2000)
《当代社会的儿童养育》（第四版）
这本研究型著作力求帮助学生从三个方面理解儿童养育：①概念、挑战和转变；②多种家庭形式；③风险与应对方法。尽管此书主要针对幼教工作者，但对于其他教育者同样有帮助。
Hamner, T. J., & Turner, P. H. (2000). *Parenting in contemporary society* (4th ed.). Paramount Publishers

单亲家庭

图书：

科尔曼 (1998)
《父母离婚的孩子需要知道的事》
由于儿童常常不善表达感受、恐惧和疑问，人们会想当然地认为他们在父母离婚时适应得不错，而实际上孩子可能感到内疚，觉得自己是父母离异的原因。威廉·科尔曼为担忧的家长提供了一个朴实可靠、通俗易懂、简单易行的方法，帮助家长提出敏感话题，与孩子讨论他们所关心的问题。

Coleman, W. (1998). *What Children Need to Know When Parents Get Divorced*. Minneapolis, MN: Bethany House.

丁克梅耶，麦克凯·J. D.，麦克凯·J. L. (1987)
《一个新起点：单亲家庭与重组家庭父母必备技巧》
此书出版已久，但仍未过时。这本书针对单亲家庭和重组家庭的需要，运用了各个案例和大量插图，讨论了自尊、人际关系和行为、交流技巧和行为管束等问题。

Dinkmeyer, D., Mckay, J. D., & Mckay, J. L. (1987). *A new beginning: Skills for single parent and stepfamily parents*. Research Press

社会团体：

Parents Without Partners, Inc.
www.parentswithoutpartners.org/index.htm

Single Parents Association Online
www.singleparents.org

继父母

图书：

史欧姆伯格，辛姆伯格 (1999)
《重组家庭：写给父母、继父母及所有努力打造幸福新家庭的人》
如今越来越多的美国人成为再婚家庭的一分子。刚刚重组的家庭不可避免会遇到各种问题和需求。这本充满真知灼见的指导书为读者提供了实实在在的问题解决方案，讲述了很多走过调适历程的家庭的真实故事。

Shomberg, E. F., & Shimberg, E. F. (1999). *Blending families: A guide for parents, stepparents, and everyone building a successful new family*. Berkley: Berkley Publishing Group.

维舍·E. B.，维舍·J. S. (1993)
《重组家庭：传说与现实》
本书的作者是一对夫妻，一位是心理医生，另一位是心理学家。基于自己的个人和职业经验，作者对重组家庭进行了全面的介绍，并阐述了理解重组家庭特殊性质及其与核心家庭差异的重要性。

Visher. E. B., & Visher, J. S. (1993). *Stepfamiles: Myths and realities*. Citadel Press.

图书章节：

希尔德布兰迪，菲尼斯，格雷，海因斯 (1996)
"重组家庭"选自《了解和服务各种家庭》(237—259页)

Hilderbrand, V., Phenice, L. A., Gray, M. M., & Hines, R. P. (1996). Step families. In *knowing and serving diverse families* (pp. 237—259). New York: Merrill Publishing Co.

社会团体：

Stepfamily Association of America
www.saafamilies.org/index.htm

Stepfamily Foundation
www.stepfamily.org

参考文献

Ahlburg, D. A., & De Vita, C. (1992). New realities of the American family. *Population Bulletin*, 47(2).

Berger, E. H. (2003). *Parents as partners in education: Families and schools working together* (6th ed.). Columbus, OH: Merrill.

Bing, E., & Cowman, L. (1980). *Having a baby after 30*. New York: Bantam Press.

Conntz, S. (1995). The American family and the nostalgia trap. *Phi Delta Kappan*, 76(7), K1—K20.

Demos, J. (1996). Myths and realities in the history of American life. In H. Grunebaum & J. Christ (Eds.), *Contemporary marriage: Structure, dynamics, and therapy* (pp. 9—31). Boston: Little Brown.

Field, J., & Casper, L. M. (2011). *America's families and living arrangements: Population characteristics (Current Population Reports P20—537)*. Washington, DC: U. S. Census Bureau.

Ganong, L. H., & Colemean, M. (2003). *Stepfamily relationships: Development, dynamics, and interventions*. New York: plenum.

Gordon, A., & Browne, K. (2003). *Beginning and beyond* (6th ed.). Albany, NY: Delmar.

Hines, A. M. (1997). A review of literature: Related transitions, adolescent development, and the role of the parent—child relationship. *Journal of Family and Marriage*, 59(2), 375—388.

Painter, G., & Levine, D. I. (2000). Family structure and youth outcomes. *Journal of Human Resources*, 35(3), 524—549.

Schlesinger, B. (1988). Strengths in families: Accentuating the positive. Retrieved July 14, 2005, from www.vifamily.ca/library/library.html.

Shim, M. K., Felner, R. D., & Shim, E. (2000). The effects of family structures on academic achievement. Paper presented at the Annual Meeting of the American Educational Research Association, New Orleans, LA. April 24—28, 2000.

Skolnick, A. (1991). *Embattled paradise: The American family in an age of uncertainty*. New York: Basic Books.

Taylor, P. M. (1990). *Coping with a dysfunctional family*. New York: Rosen.

Trozzi, M., & Massimini, K. (1999). *Talking with children about loss: Words, strategies, and wisdom to help children cope with death, divorce, and other difficult times*. New York: Perigee.

Usdansky, M. (1996). Single motherhood: Stereotypes vs. statistics. *New York Times*. Retrieved August 10, 2002, from http://mbhs.bergtraum.K12.ny.us/cybereng/nyt/unwed-mo.htm.

Wadsby, M., & Svedin, C. G. (1996). Academic achievement in children of divorce. *Journal of School Psychology*, 34(4), 352—336.

Wallerstein, J. S., Lewis, J. M., & Blakeslee, S. (2000). *The unexpected legacy of divorce*. New York: Hyperion.

第三章
家庭的多样性

伊万·瓦兹
奥本大学

桑德拉·维因·塔特维勒
沃西本恩大学

家庭的多样性呈现出多种形式。即使是"主流"家庭（白人、中产阶级家庭等）也各不相同。不过，我们可以根据某些特征将家庭划分为不同的类型。本章着重讨论这些特征：民族／文化、宗教和结构。本章的目的是帮助你：

◇ 考虑不同民族／文化的家庭的同化程度，认识到这方面信息的重要性。

◇ 理解文化多元主义对教师与不同民族／文化家庭的关系的意义。

◇ 考虑拉丁美洲裔、美国印第安人、亚裔和非裔美国人家庭的家庭特征。

◇ 考虑宗教多样性对家庭的影响。

◇ 加深对非传统家庭的了解，包括同性恋家庭和以祖父母为主的家庭。

变化的家庭

美国家庭自古以来就在家庭结构、社会和经济地位、民族/文化背景、宗教传统方面千差万别。这些因素造成了各个家庭的独特性,以及美国社会中人的多样性。这些差异包括家庭单元中的语言、习俗、态度、行为、价值观以及日常生活状态。

本章集中讨论导致家庭多样性的三个主要因素:家庭结构、民族/文化背景、宗教传统。尽管我们将对这些因素一一讨论,但实际上这些因素的组合才真正造就了家庭的独特性。同样重要的是,这些因素影响家庭日常生活的运行方式。理解家庭的差异有助于学校工作人员创造出与家庭合作的各种策略。当教师和学校的其他工作人员懂得尊重家庭生活处境及其对孩子的独特的教育方式时,学校和家庭之间的关系才能得到改善。

正如上一章所述,对传统家庭或典型家庭的传统概念受到18世纪末、19世纪初主流家庭结构的影响,并在20世纪50年代再一次得到强化。然而,家庭作为社会单元历经变迁,不仅深刻影响了人们对家庭构成的理解,还影响了家庭单元的功能。对家庭多样性的讨论有助于大家关注和认同当代社会中存在的家庭差异。

家长与学校的关系可能会受到学校对特定群体误解的影响。学校对家庭的期望往往反映的是中产阶级核心家庭的行为、价值取向和能力。这样一来,就形成了衡量家庭能力的统一标准,忽略或贬低了家庭以及家庭对教育环境贡献的多样性。《我们从未有过的经历》(*The Way We Never Were*)的作者斯戴芬尼·库恩兹指出,"误区(建立在中产阶级经验之上)导致了对家庭能力和责任的不现实的期望,这将破坏团结,削弱那些有困难的家庭解决问题的信心。"(2000)

当然,中产阶级家庭和学校的传统纽带必须维系,但我们需要认识到不同于这一形式的家庭以不同的方式理解自身在孩子教育生活中所扮演的角色。

家庭结构

家庭的种类可能与家庭的个数一样多,从宽泛的家庭构成入手可以让我们更容易理解家庭。上一章详细讨论了单亲家庭和重组家庭。本章将简要讲述双亲家庭、以祖父母为家长的家庭和同性恋家庭的功能,而重点则在于介绍不同民族和文化背景的家庭。

已婚夫妻家庭

已婚夫妻家庭的一种形式是丈夫、妻子和他们亲生和/或领养的孩子。社会学家常把这一家庭形式称为"完整家庭"。需要注意的是,这个名称只是一个描述性术语,并不包含价值评判。另一种有孩子的已婚夫妻家庭是重组家庭。这两种家庭虽然看上去十分相似,但它们的功能特点差别很大。

有孩子的已婚夫妻家庭略超过美国所有家庭的三分之一。这一家庭结构在各个经济水平和所有民族、文化群体中都存在。但目前无子女的已婚夫妻家庭数量在增加。实际上,弗瑞(2003)指出1990年已婚无子女家庭数量已经超过了有子女的家庭。

家庭不是静止不变的。在人类历史中,家庭的演变从未停止,并仍将继续。过去五十年,对已婚夫妻家庭产生重大影响的变化是职业女性数量的增加。子女年龄未满十八岁的已婚妇女就业的人数大量增加,每十个已婚夫妻家庭中的女性中只有三人在家做全职妈妈。其中有些女性就业是出于经济需要,而另一些则是为了个人事业的发展。

尽管家庭的结构和功能发生了天翻地覆的变化,但有些事情并未改变。女性仍是孩子的主要照料者,担负着家庭的主要责任。有些学者认为,随着核心家庭的形成,女性承担起家务劳动的主要责任,这一模式十分牢固,难以改变(Zinn & Eitzen,2004)。尽管随着女性就业,男性在家务劳动方面的投入逐渐增多,但女性仍承担着大部分家务劳动。

女性进入职场大大改变了已婚家庭的日常需要和运作方式。如何照顾好"挂钥匙的孩子"成了全美国关注的话题,这也充分显示了女性就业对核心家庭带来的影响。负担得起的、高质量的儿童保育服务,弹性工作时间,更灵活的父母休假政策成了已婚夫妻家庭,以及其他父母因工作无暇照顾孩子的家庭最关心的问题。工作单位在想方设法满足双职工家庭的需求,很多学校也在改变做法以便这些家长能够参与到孩子的教育中来。例如,有些学校将家长—教师座谈会时间改在晚上,来适应双职工家庭的生活情况。

有些双双工作的已婚夫妻家庭通过寻求亲友支持的方式解决面临的问题。重视并保持着亲友纽带的少数民族家庭可能不会像那些更纯粹的核心家庭那样陷入困境。这种情况下,已婚夫妻家庭所面临的问题更多与白人中产阶级核心家庭主导地位的下降有关。

另一种家庭结构

美国家庭的差异体现在很多方面(文化/民族,经济地位等)。我们通常会认为这是近期才有的现象,实际上这些差异一直都存在,但各种家庭的数量和性质确实发生了变化:单亲父亲家庭、领养家庭、儿童和各种亲属生活在一起的家庭等等。本文重点讨论两种非传统家庭:以祖父母为主的家庭和同性恋家庭。

祖父母代养家庭

祖父母抚养孙辈的家庭越来越多。这原本是美国印第安人的传统做法，但如今在主流社会中也很常见（Hildebrand，Phenice，Gray，& Hines，1996）。随着未婚妈妈年龄的降低和吸毒人数的增长，很多母亲不能或不愿意照顾自己的孩子。代替儿女照顾年幼孙辈的人数大幅增加，以至于全美国范围内出现了很多祖父母援助组织。

尽管成为儿童首要抚养人的祖父母人数增多源于各类社会问题，但这种家庭结构的形成也有不少积极原因。在一些文化中（例如很多印第安裔美国人群体）祖母承担抚养责任的情况非常普遍。

同性恋家庭

男同性恋和女同性恋家庭都比过去更多、更引人注意。美国社会一些地区还存在对这类家庭的争议，而在同性恋家庭中成长的儿童正在不断增多。社会还在犹豫是否将他们称为"家庭"，而这类家庭的数量已远远超出了人们的估计，有研究发现这类家庭的数量被低估了60%（Smith & Gates，2001）。难以收集这类家庭确切数量的主要原因是，很多同性恋家长不愿透露自己的性取向。同性恋家长常常害怕被歧视和陷入监护权纷争，因为在有些州他们很容易被认为是不合格的父母。

在很多同性恋家庭中，孩子是他们以前异性婚姻的结晶。而现在，通过人工授精和领养的方法成为父母的情况也越来越多。同性恋家庭形式各异，在不同社会和经济阶层中都有。很多家庭由两个女人或两个男人以同伴关系生活在一起；有些家庭是重组家庭，父母双方各自带着一个或几个孩子合并在一起；有些则是单亲家庭；在有些情况下，一个同性恋男人担负着父亲的责任，母亲的责任则由另一个同性恋女人承担。

> **反思** 扪心自问你对同性恋家长的想法和感受。你的态度可能对同性恋家庭的孩子产生怎样的影响？

同性恋家庭的孩子可能会因为家长的生活方式而被另眼相看，在帮助孩子应对负面经历方面，同性恋家长的做法差别很大。有些孩子能接受自己父母的生活方式，有些则认为这是个难以启齿的秘密。学校必须反思自己对同性恋家庭的观点，这些家长能够从学校的行为中察觉到他们是否受欢迎。同性恋家长在自愿的基础上与教师坦诚沟通有关学校和家庭问题的态度更能促进家校关系的发展。

民族与文化多样性

欧美文化的主导地位建立于17世纪。早期定居者中英国移民占绝大多数，他们将英国的语言、风俗、法律和宗教移植到殖民地国家。尽管文化迁移经历了几个世纪的演化，欧美文化依然保持着主导地位，这也就是美国的主流——白人中产阶级的文化。17世纪就定居在美国的印第安裔和非裔美国人被认为不适合被盎格鲁-撒克逊文化所同化，而来自德国、爱尔兰和斯堪的纳维亚的移民比意大利人、犹太人、克罗地亚人、波兰人以及其他南欧与东欧移民更容易被接受。

同化与文化多元主义

人们总是希望移民群体服从美国固有的生活方式。家庭与学校是推进这个顺应过程的首要机构，而后者在文化同化过程中起着最主要的作用。同化是一个文化概念。它指的是一个在政治或经济上处于弱势的群体，接受另一个在政治上和经济上处于优势的群体的文化特征的过程。这个过程循序渐进直至两个群体无法分辨（Feinberg & Soltis，1998）。在美国，被同化了的个体适应了欧裔美国人建立的生活标准，放弃了本民族的文化特征。然而，同化进入主流文化只反映了一个可能的结果：主流文化与各种民族文化的相互影响。

将美国缔造成一个民族熔炉的愿望并未真正实现。熔炉观念意味着所有民族/文化群体融合在一起形成了一个混合各种特征的新文化。然而，一波又一波新移民并未融入一种共同文化，而是必须放弃自己独特的文化习俗，去适应深受北欧人影响的"美国"文化。很多移民群体被迫表现出主流人群的特征，并否认自己文化的丰富性。人们误以为主流文化也因为受到其他民族群体的影响而发生改变，但事实并非如此。

第三种可能性是文化涵化。文化涵化或民族社会化是一个发展中的个体从家庭、同伴和民族社群中习得文化知识的过程，这一过程有助于个体发展出作为一个合格民族群体成员的素质，形成民族认同感。民族群体成员不同程度地参与文化涵化。

这些差异对于理解家庭如何看待自己的民族背景来说特别重要。不同民族/文化群体家庭中的语言、习俗、育儿方法和价值观方面的差异在一定程度上源于一个家庭对文化同化和文化涵化价值的理解。

当家庭，尤其是少数民族家庭，努力寻求一种自身文化（文化涵化）和主流文化（文化同化）之间的平衡时，会遇到很多问题。然而，根据有些人的观点，社会应要求少数民族家长按照主流儿童的模式培养自己的孩子（Ramirez & Cox，1980）。不幸的是，这样的要求忽略了这些家长对孩子文化身份感的担心。孩子们与家长的文化根源之间的关联会断裂吗？

尽管校方需要了解特定民族/文化群体的特征，但更重要的是要避免固有成见。

从传统到被同化

一个在行为、信仰和认知上都受单一文化影响的文化成员,被称为传统的人(如生活在那瓦乔保留地的那瓦乔医药师),而那些放弃自己文化习俗而接纳主流文化的人被称为被同化的人。那些对两种文化同等熟悉,同样适应的人被称为双文化人。

因此,民族和文化差异往往和一个特定群体有关,并不是某个家庭一定具有的,而是一个家庭可能具有的,体现在日常生活中的特征、行为或态度。

反思 想一想你自己家的文化行为。你家的传统包括特别的食品、活动、庆祝等内容吗?这些与你的文化背景有什么样的关系?

主流家庭

正如上文所述,"典型的"美国家庭并不存在。但存在于特定家庭中的价值观、习俗和行为确实能反映主流文化模式所接受的价值观和态度。例如,与少数民族群体家庭的常态相比较,主流文化家庭更民主,儿童有机会表达自己的观点和愿望。儿童质疑或挑战权威,包括家长,而且不被看作是对长辈的不尊重。

儿童被鼓励成为有个性的人,早早学会为自己做决定,而家长的角色是提供支持和引导。家长高度期望孩子能形成对自己行为负责的责任感,能够学会自立,最终成为自食其力的成年人。

对个人主义的强调也体现在家庭单元上,在日常生活中核心家庭或主干家庭比大家庭更受推崇。事实上,一般来说,主流文化家庭不如少数民族家庭尊重长辈。

主流文化家庭的另一个特征是强调守时和恪守时间表。做到这两点是礼貌和负责的表现。"说干就干"这句格言就表达了及时完成任务的重要性。

竞争精神是教育、工作和游戏领域个人成功的潜在动力。主流文化相信个人能够在一定程度上掌握自己的命运,这一信仰支持着通过艰苦奋斗就能扭转逆境的观念。

尽管正式教育在主流家庭深受重视,但儿童还需要机会在其他学习和操作情境中获得成就。学校组织的或私人安排的体育运动、声乐或器乐活动等被认为不仅能够让儿童体会如何通过努力获得成功,而且有助于个人的全面发展。

需要注意的是,这些特征可能在很多家庭中都能观察到,但在欧美中产阶级家庭或被同化程度较高的少数民族家庭中这些特征更明显。

非裔美国人家庭

非洲后裔在美国的历史包括了两百年被奴役的时期,以及其后的种族隔离、歧视、种族压迫和各种公然的、制度化的种族主义。这一历史对非裔家庭表现出的特征有着或多或少的影响。如今，非裔美国人约占美国人口总数的12%（U.S. Census Bureall, 2004），其中有相当数量的人生活在犯罪率高、住房条件差、失业率高、就业率低和服务欠缺的市区。尽管非裔美国人中获得高等教育，进入中产阶级的人数在增加，但仍有很多人生活在贫困中。非裔美国人和欧美裔美国人之间仍存在着医疗、就业和生活质量上的不平等。

　　无论处于什么样的社会经济阶层，家庭的生存和安全一直是非裔美国人家庭的首要问题。对个人和制度性的种族主义和不公正待遇的忧虑影响着非裔美国人家庭的行为和态度。非裔美国人对大家庭的重视，源于他们相信一个人数众多、相互依靠的群体更能够克服困难生存下去。老人是大家庭价值的一部分，因而居于尊长之位。非裔美国人家庭的孩子从小就学会尊敬和服从长者，哪怕是与自己没有亲缘关系的人。非裔美国家庭的亲友关系常常延伸到血缘关系之外，推及社区的其他成员。

　　亲友纽带在照料儿童方面起着重要作用。在奴隶时代，当父母和儿童被卖到不同地方时，儿童一般由种植园的其他成年人照料。如今，姨妈、叔叔、祖母或表亲非正式领养孩子的情况仍很普遍。此外，独自抚养孩子的单亲家长（父亲或母亲）也会在亲友网络中寻求帮助和支持。

　　非裔美国家庭非常重视对儿童的抚育和保护。他们认为儿童需要纪律约束，同时也需要充分的童年。因此，很多非裔美国人家庭不急于要求孩子独立或脱离家庭。相比于其他民族的同龄人，非裔年轻人自立前在其成长的家庭生活的时间更长。

　　非裔美国人家庭中家庭角色更灵活，这是一个不分社会经济阶层普遍存在的特征。传统的性别角色可能因家庭需要而互换。儿童也可能承担一些原本由成人担负的责任。传统上，非裔美国人家庭中父母都必须工作，年龄最大的子女则要照顾和管教年幼的兄弟姐妹。一般来说，家庭成员根据需要来调整角色以保证家庭的正常运转（Ladson-Billings, 1997）。

　　教育被认为是改善生活的途径，因而很受非裔美国人家庭的重视。有学者针对少数民族群体家长对儿童教育的态度进行了调查，结果支持了这一观点（Ritter, Mont-Reynaud, & Dornbusch, 1993）。该研究包含了不同民族群体、不同社会经济阶层的学生和家长。问卷结果显示，非裔家长重视在学术学习领域（如数学、语文、社会研究）的学习，高中学生家长更容易对孩子的分数作出积极或消极的反应。尽管这些家长对学校的教育方式有一些了解，包括对家庭作业、学校日程安排的意识以及课程选择的重要性，但他们比其他少数民族群体表现出更多对学校的不信任。

　　很多非裔美国人家庭相信孩子有必要了解种族主义以及非洲后裔在美国的历史和贡献，作为儿童自我保护和生存的工具。非裔美国人对种族主义行为特别敏感。他们希望孩子能够辨别针对他们的肤色而不是品格的负面行为。他们认为这种辨别能力有利于培养孩子的自尊。最近由非裔美国人家长和教育者共同倡导的特别针对非裔美国男性的非裔中心学校,就强调这种自我保护能力的培养。

> **反思** 你有非裔或来自其他少数民族的朋友吗?如果没有,为什么?请描述我们和不同民族背景的人交朋友的方式,以及我们如何给我们的学生示范这些方式。

和其他少数民族家庭一样,非裔美国人家庭也面临文化同化/涵化的两难困境。长久以来,非裔美国人为了克服困难,改善生活境遇(如教育、就业、住房),形成了相互依赖的集体。实际上,我们经常听到非裔美国人用"社区"这个词来指代所有非裔美国人。这其中包含着一个潜在期望:社区应该从个人成功中获得益处。然而,学习或工作上的成功往往意味着离开这个社区,向上层社会流动。这使很多非裔美国人非常矛盾。例如,1987年的一项研究发现非裔中产阶级家庭特别关心如何让孩子既适应欧美中产阶级生活环境,同时又保持与非裔美国人社区文化的紧密关系(Broadway,1987)。

我们要认识到,在一些非裔美国人家庭中存在着双文化特征。例如,很多非裔美国人,尤其是中产阶级,能够同时娴熟运用标准英语和黑人英语,并能根据不同情境灵活转换语言。杜波伊斯把这种能力称为双重自我意识。这种自我意识有助于非裔美国人生活在两种不同的世界中,一个白人世界,一个黑人世界(Lewis,2003)。非裔美国人十分看中运用语言的口头传统。一些非裔美国人不仅称自己是双文化人,还认为自己是双语者,因为他们认为如果有些表达被翻译成标准英语,就会失去丰厚的内涵。

正如其他少数民族群体,非裔美国人也是千姿百态的。他们究竟在多大程度上表现出上述特征,因人而异。学校工作人员需要去了解每一个家庭以便更好地理解他们是如何认同自己的民族特征的。

亚裔美国人家庭

亚裔美国人是美国人口增长速度最快的少数民族。这一群体来自不同国家,中国、日本、韩国、柬埔寨、老挝、越南和印度,因此亚裔美国人是一个个性纷呈的群体。亚裔美国人家庭的经历在一定程度上取决于他们移民到美国的境遇。一些来到美国的亚裔是受过高等教育的职业人士,他们具备市场需要的技能,并且/或者精通英语并熟悉美国主流文化。另一些人的教育程度和英语水平则比较低,并因为对美国文化缺少了解而感受强烈的文化冲撞。例如,韩裔美国人是所有少数民族中受教育程度最高的,他们的自主创业率也比较高。首批越南移民也大多在祖国受过良好教育。而近期来自越南、柬埔寨和老挝的难民教育水平则比较低,在美国的失业率也比较高(Chan,1992)。

同化和涵化的平衡问题同样影响着亚裔美国人。在移民历史过程中,亚裔美国人经历了不同程度的接纳和排斥。例如,中国人是最早移民到美国的亚洲人,四十二年后,1882年的《排华法案》(The Chinese Exclusion Act)出台,华人被禁止移民美国。被种族主义和经济危机煽动起来的反华情绪,使得这一法案一直持续到1943年。我们可能还记得在二战期间,很多日本后裔被关押在重新安置中心,其中绝大部分是美国公民。而今天,亚裔美国人被大家习惯性地看作是"少数民族典范"。

正如其他少数民族/种族,亚裔美国家庭也受到刻板印象的影响,人们容易忽略这个群体中存在的多种文化和历史背景。如姚(Yao,1993)所指出的,描画出一个典型的亚裔美国人是不可能的。尽管亚裔美国人中存在着背景、语言、宗教和习俗的差异,我们还是可以归纳出一些亚裔家庭的共同特征。

在亚洲人看来,家庭是基本的社会单元,因此维护家庭对于保持社会、政治、宗教和经济秩序十分重要。最牢固的家庭纽带存在于父母和孩子之间,而不是夫妻之间。男性被认为是一家之主。与主流文化中民主式的家庭不同,亚裔美国人家庭中父母毫无疑问是权威。孩子对家长的要求必须绝对服从。实际上,家长对孩子的密切监管被看作是父母爱的表现。孩子质疑父母的爱和权威被认为是粗鲁无礼的。

亚裔美国人对孩子的学习有着很高的期望,并重视追求更高的社会经济地位。成就是孩子对于家庭的责任,而不仅是个人的成绩。亚裔美国人家长认为孩子不应当为该做的事而受到奖赏。实际上,家长通过鼓励孩子再接再厉来肯定他们的成绩。如果孩子达不到家长的期望就会受到惩罚。孩子可能被责骂或被禁止参加家庭活动(Espiritu,1992)。

与此同时,家长为了孩子的成功可能作出个人牺牲。成功和向上攀登是亚裔家庭普遍的目标,因此在很多家庭中父母双方都在外工作。近年来,在教育和工作技能不足的亚洲移民中,不乏有家长每天工作很长时间,有些人甚至不止从事一项工作。

亚裔美国人家庭对学校和家庭的教育责任有清晰的划分。教师得到高度尊重,家长一般不会当面反对教师说的话。学校教学过程中的问题(如课程设置、纪律)被认为是学校管辖的范围,而在家,家长会密切关注孩子的进展,并鼓励孩子提高学习成绩。

尽管亚裔美国人家庭与美国主流文化家庭在行为、态度和价值观上有显著区别,但人们仍常常建议其他少数民族群体采纳亚裔家庭的育儿方式。不过,"少数民族典范"这一标签已经成了一些家庭的负担。赋予亚裔学生的"优等生"称号也给他们增加了家庭高期望之外的又一份压力。此外,一些亚裔学生的学习困难常常被忽视,因为人们总觉得亚裔学生是"聪明学生"(Shen & Mo,1990)。亚裔美国学生感受到的学业压力和其他困难往往不易被人察觉,很大程度上是由于亚裔家庭对待社交和情感压力的方式。无论是学生,还是家长,谈论困难和问题时都可能觉得难以启齿。

在一些亚裔家庭中,代代相传的传统是非常重要的。东西方习俗、价值观的差异常常是亚裔美国孩子与他们父母之间矛盾的根源。有些家庭为了保护孩子免受外界影响,会干涉孩子与哪些人交往(同龄伙伴、玩伴)。尽管如此,西方习俗和价值观的影响不可避免地导致很多亚裔美国人的家庭内部冲突,尤其是那些刚刚移民不久,对美国的文化还不是很熟悉的家庭。学校和其他社会机构在帮助和支持这些家庭适应新生活时,需要特别小心,避免贬低家长的权威性。

西班牙裔家庭

美国西班牙裔包括墨西哥裔、古巴裔、波多黎各裔以及来自其他中美洲和南美洲国家的人。每一个群体都有着独特的历史背景,持续影响着其成员在当代美国社会的经历。很多墨西哥裔美国人,也被称为"奇卡诺人",他们的祖先曾生活在如今的加利福尼亚、德克萨斯、新墨西哥和科罗拉多州一带的土地上。这一片土地是在1848年墨西哥战争结束时割让给美国的。另一些人则是1910年墨西哥革命时期逃亡到美国寻找工作的移民的后代。

和墨西哥裔美国人一样,很多波多黎各人也是因为战后土地割让而成为美国公民的。美国在西班牙战争结束时获得了波多黎各,并使岛屿居民成为美国公民。今天,在美国的岛屿和大陆地区都有波多黎各人的后裔。

古巴人最初在1959年卡斯特罗统治时期作为难民移居到美国。早期的古巴移民是富裕的职业人士,而最近一波的古巴移民很多是1980年的流放者,在古巴被称为是"社会的不受欢迎者"(Suarez,1993)。早期古巴移民与大多数波多黎各及墨西哥人不同,后者经历的歧视、贫困更多,辍学率更高。大约26%西班牙裔生活贫困(Jones & Fuller,2003),而且,正如上文所述,如果是单亲家庭,这一比例更高。除此之外,西班牙裔儿童的辍学率很高,远远超出了各民族的平均值(National Center for Educational Statistics,2001)。

尽管存在这些区别,西班牙裔家庭还是有很多共性,可以让我们更深入地了解这些家庭的运作机制。不论社会阶层、宗教信仰或是移民美国的时间长短,西班牙裔传统上十分重视家庭,他们把家庭看作应对生活压力的重要资源。对他们来说,家庭是一个紧密关联的群体,可以延伸到血缘关系之外。家庭成员喜欢住得彼此邻近,便于相互给予经济上和情感上的支持。

孩子在家庭中的地位很重要。事实上,孩子的诞生才标志着婚姻的确立(Jones & Fuller, 2003)。和主流家庭相比,西班牙裔家庭通常不太关注孩子发展的阶段指标,他们会比较宽容甚至溺爱幼小的孩子。另外,孩子在家里需要承担一些责任,如帮着做家务或照顾弟妹。孩子要尊重长辈,与他人交流要彬彬有礼。西班牙裔家庭的育儿传统是帮助孩子承担起西班牙文化所赋予的家庭责任。

然而,一些西班牙裔也开始担心传统家庭支持的消失。年轻的西班牙裔被同化程度高,他们更注重个人的发展和提升,将传统习俗抛在脑后,包括家庭成员之间的分享和相互支持。这种新旧差异还体现在语言的运用上,西班牙语被认为是维护西班牙文化的关键。年轻的西班牙裔可能不会说西班牙语,而老一辈则不会说英语。缺乏交流导致了传统文化的逐渐消失。

公立学校的学生家长可能英语水平有限。家庭贫困,加上英语不熟练经常导致学校和西班牙裔家庭之间交流有障碍。其他少数民族家长也有类似问题(如亚裔家长)。语言的流利程度与家长的能力不可混为一谈。因此,有些学校采取一些方法消除语言障碍(如请翻译),来维持学校和家庭之间的交流。

吉米·亚兹,5岁,在洛杉矶市上幼儿园。他喜欢在海边沙滩上野餐,爱玩沙子、捡贝壳、沿着海边奔跑,但他最感兴趣的还是冲浪。他的几个哥哥都是冲浪好手,他们经常带着吉米玩假装冲浪的游戏。吉米恨不得自己立刻长大,这样他就可以拥有自己的滑板,和哥哥们到深海去冲浪。

吉米·亚兹是纳瓦乔人,全家住在洛杉矶。他的父母和哥哥都出生在洛杉矶,但爷爷奶奶外公外婆出生在那瓦乔印第安人保留地,到上高中时随家人移居到洛杉矶。吉米从未在保留地生活过,对印第安文化传统几乎一无所知。他和他的家人基本上已同化进了主流社会。

吉米的幼儿园老师是位心地善良的女士,对儿童尽心尽力。但她把吉米看作是印第安孩子,认为他的需求与其他孩子不同,他总是调整教学方法来对待吉米。如果吉米真是个印第安孩子,老师的做法是非常值得赞赏的。但问题是,尽管吉米对自己是那瓦乔人感到自豪,他的家庭俨然已经是主流社会的一部分了。

问题和思考:
1. 吉米的老师可能是依据什么来判断他在主流社会中的同化程度?
2. 他的老师可能用什么方式强调他的背景?她是否应该这么做?
3. 如果一个班级里有好几个来自不同文化背景的孩子,那么教师该怎样判断这些学生在主流文化中的同化程度?

美国印第安人家庭

1492年哥伦布来到新大陆时，大约有500万印第安人生活在北美洲。欧洲探险家误以为他们是从远东地区迁徙而来的，因此称他们为"印度人"（音译为"印第安"）。大约400年后，美国印第安人口总数下降到了60万。战争和欧洲移民带来的新传染病造成的死亡使得印第安部落人口数量急剧萎缩。剩余的印第安人失去了勇猛的武士和智慧的长者。缺少武士的部落无法在战斗中保护自己，而失去长者意味着失去维系社会规范和生活方式的历史文化知识。

美国印第安人的生活方式持续受到欧裔美国人同化的冲击。最初，英国人认为印第安人不配与他们生活在同一片土地上，因为他们不是基督徒，后来他们又认为印第安人不配被纳入欧美生活方式。到19世纪后期，欧裔美国人联合起来试图同化已被征服的北美洲土著居民。在这段历史中到处可见种种清除印第安文化的举措。这些措施主要针对年轻人。例如，印第安事务局想方设法将印第安人同化进美国文化，其中一个主要渠道是在保留地以外建立工业学校。这些学校的目的是消除印第安文化和习俗，取而代之以欧美文化（Trennert，1990）。可能最广为人知的同化措施就是将印第安儿童带离他们在保留地的家庭。这些儿童被送到寄宿学校，在那里他们远离了印第安传统，被灌输欧美文化和价值观。今天，美国印第安人正努力重建传统价值观。

就像我们观察到的其他少数民族的情况一样，美国印第安人中也存在文化多样性。我们讨论的美国印第安人家庭的特征是这个群体的一些共性。美国印第安人也面临同化和涵化的问题，不同家庭的生活方式在传统和欧化这两个极端之间的连续体上所处的位置不同。

儿童在印第安家庭中很受重视。家庭在儿童教育中扮演着重要角色。对印第安人来说，家庭的范畴既包含直系亲属，也包含大家庭的其他亲友，家庭里的所有成年人都有责任教育儿童。实际上，儿童的亲生父母并不一定对儿童的照顾负主要责任。在印第安文化中祖父母和孙辈之间有着牢固的纽带。老人深受尊敬，因为他们富有智慧和经验，教育儿童的事也要向他们请教。姨妈姑姑、舅舅叔叔等也参与儿童的教育，实际上印第安语中对母亲和姨妈/姑妈、父亲和叔叔/舅舅的称呼语是一样的（Cleary & Peacock，1998）。

美国印第安家庭给予儿童充分的尊重，很少责骂或训诫他们。相反，家长通过榜样来教育孩子，并给孩子解释为什么应该这样做。对行为规范的教育可能包含在故事里，讲故事是向儿童传授印第安传统、礼仪和信仰的惯用方式。

美国印第安家庭的结构及功能和非裔及拉丁美洲裔美国人家庭一样，推崇集体主义，而非个人主义价值观。支持社区需要的行为比单纯追求个人地位提升的成就更能得到认可和赞赏。个人的价值通过给予和与他人共享而得到提升。基于这种重视集体而非个人的价值观,有些印第安儿童可能会表现出我们所称的"羞怯"行为。作为个人,他们不愿意受到过多的关注。

美国印第安人家庭目前在美国收入水平和就业率最低。而他们的孩子是在所有学生中辍学率最高的。为了保持他们的文化传统,印第安家长呼吁能更多地参与到他们孩子的教育决策中。他们特别关注与文化相关的课程和印第安裔教师数量的增加(Cleary & Peacock,1998)。同化主义的教育措施严重削弱了印第安文化,因此家长们对教师的跨文化培训也很感兴趣,因为这样的培训有助于消除学校与家庭之间的隔阂(Szasz,1991)。

我们总习惯于关注少数民族的刻板印象和负面特征。现在请想一想,美国的非裔、西班牙裔、亚裔和印第安家庭有哪些共同的优点。

宗教多样性

殖民地时代的欧洲移民绝大多数是清教徒,因此,毫不奇怪,美国的公共教育是以新教信仰价值观为基础的。新教的各个教派,包括路德教派、圣公会、长老会和浸信会,构成了当今美国宗教机构的主体。

宗教在有些学生家庭中并不重要,但在有些家庭中却是日常生活的核心。有些情况下,宗教传统和民族/文化传统紧密相连。例如,在一些美国印第安人部落,人们相信所有生物都是相互关联的。尊重各种生物以达成和谐,是美国印第安文化的精髓。在亚裔美国人中,生命价值、社会规范和信仰通过儒家、道家和佛教中的宗教哲学教导而完成的(Chan,1992)。当犹太教成为美国犹太人之间的纽带后,一些犹太人也把自己视为文化上的少数民族群体了。

在一些民族/文化群体中,宗教是民族/文化身份的一个重要组成部分,而主流文化的同化可能导致宗教信仰和习惯的改变,对于他们来说,前面提到的同化/涵化困境格外令人进退两难。同样的,一些民族群体的人可能信奉并非其民族传统的非主流宗教信仰和习俗。例如,非裔美国人的传统宗教是新教,但也有人信奉天主教或犹太教,他们当中穆斯林教徒的数量也在增加。西班牙裔美国人传统上信奉天主教,然而,过去25年来天主教徒的数量减少了25%,因为四处漂泊和生活贫困的西班牙裔逐渐皈依更能给他们带来美好生活的教派("Latinos Shift Loyalties",1994)。

尽管学校已经越来越敏感地意识到学校活动和惯例对不同宗教传统的影响,家庭宗教价值观和信仰与学校教学方式冲突的情况还是时有发生。另外，当一种教派的信仰和习惯与传统新教教义差异越大，产生误解的可能性就越大。例如，耶和华见证人教会禁止节日和生日的庆祝。如果要求这些家庭的儿童参加庆祝活动，他们就会很为难。而且，家庭的权利也受到了侵犯。如果午饭菜单上只有火腿，就忽略了穆斯林和犹太教徒不吃猪肉的习俗。

人们有自主选择在教堂、犹太教堂或清真寺做礼拜的自由，这造就了美国的宗教多样性。作为教育者，我们必须防止自己对学生的宗教信仰妄加推测，学校工作人员一方面需要准备好倾听一个家庭的声音来满足他们的愿望，同时注意不要忽略其他家庭的权利。

> **反思** 想一想你对各种宗教的态度。你对其他宗教有偏见吗？这些成见是否影响你对问题的思考？你会如何验证你的宗教认识的准确性？

小结

家庭的多样性：对家校合作的影响

对美国家庭多样性的笼统讨论必然无法展现家庭差异的种类和程度。对于上述每一类民族/文化群体内的家庭习俗和价值观，还可以进行更深入细致的讨论。前面所讨论的主流文化家庭特征并未涉及欧美家庭传统的差异。其他非洲后裔（如海地、埃塞俄比亚人），亚洲/太平洋岛国家庭（如夏威夷、萨摩亚、菲律宾）以及美国印第安爱斯基摩家庭也可以在他们所属的民族群体内进一步讨论。同时，不断增多的跨种族家庭的需求和挑战也应得到关注。对家庭结构的讨论还可以拓展，将越来越多的照料孙辈的祖父母以及领养儿童的家庭包括在内。

洞悉家庭多样性问题是建立积极家校关系的关键。家庭特征的组合（如中产阶级、非裔美国人、单亲、联合卫理公会教徒）能提供重要信息以帮助我们选择与特定家庭合作的方式。更重要的是，我们要通过学生家庭了解他们自己如何看待这些可观察的特征，以便更清晰准确地了解特定家庭的态度和价值观。

有些家庭形式和生活方式可能会超出我们的个人观念和经验，教师必须做好思想准备接受这些挑战。出于这个原因，通过阅读了解和熟悉不同的文化是非常重要的。历史赋予学校的同化任务很可能被根除。理解家庭多样性的目的并不是为了找到各种策略以转化他们来适应学校的需求。相反地，这样做的意图是让学校去改变，来吸引当代社会中呈现的各种类型的家庭。

推荐活动

1. 采访(或用摄像机拍摄)两个属于不同民族/文化群体的家庭,分辨哪些是独特的家庭行为,哪些是所有家庭共有的行为。

2. 邀请同性恋家长进入你的课堂,与你分享他们/她们的家庭生活经验。

3. 选择一所为不同于你自己背景的儿童和家庭服务的日托中心,到那里义务工作一段时间。

4. 拜访一座与你所属的教会不同的教堂,看看这一宗教的教义是如何影响家庭生活的。

5. 如果你生活的社区没有某个民族/文化群体,到其他社区找一个这样的家庭,通过电话开一个电话会议。如果你给这个家庭发送一张班级成员的照片会非常有帮助,他们可以看到说话的对象。你也可以请他们给你一些家庭照片。

6. 辨别一些你自己家庭的文化特征,并说说这些特征如何影响你家的生活。描述一个你认识的不同文化背景的家庭,并与你自己的家庭进行比较。

儿童读物

以下儿童读物可以帮助您的学生思考本章所涉及的问题。

《家庭书》
作者:托德·帕尔
阅读级别:3—6岁
The Family Book
Todd Parr
Little, Brown & Company (2003)

《家里有谁?》
作者:罗伯特·斯库奇 插图:劳拉·尼恩豪斯
阅读级别:4—8岁
Who' in Family?
Robert Skutch, Laura Nienhaus (Illustrator)
Ten Speed Press (1998)

社会经济多样性

《回家》
作者:伊芙·邦廷 大卫·迪亚兹
阅读级别:4—8岁
Going Home
Eve Bunting, David Diaz
Harper Trophy (1998)

文化多样性

《墨西哥裔美国人家庭相册》(《美国家庭相册》)
作者:多萝西·胡布勒 托马斯·胡布勒
阅读级别:9—12岁
The Mexican American Family Albums (The American Family Albums)
Dorothy Hoobler, Thomas Hoobler
Oxford University Press (1998)

《华裔美国人家庭相册》(《美国家庭相册》)
作者:多萝西·胡布勒
阅读级别:9—12岁
The Chinese American Family Albums (The American Family Albums)
Dorothy Hoobler
Oxford University Press (1998)

《在我家里》

编者:卡门·洛马斯·加扎　哈里特·罗默　大卫·谢克特

阅读级别:4—8岁

In My Family

Carmen Lomas Garza, Harriet Rohmer, David Schecter (Eds.)

Children's Books Press (1996)

《全家福》

作者:卡门·洛马斯·加扎

阅读级别:6岁以上

Family Pictures

Carmen Lomas Garza

Children's Books Press (1990)

《华生一家去了伯明翰——1963》

作者:克里斯托弗·保罗·柯蒂斯

阅读级别:初高中学生

The Watsons Go to Birmingham—1963

Christopher Paul Curtis

Yearling (1997)

《不到一半,超过整个》

作者:凯萨琳·拉查帕　迈克·拉查帕

阅读级别:4—8岁

Less Than Half, More Than Whole

Kathleen Lacapa, Michael Lacapa

Rising Moon (1994)

补充资源

文化多样性

图书:

爱雷拉·宝琳·埃立特(2001)

《家庭多样性:当代家庭的延续与转变》

这部不带价值评判、内容广博而深刻的著作着重描述了当今美国社会普遍存在的各种家庭结构。书中介绍了有关当前家庭关系的各类问题的实证研究,其中包括家庭内部动态、社会环境、支持因素、广泛存在的歧视、大众成见等。作者剖析了领养家庭、单亲家庭、同性恋家庭、重组家庭和祖父母家庭的发展历程和本质特点,对理想化的家庭模式和传统结构的支配地位提出了挑战。

Erera, Pauline Irit. (2001). Family diversity: Continuity and change in the contemporary family. Thousand Oaks, CA: Sage Publications.

希尔德布兰迪,菲尼斯,格雷,海因斯(1999)

《了解与服务各种家庭》(第二版)

这部著作分为四个部分,提出了如何为个体家庭服务,了解当代美国家庭民族多样性和生活方式差异。书中分章节专门讨论了非裔美国人家庭、西班牙裔美国人家庭、亚裔美国人家庭、阿拉伯裔美国人家庭、美国印第安人家庭和基督教徒家庭。

Hilderbrand, V., Phenice, L. A., Gray, M. M., & Hines, R. P. (1999). Knowing and serving dieverse families (2 nd ed.). Englewood Cliffs, NJ: Prentice Hall.

肯德尔(1996)

《教室里的多样性:儿童教育的新路径》(第二版)

这本书汇集了数位多元文化教育积极倡导者的经验与智慧。本书选取了对课堂教学特别有用的内容(与家长的沟通、布置多元文化课堂、认同差异等)。

Kendall, F. E. (1996). *Diversity in the classroom: New approaches to the education of young children* (2 nd ed.).

Teachers College Press

社会团体：

Institute for Responsive Education
www.responsiveeducation.org

Intercultural Development Research Association
www.idra.org

National Association of Multicultural Education (NAME)
www.name.org

非裔美国人家庭

图书：

康纳，怀特（2006）
《黑人父亲：美国社会一个看不见的存在》
在社会心理学、社会工作和城市社会科学家的语汇中，"缺位"、"失踪"、"非住家"、"非监护方"、"无法接近"、"未婚"、"不负责任"和"不成熟"是常用来描述非裔美国人父亲的词语。我们不禁要问，为何难以找到描述非裔家庭，尤其是非裔父亲优点的文献、研究和评论。本书填补了这一空白，全面地刻画了作为父亲的男性非裔美国人形象。

Conner, M. E., & White, J. L. (2006). *Black fathers: An invisible presence in America*. Mahwah, NJ: Lawrence Ericbaum Associates.

哈金森（1992）
《黑人父亲：男性育儿指南》
几代黑人讲述了在美国身为人父的意义。本书包含了对不同职业、收入和家庭境遇的父亲的访谈手记。

Hutchinson, E. O. (1992). *Black fatherhood: A guide to male parenting*. Highsmith Company, Inc.

约翰逊，库伯（1996）
《非裔美国人族谱学生手册：羚羊美国家庭族谱系列》
本书能极好地帮助非裔美国学生了解他们的家族历史，也能帮助非黑人教师了解本土家庭。本书提供了文化背景、有注解的文献以及有趣的史实。此外，本书收录了大量彩色与黑白照片，提供了术语表和索引。

Johnson, A. E., & Cooper, A. M. (1996). *A student's guide to African American genealogy: Oryx American family tree series*.

麦克罗伊德，希尔，道奇（2005）
《非裔美国人的家庭生活：生态与文化多样性》（杜克儿童发展丛书之一）
本书从新的视角看待非裔美国家庭生活的文化、经济和社会背景。基于当代非裔美国家庭的多样性，不同学科领域的专家提供了大量的相关知识，如家庭构成、性别角色、儿童养育、老人照料以及宗教习俗。书中特别讨论了家庭该如何从文化资源中汲取力量去调节财富、住房、教育和就业方面的种族差异，以及这些情形如何转而塑造文化。本书还探讨了促进和阻碍健康发展的因素以及研究型家庭支持策略和政策。

McLoyd, V. C., Hill, N. E., Dodge, K. A. (2005). *African American family life: Ecological and cultural diversity* (Duke Series in Child Development). New York: The Guilford Press.

泰勒，杰克逊，查特斯（1997）
《美国黑人的家庭生活》
过去的20年里，无论从人口统计角度，还是从社会角度来看，非裔美国家庭都经历了巨大的变化。在这一时期，大多数针对黑人家庭的研究把焦点放在问题上，如未婚生子、单亲家庭以及儿童贫困。准确理解黑人家庭所面临的挑战是当务之急，而这种"问题焦点"往往局限于一个狭隘的、消极的视角，容易忽略对家庭影响更大的问题的探讨。本书避开了这个有缺陷的视角，在内容广度和学术深度上都有重要突破。书中涉及的问题范围十分广泛，包含成熟、择偶、性、生育、婴儿期、成年期、青春期、社会性别问题、青年期、同居、育儿、隔代养育以及老龄化等，这些话题能为读者提供很大帮助。

图书章节：

希尔德布兰迪，菲尼斯，格雷，海因斯（1999）非裔美国人家庭选自《了解与服务各种家庭》

Hilderbrand, V., Phenice, L. A., Gray, M. M., & Hines, R. P. (1999). African American Families. *In Knowing and serving dieverse families* (pp. 69-90). Englewood Cliffs, NJ: Merrill.

社会团体：

National Black Child Development Institute

美国印第安家庭

图书：

有关美国印第安家庭的书籍十分有限，柯丽瑞和皮考克的书涵盖了家庭以外的很多内容，但它仍能为读者理解美国印第安家庭和文化提供大量有价值的信息。

柯丽瑞，皮考克（1998）

《集体智慧：美国印第安人教育》

文化差异和现实问题如何影响印第安学生的教育？教师们找到了哪些能有效帮助印第安学生的方法？本书回应了这些问题，还讨论了其他与多元学校环境中的教学相关的深刻问题。本书收集并记录了近60位教印第安学生的教师的真知灼见以及他们经历过的挫折、欢乐和挑战。这本书真实描述了印第安学生面临的挑战以及一些教师教育印第安学生的成功经验。

Cleary, L. M., & Peacock, T. D. (1998). *Collected wisdom: American Indian education.* Boston: Allyn and Bacon.

西班牙裔家庭

图书：

盖坦（2004）

《让西班牙裔家庭进入学校：通过家校合作促进学生学习》

每一位即将成为教师的师范生都必须读一读这本书。本书的内容与背景切合实际、极具实用价值。在国家和课堂日益多元化的时代，此书不可不读。

Gaitan, C. D. (2004). *Involving Latino Families in schools: Raising student achievement through home-school partnerships.* Thousand Oaks, CA: Corwin Press.

琼斯，福勒（2003）

《教育西班牙裔学生》

琼斯和福勒阐述了民族渊源和文化背景在教学中的重要影响，强调了教师了解不同文化，尤其是西班牙文化的重要性。

Jones, T. G., & Fuller, M. L. (2003). *Teaching Hispanic Children* (pp. 99-112). Boston: Allyn and Bacon.

赖斯坎普·G.，赖斯坎普·P.（1996）

《墨西哥裔美国人宗谱学生手册》

本书能极好地帮助墨西哥裔美国学生了解他们的家族历史，也能帮助非墨西哥裔教师了解土著家庭。本书提供了文化背景、有注解的文献以及有趣的史实。此外，本书收录了大量彩色与黑白照片，提供了术语表和索引。

Ryskamp, G., & Ryskamp, P. (1996). *A student's guide to Mexican American genealogy.* Orys Press.

维蒂斯（1996）

《尊重：搭建不同文化家庭与学校之间的桥梁——一份人种学描述》

本书介绍了对十个墨西哥裔移民家庭的研究，描述了这些家庭如何在这个新世界历经艰辛生存下来并获得成功的过程。作者分析了墨西哥裔家长看似对教育没有兴趣的原因。本书还探讨了其他重要问题来帮助教师理解这些家庭。此书是一本文笔流畅、信息丰富的好书。

Vades, G. (1996). *Con Respecto: Bridging the*

distance between culturally diverse families and the schools—An ethnographic portrait. Teacher College Press

赞布拉纳,卡特-博拉斯,纽尼兹（2004）
《源自数据：与拉丁裔家庭有效合作》
此书提供了有助于促进拉丁裔儿童健康成长与发展的必要信息。书中描述了拉丁裔的人口统计信息和社会经济特征，讨论了健康保险、保健行为、营养、传染病、口腔保健、心理健康等方面的问题，为儿科医生提供了指导意见。
Zambrana, R. E., Carter-Poras, O., & Nunez, N. P. (2004). Drawing from the data: Working effectively with Latino families. American Academy of Pediatrics.

图书章节：
希尔德布兰迪,菲尼斯,格雷,海因斯（1996）
"西班牙裔美国人家庭"选自《了解与服务各种家庭》
Hildebrand, V., Phenice, L. A., Gray, M. M., & Hines, R. P. (1996). Hispanic-American Families. In Knowing and serving dieverse families (pp. 69-90). Englewood Cliffs, NJ: Merrill.

琼斯,福勒（2003）
"西班牙裔家庭"选自《教育西班牙裔学生》
Jones, T. G., & Fuller, M. L. (2003). Hispanic families. In Teaching Hispanic Children (pp. 99-112). Boston: Allyn and Bacon.

社会团体：
Mexican American Legal Defense and Education Fund

亚裔美国家庭
图书：
戴兹纳（2004）
《老人的故事：美国的东南亚裔家庭》
本书收集了40位东南亚裔老人的生活故事。这些老人的故事从局内人的个人视角展示了20世纪末新移民家庭如何适应美国生活的过程。
Detzner, D. F. (2004). Elder tales: Southeast Asian families in the United States. Lantiam, MD: Altamira Press.

法帝曼（1998）
《恶魔抓住了你,你摔倒了》
莉亚·李是家里的第十三个孩子，她的一家正在努力适应现代社会机械化的生活方式。莉亚三个月大的时候第一次癫痫发作，家里人认为是姐姐关门太重把她吓着了。他们相信婴儿的魂被吓出了躯体，落入了恶魔的手里。莉亚的家人设法采用萨满教的方式解救她，他们杀猪和鸡来祭祀。而这时医生开始干涉，坚持要求将莉亚从深爱她的父母身边带走，最终导致悲剧性的结果。书中富有同情心和洞察力的描写公正地反映了所有当事人的立场。
Fadiman, A. (1998). The spirit catches you and you fall down. New York: Farrar, Straus and Giroux.

平（2005）
《亚裔美国人：当前趋势和问题》（第二版）
本书对亚裔美国人进行了全面论述，为所有对不断增加的亚裔人群感兴趣的学生提供了一个信息来源。书中提供了每个亚洲族群的历史知识，侧重描述了对亚裔美国人当代生活影响最大的因素和问题。各章节的作者探讨了各类话题，如劳动力投入和经济地位、教育成就、跨国婚姻、跨族群关系和定居习俗等。文章图文并茂，令人印象深刻。
Pyong, G. M. (2005). Asian Americans: Contemporary trends and issues (2nd ed.). Thousand Oaks, CA: Pine Forge Press.

同性恋家庭

图书：

德鲁斯克（2001）

《同性恋家庭大声说：理解不同家庭生活的甘与苦》
如今大约六百万至一千四百万儿童与同性恋家长生活在一起，我们迫切需要知道这些家庭的确切信息和真实处境。本书作者怀着诚意和同情探讨了这类家庭面临的各类问题——人际关系、性与心理发展、公开身份、应对歧视、寻求精神支柱。书中讲述了二十多个同性恋家庭用各种方式养育孩子的动人故事。作者表明，儿童只要生活在充满爱的环境中就能茁壮成长，与人数、性别或者向孩子提供关爱的人的性取向毫无关系。

Druceker, J. (2001). *Lesbian and gay families speak out: Understanding the joys and challenges of diverse family life*. New York: Perseus Publishing.

谢尔曼（1991）

《同性恋婚姻：私下的承诺，公开的庆典》
这本大部头著作收集了大量对"长期恋人"的访谈记录，其中有些人举行了公开的婚礼，有些人则没有。附录中包含了社会团体的联络信息。

Sherman, S. (Ed.). (1993). *Lesbian and gay marriages: Private commitment, public ceremonies*. Temple University Press

网站：

非裔美国人

African American Resources
www.blackquest.com/link.htm

NAACP
www.naacp.org

National Urban League
www.nul.org

亚裔美国人

The Asian American Cybernaughts
www.janet.org/~ebihara/wataru_accyber

Asian American Resources
www.ai.mit.edu/people/irie/aar

Hmong Home Page
www.hmong.org

西班牙裔、拉丁裔美国人

Anchor School Project: Migrant Education
www.anchorschool.org/family

Azteca Web Page
www.Azteca.net/azteca/index.shtml

Chicano/Latino Net
www.latino.sscnet.ucla.tedu

美国印第安人

American Indian Movement
www.aimovement.org

Indian Defense League of America
www.tuscaroras.com/IDLA

Native American Nations
www.nativeculture.com

Native Web
www.nativeweb.org/resources

Resources for Native American Families
www.familyvillage.wisc.edu/frc_natv.htm

Smithsonian Institution: American Indian Resources
www.si.edu/resource/faq/amai/start.htm

其他网站

National Center for Research on Cultural Diversity and Second language Learning
www.Ncbe.gwu.edu/index.htm

Pathways to Diversity on the World Wide Web www.diversityweb.org/about.htm

参考文献

Baca Zinn, M. (1987). Structural transformation and minority families. In L. Beneria & C. Stimpson (Eds.), *Women, households, and the economy* (pp. 155-171). New Brunswick: Rutgers University Press.

Banks, C. M. (1993). Restructuring schools for equity: What have we learned in two decades? *Phi Delta Kappan*, 75, 42-44, 46-48.

Broadway, D. (1987). *A study of middle class black children and their families: Aspirations for children, perceptions of success, and the role of culture*. Ph. D. Dissertation, Ohio State University.

Carter, M. (1994). Supporting the identity and self esteem of children in gay and lesbian families. Anaheim, CA: Annual Conference of the National Association for the Education of Young Children. (ERIC Document Reproduction Service No. ED 377 985)

Chan, S. (1992). Families with Asian roots. In E. W. Lynch & M. J. Hanson (Eds.), *Developing cross-cultural competence* (pp. 181-257). Baltimore: Paul H. Brookes Publishing Co.

Chavkin, N. E (Ed.). (1993). *Families and schools in a pluralistic society*. Albany: State University of New York Press.

Cleary, L. M., & Peacock, T. D. (1998). *Collected wisdom: American Indian education*. Boston: Allyn and Bacon.

Coontz, S. (2000). *The way we never were: American families and the nostalgia trap* (2nd ed.). New York: Basic Books.

Espiritu, Y. L. (1992). *Asian American panethnicity: Bridging institutions and identities*. Philadelphia: Temple University Press.

Feinberg, W., & Soltis, J. (1998). *School and society*, (3rd ed.). New York: Teachers College Press.

Frey, W. H. (2003). Married with children—Decline in traditional-family households. *American Demographics*. Retrieved September 22, 2005, from www.findarticles.com/p/article.

Hildebrand, V., Phenice, L., Gray, M., & Hines, R. (1996). *Knowing and serving diverse families*. Columbus, OH: Merrill.

Hill, R. B. (1993). Dispelling myths and building on strengths: Supporting African American families. *Family Resource Coalition Report*, 12(1), 3-5.

Hiner, N. R. (1989). Look into families: The new history of children and the family and its implications for educational research. In W. Weston (Ed.), *Education and the American family: A research synthesis* (pp. 4-31). New York: New York University Press.

Jones, T. G., & Fuller, M. L. (2003). *Teaching Hispanic children*. Boston: Allyn and Bacon.

Ladson-Billings, G. (1997). *The dreamkeepers: Successful teachers of African American children*. San Francisco: Jossey-Bass.

Lasch, C. (1977). *Haven in a heartless world*. New York: Basic Books.

Latinos shift loyalties. (1994, April). *The Christian Century* (p. 344).

Lee, S. J. (1996). *Unraveling the "model minority" stereotype: Listening to Asian American youth. New York: Teachers College Press.

Lewis, D. (2003). *W. E. B. Dubois: Biography of a race*, 1868-1919. New York: Henry Holt and Co.

McAdoo, H. P. (Ed.). (1993). *Family ethnicity: Strength in diversity* (pp. 164-176). Newbury Park, CA: Sage Publications.

Mintz, S., & Kellogg, S. (1988). *Domestic revolutions: A social history of American family life*. New York: The Free Press.

National Center for Educational Statistics. (2001). Dropout rates in the United States: 2000 (NCES 2002-114). Washington, DC: U. S. Department of Education. (ED 460 174)

Nieto, S. (2002). *Language, culture, and teaching: Critical perspectives for a new century*. Mahwah, NJ: Lawrence Erlbaum.

Pasley, K., Dollahite, D., & Tallman, M. I. (1993). Clinical applications of research findings on the spouse and stepparent roles in remarriage. *Family Relations*, 42, 315-322.

Ramirez, M., & Cox, B. (1980). Parenting for multiculturalism: A Mexican American model. In M. Fantini & J. Russon (Eds.), *Parenting in a multicultural society*. New York: Longman.

Ritter, P., Mont-Reynaud, R., & Dornbusch, S. (1993). Minority parents and their youth: Concern, encouragement, and support for school achievement. In N. Chavkin (Ed.), *Families and schools in a pluralistic society* (pp. 107-119). Albany: State University of New York Press.

Shen, W., & Mo, W. (1990). Reaching out to their cultures: Building communication with Asian American families. (ERIC Document Reproduction Service No. ED 351 435)

Smith, D. M., & Gates, G. (2001). *Same-sex unmarried partner households*. Retrieved from Urban Institute: www. urban. org/url. cfm? ID =1000491.

Suarez, A. (1993). Cuban Americans: From golden exiles to social undesirables. In H. McAdoo (Ed.), *Family ethnicity: Strength in diversity*. Newbury Park, CA: Sage Publications.

Szasz, M. C. (1991). Current conditions in American Indian and Alaska Native communities. Indian Nations At Risk Task Force. (ERIC Document Reproduction Service No. ED 343 7556)

Trennert, R. (1990). Educating Indian girls in nonreservation boarding schools, 1878-1920. In E. C. Dubois and V. L. Ruiz (Eds.), *Unequal sisters: A multicultural reader in U. S. women's history*. New York: Routledge.

U. S. Bureau of the Census. (2004). *Fact Sheet*. Retrieved September 6, 2005, from www. urban. org/publications/1000491. html.

Yao, E. L. (1993). Strategies for working with Asian immigrant parents. In N. Chavkin (Ed.), *Families and schools in a pluralistic society* (pp. 149-156). Albany: State University of New York Press.

Zinn, M. B., & Eitzen, D. S. (2004). *Diversity in families* (7th ed.). Boston: Allyn and Bacon.

第四章
家长的育儿观

凯伦·齐默曼
威斯康辛—斯陶特大学

关于家校关系的研究往往会忽略家长育儿方式这一要素。如果理解家庭育儿的方法和问题，学校将能够与家庭建立起更好的合作关系。本章从家长的视角来检视家庭教育。第一和第二章从人口特征和家庭结构角度考察不同家庭。本章采取了一个不同的角度来看待各种家庭采用的育儿方式。本章的目的在于帮助大家了解：

◇ 育儿方式如何影响家长的生活。
◇ 双职工家长的特点和复杂性。
◇ 单亲家庭的状况。
◇ 非监护方家长面临的子女养育问题。
◇ 重组家庭中的儿童养育问题。
◇ 成年子女和幼年子女养育方式的差异。

肯尼斯和格蕾丝是一对双职工夫妇,他们有两个孩子。乔伊丝是位单亲妈妈,独自抚养孩子。罗比和凯西都曾离异,他们各自带着孩子组建了新的家庭。在这一章,我们将考察这些家庭情境以及父亲和母亲分别对育儿问题的看法。

本章将重点讨论家长以及他们如何看待自己。我们首先看看为人父母是如何影响一个人的生活和婚姻关系的。随后我们讨论家长的育儿风格和家长自己的观点。接着,本章将从家长的视角探讨几种家庭结构,从中了解单亲家长、离异家长和继父母的观点。最后,本章将讨论育儿过程中的哪些方面最让家长感到欣慰和满足。

初为人父/母

新手家长

初为人父母的家长一般对如何养育孩子非常关心。他们要形成自己的育儿理念,并建立健康的亲子关系。这些首次扮演父母角色的家长处在探索阶段,他们努力去理解自己的种种感受。

成为父母带来的变化会让人措手不及。新婚夫妇之间的个人交流往往十分密切,希望彼此心心相印,合二为一。但当第一个宝宝降生后,夫妻之间很可能开始用孩子爸爸和妈妈的身份来彼此回应,而不仅仅视对方为婚姻伴侣。家长责任超越了个人满足,成为家庭的首要任务。新妈妈们会感到疲倦,睡眠不足,她们还担忧自己的容貌和家里乱糟糟的状况。此外,她们会因为没有时间与朋友交往和参加社交活动而沮丧烦躁。

新爸爸们也有很多苦恼,但男人和女人适应新环境的方式不同。女人往往认为自己进入了一个新角色,而男人则倾向于认为自己多了一个角色。当妻子更多地表现为一个母亲而不是妻子时,丈夫们感到格外受挫。女人对夫妻关系的变化更为敏感。一位年轻的母亲这样描述这种变化:

我们简直顾不上对方,因为爱米太粘人了。孩子很可爱,别误会我。但丹尼尔下班回来时很烦躁,我也很烦躁,因为我都一天没跟人说上一句话了,爱米也烦躁不安,因为她迫不及待地要吃,我们都没有时间问对方这一天是怎么过的。于是,我忙着给三个烦躁不安的人做晚饭。结果,我们俩的关系不如有孩子之前那么亲密了。(Cowan & Cowan,2000)

婚姻满意度在孩子进入家庭的初期有一定程度的降低。婴幼儿需要父母投入很多时间、精力和注意力,而夫妻之间相处的时间少了。父亲和母亲都怀念彼此的关心。有了孩子意味着按照传统的性别角色划分重新组织婚姻(Cowan,Cowan,Heming,& Miller,1991)。女人的婚姻满意度下降程度超过男人。这往往是因为女人觉得她们的丈夫在照料孩子和操持家务方面的付出比自己少(Cowan et al.,1991)。女人即便在外工作,她们在育儿和家务方面的负担仍比男人重。

一位孩子刚6个月大的新妈妈,觉得自己做的家务比以往还多。她生动地描绘自己的经历:

> 他并不是歧视女性或其他什么,指望我包揽家务而他什么都不做。他只是不会主动去做那些明显需要做的事,所以我不得不定了一些基本规则。我要是情绪不好就会大声嚷嚷:我和你一样工作八小时。家有一半是你的,孩子一半也是你的。你得跟我分担。我们一起计划要这个孩子,我们一起上分娩训练课,杰克逊头两个星期还待在家里,但后来——砰——合作关系玩完了。

大多数教育者都认为父母之间保持一致对孩子最有利。父母双方在对孩子的发展期望、纪律约束和抚养风格上的明显分歧会给家庭带来潜在问题。在最近的一项研究中,幼儿(1—4岁)的父母被要求评价自己和配偶的育儿方式,评价包含三个方面:发展期望、纪律约束、培育方式(Platz, Pupp, & Fox, 1994)。研究发现,父母在对孩子的发展期望方面比较一致。但父亲认为自己比母亲在管束方面更严厉,而且父亲对母亲在管束方面的评分高于母亲给自己的评分。母亲认为自己在精心培育孩子方面优于父亲,她们在管束孩子方面给父亲的评分高于父亲给自己的评分。

一岁以后

家长的角色在孩子出生后第二年会有哪些变化呢?这一问题在一项调查中得到了解答(Fagot & Kavanagh, 1993)。一岁儿童的父母在婚姻调适和育儿乐趣体验方面高于一岁半儿童的父母。

在孩子从婴儿期向幼儿期过渡的阶段,每天忙于应付照料孩子的烦琐事务给家长增添了压力。有人对有幼儿的家庭在日常育儿过程中的烦恼进行了调查。被调查的家长分为三组:孩子9—12个月大,孩子18—24个月大,孩子30—34个月大。家长给一些项目打分,如"不停地收拾清理孩子弄乱的东西","很难有独处的时间","总听到抱怨和牢骚","孩子不听话或不肯上床睡觉"等等。

家长感受到的日常烦恼随着孩子年龄的增长而增加,也就是说,孩子越大,麻烦越多。可能由于孩子的发展和能力的增强,他们的行为更是花样百出,更能制造令家长头痛的麻烦。随着育儿烦恼的增多,生活满意度和育儿满意度下降。

另一项研究调查了"开端计划"项目中父亲体会到的日常烦恼与父子游戏互动的关系。调查显示,父亲们每天关于工作、旅行、健康、家庭经济、朋友和偶然事件的烦恼有2.38项。如果每天多一项烦恼,父亲与孩子玩耍的时间就减少10分钟(Fagan, 2000)。

育儿风格

育儿风格受到父母价值观、态度和信仰的影响。戴安娜·鲍姆琳德（Diana Baumrind）分辨出了三种家长育儿风格，这一风格出现在幼儿时期，并持续达到青春期。这三种育儿风格是：专制型、权威型和放任型（Grobman. K. H.，2003）。

专制型父母

专制型育儿风格强调家长的绝对控制权和孩子的乖顺。家长拥有绝对的权利，孩子必须服从家长的要求。必要时，家长可以运用体罚的方式强迫孩子服从。家长通过奖励和惩罚来控制孩子。孩子不允许质疑，也没有机会参与制订规则的讨论。

权威型父母

权威型父母根据孩子的发展阶段和个性，合理限制和约束孩子的行为。权威型父母处于专制型和放任型父母之间。这类父母希望通过讨论规则和责任培养出富有责任心的孩子。孩子有一些自由，但不能侵犯他人的权利和责任。

研究发现，认为自己能力较强的青少年的父母，其子女也认为他们的父母育儿能力较强（Bogenschneider & Small，1997）。这些父母在更高的水平上关注监督自己的孩子，对孩子的需求能作出及时的回应。

放任型父母

放任型父母让孩子管理自己的行为而不是通过干预来管理孩子的行为。这一育儿方式中，孩子比父母拥有更大的权利。放任型父母尽可能让孩子自己安排活动，父母不加干涉和控制，也不要求孩子遵循外界规定的标准（Grobman，2003）。

大多数美国家长认为自己是权威型父母。当家长被问及用什么方法处理孩子的错误行为时，大多数人的回答符合权威型育儿风格（Bluestone & Tamis-LeMonda，1999）。

这三种育儿风格的普遍性因社会阶层而变化。专制型育儿风格在蓝领阶层中更普遍。他们更强调顺从，并重视教育孩子控制冲动。中产阶级父母更重视向孩子解释规则，运用口头约束，尊重孩子的个性，这与权威型育儿风格比较一致。可能比育儿风格更重要的是家长为孩子提供指南，保持一致并为孩子营造充满关爱的氛围。

案例分析

30岁的单亲母亲凯伦,有三个孩子,年龄分别是10岁、8岁和4岁。她的前夫搬到了距离较远的另一座城市,并不常常来看孩子。

凯伦做簿记员的工作。她爱孩子,但对自己的育儿能力没有什么信心。无论专制型、权威型或放任型父母,他们都会根据自己的理念作出决定,但凯伦不知道该如何做决定,她缺乏明确目标的指引。她的育儿风格可以被称为自由放任型。

有人会认为随心所欲是孩子最渴望的,但实际上孩子会因为父母的不作为而感到不安全和愤怒,并试图迫使父母变得更有预测性,更严格。凯伦的孩子比大多数多子女家庭的孩子更容易相互打斗,他们之间没有合作,他们也不知道应该怎样做。凯伦知道自己是个无能的母亲,但除了掉眼泪,她也没有别的办法。这位家长和孩子一样令人同情。

问题和思考:
1. 对照三种育儿风格(专制型、权威型和放任型),哪一种更适合这些孩子?为什么?
2. 有可能帮助凯伦成为更合格的家长吗?如果可以,我们该怎么做?

反思

你父母采取的是哪一种育儿风格?请以你父母采取的行为约束方法为例进行说明。如果你是家长,你会选择什么样的育儿风格?为什么?如果你打算为人父母,你会采用什么风格的纪律约束方式?

反思

思考一下你生活中的压力。如果你是一个家长,这些压力会如何影响你的育儿方式?如果你是孩子的家长,你的生活压力会如何体现在你的育儿方式中?你该如何缓解这些压力?

不同家庭结构中的育儿行为

双职工父母

肯尼斯(36岁)和格蕾丝(38岁)夫妇是中产阶级非裔美国人,他们有两个孩子,爱丽西娅(12岁)和弗朗辛(10岁)。他们生活在加州一座小城市的一幢四居室住宅里。肯尼斯是一家大型服装公司的会计,格蕾丝在当地一所高中教数学。

肯尼斯一家和大多数双职工家庭一样,经历过不少家庭压力。尽管肯尼斯、格蕾丝很重视给孩子提供丰富的经历,但安排各种活动确实给他们的家庭生活增加了困难。孩子们忙着参加童子军、音乐课、芭蕾、课外活动和家庭活动。时间总是不够用。

肯尼斯和格蕾丝,作为双职工家长,面临多重角色带来的很多挑战:职员、家长和婚姻伴侣。扮演多重角色的人能够从每一种角色中获益(例如,成就感、经济收益和自尊的提升)。这些益处有助于平衡相应的压力。角色压力指的是一个人进入特定角色并需要根据角色要求完成任务和承担责任而遇到的问题、挑战、冲突和困难。

角色冲突和需求矛盾。角色压力有两种:角色负担过重和角色冲突。角色负担过重是指一个人感到没有足够时间去完成必须做的所有事情。格蕾丝全天在学校上班,还要接送爱丽西娅和弗朗辛参加音乐课、芭蕾课和童子军,然后赶回家做晚饭。晚饭后,格蕾丝要做家务,批改数学作业,并和肯尼斯聊一聊他一天的情况。双职工夫妇紧张的工作时间表使他们没有多少时间用于教育孩子、关照配偶、做家务和休闲。当某个角色的要求干扰了另一个角色需要时,角色冲突就发生了。

肯尼斯的工作要求他周一到周五每天必须工作到下午6点才能下班。他非常感激格蕾丝能开车送孩子参加学校的课外活动。他参加不了爱丽西娅的足球比赛和弗朗辛的芭蕾彩排,对此他很是遗憾。

协调你争我抢的生活角色需要是肯尼斯和格蕾丝每天的任务,这也是很多美国人的共同体验。挣扎着兑现多重角色承诺是双职工家庭的主要压力来源,尤其是那些有孩子在家的家庭。如今很多双职工夫妇期望事业和家庭齐头并进,他们在两方面都十分投入。男人发现对事业的兴趣会影响他们尽父亲的责任,而女人则认为育儿任务干扰了她们事业的发展。一位初为人母的三十多岁的女性描述了这样的矛盾:

有生以来第一次我不得不放弃一些东西来获得另一些东西——工作,有个孩子,做个妻子,照顾好家庭。要把所有事情做好就意味着在每件事情上打点折扣,只是稍微差点,别人也许看不出来。不过我能看出来。我注意到了。(Daniel & Weingarten, 1984)

生活角色主次排序。有一项研究调查了有孩子的双职工夫妇对职业、婚姻、育儿和照顾家庭角色的个人期望(Zimmerman, Skinner, & Muza, 1989)。令人惊讶的是,丈夫和妻子分别完成的四种生活角色排序结果是一致的:育儿占第一位,婚姻其次,照顾家庭位列第三,职业排在第四。

在你的生活中,哪一个角色最重要(学校、家庭、工作等)?你的生活选择是如何因此而受到影响的?

尽管双职工夫妇在这四个角色的重要性的认识上基本一致,但他们在投入程度上有一些差异。妻子明显比丈夫更多地承担育儿责任,即使双方都认为这是首要任务。相反,丈夫比妻子在职业角色上投入更多。总之,男人和女人都高度重视家庭角色,尤其是育儿角色,其重视程度超过其他生活角色。例如,肯尼斯和格蕾丝都是尽责的父母,但肯尼斯的工作使他无法送儿女们参加课外活动。

这些双职工夫妇按就业取向可以分为两类:工作和事业,取决于其教育程度和工作类型。工作型夫妇在婚姻角色和育儿角色上明显比事业型夫妇付出更多。有趣的是,工作型男性、事业型男性和工作型女性都重视照顾家庭的角色(如努力保持家的整洁美观),在投入程度上远远超过事业型女性。

此外,事业型女性在职业上的投入与工作型男性和事业型男性相似。两组男性和事业型女性在工作上的投入程度明显超过工作型女性。一位双职工家庭的父亲描述了他如何因女儿而调整角色主次顺序的。

> 我是个卡车司机,我想这是女儿跟我不亲的原因。丽莎觉得她没有爸爸。我在家叫她清理一些东西,她说:"你没权利叫我做事。你不是我爸爸。"我的心都碎了。我认为女儿不是真这么想,但这话还是让我很心痛。我很快就不开卡车了,回到了家。她好像说过这样的话:"你应该在家"。(Dollahite, Hawkins, & Brotherson, 1996)

双职工夫妇的应对模式。双职工夫妇一般会用什么样的方式来应对压力呢?一些研究回答了这个问题。一项以有孩子的双职工家庭为研究对象的研究调查了父母最常用的压力应对模式(Zimmerman, Skinner, & Muza, 1989)。压力应对模式包含一系列同时用来解决双职工家庭生活各方面问题的综合行为(Skinner & McCubbin, 1991)。保持对现有生活方式的积极态度和缓解冲突与压力是最常用的应对模式。这一模式包括满足个人需要,减轻个人压力的行为和保持乐观态度。例如,"保持健康","鼓励孩子自己完成力所能及的事情"以及"相信自己的生活方式优点多于缺点"。

第二个常见应对模式是调整角色和标准来保持工作—家庭平衡。采用这一模式的夫妇通过购买方便食品、放弃一些要做的事情以及控制工作投入来调节角色和生活要求。

保持和加强目前的工作—家庭界面是第三个常见模式。这一方式的核心是运用组织管理技能高效地满足家人、工作和家务的需求。例如,提前做好时间计划表。

有学者概括了双职工夫妇在家庭生活中应对压力的成功策略(Schnittger & Bird, 1990)。其中包括:尽可能鼓励孩子帮忙,减少一些社区活动,减少外出和休闲活动,降低生活标准。此外,不少家长发现,花些时间与配偶单独相处以及与其他双职工夫妇交朋友也有助于应对压力。

在事业上做些让步，划分工作和家庭角色以及放弃一些责任是事业型丈夫和妻子常用的应对方法。这些夫妇通过说"不"来限制自己在工作上的投入程度，并减少在工作上的时间投入。他们会努力在工作中提高效率，提前计划，有时也会拖延某些任务。

单亲家庭

乔伊丝·安德森，28岁，是个单亲妈妈。乔伊丝和她六岁的女儿贝丝以及乔伊丝的母亲海伦生活在一个家庭里。他们住在明尼阿波利斯市低收入居民区的一栋公寓里。乔伊丝做一份最低收入工作将近两年。贝丝在社区小学读一年级。长期困扰她们的问题是缺乏医疗保障。尽管大多数单亲家庭运行良好，但近年来他们的处境越来越糟。海伦长期经受着一种严重的呼吸系统疾病的折磨，医生建议她搬到亚里桑那州另一个女儿那里居住。可如果海伦离开，对乔伊丝来说不仅资源减少了，她还必须花钱请人照顾女儿。乔伊丝和她的一家所经历的压力在单亲家庭中十分普遍。

经济忧虑。每种家庭都遭遇问题，单亲家庭也不例外。大多数研究都发现经济问题是单亲家庭的主要担忧。一位35岁，靠救济生活的单亲妈妈描述了她的处境。

我付不起房租，我不能给基斯买合身的衣服。我的钱不够我和艾琳买食品、家具或衣服。每一天、每件事都是负担，连买一卷手纸都是。更别提圣诞节了……孩子们在圣诞节最想要的是一张餐桌，真让人揪心。(Richards，1989)

对经济的担忧会给亲子关系带来消极影响。正如一位母亲所说："缺钱对我们来说是个实实在在的问题。我为找不到工作而焦虑，所以很难关注和考虑孩子们的需要。"(Richards，1989)

对其他问题的忧虑。除了缺钱这个最大的问题之外，单亲家庭还会面临其他方面的问题。一项对单亲家庭的调查显示，缺钱是单亲母亲最大的问题(77%)，其次是角色/任务负担过重的问题(55%)以及缺乏社交生活(30%)(Richards & Schmiege，1993)。在单亲父亲的问题中，角色/任务负担过重和与前妻之间的纠葛占首位(35%)，两个问题不相上下；其次是缺乏社交生活和缺钱(18%)。此外，半数以上的母亲和三分之一的父亲承认有角色负担过重的问题。一位有三个青春期孩子的母亲描述了她的体会："在现在这个时代，当然还是和什么人一起分担着抚养孩子更好。我整天像个警察似的盯着他们，还要做别的，简直烦透了。"(Richards & Schmiege，1993)一位单亲父亲也提到了任务和角色负担过重的问题。他特别讨厌烧饭，认为角色负担过重影响了他对孩子的态度。他说："我本来打算表现得更宽容些，但我干了一天活之后实在没有精力了。"(Richards & Schmiege，1993)

孩子也是单亲家庭压力的主要来源之一。大多数让家长感到压力的问题(50%)来源于孩子的负面行为。这些行为包括：不听话（"我最小的孩子不肯睡午觉","为了让孩子打扫自己的房间得费很多口舌"),让人烦躁的行为("我女儿一睡午觉就哼哼唧唧","孩子们跑进跑出,吵死了"),逆反行为("顶嘴"和"反抗"),发脾气以及违反规则。其次是兄弟姐妹之间的争斗,寻求注意,动作慢,生病,学习跟不上和行为不端以及家长和保姆之间的交流问题(Olson & Banyard,1993)。

单亲父母和所有父母一样,既有优势也有问题。单亲母亲或父亲认为自己尽可能地支持孩子,有耐心,能帮助孩子处理问题,注重培养孩子的独立性。他们还认为自己有条理、可靠,能够统筹安排时间处理好家庭生活。在一次访谈中,一位母亲说起她的优点:

> 我只是和孩子们交流,倾听他们,让他们做决定,给他们选择的机会……他们非常独立,有责任心,而且他们的自尊心很强。我认为在帮助他们发挥潜能,成为有爱心的好孩子方面我做得很好。(Richards & Schmiege,1993)

当问及随着时间推移一个人抚养孩子是越来越容易还是越来越难时,大多数家长回答"越来越容易"。一位父亲说:"事情慢慢形成了常规,所以就容易了……孩子会学着做一些事,而且,我父母也帮了不少忙。"(Richards & Schmiege,1993)

离异后为非监护方的父母

美国的离婚率很高。一半婚姻会以离异而告终,大约60%的离婚会涉及孩子。母亲比父亲更有可能成为孩子的监护人。非监护方父亲与母亲及孩子之间的关系常常很紧张,彼此的交流互动很少。

研究者对德克萨斯州的45名离婚父亲进行了访谈,了解他们作为非监护方家长在育儿方面的压力(Umberson & Williams,1993)。他们发现探视和监护权问题是影响这些父亲与前妻关系的重要问题,其他还有个人和社会身份认同问题。儿童抚养费问题也是一个烦恼。一位父亲指出了司法体系的不公平:

> 司法体系中有一件事让我很恼火……你结婚10年,10年来你一直是爱孩子的,很棒的爸爸。然后……我家的情况是这样,她遇到了另一个家伙,决定跟他走了,从她走的那一刻起,我就不再是个真正的爸爸了。我只有探视权!(Umberson & Williams,1993)

这项研究中,一些父亲描述了探视孩子后分离时的痛苦。一位6岁男孩的父亲说:"我一个人带孩子感觉不到什么压力。他和我在一起时,根本没有压力。只是送他回去时最难熬……一路上他会说他多么希望能和我在一起,他会想我。"(Umberson & Williams,1993)

另一些离异的父亲说他们的前妻是好母亲。知道孩子得到了好的照顾对这些父亲来说很重要。其中一位父亲说:"我认为她考虑了各种因素,处理得非常好。"

(Umberson & Williams,1993)另一项研究调查了肯塔基州和密苏里州的非裔离婚父亲。研究者通过深度访谈提炼出了两个主题：父亲们认为孩子是结婚的重要原因，父亲们认为孩子是不离婚的一个重要原因(Thompson & Lawson,1994)。研究中大多数父亲愿意为了孩子维持婚姻。离婚后，这些父亲没有和孩子们断绝联系，也没有想过要与孩子断绝联系。

在大多数课堂上，我们可以看到孩子和他们的非监护方父亲在一起出现，但很少看到孩子和非监护方母亲在一起。然而，母亲成为非监护人的情况越来越多。斯图亚特(Stewart, 1999)研究了非监护方父母和不在身边的孩子共同参与的活动。研究显示，41%的非监护方父母带孩子参加休闲类活动，30%的家长在过去12个月里没有联系过孩子。斯图亚特发现，父亲和母亲与不在身边的孩子的互动模式相似。非监护方母亲将37.9%的时间用在纯休闲活动上。同样，24.8%的非监护方母亲与孩子没有联系。非监护方母亲在参加学校活动和集体活动上花费的时间占37.3%。

在一项对西南弗吉尼亚州非监护方母亲的调查中，母亲们说起了离婚后亲子关系的变化(Arditti & Madden-Derdich, 1993)。一位41岁的母亲很怀念抚养孩子所承担的责任：

我认为自己已经不是个母亲了……我的意思是，虽然我还是他们的妈妈，但我再也不像以前那样日复一日地给他们做饭、检查作业，因为我不和他们生活在一起，我觉得自己不再是一个家长了(Arditti & Madden-Derdich, 1993)。

另一位母亲有两个儿子，分别是6岁和10岁。她说到了作为非监护方家长对孩子行为的约束问题：

我喜欢和孩子们在一起，总是盼望能见到他们。有时要约束他们很难，因为和他们在一起时，我不想惩罚他们。我经常给他们打电话(Arditti & Madden-Derdich, 1993)。

这些非监护方母亲表达了对监护安排的不满意，并指出她们的前夫对此很满意。一位母亲对监护安排感到难过和愧疚："这不正常——母亲和孩子不在一起。我认为这是一种不公正。"(Arditti & Madden-Derdich, 1993)随着非监护方母亲数量的增加，教育者要关注这类家长的特殊需求和处境。

重组家庭

继父母的挑战。 凯西(35岁)是个欧美后裔，她在前一次婚姻中有两个孩子——爱米(9岁)，杰克(14岁)。罗比(35岁)是个印第安人，前一次婚姻中有三个孩子——阿曼达(14岁)，吉姆(12岁)和弗雷德(7岁)。凯西和罗比已经结婚四年了，两人都是孩子的监护方。他们生活在科罗拉多州一个中等规模社区的一幢三居室住宅中。

罗比和凯西及五个孩子一起在一个重组家庭中开始了新的婚姻生活。除了努力建立起一个牢固的婚姻纽带，他们各自还面临继父继母角色的挑战。无论是当继父还是继母，都不是件容易的事。缺乏明确的角色界定，不确定家庭角色如何扮演被称为"角色模糊"。像罗比和凯西这样的继父继母只能通过试误的方式解决角色模糊问题，因而时时感到困惑和沮丧。

谁说了算？ 尽管罗比在约束自己的孩子方面很有经验，但他在对待杰克和爱米时就不太自在了，总是在想他应该怎么做。如何管束继子女一直是困扰继父的主要问题。一项研究发现，孩子会拒绝在亲子关系建立的初期就对他们实施管束和控制的继父母（Ganong, Coleman, Fine, & Martin, 1999）。即使有育儿经验的继父也会感到困难。一项研究中，30%的继父认为管束继子女比管束自己的孩子更难（Marsiglio, 1992）。而且，如果孩子处在青春期，困难就更大。一位继父就抱怨他的青春期继子"完全不承认我有权利纠正他的行为或叫他服从指令——比如收拾房间或在规定时间内回家"（Gile-Sims & Crosbie-Burnett, 1989）。

继父们被要求给一个即将成为继父的人提建议，他们说：

先和他们一起生活，不要指望取代他们的生父。赢得他们的尊重，把他们当作自己亲生的；像对待亲生子女一样爱他们，管束他们；不要让任何事情影响你和你妻子的关系——尤其是孩子们。（Giles-Sims & Crosbie-Burnett, 1989）

一项对继父和生父的全国性调查发现，大多数人不同意爱继子女比爱亲生子女更难的说法（Marsiglio, 1992）。三分之一的继父表示他们更容易和继子女成为朋友，而不是成为他们的父亲，但大多数人表示他们承担了做父亲的全部责任。当罗比管束孩子时，凯西很关心杰克和爱米的反应，尤其在他们结婚的头一年。母亲们总会问自己：能在多大程度上倚赖孩子的继父，该给继父多大的权威来约束孩子。通常，母亲保留着管束孩子的角色，而继父在逐渐适应了新角色后开始慢慢接管一些管束责任。这就是凯西和罗比处理问题的方式。不过，有些母亲保留着管束角色。一位母亲说道：

我从来没有指望孩子的继父来管束他们，甚至没让他送孩子们上床。这不是他的责任。那些孩子是我的责任，这个责任是我选择的。他和我结婚，只需要和他们一起生活，不需要管束他们。（Giles-Sims & Crosbie-Burnett, 1989）

也有人指出，继母比继父遭遇的困难更大（MacDonald & DeMaris, 1996）。继母对其家庭角色的不满意程度以及承担家庭责任的压力感高于继父（Ahrons & Wallish, 1987）。女性往往在家负责孩子的日常起居，和孩子接触多。她们必须为很多日常事务做决定，而有些决定不受孩子的欢迎。

研究者发现最感到受挫的继母是那些表示有高度控制需求的女性（Coleman &

Ganong，1997)。这些继母"更难接受孩子们制造的混乱、噪音和吵闹,孩子对帮助不表示感激,以及孩子争着得到父亲的注意"(Coleman & Ganong，1997)。这些继母的丈夫往往比较被动,不想站在妻子一边,也不想惩罚孩子惹恼继母的行为。时间一长,这些高控制型的继母说她们学会了撤退。

成功的继父母。艾米丽和约翰·维舍尔,"重组家庭协会"(Step Family Association of America)的创建者,总结出了成功适应重组家庭生活的成年人的六个特征(Visher & Visher，1990)：

1. 这些成年人懂得珍惜他们曾失去的,他们做好了迎接新的生活方式的准备。
2. 他们理智地认识到,目前的家庭与前一次婚姻的家庭会不一样。
3. 他们夫妻关系牢固,是一个联合体。
4. 他们创建积极的家庭习惯,为共同的美好回忆打下基础。
5. 他们逐渐建立起令人满意的继父母和继子女之间的关系。
6. 双方家庭合作养育孩子。

健康的重组家庭可能与健康的完整家庭不同(Pill，1990)。它们更灵活,适应性更强,因为家庭成员来来往往,而且他们包容家庭成员之间的差异。例如,他们允许孩子决定全家去哪里度假或什么时候去生父/生母那里。

为人父母的回报和满足感

抚育孩子和拥有被需要的感觉对很多父母来说已经够满足了。但如果问他们是否愿意再经历一次,答案会是怎样呢？在一项研究中,93%的父母表示愿意再要一次孩子。这些父母感到有孩子的最大好处是：孩子带来的爱和亲情；看着他们成长的快乐；他们所带来的家庭感；他们带来的充实感和满足感；他们带来的快乐、幸福和乐趣(Gallup & Newport，1990)。

对家长满意度的调查稳定地显示绝大多数家长对自己的父母角色感到满意(Cheng，Taylor，& Ladewig，1991)。对有些人来说,即使是和相爱的人生活在一起,没有孩子也是不能接受的。他们把孩子看作是自我的创造性表达。这些家长觉得自己的生活因孩子而得到了充实：爱他们和被他们爱。

最近的一项对年轻父母的研究探究了与育儿态度相关的因素(Groat，Giordano，Cernkovich，Pugh，& Swinford，1997)。对养育孩子感到满意的年轻父母大多是白人、已婚、对首次怀孕有积极感受的人。对养育孩子持消极态度的年轻父母大多是非裔美国人、物质主义的、有三个或以上孩子的、初次怀孕体验不佳的人。

在一项对育儿满意度的研究中,研究者对儿童父亲和母亲进行了深度访谈(Langenbrunner & Blanton，1993)。他们满意的原因可归结为六个方面：①孩子的成长和成就,②家长与孩子之间的语言和身体互动,③孩子表现出的对父母的爱,④婴儿对父母的依恋过程,⑤对自己家长角色的积极评价,⑥感受到家庭的凝聚力。总的说来,这些家长在看到孩子发展上的成就时感到最为满足。一位家长这样说道:

> 看着他们我也会有巨大的满足感,我现在有两个孩子了,他们在学各种东西。看詹姆斯学说话特别有趣。看到詹姆斯对书感兴趣我也非常欣慰。(Langenbrunner & Blanton, 1993)

研究中所有家长都描述了和孩子进行肢体接触和交谈时获得的美好感觉。正如一位父亲说的"和小孩子在一起让人很放松,真是很奇妙,对我来说这是最好的心理治疗"。(Langenbrunner & Blanton, 1993)

对于父亲来说,满足感主要来自于他们感受到的一种家庭凝聚力或家庭的融合。对这些父亲而言,家庭归属感非常重要。一位父亲说:

> 我对此想了很多。最让我满足的是那些"感觉",虽然并没有发生什么特别的事情。但我感受到家庭是个整体,我们在分享共同的感受。(Langenbrunner & Blanton, 1993)

反思 你父母会如何回答下面这个问题:在你养育孩子过程中什么最让你满足?思考一下这个问题,然后给你父母打电话或写信问问他们。

小结

婚姻满意度。成为父亲或母亲对夫妻双方来说都意味着生活的重大转变和新的生活角色的开始。夫妻关系也会因此而发生变化。通常,在孩子出生后的家庭生活周期的最初阶段婚姻满意度会降低。抚养孩子经历的日常烦恼会为家长增加压力,尤其当孩子在幼儿园阶段和上幼儿园之前。

育儿风格。鲍姆琳德(Baumrind)区分了三种育儿风格:专制型、权威型和放任型。这些风格体现在儿童的幼儿至青春期阶段。工人阶层父母倾向于采用专制型风格,而中产阶级父母则多表现为权威型风格。一致、引导和关爱对亲子交流来说十分重要(Grobman, 2003)。

双职工父母。双职工父母在努力达到各种角色要求时会遭遇角色压力。角色压力包括角色负担过重(有限时间内要完成的任务太多)和角色冲突(一个角色要求干扰另一个生活角色要求)。双职工父母对不同生活角色投入程度给出了以下顺序:抚养孩子、配偶、照顾家庭和事业。

双职工夫妇运用的应对工作/家庭要求的模式包括：①保持对生活方式的积极态度来减轻紧张感，②调整角色和标准来保持工作/家庭平衡，③保持和加强现有的工作/家庭界面，④寻求支持来维护家庭的团结一致。

单亲家庭。单亲家庭面临的困难包括：经济问题、角色负担过重以及与孩子互动的日常烦恼。单亲家长认为自己作为父母的优势是育儿技能、管理家庭的能力、交流能力、个人发展和提供经济支持。他们认为随着时间推移，独自照料孩子会越来越容易。

离异非监护方父母。离异的非监护方父亲的角色压力来源于探视和监护问题、与前妻的关系和个人及身份问题。他们认为孩子是维持婚姻的首要原因。非监护方家长大多只带孩子参加休闲活动，有些家长在过去的一年里和孩子没有联系。只有三分之一不到的非监护方父母参加学校或集体活动。这一模式在父亲和母亲方面基本一致。

继父母。重组家庭中继父和继母的角色都不容易扮演，因为缺乏角色界定。他们会遇到角色模糊的问题。管束孩子是继父面临的首要问题。继母对家庭角色的不满意度和压力感更大。健康的重组家庭和健康的完整家庭不同，它们的灵活性、适应性更强，更能包容各种差异。

推荐活动

1. 观看电影《为人父母》（Steve Martin 主演）。分析电影中五个家庭的育儿方式。

2. 邀请一名律师、两位非监护方父亲和两位非监护方母亲到课堂上，谈谈有关的法律问题和这些家长关心的问题。

3. 收集有关资源信息（如各种组织、心理健康服务、有关育儿的录像片、书籍），制作一个宣传册分发给他们。

4. 观察一个晚上黄金时段的电视节目，记录下你观察到的家长的育儿行为。

5. 邀请双职工家长到课堂上来讨论他们对家庭生活的安排。了解他们得到了哪些回报，经受了哪些压力。

6. 让班上的学生分别采访监护方父母、非监护方父母、一位家庭治疗师，以及来自这类家庭的孩子，然后在课堂上讨论这些来自不同视角的发现。

7. 研究解决监护方和非监护方之间问题的协调者角色。邀请一个由心理学家、家庭协调员和律师组成的专家团有助于这一话题的展开。

儿童读物

以下儿童读物涵盖了本章所涉及的话题。这些书籍将有助于您和学生就这些话题展开讨论。

《妈妈,你爱我吗?》
作者:芭芭拉·荷赛　插图:芭芭拉·拉瓦利
阅读级别:4—8 岁
Mama, Do You Love Me?
Barbara M. Joosse, Barbara Lavallee (Illustrator)
Chronicle Books (1991)

《爸爸,你爱我吗?》
作者:芭芭拉·荷赛　插图:芭芭拉·拉瓦利
阅读级别:4—8 岁
Papa, Do You Love Me?
Barbara M. Joosse, Barbara Lavallee (Illustrator)
Chronicle Books (2005)

《如果你不得不选择:该怎么办?》
作者:桑德拉·麦克罗德·亨弗里　丹·巴克
插图:布莱恩 斯特拉斯伯格
阅读级别:8—12 岁
If You Had to Choose, What Would You Do?
Sandra McLeod Humphrey, Dan Barker, Brian Strassburg (Ullustrator)
Prometheus Books (2003)

《在朋友家做客的礼貌》
作者:特里·德杰泽利
阅读级别:5—7 岁
Manners at a Friend's Home
Terri Degezelle
Capstone Press (2004)

补充资源

育儿

图书:

宾格(2002)
《亲子关系:儿童养育概论》(第六版)
本书从发展的视角介绍了儿童养育。书中包含了一个简短但出色的章节讨论了为人父母的文化含义,书中还讨论了当今社会令人关注的儿童养育问题(如挂钥匙的孩子)。
Binger, J. J. (2002). *Parent-child relations: An introduction to parenting* (6th ed.). Upper Saddle River, NJ: Prentice Hall.

布鲁克斯(2001)
《育儿的过程》(第三版)
这本著作全面透彻,文笔流畅,是一本有关儿童养育的优秀参考书。书中探讨了儿童养育、生命周期以及育儿历程。作者阐述了儿童养育的每个阶段并讨论了一些特殊话题(如有特殊需要的儿童)。
Brooks, J. B. (2001). *The process of parenting* (3rd ed.). Toronro: Mayfield Publishing Company.

加利斯卡尔(1987)
《育儿的六个阶段》
作者指出育儿和童年一样有不同的阶段。他分析了各个阶段并讨论了这些阶段对于每个家长的意义。
Galinsky, E. (1987). *The six stages of parenthood*. New York: Addition-Wesley.

社会团体:
America Association of Family and Consumer Science
www.aafcs.org

National Congress of Parent and Teacher Associations
www. pta. org

National Council on Family Relations
www. ncfr. org

网站：

Administration on Children, Youth and Families
www. cyfc. umn. edu

Family Education
www. familyeducation. com/home

Family Fun
www. family. go. com

National Center for Fathering
www. fathers. com

National Child Care Information Center
www. nccic. org

National Parent Information Network
www. npin. org

Parenting
www. parenting. ivillage. com

Parent Zone
www. parentzone. com

参考文献

Ahrons, C. R., & Wallish, L. (1987). Parenting in the binuclear family: Relationships between biological and stepparents. In K. Pasley & M. Ihinger-Tallman (Eds.), *Remarriage and step parenting* (pp. 225–256). New York: Guilford.

Arditti, J. A., & Madden-Derdich, D. A. (1993). Noncustodial mothers: Developing strategies of support. *Family Relations*, 42, 305–317.

Bluestone, C., & Tamis-LeMonda, C. S. (1999). Correlates of parenting styles in predominately working- and middle-class African American mothers. *Journal of Marriage and the Family*, 59, 345–363.

Bogenschneider, K., & Small, S. A. (1997). Child, parent, and contextual influences on perceived competence among parents of adolescents. *Journal of Marriage and the Family*, 55(6), 345–362.

Cheng, T. C., Taylor, M. R., & Ladewig, B. H. (1991). Personal well-being: A study of parents of young children. *Family Perspective*, 25, 97–106.

Coleman, M., & Ganong, L. H. (1997). Stepfamilies from the stepfamily's perspective. *Marriage and Family Review*, 26, 107–121.

Cowan, C. P., & Cowan, P. A. (2000). *When partners become parents: The big life change for couples*. Mahwah, NJ: Lawrence Erlbaum.

Cowan, C. P., Cowan, P. A., Heming, G., & Miller, N. B. (1991). Becoming a family: Marriage, parenting, and child development: In P. A. Cowan & M. Hetherington (Eds.), *Family Transitions* (pp. 79–109). Mahwah, NJ: Lawrence Erlbaum.

Daniels, P., & Weingarten, K. (1984). Mothers' hours: The timing of parenthood and women's work. In P. Voydanoff (Ed.), *Work and family: Changing roles of men and women* (pp. 204–231). Palo Alto, CA: Mayfield.

Dollahite, D. C., Hawkins, A. J., & Brotherson, S. E. (1996). Narrative accounts, generative fathering and family life education. *Marriage and Family Review*, 24, 349—368.

Fagan, J. (2000). Head Start fathers' daily hassles and involvement with their children. *Journal of Family Issues*, 21, 329—346.

Fagot, B. I., & Kavanagh, K. (1993). Parenting during the second year: Effects of children's age, sex and attachment classification. *Child Development*, 64, 258—271.

Gallup, G. H., & Newport, E (1990). Virtually all adults want children, but many of the reasons are intangible. *The Gallup Poll Monthly*, 297, 8—22.

Gangong, L., Coleman, J., Fine, M., & Martin, P. (1999). Stepparents' affinity—seeking and affinitymaintaining strategies with stepchildren. *Journal of Family Issues*, 20, 299—327.

Giles—Sims, J., & Crosbie—Burnett, M. (1989). Adolescent power in stepfather families: A test of normative—resource theory. *Journal of Marriage and the Family*, 51, 1065—1078.

Groat, H. T., Giordano, P. C., Cernkovich, S. A., Pugh, M. D., & Swinford, S. P. (1997). Attitudes toward childbearing among young parents. *Journal of Marriage and the Family*, 59, 568—581.

Grobman, K. H. (2003). Diana Baumrind's parenting styles: Original description of the styles. Retrieved August 24, 2005, from www.devpsy.com.

Langenbrunner, M. R., & Blanton, P. W. (1993). Mothers' and fathers' perceptions of satisfactions and dissatisfactions with parenting. *Family Perspective*, 27(2), 179—193.

MacDonald, W., & DeMaris, A. (1996). Parenting stepchildren and biological children: The effects of stepparent's gender and new biological children. *Journal of Marriage and the Family*, 17, 5—25.

Marsiglio, W. (1992). Stepfathers with minor children living at home. Journal of Family Issues, 13(2), 195—214.

Olson, S. L., & Banyard, V. (1993). Stop the world so I can get off for a while: Sources of daily stress in the lives of low—income single mothers of young children. *Family Relations*, 42, 50—56.

Pill, C. (1990). Stepfamilies: Redefining the family. *Family Relations*, 39(2), 186—193.

Platz, D. L., Pupp, R. P., & Fox, R. A. (1994). Raising young children: Parental perceptions. *Psychological Reports*, 74, 643—646.

Richards, L. N. (1989). The precarious survival and hard—won satisfactions of white single—parent families. *Family Relations*, 38, 396—403.

Richards, L. N., & Schmiege, C. J. (1993). Problems and strengths of single—parent families: Implications for practice and policy. *Family Relations*, 42, 277—285.

Schnittger, M. H., & Bird, G. W. (1990). Coping among dual—career men and women across the family life cycle. *Family Relations*, 39, 199—205.

Skinner, D. A., & McCubbin, H. I. (1991). Coping in dual—employed families: Gender differences. *Family Perspective*, 25(2), 119—134.

Stewart, S. D. (1999). Disneyland dads, Disneyland moms? *Journal of Family Issues*, 20, 539—557.

Thompson, A., & Lawson, E. J. (1994). Fatherhood: Insights from divorced black men. *Family Perspective*, 28(3), 169—181.

Umberson, D., & Williams, C. L. (1993). Divorced fathers: Parental role strain and psychological distress. *Journal of Family Issues*, 14(3), 378—400.

Visher, E., & Visher, J. (1990). Dynamics of successful stepfamilies. Journal of *Divorce and Remarriage*, 14, 3—12.

Zimmerman, K., Skinner, D., & Muza, R. (1989). *The relationship of lifecyle stage and employment orientation to work/family stress, coping and life role salience in dual-earner families*. Paper presented at the meeting of the National Council of Family Relations, New Orleans, Louisiana.

本章首先阐述为什么教师和家长有必要了解彼此的观点和态度，接着展示了教师对家长的种种看法——从对家长难处的体谅到对他们不关心学校事务的困惑。最后描述了不同群体的家长对教师与家长关系的态度。我们相信，如果教师和家长能更好地理解彼此的思想观念，学生将最终受益。

本章的目的是为读者：

◇ 描述学校教育和家庭教育的相似之处与不同之处。

◇ 解释教师与家长在学校的角色变化。

◇ 比较教师对家长的看法和家长对教师的看法。

◇ 归纳教师处理家长弱点和学生敏感点的各种方法。

◇ 比较家长和教师承受的时间和工作压力。

◇ 提出家长和教师相互合作教育儿童的方法。

第五章

教师与家长
——多重观点

朱迪丝·麦克唐纳
蒙特克莱尔州立大学

教师和家长曾被称为"自然同盟",因为他们有着共同的目标:希望儿童尽可能地发展他们的潜能。虽然他们有很多共同点,但教师和家长并不总是能够愉快地合作。比起过去,现代生活的复杂性使得教师和家长之间的相互理解显得格外重要。教师如何看待家长以及家长如何看待教师和学校看似无足轻重,可实际上对优化教育服务来说十分关键。

说到群体,我们很容易做一些笼统的概括。虽然将群体作为一个整体来了解比较容易和高效,但我们必须明白概括性的描述往往会掩盖一个群体内部的差异,而只有了解这些差异我们才能真正理解这个群体的范围和复杂性。正如我们知道青少年有某些共性特征,如处在这一年龄和发展阶段的儿童总体上容易受情感的驱使,但他们每个人都不一样。在本章讨论教师和家长时,我们会描述一个群体对另一个群体的不同观点。我们将探讨教师对家长的看法和家长对教师及学校的看法,并探讨如何帮助新教师做好准备与家长建立联系。

学校教育和家庭教育

共性

虽然学校教育和家庭教育是两回事,但它们之间存在一些共同的要素。教师和家长都承担着教育和抚育儿童的责任。教师和家长工作的环境也有相似之处。教室的私密性(有教师称之为孤独性)使它常常被比作"流落在外的家庭"。无论教师或家长都需要不遗余力地付出,仅仅是倾听学生或孩子就需要特别的专注力。除此之外,耐心,是教育和养育孩子中不可缺少的品质。

区别

与其他类型的工作相比,教学工作是独特的,因为与工人或其他职业工作者不同,教师面对的是天生富于变化的材料带来的一系列挑战(Lortie,2002)。但是家长也必须应对孩子不断变化的特点,而且与孩子相处的时间远远超过教师。实际上,自身为父母的教师会第一个表示,教学的难度根本比不上做父母所面对的挑战。从育儿书籍的大量发行就可以看出家长多么需要指导和支持。

将教育孩子与养育孩子相比,最显著的差异就是教师与学生、父母与孩子的依恋感。尽管教师和学生之间的纽带可以很牢固,也很重要,但它缺乏家长与孩子之间形成的那种根深蒂固、持续长远的关联。

家长的知识和教学知识

在目前的教师培训阶段,你们可能还没有过多考虑你和未来学生家长之间的关系。你可能更多地关心课堂管理以及学术和教学知识。理解家长及他们对孩子和学校的观点似乎是不太重要的问题。抛开对学习内容的主次顺序判断,我们认为对家长视角的理解将会增进你对学生的理解。因为,教学是流动的、自由的,充满变化的,而且在课堂上所有学生都需要教师的关注,我们需要填补对学生理解上的空缺。了解家长和他们的观点是加深对学生理解的一个重要途径。

教师的工作积极性

和教师理解家长一样,家长也需要了解教学中不可避免的挑战。家长的态度影响教师的精神状态。对教师来说,受到重视和尊重是非常重要的,缺乏这些是教师倦怠或压抑产生的主要原因。教师离开岗位的一个主要原因就是感受不到家长的尊重。

罗伯就是一名因为感到学生家长(包括学生)对自己不尊重而失去了教学兴趣的教师。他在一所民族、种族和宗教多元化的中学教授社会研究课程。罗伯42岁,已婚,有两个十来岁的儿子。他做教师已有20年,直到五年前他都一直很喜欢这份职业。罗伯说最近几年,他发现家长们把他当作他们的雇员一样对待,而不是一个值得尊敬的职业工作者。

我的一个学生对我说:"嗨,别紧张,我叫我妈妈解雇你。"……就像这样,没有丝毫尊重,我对他们的关爱得不到回应,这非常打击人的积极性。(MacDonald, 1994)

在当代社会,教师受尊重的程度不如从前。这种态度变化的原因我们还不清楚,但很值得研究。不过有一点很明确:如果要让教师有效地进行教学,就必须消除家长和感到不被尊重的教师之间的误解。

家长在学校中的角色变化

教师是如何理解家长在学校中的角色变化的?了解这一点非常有用。在20世纪早期,"儿童是被看见而不是被听见的",家长也是一样,在学校里看不见他们的身影,也听不见他们的声音。家长把教师看作专家,对他们尊敬有加。到20世纪60年代,家长的学校参与主要限于参加家长教师协会的会议,而且只有那些对学校的问题感兴趣的家长才参加。今天,家长教师协会活动的支持者仍主要是一些热心家长,但大多数学校欢迎更多的家长参与进来。最近的一项民意测验显示,家长的不热心和不支持是让教师感到不满意的一个主要因素。

> **反思** 想一想上班族家长的负担。很多家长的家庭和工作负担很重,以至于他们没有时间完成每天必须做的事。列举出这些家长承担的责任,考虑完成每项任务所需要的时间。

教师希望得到家长支持的同时，又担心那些激进的家长。20世纪60年代以来出现了很多这样的家长，他们把自己看作学校的拥有者（Newman，2001）。在一项调查中，教师指出："好家长"是那些不干涉但支持教师工作的家长，就好比是"远方的助手"（Lortie，2002）。教师对家长参与的态度明显各不相同。有些矛盾的是，一方面家长随着各种特色学校或公助教育券的发展有了更多教育选择的机会，另一方面他们充分利用教师的专业能力的时间却减少了。家长紧张繁忙的生活和工作安排常常使他们没时间和教师商量解决那些他们本可以提供帮助的问题。

教师对家长的看法

教师根据他们和家长的交流形成了自己的看法。你会发现，教师对家长有各种各样的意见。

身为父母的教师的观点

当你知道美国70%的教师自己也是父母时可能会惊讶。从事教育工作的家长是了解家长的绝佳渠道。那些在成为父母之前就开始教书的教师的观点特别有指导意义——大多数教师是这样的——他们可以比较在自己成为父母前后对待家长的态度。

当教师的家长发现扮演双重角色的结果是对家长的处境更能感同身受。他们自己成为父母后逐渐理解了家长角色的复杂性，这对教师与家长的关系起到了积极的作用（MacDonald，1994）。

听听这些当教师的家长对学生家长的看法会对你很有帮助。没有孩子的教师的观点在本章也会呈现。

对孩子的依恋

有孩子的教师能理解家长和孩子之间深厚的依恋关系。你可能没有做父母的实际体验，但意识到家长与孩子的依恋关系将有助于你理解家长的视角。

让我们看看麦克斯，纽约市郊区一所小学的校长。他48岁，有一个10岁的儿子。麦克斯在小学已经工作了二十多年，他最初是一名幼儿园教师。麦克斯所在社区的家长大多是学术上和经济上颇有成就的人，正如麦克斯描述的，"这些家长对孩子的期望很高……你理解一个家长在自己孩子身上的投入，也理解家长和孩子的关系多么亲密……自己作为家长，你能理解为什么有些人希望自己的孩子拥有一切"。有自己的孩子，感受到那种"无可比拟的爱"，有助于作为校长的麦克斯更好地理解和应对家长的"非理性"态度。

理解家长权利的局限

人们常说：家长为孩子负责。家长的价值观决定了他们的育儿方式。家长有责任制订规则和界限。但仍有一些方面是家长无法控制的。例如，让孩子考试前先复习功课再玩。科学课教师爱丽丝有两个年幼的孩子，她发现自己没法强迫孩子在考试前复习。爱丽丝在一个白人中产阶级学校教书。她坦言，尽管她热爱教学，但作为一名单亲妈妈和一名有责任心的教师，她每天晚上都感到筋疲力尽。她说："在有自己的孩子之前，我无法理解为什么家长不督促孩子做作业。现在我明白了，你没法强迫孩子考前复习，没法强迫他们得 A。"

斯坦利是三个青春期孩子的父亲。他在一所民族、种族和宗教多元化的中学教英语。他说："你对家长面临的问题变得敏感了。在自己有孩子之前，我会想'你是家长，你得负责，为什么你不想办法解决这个问题'。"但斯坦利也谈到了家长的责任：

另一方面，成为家长也让你感受到，有些家长没有尽到他们应尽的责任。你看到学校里有些孩子的父母根本不关心孩子的生活，为此你会想不通，感到愤怒。我对这些也变得更敏感了，因为我知道为人父母意味着什么。

意识到家长的脆弱、敏感和防御心理

如果教师意识到家长在孩子的问题上有多么脆弱和敏感，与家长沟通就会更容易些。家长很难接受有关孩子的负面消息，即使他们要求你说实话。

50 岁的塞尔玛是一所郊区小学的五年级教师，经验丰富。她的学生科林对学习没有兴趣，与其他学生也没有什么交往，为此她感到很困惑。科林的妈妈 40 来岁，受过良好教育，她对儿子不能适应学校的状况十分忧虑。在一次和科林母亲的交谈中，塞尔玛主要讲了科林的优点（他善良、生性可爱、喜欢音乐）。塞尔玛营造的氛围鼓励了科林的母亲直接询问科林在学校的适应情况。塞尔玛如果一开始就谈自己对科林的担心，她很可能无法深入地和科林的母亲讨论孩子在学校的真实情况。由于在这次谈话中双方能真诚地交流有关科林的信息，教师和家长感觉都很好，并且约定再次面谈。

我们认为，教师需要认识到，当一个学生在学校不快乐时，家长可能知道，但很可能不知道该怎么办。如果教师能理解孩子的不快乐带给家长的痛苦，教师就会被看作是家长的同盟而不是裁判。双方可以通过合作来解决问题。

毛琳在小学教书，有四个孩子。她的一个学生有学习障碍，家长拒绝接受学校推荐的特殊教育服务。毛琳告诉这个学生的家长，自己也有一个孩子有学习障碍，她也觉得很难面对，因为总觉得这是件难为情的事。最终，这位家长同意让孩子接受评估。

当家长感到受伤时，就不容易保持理智。如果学校生活对孩子不利，家长就会觉得是自己的错。有学习困难（如有学习障碍）的孩子的家长会为孩子的情况辩护，常常否认孩子的问题，以至于错过对孩子更有利的教育机会。

正如教学无法套用公式一样，帮助家长客观地看待孩子也没有绝招可言。你要意识到孩子的家长可能非常敏感。想想你自己脆弱无助的时候，这会有助于你理解家长的感受。你可能需要给他们时间，等待他们袒露自己的忧虑，最好一开始先谈一些不那么敏感的话题。

为什么教师和家长之间的关系会紧张？为什么教师和家长不信任彼此的确是将孩子的利益放在心里的？

意识到家长时间不够，操劳过度

今天的家长，尤其是母亲，压力重重。很多女性在外工作，还要照料孩子，带他们参加活动，还要承担一些甚至全部家务。不工作的女性可能要承担其他的责任，如照料自己的父母。

瓦尔特是一所市区高中的数学教师。他四十出头，有两个上小学的孩子。当他的妻子恢复工作后，他对职业女性有了新的认识：

当我太太回去工作后，我才真正认识到职业女性有多么艰难……上班忙了一整天，回到家就得做饭、改作业，还要准备第二天的课，准备第二天的午餐，很快就到10点了。

我们知道尽管很多家庭有了节省劳动力的设备，现在的人相比于他们的父母还是少了很多休闲时间。幼儿的母亲自由时间最少，节约劳力的技术进步似乎对她们没什么帮助。

意识到家长缺少自由时间有助于你理解他们面对的紧张压力。家长们可能没有时间帮助孩子完成家庭作业或学校布置的其他任务。了解家长的时间限制会影响你决定哪些功课必须留到家里去完成。

高学历和/或高收入家长

这一部分将涉及教师们提到的一些高学历、高收入家长表现出的消极态度。这些行为当然不能反映所有高学历和高收入家长。新教师尤其觉得和受过高等教育的家长打交道很不自在，因为他们不能体谅新教师战战兢兢的心态。你可能认为受过良好教育的家长，或比你学历高的家长能更自然地成为合作伙伴。岂料事情并不总是如此。教师对高学历家长的看法不一。当他们和教师的教育目标一致时深受教师的尊重，但有的教师也说高学历家长要求苛刻，喜欢指手画脚。

有经验的教师指出，在过去的10到15年里，家长对教师的尊重下降了。两种类型的家长似乎格外突出，他们就是高学历家长和高收入家长。富裕的家长如果纯粹以金钱来衡量成就，很容易低估教师的价值。

凯斯琳，一位有25年教龄的高中教师认为她学校的富裕家长（学校位于东北部的一个郊区）有一种"股市综合征"。她说："当经济不景气，人们为失业忧心忡忡时，他们就会对教师表现出更多的鄙视。既然教师的薪水由他们来付，他们可不愿意看到自身难保时教师还高枕无忧。"

我们知道，当你期望得到高学历家长的支持，却发现家长把自己当专家并质疑你的专业性时会有多么难受。对教师，尤其是新教师来说，要意识到自己的专业知识与那些受过教育的家长拥有的知识并不是一回事。当这些家长表现出对教师的不敬时，还把他们称为"受过良好教育"的家长是用词不当的。我们在这里提醒你，这类家长确实存在，但同时告诉你真正受过教育的家长知道教师的价值，懂得尊重。

冷漠的家长

教师们发现与那些对教师的努力无动于衷的家长合作非常令人灰心。很难理解有些家长对教师发出的联络邀请不做回应。我们一般不追究家长冷淡态度的原因，但了解他们为什么缺乏兴趣有助于你和他们建立联系。

梅琳达，一位30岁的幼儿园教师，在新泽西州的纽瓦克市工作，这是个充满都市问题的大城市。她看到一些家长对孩子的发展和学习参与不够且缺乏兴趣，为此深感烦恼。当她无法联系家长来完成对孩子情况跟踪时，她觉得作为一名教师，她的工作被贬低了。

"返校日"的晚间活动一般会邀请所有家长，可是来参加的家长往往不是教师最急于见面的家长。这让教师很为难，因为他们就没有足够时间和那些他们真正需要了解的孩子的家长交流。你应该认识到，表面的冷漠可能掩盖着其他问题。家长的生活会很复杂，他们可能因为工作或其他脱不开身的家庭事务不能到学校来；他们可能在会议场合感到不自在；他们可能因为小时候的教育经历对学校有不愉快的感受。

我们该怎么办？一般说来，家长感受得到教师的迫切程度。你可以给学生家里捎一张纸条或给他们打个电话，表示你真心希望和家长联系，这是建立联系的重要一步。你可能不得不接受一个现实：即便经过无数努力，有些家长仍不会和你站在一起。

困惑的家长

做家长并不容易。养育子女是少数几个没有岗前培训的工作之一。今天的家长可能比过去的家长更容易感到孤立无援、如履薄冰。原本可以提供心理支持的大家庭大部分已经消失了。在大多数双亲家庭中，父母两人都工作。单亲家庭的家长责任更重。如今的家长可能比他们的父辈了解更多育儿知识。他们显然有更多渠道得到这方面的书籍，但他们的实践经验不足。当父母双方都工作时，不仅和孩子在一起的时间少，也很少接触孩子的同伴，因此，家长对于哪些行为属于正常范围不太清楚。教师常常需要为这样的家长提供帮助。

教师们对于这类困惑的家长有着各种不同的看法。蕾切尔，在一所规模较大的多种族郊区高中的特教班教授英语。她对有些家长的不成熟感到震惊："他们简直不知道怎么做父母。他们不知道怎么定规矩；不知道保持一贯的重要性。"她很恼火，因为她认为家长如此无知是缺乏责任心的表现。她觉得由于家长的不负责任，学生被亏待了。

琳达，一所郊区学校的三年级教师，强烈表示现在的家长需要学习更多的育儿技能。有些受过高等教育的职业人士在养育孩子方面表现出来的无知让她感到吃惊。他们似乎不知道一个三年级孩子该几点上床睡觉，更别提什么给孩子设置其他规定和责任了。琳达对这些家长缺少最基本的常识感到苦恼。

其他教师对那些不知道该怎么办的家长表示了更多的同情。阿历克斯在一个中产阶级中学教社会研究课程，他很同情那些青春期孩子的家长，因为家长"很难判断自己的做法是否正确"。他理解同龄人的压力不仅对孩子，也对家长的生活提出了难题。

> **反思** 养育孩子有哪些特别的难处？请教自己的父母是不是了解这些情况的最好渠道？如果不是，我们应从哪里学习如何养育孩子，并了解为什么有些家长困难重重？

麦克斯，那位我们先前提到的小学校长，很同情孩子即将进入青春期的家长，因为他经历过那段难熬的时期。他说：

我能体会那些家长不知所措的感受。我的儿子就处在青春期的前夕……他一会儿想做个小孩子，一会儿又想成为一个独立的少年，按自己的想法行事，还不让你问。我知道这是青春期孩子的典型表现，但他是我第一个也是唯一的一个孩子，所以刚开始我还是被弄懵了。这对家长来说是个成长的过程。

做父母意味着你必须应对不确定性和变化。麦克斯很享受作为家长在成长过程中遇到的挑战，他理解家长必须适应孩子经历的各个阶段。阿历克斯理解青少年和他们的家长面对的两难处境。蕾切尔和琳达则因为家长缺乏至关重要的责任心而感到不安。

约翰是个单亲父亲,有两个孩子,雪莉(11岁)和娜塔莎(9岁)。姐妹俩上同一所小学,一直都是出色的好学生。可最近,雪莉在数学方面有些困难。

约翰一反常态,迟迟不去学校与老师沟通。他一向不吝惜时间,而且曾是学校委员会成员,他帮助幼儿园建阁楼,陪女儿的班级一起去野外考察。他真心喜欢参与女儿学校的活动,也很欣赏她们的老师。然而,最近他总是找借口不去学校,也不回复雪莉老师的留言条和电话。

其实,在约翰心目中,学校并不总是一个好地方。小学曾是一个让他在社会交往和学习方面都抬不起头来的地方。现在他是一名成功的商人和受人尊敬的社区成员。

问题和思考:
1. 约翰的行为变化有哪些可能的解释?
2. 提出可行的问题解决方案。
3. 约翰现在的行为会影响谁?

家长作为合作伙伴

当家长能从教师与家长的关系中获益时,教师感到最满足。这些家长不分年龄或社会经济地位,他们的共性是心态开放,尊重教师的知识,渴望从教师那里吸取经验,在学校环境中很放松。

多萝西,一位二年级教师,非常喜欢学生家长杰西卡来帮忙:她不仅仅照顾自己的孩子,还关照课堂上的每个孩子。当然,我们告诉来参加校外实践活动或来学校帮忙的家长必须照顾所有孩子,这是个规定。但杰西卡是真的对所有孩子都感兴趣,她也对我和学生们在一起时的行为感兴趣。她仔细观察我,很愿意采用我的习惯做法。她提很多问题。我能肯定她把观察到的东西积累起来应用到家里。我喜欢身边有这样的家长,因为三十年来我的确有不少心得,我愿意跟家长分享具体的经验。杰西卡就像一块海绵,她好像也成了我的学生,这让我非常开心。

与家长关系融洽而感到满意的教师并不止多萝西一个。教学的一大乐趣是与人分享你所知道的或学习到的,这些知识的接受者有可能是家长。但家长必须愿意接受和运用这些知识。

可以理解,教师对家长的认识源于他们的经历。他们对难以接触的家长感到泄气,为和需要帮助的家长建立有意义的关系而欣慰。我们相信家长都愿意为自己的孩子倾尽全力。熟悉教师对家长的感受将对你今后的工作有帮助。这些观点反映了家长在教师面前的种种表现,尽管家长可能自己并没有意识到。

教师的工作不仅仅是教授课程。学生的身份以及他们在家面对的问题影响学生在学校的态度。想象一下你的学生是某个人的孩子,放学回到家,把在学校的经历和家庭的现实融合在一起,这能帮助你更好地理解他们。

教师每天也要扮演很多角色。我们并不建议你把教师的世界延伸到学生的家庭生活中。但我们认为家长是你的合作伙伴,为了学生的利益,你可以和他们相互学习。

家长对教师和学校的看法

对有些人来说,长大的好处之一就是不用再上学了。但这样的快乐在你自己的孩子上学后就结束了。在你从来就不喜欢的环境中,学生时代的不快又回来了。为什么我们在讨论家长对教师和学校看法的一开始就讲述这些消极情绪?因为很多家长有这样的情绪。单单走进校园就会让他们焦虑,因为校园让他们想起星期五的考试,想起星期天晚上痛恨星期一的到来。

我们是否夸大其词了?是,也不是。对很多人而言,学校是天堂——一个可以学习、交朋友、在智力和感情上得到滋养的地方。可对另一些人来说,学校让人浑身不舒服。原因有很多:可能是教学太差,也可能是自己有学习障碍,还可能是社会适应方面的问题。当我们考虑家长对教师和学校的认识时,必须记住家长的差异很大,我们对家长态度的多样性了解越多,越能满足他们的需求。

为什么要考虑家长的观点

关注家长的视角出于两方面的原因:一是他们对学校的态度影响孩子在课堂上的态度和行为(Seligman,2000);二是家长对学校表现出的支持态度对教师有积极影响,因为这会让教师感到自己的价值并努力在工作中保持这种价值(Newman,2001)。

家长态度的变化

我们已经注意到在60年代之前,大多数家长对学校事务并不积极。学校主要是教师和学生的天地。家长往往会暗示或明确告诫孩子在学校不要给家长丢脸。而现在,根据一位50岁的老教师的说法,"孩子不努力学习时,家长更喜欢责备老师"。尽管这种态度转变的现象并不普遍,但这一趋势还是让很多教师担忧。

界定家长对教师和学校的观点

评估家长对学校的态度很难,而且这也不是教师的主要职责。尽管如此,如果你对家长带入学校的情绪有所了解,你就能更好地理解他们和你的学生所处的家庭环境。我们把家长对教师和学校的看法呈现出来,让你明白家长可能有的各种感受和认识。家长生活处境——比如他们是否是单亲家长、工作家长或继父继母——也会影响他们和教师及学校的关系。

当我们用案例描述特定群体的家长时,并不是说所有这类家长都具有案例中表现出的特点。我们只是概括了特定群体具有的某种倾向性。

消极情绪

有"怀旧"情结的家长。 有这种心态的家长认为现在的教师不如过去的教师有奉献精神。这些家长认为教师不如从前工作努力,"教学"也失去了它本来的意义。家长说进入这个职业的人的素质和能力降低了。很多人选择当老师是因为这个职业稳定,他们并不真正关心学生。

持这种观点的家长会因为不支持老师而削弱自己孩子的教育。孩子听到家长贬低老师会感到困惑。家长的态度可能使孩子疏离学校,从而阻碍学生在学校的成功。提到这个态度,是因为你可能遇到这样的家长。但这些家长的态度会因为孩子在学校的积极体验而转变。

讨厌学校而导致的不适感。 正如我们前面提到,不是所有人在做学生时都喜欢学校,这样的不愉快感在成年后仍会出现。例如乔伊斯,她从未喜欢过学校。她把上学看成一件不得不完成的任务。当她的女儿贝丝开始上学时,乔伊斯对学校的恐惧又回来了。幸运的是,贝丝很喜欢上学,这让乔伊斯也很高兴,因为她知道教育可以给贝丝带来更好的生活。乔伊斯现在的工作只能拿到最低工资,很难让她有满足感。

萦绕在乔伊斯心中的忧虑源于她过去不是个好学生,当贝丝进入高年级后她就没有能力辅导她了。可作为一名单亲妈妈,她在家必须承担起对贝丝的全部责任。在家长会上,教师们能感受到家长的不自在。乔伊斯得知贝丝在学校表现很好时感到很欣慰。贝丝对学校生活的适应让乔伊斯放松不少。随着焦虑的缓解,乔伊斯能够在她需要时,得到老师的帮助。

对学校的不适感造成的影响。 可能很难理解一个家长对学校的不适感受会超过对孩子问题的担忧。但确实有这样的家长。琳达是个受过良好教育的女性,但她对自己的情感生活心灰意冷。她很少参加学校活动,不到学校,也不参加家长协会的活动。她的儿子有学习障碍,尽管她受过教育,但仍然为儿子的状态感到羞耻。她对学校的不安感受,伴随她不愿面对问题的心理,阻碍了她积极寻求合适的方法来解决儿子的问题。

教师无法洞悉家长的心思。我们把琳达的例子收录进来是因为家长的脆弱无助是一个不易被察觉但经常出现的情况。遇到琳达这样的家长,我们需要不带任何价值判断地倾听他们,支持他们,这是减轻他们焦虑的第一步。

积极情绪

单亲家长——孩子的代言人。不是所有学习困难的孩子的家长都特别敏感并采用"把头埋进沙子里"的鸵鸟方式来解决问题。路易莎40岁,独自抚养两个上小学的女儿。她们生活在一个各种文化背景的人混杂的郊区社区。路易莎一个人照料孩子,同时在努力攻读学士学位。她的一个女儿在数学和阅读方面有学习障碍。路易莎把自己视为孩子的权益代言人,和老师保持频繁的交流。尽管她说自己在情感方面有不少困扰,但她一心一意、不遗余力地为孩子争取最好的机会。

玛丽娅是三个孩子的单亲母亲,其中一个有严重的学习障碍。像路易莎一样,她没有羞怯,而是积极寻求帮助儿子的方法。她对学校抱着乐观的期望,把老师看成自己的同盟,在和老师共同努力的过程中,她吸取到了很多宝贵经验。

积极情绪的影响。在学校感到自在的家长往往会在家长教师协会中担任领导者的角色。他们的角色有助于他们充分利用学校给孩子创造有利条件。

珍有三个孩子。她的两个女儿很喜欢学校,但最小的孩子吉姆对上学没有兴趣。珍是全职妈妈,所以有时间和吉姆的老师交流孩子的情况。她觉得向老师通报孩子的情况有助于老师理解这个迷茫的学生。除了和老师交流外,珍还愿意与他们合作。她在学校和老师们相处得很自如,所以能够帮助老师来应对吉姆的问题。她觉得与老师分享自己对孩子的了解是她的义务。

重组家庭的视角

重组家庭在家庭内部就有很多需要调适的方面。有时学校成了躲避家庭矛盾的天堂。但有时,家庭问题的解决是学校无能为力的。盖尔38岁时,丈夫因心脏病去世。当时她的儿子5岁,女儿3岁。三年后她嫁给了一个比她大十岁的鳏夫,马丁。马丁有三个孩子——一个女儿18岁,一个女儿8岁,儿子15岁。结婚后,盖尔搬到马丁的住所。盖尔和马丁的育儿风格有很大差异。盖尔给孩子定下的规矩十分明确而一贯,而马丁对孩子几乎有求必应。马丁的孩子不习惯被约束,这使得每个人在家庭生活中都感到不舒服。

盖尔的孩子在学校适应得很好,因为他们的妈妈在家建立的秩序和学校的安排相似。马丁的孩子却很不适应学校的生活。他们觉得在学校不如在家自由,所以不愿意上学。

在学校心理咨询和家庭治疗的帮助下,马丁的孩子开始在学校正常学习了。他们转到了一所规模小一点的学校,在那里他们能得到更多的关注。盖尔的孩子在常规的学校中生活得很好,但在家和兄弟姐妹的冲突不断。

你可以看到,盖尔和马丁育儿观念的不同和冲突对他们的孩子在学校和在家的生活影响很大。

身为教师的家长的视角

毫无疑问,身为教师的家长在学校一定很自如,即使他们与其他教师的教学理念不一致。总的说来,身为教师的家长能感受到和孩子的老师之间的亲切关系,把他们当作同事和同盟。

宝拉和拉里都是教师,有三个临近青春期的孩子。宝拉说她和丈夫拉里非常能够体谅教师的处境。她用"舒适、热情和像家一样"的字眼形容孩子的学校。她认为她和丈夫与孩子老师的社会经济地位相同,因此交流起来格外容易。他们对教师非常尊重,相信大多数教师工作努力,总是不断通过进修提高教学能力,力求跟上最新的教育理念和方法。

茹斯的例子和宝拉、拉里不同,身为教师的她与孩子的老师之间关系并不很亲密。她有两个快进入青春期的孩子。她说:

有那么一两次,凭我个人的判断,孩子的老师表现得很糟糕。身为教师的家长在对待自己孩子的学校和老师时总是很小心。这些年来,我时不时感受到,要保持在那条细细的界限上很不舒服。记住自己的身份,必要时为保护孩子还得"做个恶人"。

身居教师和家长双重角色的家长有机会与孩子的老师像同事一样交流。教师与家长良好关系的建立取决于双方共同的教育目标。我们知道,不是所有教师的观点都是一致的。作为教师群体内部的一员对家长很有利,但这不能保证家长能如愿地得到孩子老师的理解。

教师如何让家长更好地了解教学的复杂性?家长如何让没有子女的教师充分理解抚养孩子的责任?

家长作为学习者和合作伙伴

我们在讨论教师观点时提到过一名叫做"杰西卡"的家长,她孩子的老师多萝西认为杰西卡从课堂上获得了很多收益。杰西卡很看重她从老师那里学到的东西,比如常规和一贯性,这些内容是在其他地方学不到的。她把教室看作是了解孩子的独特场所,并把学到的知识用在家庭教育上。对她来说,这些经历很有指导意义,能够帮助她成长。在杰西卡看来,学校和教师是学习和合作的源泉。

小结

我们展现了家长对教师和学校的各种态度。虽然家长对学校的感受不同,但他们的共同愿望是帮助孩子们取得成功。

我们认为,学校是教师和家长交换知识和观点的场所。教师的专业才能不能仅限于课堂。大多数教师都有与人分享心得的自然愿望,这些知识能为家长所用。教师在学校这个实验室中磨炼出各种技能,家长可以把这些技能加以调整用于家庭。课堂教学技巧,例如运用提问来激发学生思考,给学生充分的时间考虑和做出反应等,都可以被家长运用到家庭教育中。西格尔(Sigle,1991)明确指出,家长与孩子的口头互动会影响孩子的智力发展。

家长应该对当今教师的状况多加了解。很多家长可能没有充分意识到教师要扮演的各种不同角色(如社会工作者、父母替代者),以及这些职责对教师教学生涯的影响。倘若家长能深入理解教师工作的复杂性,教师与家长之间的关系将得到改善。

如果学校重视发展教师与家长之间相互信任的合作关系,学生就会更认真学习,更享受学校生活(注,康乃狄格州纽海文市的詹姆斯·科莫的成就,以及纽约市中央公园东部学校的黛博拉·米尔的例子充分证明了这一点)。我们希望这样的趋势能够持续发展,作为教师的你也会为此做出贡献。

推荐活动

1. 邀请家长到学校参加一个小型座谈会,谈谈他们对家长与教师关系的想法。确保参会人员中包括幼儿园、小学、初中和高中学生的家长。

2. 邀请教师到学校参加一个小型座谈会,谈谈他们对家长与教师关系的看法。确保参会人员中包括幼儿园、小学、初中和高中教师。

3. 采访有二十年以上工作经验的教师和/或学校管理者。问问他们现在的教学与二十年前有什么异同。就教师、家长和学生角色提一些具体问题,问问他们亲眼所见的差别。

4. 邀请一位身为教师的家长到课堂上,与学生讨论他/她所听说的家庭教育问题以及这些问题与教师有什么关系。

5. 在互联网上查找各种有关家庭教育的讨论。描述这些讨论群体和他们讨论的重点。问问你认识的家长,他们是否喜欢用这种形式的讨论来解决问题,还是更喜欢面对面交谈。

6. 采访家长和教师,问问他们如何看待家长在学校的角色。如果他们指出特定角色,问问他们,当今家长在学校的参与和他们自己上学时家长的参与有什么不同。

7. 调查不同年龄的学生,问问他们喜欢自己的家长以什么样的方式参与学校活动。确保你调查的对象年龄包括4岁到17岁的学生。

儿童读物

下列推荐书目涵盖了本章涉及的部分话题。这些书籍将有助于你和学生就这些话题展开讨论。就本章而言,着重讨论如何帮助儿童理解老师并将其拓展到教师和家庭的关系。

《谢谢你,福柯先生》
作者:帕特里西亚·波拉克 帕特里西亚·高奇
阅读级别:6—9岁
Thank you, Mr. Falker
Patricia Polacco, & Patricia Gauch
Penguin Putnam Books (1998)

《迪芬都佛日万岁!》
作者:苏丝博士 杰克·普里鲁斯基 插图:莱恩·史密斯
Hooray for Diffendoofer Day!
Dr. Seuss, Jack Prelutsky, Lane Smith (Illustrator)
Random House (1988)

《我的老师在学校睡觉》
作者:里琪·维斯 插图:艾伦·维斯
阅读级别:5—7岁
My Teacher Sleeps in School
Leatie Weiss, Ellen Weiss (Illustrator)
Penguin Putnam Books for Young Readers (1985)

《从黑泄湖来的老师》
作者:麦克·泰勒 插图:贾里德·李
阅读级别:4—6岁
Teacher from the Black Lagoon
Mike Thaler, Jared Lee (Illustrator)
Scholastic, Inc. (1989)

补充资源

家长参与
图书:
德尔加多-盖坦,楚巴(1991)
《穿越文化边境:美国移民家庭的教育》
Delgado-Gaitan, C., & Trueba, H. (1991). *Crossing cultural borders: Education for immigrant families in America.* London: Falmer Press.

梅尔(1995)
《思想的力量:哈莱姆区一所小学校的经验》
Meier, D. (1995). *The power of their ideas: Lessons for America from a small school in Harlem.* Boston: Beacon.

纽曼,彼特森(编辑)(1997)
《从生活中学》

Neumann, A., & Peterson, P. L. (Eds.). (1997). *Learning from our lives*. New York: Teachers College Press.

雷兹（编辑）（1990）

《家长在学校中的参与》

Reitz, R. (Ed.). (1990). *Parent involvement in the schools*. Bloomington, IN: Phi Delta Kappa.

温特斯（1993）

《非裔美国人母亲与市区学校：参与的力量》

Winters, W. G. (1993). *African American mothers and urban schools: The power of participation*. New York: Lexington Books.

文章：

豪斯博世（1992）

"重要的其他人：教师如何理解与家长的关系"选自《教师的智慧》

Hulsebosch, P. (1992). Significant others: Teachers' perceptions on relationships with parents. In W. A. Schubert & W. C. Ayers (Eds.), *Teacher lore* (pp. 107-132). New York: Longman

社会团体：

Alliance for Parental Involvement in Education

National Committee for Citizens in Education (NCCE)

Parents as Teachers National Center

Parents' Right Organization

电影：

《小大人泰特》(Little Man Tate)

影片讲述了单亲妈妈迪迪·泰特尽心尽力地抚养着聪敏过人却性格孤僻的儿子弗雷德。影片主要展示了这位母亲与弗雷德就读的天才儿童学校之间的矛盾冲突。这部电影有助于我们理解家庭和学校的角色。(1991,99分钟)

《心中的音乐》(Music from the Heart)

影片讲述了一位教师教哈莱姆区的孩子拉小提琴的故事。影片有助于我们理解学校、家庭和社区的关系。(1991,124分钟)

网站：

National Association for the Education of Young Children (NAEYC)

www.naeyc.org

Parents as Teachers (information)

www.txpat.org

Info for Teachers and Parents

www.usdoj.gov/kidspage/teacherparent.htm

Parent Teacher Organization (PTA)

www.pta.org

Parent Zone

www.parentzone.com

Teacher/parent/Trainer Site List

www.edpro.com

Texas Educational Network

www.tenet.edu

参考文献

Lortie, D. C. (2002). *Schoolteacher*. (2nd ed.). Chicago: University of Chicago Press.

MacDonald, J. B. (1994). *Teaching and parenting: Effects of the dual role*. Lanham, MD: University Press of America.

Newman, J. W. (2001). *America's teachers*. (4th ed.). New York: Longman.

Seligman, M. (2000). *Conducting effective*

conferences with parents with children with disabilities. New York City: Guilford Press.

Sigel, I. E. (1991). Parents' influence on their children's thinking. In A. L. Costa (Ed.), *Developing minds* (Vol. 1) (pp. 43−46). Alexandria, VA: Association for Supervision and Curriculum Development.

阅读完本章，学生将能够：
◇ 了解建立教师与家长双向交流关系的原则。
◇ 分辨有效的和无效的非言语交流方式。
◇ 描述创设家长—教师会议的积极氛围的方式。

第六章
家长与教师交流
——谁在说话？

莎拉·弗里泽·哈南
北达科他州立大学

> My family is sad because my grandpa ___ dad.
>
> my dad   my mom
> Ann   me   Sarah
>
> Becca Olsen

虽然你们当中很多人可能坚信,家长和学校应该建立真正的合作伙伴关系以充分发挥家长参与的优势,但达到这个目标不是件容易的事。它需要家长和学校双方共同的投入、行动、信任和理解。为鼓励家长参与,促进家校关系的建立,教师需要做的第一步是了解与家长沟通的进退之道。这与和其他人交流并没有太多差异,但家长与教师之间的交流在目的和一些细微方面还是比较特殊的。

在很多教师培训项目中,学生必须选修一门沟通学的课程,通常是一门公共演讲基础课。这一规定的理由是,教师需要学会自如地在一群人面前说话,并能有条理地做口头报告。尽管教师对一群家长做正式演讲的机会很少,可教师与家长交流的方向大多是单向的,似乎期待或希望家长被动地接受教师的智慧。例如,教师用来与家长沟通的常见方式包括学校简报、家长手册、开学介绍会和成绩报告单,通常都是教师"告知"家长学校的活动、政策、程序、学生的进展、课程设置等。即便是家长会,有时也成了向学生家长通报学生在校表现的会议,其核心是向家长通报信息。尽管倾听的技能和演讲的技能一样在教师教育中非常重要,但获得教师资格并不需要选修倾听课程,在美国的大学里也很少开设这样的课程。强调家校关系重要性的呼声很高,可我们仍只重视培养教师说的能力,而不是倾听学生和家长的能力。要想让家长参与并真正发挥积极作用,家长必须开口说话并受到倾听。起码,交流必须是双向的(National PTA,1997),为了做到这一点,家长和教师需要平等地对待彼此。

在大多数情况下,教师要主动发起交流。建立平等的家长与教师关系的一大障碍是:在校园里,教师和家长的地位天生不平等。对很多家长来说,孩子入学是自他们自己毕业后第一次与教师和学校打交道,学校在很多成年人的记忆中并不美好。不论家长对学校的印象如何,他们童年时与教师的关系是不平等的,对很多人而言,尽管他们现在已经成年,这种关系的性质仍在延续。教师需要意识到在一些文化中,家长与教师的合作关系是不可想象的。这些文化里,教师永远是正确的,孩子和家长最好把疑惑或担心放在心里,保持沉默。

> **反思** 回想你的小学或中学老师,你最愿意和哪一位老师进行开诚布公的谈话,最不愿意交谈的是哪一位?是什么让你对这些老师产生了不同的印象?

除了感受到教师和家长地位的不平等外,家长还意识到他们把孩子交到了教师的手里,孩子的学校生活顺利与否潜在地受到每个教师的掌控。很多家长处理与教师的关系时小心翼翼,生怕得罪老师,让孩子遭殃。

最后,教师与家长关系的特殊之处还在于其高风险性。当然,其他一些依赖于良好沟通的人际关系也是如此,但教师与家长的关系影响的是孩子的生活——而这,对于很多人来说是头等大事,责任重大。

建立平等关系

教师很难影响孩子与其家长的关系,但教师可以影响自己和学生家长的关系的性质。很多家长和教师都认为学校是教师的领地,不是家长的地盘。绝大多数家长会觉得不自在,就像鱼离开了水或到陌生地方做客一样。他们把教师看成权威人物,在教学和学习方面的专家,而且有些家长对自己的育儿能力也不自信。如果关系开始时双方不平等,交流的方向一般就是从占据优势地位的一方(更有专长的一方)流向处于劣势的一方(养育儿童被认为是人人都会的,不属于专长)。这就像从水壶向杯子里倒水一样。(见图6-1)

图 6-1

在这种情况下,水很难从低的容器向高的容器流动。如果我们真心希望家长成为教育的合作者,就必须改变对双方地位的认知。沟通一定要双向流动。考虑到教师的地位优势,教师有责任采取主动。可迈开这一步并不容易,因为有很多障碍需要避开或跨越。

双向交流的障碍

语言

除了不平等感受障碍,语言也会给那些希望敞开心扉彼此交流的教师和家长带来困难。语言常常是含糊的。相互理解需要说话者(作者)清晰地表达和听话者(读者)准确地解读。听、说、读、写的过程中有很多容易产生误解的空隙。例如,教师为了减轻家长的失望,用委婉的方式谈及孩子的问题,这可能被一个家长理解为老师对孩子还比较满意,另一个家长则会认为老师在掩盖问题。从下面这个一年级家长—教师座谈会的例子,我们能看出具体和清晰的表达有多么重要。座谈会上,老师对一位家长说,她的孩子"不成熟"。当家长问及他的不成熟表现在哪些方面时,老师说,"他不愿意尝试新事物"。家长又问"孩子不愿做哪些事",老师说"他不愿意爬露天看台的台阶"。这时,家长明白了老师的意思,因为她知道儿子有恐高症。直到这时,家长才可能做一些解释并开始考虑解决这个问题,从而给老师提供帮助。

在与上述案例类似的情况中,虽然存在表达不清的问题,但至少家长有足够的背景知识理解老师的意思。但如果教师满口教育术语,家长听不懂就会自惭形秽,要求解释时倍感尴尬。"听觉加工问题"、"视觉空间能力良好"或"学习障碍"是什么意思?教师最好丢开各种术语,使用通俗的语言,并尽可能运用具体的、描述性的语句,不作任何价值判断。对那些母语不是英语的家长更应如此。对他们来说,有些日常用语也很难理解,因而更容易产生误会。在这种情况下,如果学校不能提供翻译人员,可以让家长请一位自己熟悉且信赖的英语熟练的人陪同,担任翻译。

肢体语言

非言语信息的影响也会使交流过程变得复杂。身体姿态(如手臂和腿紧紧交叠)、肢体动作(如耸肩)、面部表情(如嘴唇颤抖或鼻翼张开)、音调或语速(如坚定、平稳的声音)或不自觉的行为(如迅速吸一口气)都可以向听话者传递信息。如果我们的肢体语言和我们想表达的意思不一致,或者如果我们不熟悉其他文化中各种非言语行为的含义,这些行为就会影响交流的清晰性和敏感性。

肢体语言能传达一个人的情感状态(见表6-1)。一个人如果抱着胳膊迅速转身,表明他/她很可能不高兴了。这是非常有用的信息,但同时,你不要过度解释每一个动作。有些人坐着的时候喜欢跷二郎腿或抱着胳膊,这是他们觉得舒服的方式,并不是一种肢体语言。

你需要注意对这个人来说不常见的一连串行为。你可以用这个信息来帮助你重新思考如何更好地处理这个问题。与家长交流时,你还需要控制自己的肢体语言——尤其在紧张的时刻。你的肢体动作表达了什么?你在表现一种防御吗?

另外,教师有时会遇到家长的非言语信息自相矛盾的情况。有经验的教师可能见到过家长用平静的语调说话,脸上带着微笑,眼泪却夺眶而出。在这种情况下,你可以这样说:"我注意到当我们说起贝丝的阅读成绩时,你很难过。"对于令家长心情激动的话题,你需要给他们一些时间考虑想要说的话。当家长的肢体语言表现出愤怒和敌意时,也需要这样处理。

双向交流的其他障碍包括疲惫、缺乏时间、自我的介入（通常表现为防御行为）、性格差异或交流速度（我们可以想象说话慢或快得让人心烦的人）、事先有个人安排或有其他分心的事、交流目的不同，或仅仅是地位、年龄、性别、种族或文化的差异。显然，无论一位教师多么努力地去促成双向交流，总会有其他因素干扰这个过程。但有一些策略可以有效地弱化这些因素的影响。

表6-1 非言语交流

态度	非言语信号	态度	非言语信号
开放	手掌打开 衣扣解开	紧张	清嗓子 发出"唷"的声音 吹口哨
防御	双臂抱于胸前 跷二郎腿 握拳的姿势 伸出食指		拈或掐肉 如坐针毡 说话时手捂着嘴 不看其他人 坐下时提裤子
评价	手靠近脸做手势 头略倾斜 摸下巴 透过眼镜凝视 取下眼镜擦拭 将眼镜腿咬在嘴里 抽烟斗的姿势 把手放在鼻梁上	受挫	在口袋里拨弄硬币 拽耳朵 出汗、拧手 呼吸急促 发出"啧啧"的声音 紧握双手 拧手 握拳的动作
怀疑	抱紧双臂 向旁边看 摸、揉鼻子 揉眼睛 扣上外衣纽扣——撤退		伸出食指 用手搓揉头发 揉后颈
		合作	上身前倾 手掌打开
不安全感	掐身体的某个部位 咬钢笔、铅笔 大拇指贴大拇指，摩擦 咬指甲 手放在口袋里		坐在椅子边缘 手靠近脸做手势 解开外衣纽扣 头略倾斜
		自信	双手合并，指尖向上 手背在身后 后背挺直 手放在口袋，大拇指在外 手放在外衣领子上

双向交流的辅助

积极聆听

说话者运用通俗的、描述性且不含价值评判的语言固然能促进有效的双向互动,但如果不会倾听,再能说会道的人也不可能创造平等的对话。想要在两个及以上的人之间建立有效的交流关系,关键是积极聆听。想一想你所认识的善于倾听的人,你可以很容易地指出他们表现出来的仔细倾听的外部特征。积极聆听者往往与说话者保持目光交流;他们常常有身体前倾的姿态,表现出专注;他们恰当地通过点头、扬起眉毛或微笑来回应说话者所说的话,鼓励说话者;他们提出相关的问题来确认自己的理解是否准确;他们会消除或忽略干扰;他们尊重说话者的感受;最普遍的是,他们自己不说话。

这些行为是可以练习和学会的,但积极聆听并不仅仅是外部行为表现:它是一种态度。积极聆听者"想要"听到别人的意见,他们听的目的是充分理解说话者的意思,他们不评价别人。教师的积极聆听能够向家长传递一种建立真正的双向交流的愿望,从而开始让双方的地位趋于平等。当谈话的每一方真正倾听了别人所说的话并能恰当地回应,沟通的双向流动就开始了。

当教师开始倾听家长并报之以同情和理解,相互之间的信任和尊重就能逐渐建立起来,家长就能够表达自己的看法(并能够积极地、理性地倾听教师的意见)。

发起交流

有很多方法可以创建家长和教师之间的链接,双方都应设法创设一个让彼此都感到平等的情境,从而促成双向的、相互尊重的、坦诚的、建设性的交流。

一些学校或机构在招生时设立了与家长的"入学面谈"。通过面谈,家长可以询问和获得有关学校的信息,学校也可以从家长那里了解孩子的重要信息。例如,家长可以告诉老师孩子的健康情况,特别是突发情况下的应急信息。如孩子医生的电话号码、食品过敏或其他饮食限制、需要特殊照顾或可能影响孩子在校表现的健康问题等。入学面谈中,教师还可以向家长询问孩子的兴趣或业余爱好以及家庭的语言、宗教和/或文化背景,这些信息将有助于师生关系的建立,也有利于教师针对孩子的兴趣和需要安排课程。另一方面,学校通过面谈让家长熟悉学校的场所、规定和期望。

从家长那里获得的和给予家长的信息可以通过书面形式(如家长填写的入学登记表或给家长带回家的政策指南),也可以通过口头形式传递。很多教育者建议将两者结合起来使用——口头交流比较亲切而书面交流能够确保不遗漏重要信息。在学校收集学生个人信息时,学生人数众多,如果依赖口头交流,教师很难准确记住每个孩子的细节。入学面谈常常是由校长和主任出面主持,但教师也应该尽可能参加,这样有助于教师尽早建立起与家长的双向交流关系,了解和尊重家长对自己孩子的认识。

如果教师没有机会参加这样的面谈(常常如此,因为教师有备课任务,而且入学面谈逻辑上是招生程序的补充,并非任课教师的职责范畴),还有其他活动可以帮助建立教师与学生及其家庭,以及学生与家庭之间的关系。我听说过以及自己使用过的方式包括:第一学年的家庭野餐会、教师个人给每个家庭打电话欢迎学生入学、开学前给每个家庭寄一张欢迎明信片、家访、家长—教师新学年联谊活动、邀请家长和学生一起来参观教室。这样的活动形式很多,但目的都是交换信息和建立最初的联系。这些努力对发展常规的、平等的双向交流来说特别重要,需要教师主动,做个有心人。

> **反思** 描述你作为教师是如何与学生家庭建立有效交流的?你觉得如果你有了孩子后,对家校关系的感受会发生改变吗?

常规交流

最初的交流一旦建立,我们就需要注意发展和保持交流的方法。方法有很多种,既可以是非正式的、口头的,也可以是正式的、书面的。

非正式的交流

最常用的非正式常规交流方法是家长在接送孩子时和教师随意地对话,这一方法特别适用于教师与幼儿家长的交流。与这些家长交流时,把握好谈话的基调是至关重要的。带着尊重和对孩子真切关心的随意谈话,能够维持很久,因为它不像正式场合的谈话让人拘谨,比如在家长教师座谈会上,家长会觉得公开表明的应该是正式的反馈。在家长和教师的日常对话中,彼此的反馈往往被认为更有用,更丰富,因为它不会被记录在案,不具威胁性。

对于孩子已经长大可以独自上学的家长,或那些太忙而不能每天接送孩子的家长,以及那些乘公共汽车上学的孩子的家长,可以采用其他非正式交流手段。最常用的方法是打电话。虽然教师们可能认为这会占用个人时间,但在开学第一个月的适当间歇里给每个学生的家长打一个电话能够起到事半功倍的效果。这会让家长感到老师平易近人,真心关心孩子和家长的意见。需要引起注意的是,虽然很多班级都安装了电话,但基本闲置不用,家长突然接到老师的电话时会吓一跳。如果以前从未给家长打过电话,而且一般只有出了问题才打电话(如孩子生病或犯错误了),你就需要多打几次电话,让家长相信你只是问问情况或谈一些学校发生的有趣的事情。出于这个原因,我建议你每学年打第一个电话时,最好说些积极的话题。这样的话,后面一些可能不那么愉快的电话就更容易被接受。

书面交流

书面交流具有持久性,能引起特别的关注。尽管书面交流有很多形式,既可以是正式的,也可以是非正式的,但都必须语言规范,拼写准确。否则,就会给家长留下不好的印象,干扰平等关系的建立。同样,教师不要看不起写作能力差或不识字的家长,以防破坏彼此的平等关系。

简报

与家长沟通的常用书面交流方式除了叙事报告外,就是以下要讨论的"简报"。简报由学校撰稿,定期印刷,主要用来向家长预报学校活动的安排或通报活动开展的情况。很多家长喜欢学校简报,因为他们对学校的课程设置和活动安排感兴趣,而有些家长觉得简报内容很枯燥。吸引家长阅读简报的策略之一是,确保在简报中将班级里的每个孩子都写进去,突出他们的名字。另一个方法是把大多数家长可能感兴趣的活动的通知和新闻放进去,穿插报道每个班级的新闻。

电脑使得简报编辑比以往容易了,尤其是当你每次都是用同一格式时。大多数简报是两周或一个月发布一次,但这个频率可以根据个人需要决定。简报不应超过两页。家长们很忙,页数太多会让他们心疼时间。

简报给你提供了一个和家长分享课堂趣事的机会。使用儿童的作业、作文,以及儿童自己绘制的插图会起到很好的效果。确保在一段时间内,每个儿童都要被提到。下面列举了一些可以用于简报的内容:

- 儿童作业的样本;
- 儿童语录;
- 通知;
- 所需材料的要求(我们需要2加仑牛奶包装盒等);
- 特别社区活动通知;
- 家长可能感兴趣的文摘;
- 对提供帮助的家长的感谢;

- 适合儿童年龄阶段的推荐书目，对家长有帮助的教育、育儿类书籍；
- 欢迎新同学和他们的家庭；
- 最近正在学习的内容大纲；
- 对其他家长有益的家长的文章或留言。

不过，大多数简报是教师向家长传递信息的形式，其本身并没有问题，但如果和其他单向交流方式结合使用，就容易造成家长和教师之间的隔阂。作为教师，你需要考虑如何让家长参与简报的编写和策划。这不仅可以打开家长参与的渠道，也能增加家长与家长之间交流的机会。大家在一起可以发现大多数家长都感兴趣的内容，这样做也能减轻你的工作负担。

学校—家庭日志

有一种双向交流，常常用于有特殊需要的儿童，这种形式就是"学校—家庭日志"。这对那些不能每天到学校的家长特别有帮助。它是一本笔记本，教师常规地写下对孩子在校表现的评语。这个笔记本随着孩子回家时带给家长，家长在本子上记录孩子在家的情况。当然，这种方法的成功取决于家长和教师的持之以恒。但你不要轻易失去信心。家长可能做不到每天写日志，但可以做到一周两次。偶尔鼓励孩子在日志本上写点什么或者画些图画可以激发家长或孩子的兴趣（孩子能提醒家长和教师写日志）。

叙事报告

另一种向家长描述孩子在学校情况的形式是"叙事报告"。虽然很多家长喜欢传统的、可以与其他孩子进行比较的成绩报告单，但越来越多的家长赞赏和支持教师花时间和心思写的叙事报告。需要注意的是，尽管写这样的报告特别耗费时间，教师仍需要指出每个孩子的独特之处。像"好学生"或"需要继续努力"之类的笼统评语对家长没有帮助。缺乏具体信息的评语也无法促使家长给教师有用的反馈。一份好的叙事报告应该是针对一个孩子的，无法与其他孩子的评语相互替换。它一定是描述性的，充满具体的细节，能把孩子在课堂上的表现生动展现在阅读者面前。

家长—教师座谈会

过去，家长—教师座谈会只有在出现问题时才召开，而现在，它已经成为学校和其他教育机构使用最频繁的（最为制度化的）家长—教师交流方式。家长—教师座谈会的频率、长度，甚至目的都不一样，但一般情况下，一年两次，每次15—20分钟，主要目的是向家长通报孩子在学校的进展。家长—教师座谈会成为家校联系的常用方式的主要原因之一是它相对比较成功。最主要的一点是家长很感谢能有时间与教师聊聊孩子的学校生活,当会议成为常规后,学校管理方提供的时间保证和支持也让教师的工作更有条理,能保证每个家庭都有与教师单独交流的机会。有趣的是,很多教师把这种会议看成一件日常工作,而不是一个机会,而且教师和家长都对此感到紧张,参加座谈会的教师和家长都会有情感消耗。很多教师和家长认为会议时间太短,无法开展有意义的谈话。也有教师遗憾地指出,有些他们需要见的家长总是不来。

仅靠家长—教师座谈会无法创建教师和家长之间的双向交流模式,有很多策略可以用于座谈会以促进双方的交流。例如,适应家长的工作时间表。很多学校在白天的座谈会之外,还增加了晚上的会议时间。还可以帮助家长把几个子女的家长会紧凑地衔接起来,让他们只要来学校一趟就能见到自家孩子的所有老师。

会议环境可以布置得更有亲和力。让家长坐在教师旁边,而不是让家长集中坐在桌子的一边,这样可以减少不对等的感受。请家长坐在成年人尺寸的椅子上,有助于他们放松下来。尽可能不让家长等待,到门口招呼家长更能表现出关心和热情,让家长感觉受到欢迎和尊重。在进入座谈会议程之前先用几分钟闲谈几句,有助于家长放松,让气氛更友好。

要在 15—20 分钟这么短的时间内谈很多事情是很紧张的,所以我们还要记住其他一些要点来促进对话的顺利进行。专家建议,对孩子的讨论应以积极的话题开始和结束。如果有什么需要解决的问题,适宜放在会议的中间讨论(Rockwell, Andre, & Hawley, 1996)。每次会议讨论的范围要有限制,尤其是当我们需要家长提供建议和帮助的时候,因为任何人都不可能一次应付很多问题。能够描述一些孩子的情况非常重要,这样可以向家长显示你不仅了解孩子的考试成绩和学习表现。她上课对什么最入神?他的朋友是谁?他在小组活动中扮演什么角色?她怎样表达自己?

有关家长—教师座谈会有两大争议:一是记录问题,二是家长带其他人来参加会议。无论教师还是家长记笔记都会有一些好处,但也有坏处。记笔记有助于我们记住说了哪些,而且表现出对别人发言的重视。另一方面,记笔记给人的印象是所说的话是有笔录的,可以被用来指证发言者。因此,不论你有什么意图,在记笔记前最好得到许可。

虽然有些教师强烈反对座谈会上出现家长以外的其他人,家长确实有权利带其他人参加会议,而且有时候他们有理由这么做。尤其是在讨论特殊教育诊断或安置的问题时,请别人帮着听听是很有益的。当我们听到难以接受或令人失望的消息时,容易把注意力集中在自己感到最震惊的部分,会忽略行动建议或可能的其他解释。出于这个原因,我们应该欢迎朋友或亲戚来帮助家长听明白问题。如果家长邀请了孩子的保姆参加,我们也应该欢迎,因为他们和家长一样也能提供关于孩子的有用信息。对于母语非英语的家长,带来的朋友可以充当翻译。在学校没有配备翻译人员的情况下,这会让家长和教师都轻松不少。但是,如果家长带来一个同伴,而他/她对这个人在场感到不自在,或者家长顺便搭邻居的车来,而邻居在场可能会造成事后的闲言碎语,你与家长谈话前可以要求这样的人暂时在外等候。至于儿童自己或其兄弟姐妹是否可以出席会议,取决于会议的内容、儿童的年龄和他们到场的目的,需要具体问题具体分析。同样,如果家长离婚或分居了,该如何处理?通常,教师遇到这种情况时,会分别与孩子的父母座谈。

你如何保证让父亲来参加座谈会?如果孩子的双亲都是女性(同性恋关系),该怎么办?

这些建议有助于家长—教师座谈会在愉快的氛围中卓有成效地进行,但这并不能大幅度提升信息交流的对等性。给家长提问和他们带来的话题留些时间非常重要。如果在座谈会的常规时间内无法完成讨论,一定要另外安排时间再次座谈。实际上,家长需要真切地感觉到他们可以在一个学年的任何时候要求与教师面谈。

有效的家长—教师座谈会需要家长和教师精心的策划、谨慎的行动和及时的跟踪。表6-2提供了一个家长—教师座谈会准备事项清单。当然,支持家长参与的最重要的元素是停止说话,开始倾听!

表6-2 座谈会事项清单

会前

1. 通知——目的、地点、时间、会议时间长度
2. 准备
- 回顾儿童的档案夹
- 收集作业样本
- 准备材料
3. 计划议程
4. 布置会场
- 舒服的座位
- 减少干扰

会议

1. 欢迎
- 建立友好关系
2. 状态

- 目的
- 时间长度
- 记笔记
- 跟踪意见

3. 鼓励
- 信息分享
- 评语
- 提问

4. 倾听
- 每隔一会儿就暂停一下
- 注意语言和非言语交流
- 提问

5. 总结
6. 以积极的话题收尾

会后

1. 如果合适，向学生介绍座谈会内容
2. 如果需要，向其他学校工作人员发布信息

本图表改编自罗杰·克洛斯和新墨西哥大学家长参与中心开发的材料。

与中学生家长交流

学生—家长—教师座谈会

有一种允许学生参加的座谈会很受欢迎。这种形式适用于小学一年级至高中的学生，但在中学生中使用效果最好。因为中学采用小组式学习方法，所以"小组"座谈会特别合适。

需要注意的是，学生应该是小组座谈会发言的主体，应鼓励他们积极参与。主持这类座谈会有一些策略和各种变式。下面列举了一些可能出现的情况。

学期之初。在开学后第一个星期开会来确定整个学年的目标和讨论实现目标的方法。这时，每个参与者的责任应该确定下来并记录在案以备日后查询。下一次座谈会的时间和日期也可以同时确定下来。

期中。这次会议应该首先对目标完成情况进行总体评估。然后，对有必要修改的目标和责任进行调整。这些调整可能涉及开学时参加者不明了的知识。约定下一次会议的时间。

期末。同样，会议应首先回顾原先设定的目标和第二次会议后所作的调整。这时候，应对全年的进展情况进行评估。记住，每个方面都需要考虑——表现优秀的

方面和需要改进的地方。同时，这也是家长、教师和学生欢庆一年的成功的时刻。

教师和家长都认为这样的会议形式具有建设性意义。让学生参加会议，突出了学生应承担的责任。会议的频率可以根据具体需要和学校政策进行调整。

家庭作业热线

中学生家长经常被孩子的作业难倒。他们可能在自己读书时不擅长某个科目，或没有学过某些内容，他们也可能忘记了所学的知识，毕竟自己的学生时代距离现在已经非常久远了。不论什么原因，家长和学生可能都需要额外的帮助。有些学校开设了家庭作业热线，学生和家长可以在晚上做作业的时候打电话求助。学校发现这样的措施对家长和学生都很有助益。

座谈会刚结束，三年级教师朱莉很失望，因为托德的家长没来参加会议。他们在会议通知回执上表示要来的。朱莉特别急切地想见到托德的父母，因为他在学习和行为方面都有问题。朱莉曾给托德的家长带过留言条，也在他们家的电话录音中留了言，但一直没有得到回音。

问题和思考：

1. 托德的家长未参加座谈会，不回复朱莉的电话留言和书面留言可能有哪些原因？
2. 除了传统的座谈会外，朱莉还可以采用哪些方式与家长交流？
3. 哪些人（学校的工作人员）可以给朱莉提供帮助？

家庭作业热线可以用不同的方式操作。例如，热线可以用来帮助打电话者完成家庭作业或核对家庭作业。以下是一个成功家庭作业热线的实施指南。需要注意的是，这种项目形式多样，学校应根据自己的需要灵活变通。

• 确定学校和学生在家庭作业方面的最大需求。让家长和学生参与计划。在大多数学校，数学——特别是初级代数和代数是最需要帮助的。其次是写作技能，范围很广——从标点符号、语法到如何撰写学期论文。确定需求以后，策划如何满足这些需求。

• 这项服务的频率如何？对中学生来说，通常周一到周四晚上作业较多。记住，最好先小范围尝试，然后扩大服务范围。

• 谁来负责家庭作业热线？有些学校请志愿者来帮忙做"家庭作业助手"，有些则花钱聘请人员来承担这项工作。聘请人员负责的项目一般更为成功。如果对于你的学校,使用志愿者最为现实可行,可考虑雇佣一名非全日制的协调员,帮助制订时间表、为不能到岗的助手落实替代者,等等。如果这个项目给工作繁忙的教师和/或管理者增加了额外负担,它就很可能失败。

- 项目计划好以后,确定以什么方式通知家长和学生。
- 定期召集热线工作人员开会,发现问题,改进服务。
- 尝试一段时间后再评估其成败。通常,这种性质的项目需要有一段时间才能建立起客户群。

通过计算机课接近家长

很多家长不会使用电脑,而孩子们对电脑十分精通,家长会为此感到难堪。很多学校开设了夜间学习班让家长学习基本的计算机技能,反响都很好。

开办这类学习班应尽可能避免正式化。记学分、布置作业的学习班一般不受欢迎。你必须记住,家长可能因为缺乏计算机技能而感到自卑。那些氛围友好的、不强调系统学习、不强化成功的学习班最为成功。可以请那些曾上过计算机班,或会使用计算机的家长来帮助新学员。这一策略也被证明很有效。

有些人家里没有电脑,并不意味着他们对电脑不感兴趣。此外,图书馆和其他公共场所都设有给公众免费使用的计算机,那些没有电脑的家长可以很容易地找到使用计算机的渠道。尽管如此,没有计算机仍会带来不便。学校一般都有计算机实验室,晚上无人使用,这些实验室可以成为理想的家长资源。家长可以到实验室使用文字处理软件,学习编程技能,或上网"冲浪"。这可以让他们感觉更自信,更像学校的一员。学校也可从中获益:家长觉得自己是学校的一员,把学校看成是与家庭紧密相连的整体,就能更好地理解孩子的课程,发展与其他家长的良好关系。每一方都得到了好处。

网页和电子邮件

网页是与家长交流的另一种途径。但是,这也是一种单向交流形式。在开始之前,你必须明确网页的优势和你想要放在网页上的内容。免费教师网(2005)提出了以下几点内容建议:

- 你的个人信息和简历;
- 给学生和家长的信息;
- 学校信息;
- 课堂学习项目;
- 学生的网页;

- 学生的作品；
- 课程计划和创意；
- 教学单元的主要内容和相关链接；
- 其他与教学和教育相关的内容。

对学校简报的建议也同样适用于你的网页——特别是学生的照片和你对学生活动的评语。因为你的网页可能被学校社区之外的人看到，不要提及学生的姓名、电话号码和住址。另外，问一问你的学校和社区对教师网页有无特殊规定。

使用网页有个问题——电脑的可及性和学生家长的兴趣。如果你的学生家长大部分没有网络资源，你就要考虑以其他方式和他们交流。你还可以把学生的电子邮箱放到网页里，这样单向的交流就变成了双向的。电子邮件可以用于教师和家长以及家长之间的日常交流。因为，电子邮件可以在方便的时候写，这有助于增加交流的频率，但它不能完全取代面对面的交流。

如果你的学校缺乏人员帮助你创建和维护网页，本章最后列出的一些网页可能对你有帮助。

其他常规交流方式

家长布告栏

另一个与家长交流的方式是"家长布告栏"。一般放置在显眼位置，让家长到学校时能够一眼看到。布告栏如果设计醒目，内容有趣，就能吸引家长的注意，起到交流效果。不过，不是所有家长都会到学校来，而且布告栏的交流是从展示者到观看者。这种交流方式一般都是单向的。尽管如此，也有一些策略用来吸引家长的注意和促进家长参与。让布告栏有趣的关键是信息的相关性和吸引力。家长感兴趣的内容包括：孩子的照片和作品的记录（包括成品和过程）(Edwards, Gandini, & Forman, 1993)；育儿知识；家长和孩子可能感兴趣的社区活动通知；关于家长的有趣的（积极的）新闻集锦；学校活动的通知等。

为确保家长的持续关注，布告栏需要定期更换。尽管运用布告栏来开展家长与教师之间的沟通是不恰当的，但在同时使用其他交流方式的情况下，布告栏可以成为家长之间沟通的方式。布告栏也可以是互动的，而不是被动的。如果布告栏中留出一块给家长，他们可能会补充一些他们所了解的家长们关心的内容，从而激发更多家长的兴趣和主体感，也为家长之间的交流创建一个载体。

家访

学校和其他教育项目，如"开端计划"项目的教师到学生家庭拜访家长是出于各种各样的原因。最常见的原因是,这样的家访能让教师看到学生所处的生活环境,从而更好地理解他们,并能设身处地地为家庭着想。开学时的家访有助于教师和家长尽早建立起双向交流的氛围。家长一般会感激教师到他们自己的领地——家长是控制者,教师在这个陌生领域是客人。家访是一个信号:教师对家庭感兴趣,希望与家长成为伙伴。教师家访过后,家长往往在开学之初就做好了与教师合作的准备,而不是把宝贵时间花在摸索自己的角色上(Burian, Haveman, Jacobson, & Rood, 1993)。此外,孩子们也会因为教师的家访而感到兴奋,更能满怀热情地开始新学期。很多时候,家校关系在开学以前就拉开了序幕。

当然,家访也需要谨慎。应允许家长拒绝家访。他们可能对自己家的处境感到难为情,也可能只是不喜欢别人到家里做客。有些教师建议结伴家访,这样有利于多角度地收集信息并避免过于唐突。但需要注意的是,学校一方多一个人可能破坏对等关系的平衡。遗憾的是,经费不足使得家访的老师不可能得到经济补助,但很多老师深刻体会到家访带来的好处,愿意花自己的时间去拜访学生家庭。

特殊情况下的交流

初步交流和常规交流非常重要,因为这有助于教师—家长关系的建立和维护,能给所有人带来益处,尤其是学生。然而,其他类型的交流策略也值得重视。

群体交流

在有些场合,我们学过的公共演讲技能可以派上用场。家长晚会、家长学校、学校活动,甚至学校开学介绍会都有可能要求教师对家长群体讲话。在这样的场合,我们仍需要给家长的声音留些空间。不论什么时候,都要给家长提问和发表意见留足时间。家长发言时也应和教师或校方人员一样使用讲台。给家长或家长—教师讨论安排好时间表有助于家长体会到自己在活动中的主体地位,感到自己的观点得到了重视。

危机时刻和难缠的家长

即便教师满怀良好愿望,为创设坦诚有效的家长—教师交流氛围付出积极的努力,仍有一些时候和一些个人会给我们带来考验。大多数家长是能够与教师配合的(尽管有些人一开始不情愿),但有个别家长,无论教师如何努力,都很难接近。例如,有些家长会怒气冲冲或牢骚不断。容易生气的家长一般是不快乐的人,通常会因为自己的意见得不到倾听而气愤。如果遇到这样的家长,策略是把你的尊严和防御心理咽下去,把注意力全部放在倾听上,不要做任何回应。努力隐藏自己的情感,拿出纸和笔记下家长的每一个意见。不要试图打断他们来解释或道歉，你只要埋头写。当他们缓和下来，问他们还有什么要补充的，继续记录直到他们说完。这么做一般来说会起到良好效果。家长的怒气会消散，而且同时你清楚地记录下了所有不满。之后，你可以把记录下来的内容念给家长听，并向他们保证你会处理这些问题并把结果反馈给他们。给自己一些时间，等自己的情绪平静以后再来看这个意见记录（一般情况下过一个晚上就可以了）。找一个能帮助你的人商量一下可以采取哪些行动，做哪些改变以及哪些原则你必须坚持。再次与那位家长见面时，做好准备，并保持冷静。不过这时候，他/她很可能会更愿意听听你的想法。

习惯性的抱怨者也可以通过得到倾听而改变态度，但有时这样的人会继续找茬，不管你为他们解决了多少问题。和这样的家长相处的策略之一是：在合适的时候邀请他们到课堂上来，观察和参与课堂活动（如请他们给孩子们读故事）。当他们参与进来，而不是置身事外时，就会发现教学和学习的挑战性和复杂性。他们可能成为教师最好的助手，向其他家长宣传教师的辛勤工作。

我们，作为教育者，应努力创设一个让所有人都得到尊重的合作氛围。我们和学生合作并用巧妙的方法解决问题。实际上，很多学校运用矛盾化解法来解决冲突。我们遇到不和时，往往会感到不安。表6-3提供了一些应对攻击性较强的人的策略。它可能能帮助你摆脱防御心理，学会更专注地解决手头的问题。

表6-3 应对攻击的策略

该做的	不该做的
1. 倾听——不要打断说话者 2. 写下家长的主要不满意见 3. 当他们缓和下来，问他们还有什么烦恼 4. 让他们把所有的不满都说出来 5. 如果家长的意见比较笼统，请他说具体些 6. 给他们看一下你记录下的意见清单 7. 询问他们解决这些具体问题的建议，记下这些建议 8. 当他们说话声音响时，你的声音要柔和	1. 争吵 2. 防御或为自己辩护 3. 许诺你做不到的事 4. 把责任推给他人 5. 提高声调 6. 轻视或淡化问题
这些做法需要练习。我们的本能反应往往是生气或对立，但这只能激化矛盾。记住，我们所有人都曾有过愤怒、过激的行为，事后却为自己不够冷静而懊恼。家长也和你一样，给他们一些理解。	

本表改编自罗杰·克洛斯和新墨西哥大学家长参与中心的材料。

有些家长过于依赖教师的倾听，这也会成为教师的烦恼。对这些家长来说，你可能是唯一能倾听他们诉说的成年人。但你毕竟关心他们的孩子，你选择这个职业也许就是为了帮助他人。尽管家长的信任对建立教师—家长双向交流关系有益，但家长对教师的过度依赖会让教师感到不舒服，觉得自己似乎成了咨询师。在这种情况下，记住你的专长是做教师，而不是咨询师。你可以了解一下社区服务资源，给家长介绍专业的咨询服务来满足他们的需要。

小结

与家长合作非常值得——对你、对家长、对你的学校，尤其对你所教的学生来说都有好处。为了让这项工作得到圆满的结果，需要大家努力创建坦诚的、双向的交流关系。缺乏交流就无法达成家庭和学校共同的目标。下面是你需要铭记在心的一些原则。

与家长有效沟通的原则：

- 选择或创建一个能让家长与你平等对话的环境。
- 关心孩子，询问家长孩子的情况。
- 关心家长，询问他们的情况。
- 倾听，去理解他们。
- 运用描述性的而不是评判性的语言谈论孩子在学校的生活。避免使用教育术语。
- 不要谈论其他家长和孩子。尊重所有家庭的隐私。
- 主动采取行动建立对等关系。不要因最初的失败而气馁。
- 在学期一开始，问题出现之前就建立交流。
- 安排时间与家长相处。

推荐活动

1. 想一想你说话时别人不注意听的情景。你怎么知道别人没在听？哪些行为表明了这一点？你当时有什么感受？你的反应是什么？

2. 请三位朋友分别说说他们认识的善于倾听的人。问问他们，哪些特征显示这个人是一个好的倾听者。把这些特征记下来，比较你自己听别人说话时的表现。

3. 采访三位教师，问问他们运用什么原则和技巧与家长沟通。如果可能且合适，索要一份书面交流材料，如简报。分析一下交流的方向，特别留意让家长发表意见的部分。

4. 采访三位学生家长，问问他们对家长—教师座谈会的看法。会前，他们如何做好精神上和情感上的准备？请他们描述一下记忆中最糟糕和最成功的一次家长—教师座谈会。

5. 采访三位教师，问问他们对家长—教师座谈会的看法。会前，他们如何做好精神上和情感上的准备？请他们描述一下记忆中最糟糕和最成功的一次家长—教师座谈会。

6. 问问教师，除了打电话以外，他们和家长交流时还运用哪些角色技巧。

7. 采访幼儿园孩子、小学生、中学生和高中生的家长。请他们说说学校或教师与家长交流的最有效的方式或模式。为什么这些方式有效？比较四组学生家长的答案。

8. 采访教师，讨论如何完成成绩报告单或叙事报告。从小学到中学，有处理方法上的差异吗？如果有，应该怎么根据学生年级变化而改变策略？

补充资源

与家长交流

图书：

汉德森，马伯格，乌姆斯（1986）
《糕点义卖之余》
本书可以指导教育者与家长合作以促进学校教育。本书特别讨论了近年来因家庭生活的改变而出现的越来越突出的问题，如高离婚率、少年母亲和工作母亲等。
Henderson, A. T., Marburger, C. L., & Ooms, T. (1986). *Beyond the bake sale*. Columbia, MD: National Committee for Citizens in Education.

克洛斯（1997）
《与特殊儿童的家长交流》（第三版）
本书对残疾儿童的家长与教师来说是一本实用的指导书。书中将创造性的策略结合到日常活动中，来帮助学校与家庭的交流。
Kroth, R. L. (1997). *Communicating with parents of exceptional children* (3rd ed.). Denver, CO: Love Publishing.

文章：

科姆比，拉森，路维特，伯曼（1993）

"家访：分析与建议"选自《儿童的未来》
Gomby, S. S., Larson, S. L., Lewit, E. M., & Berhman, R. E. (1993). Home visiting: Analysis and recommendations. *The Future of Children*, 3(3).

维斯（1993）
"家访：必要但不充分"选自《儿童的未来》
Weiss, H. B. (1993). Home visits: Necessary but not sufficient. *The Future of Children*, 3(3).

网站：

National PTA
www.pta.org

University of Illinois Extension
www.urbanext.uiuc.edu

Teacher Website for Communication
www.4teachers.org

Child Development
www.childdevelopmentinfo.com/learning/parent_teacher.shtml

Scholastic: Many Ways to Reach Parents

http://teacher.scholastic.com/professional/parent-conf

Welcome to teacher's Web
http://teacherweb.com/Intro.htm

Creating Web pages (Intro level)
www.cln.org/themes/webpages_intro.html

Creating Effective Teacher Web Pages—Introduction
http://coe.west.asu.edu/students/tettenborough/effectiveweb

Creating Classroom Webs
www.electricteacher.com/classroomweb

参考文献

Burian, B., Haveman, S., Jacobson, M., & Rood, B. (1993). Implementing a multi-age level classroom: A reflection on our first year. *Insights into Open Education*, 26(2), 23-32.

Edwards, C., Gandini, L., & Forman, G. (Eds.). (1993). *The hundred languages of children: The Reggio Emilia approach to early childhood education*. Norwood, NJ: Ablex.

Free Teacher Website. Inspiring Teachers Publishing. Retrieved July, 2005, from www.inspiringteachers.com/community/webpages.html.

National PTA. (1997). National Standards for Parent/Family Involvement Programs. Chicago, IL.

Rockwell, R. E., Andre, L. C., & Hawley, M. K. (1996). *Parents and teachers as partners*. Fort Worth, TX: Harcourt Brace.

第七章
家长参与学校教育

素音·林

明尼苏达大学，克鲁科斯顿

儿童在三个环境中学习和成长：家庭、学校和社区。当学校主动邀请家长，积极地促进家长去支持和鼓励儿童的学习和发展时，儿童、家庭和学校都能从中获益。本章的目的是帮助你：

◇ 明确家长参与的定义。

◇ 指出和解释家长参与对儿童、家长、教师和学校的益处。

◇ 描述学校和教师促进家长参与的方法。

◇ 明确并解释计划与实施家长参与项目的基本条件。

家长参与的含义

家长参与是一个广泛使用的术语,教育者有时也使用其他术语,如伙伴关系,家长权力,和学校、家庭、社区合作(Epstein,1996;Wolfendale,1989)。根据莫勒斯(Moles,1992)的说法,家长参与有多种形式,多个层面,既可发生在学校内部,也可发生在学校外部。其中既包括学校提供和促成的各种活动,也包括有助于家长在辅助儿童学习与发展方面提高能力的活动。爱普斯坦恩(Epstein,1996)将家长参与拓展为"学校、家庭和社区合作",突出儿童学习与发展的三个主要环境:学校、家庭和社区。因此,这三个环境必须整合进儿童教育和发展的每个方面。

家长参与这个概念在教育领域由来已久,并在美国教育中影响深远。福禄培尔,美国幼儿园的主要创始人,曾做过这样的评述:

> 所有人都在展望教育改革……若要建筑坚固,就必须打好基础——家庭。无论贫富,家庭教育都必须得到补充……因此国家要为儿童、为家长、为那些即将成为父母的人建立教育机构。(引用,White,Taylor,& Moss,1992)

1994年,美国教育部发布了"2000年目标",指出"每一所学校要大力开展能促进家长参与的儿童社会性、情感和学业发展的合作项目"(Children's Defense Fund,2000)。立法也鼓励学校和社区合作来促进家庭支持儿童在教育上获得成功。此外,2001年的《不让一个孩子掉队法案》(No Child Left Behind Act,NCLB),重新认可了1965年《中小学教育法》(ESEA)的效力。其中一个主要规定是,校区必须制定书面的家长参与政策和计划及实施方案,说明如何通过有效的家长参与活动让家庭、教育者和社区形成合力,促进教学和学习(Sheldon,2005;U. S. Department of Education,2004)。

这一支持促使全美国的学校认真审视和回顾当前的家长参与政策、措施和项目。为了达到这一目标,学校、家长和社区必须看到彼此之间的关联,并齐心协力建立共同的愿景,理解各自的角色和相互的关系。为了让所有的儿童得到支持和服务,顺利完成学业,这样的合作是必不可少的。

家长参与的益处:研究有哪些发现

研究者有证据证明,当学校主动邀请家长,积极促进家长支持和鼓励儿童的学习和发展时,家长参与对儿童、家庭和学校都有积极影响(Eccles & Harold,1993;Illinois State Board of Education,1993)。汉德森和波拉(Henderson & Berla,

1994)也指出:"最能准确预测学生学习成就的变量不是家庭的收入和社会地位,而是学生家庭在多大程度上做到以下几个方面:

1. 创设鼓励学习的家庭氛围。
2. 表达对孩子的成就和未来职业的高期望(但不是不切实际的期望)。
3. 在学校和社区中参与孩子的教育。

他们回顾和分析了85项反映儿童教育中家长参与的各种益处的研究(Henderson & Berla, 1994)。这些研究显示,精心策划和实施的家长参与活动能给儿童、家长和教育者及学校带来实质性的益处。

对儿童的益处

- 不论民族或文化背景、社会经济地位或家长的教育水平,儿童能够学得更好。
- 儿童学业水平更高,测验成绩更好,出勤率更高。
- 儿童能坚持完成家庭作业。
- 儿童自信心更强,更自律,对上学表现出更高的热情和动机。
- 儿童对学校的积极态度使得他们在学校的行为更为规范,因纪律问题而停学的情况减少了。
- 进入特殊教育和弥补教育班级的儿童数量减少。
- 当家长和职业教育工作者合作缩小家庭和学校之间的文化差距时,来自非主流文化背景的儿童学得更好。
- 家长参与持之以恒的初中生和高中生在过渡期更顺利,辍学率更低。

对家长的益处

- 家长与孩子之间的互动和讨论增多,对孩子的社会性、情感和智力发展需要更关注,更敏感。
- 家长在育儿方面的自信心和决策能力增强。
- 随着家长在儿童发展方面的知识增加,他们更多通过关爱和积极强化来教育孩子,对孩子的惩罚减少。
- 家长对教师的职业和学校课程设置有了更深的了解。
- 当家长看到孩子的学习进步,他们更愿意按教师的要求帮助孩子,更积极参与孩子的家庭学习活动。
- 家长对学校的认识改善了,与学校的关系更紧密,投入更多。
- 当学校要求家长参与决策时,家长更能意识到,并积极关注政策对孩子的影响。

对教育者的益处

- 当教师看到校内校外活动中家长参与率高,就会备受鼓舞。
- 教师和校长的职业得到更多家长的尊重。
- 持续的家长参与能改善家长、教师和管理者之间的交流和关系。
- 教师和校长对家庭的文化和多样性有更深刻的理解,更能尊重家长的能力和时间。
- 教师和校长对工作的满意度增强。

对学校的益处

- 家长和社区参与度高的学校能在社区内赢得更好的声誉。
- 学校能得到更多社区支持。
- 鼓励和要求家长参与的学校项目往往比没有家长参与的项目效果更好,质量更高。

家长参与的六种类型

家长参与的各种益处是显而易见、毋庸置疑的。尽管教育者和学校赞成并拥护家长参与的概念,认同它对幼儿园到高中学生的积极影响,仍有很多人还没有把知识和信念转换成切实的计划,付诸行动并产生效果(Eccles & Harold, 1993; Gestwicki, 1996; Simon, Salinas, Epstein, & Sanders, 1998)。很少有家长了解或意识到自己孩子的学校系统中,特别是孩子可参加的项目与活动中有哪些资源(Epstein, 1996)。很多研究指出,家长对各种层面的角色都很感兴趣,从当观众到参与决策。遗憾的是,很多家长不知道如何参与。因此,家长缺乏的是知识,而不是兴趣,是知识的缺乏阻碍了家长参与。尽管所有人都同意家长参与是有益的,但如果没有达成价值观的统一,也没有形成家长与教育者在整个教育过程中角色互补的共同认识,就不可能实现真正的家长参与。

为解决这一问题,依据"影响重合空间"理论模型,约翰·霍普金斯大学的乔伊斯·爱普斯坦恩(Joyce Epstein)与同事合作创建的"全美合作伙伴学校网络"开发了六种家长参与类型。这个模型指出,儿童的学习和发展并不单纯地发生在家庭或学校,而是受到家庭、学校和社区三个环境的综合影响。创建成功的家庭—学校—社区合作关系没有单一的公式或蓝图。但有些基本原则可以指导学校、地区和州的有关部门开创有意义的、积极的和长期的项目来促进家长参与到儿童教育中来。

家长参与的六种类型,每种类型都包含很多不同的激励或促进合作的活动。每一种都会对儿童、家长、教师和学校产生不同的效果,可能是积极的,也可能是消极的,这取决于活动的设计、计划和实施过程。学校可以选择使用爱普斯坦恩设计的六类家长参与的框架。但每一所学校在设计自己的家长参与项目时,必须充分意识到家庭和孩子的本土需求(Epstein,2001,2006;National PTA,2000)。

第一类:家庭的基本责任

家长最基本的参与是坚持尽自己的基本责任,为孩子提供食物、衣服、住所、健康和安全。2000 年美国教育目标提出,"美国的所有儿童应在入学前做好学习的准备"(Children's Defense Fund,2000)。"做好入学的准备"的含义是什么?这不仅仅指教孩子学习基本的字母和数字,它意味着家长应该给孩子的学校学习打下良好的基础,这个基础来自于家长给孩子提供的能促进孩子身体、智力、社会性、情绪表达和价值观发展的积极的家庭氛围。当孩子进入学校以后,这一教育和引导孩子及帮助他们建立自信、自尊的过程仍需要持续(Gonza-Mena,1998;National PTA,2000)。

家长的经验和技能差别很大。因此,学校应积极主动地帮助家长提高育儿技能及理解儿童的发展规律,并为家长出谋划策,辅助他们创造有利于每个年龄阶段的儿童学习的家庭环境。研究显示,家庭愿意学习和接受有关如何帮助孩子在学习上取得成功的最新信息。同时,家庭可以帮助教师和学校更好地了解儿童和他们的家庭。关于儿童及其家庭背景、文化、需求、兴趣、目标和期望的信息可以从家庭获得。因此,第一种类型的家长参与主要包括:给家庭提供信息和从家长那里获得儿童及其家庭的信息。

◎ 支持和辅助家长养育和教育儿童的活动样例

1. 用多种方式为所有家长提供最新的信息:

- 工作坊,家长教育,年级组会议。
- 简报和宣传册。
- 录像和录音。
- 学校网页和电子邮件。
- 计算机处理的电话信息。

2. 建立家长资源室——一个充满亲和力的活动中心,家长可以聚在一起讨论家庭教育的问题,并获得相关资源和材料。

3. 组织家庭援助项目——鼓励家长组织一个家长互助组织,家庭可以相互联系,分享经验和知识。

4. 提供家访机会,让教师更了解和重视家庭,也让家长有机会理解学校的期望。

5. 提供社区服务信息,如免费疫苗接种和医疗、社会服务机构提供的服务、社区家长教育、社区亲子活动以及教会服务(Epstein，2001；National PTA，2000)。

◎ **成功计划并实施家长活动的建议**

1. 主题的相关性和意义。活动主题是否与家长相关并有意义十分关键。建议教师随时了解家长的需要和要求。做调查有助于选择和呈现家长感兴趣的话题，吸引家长参与决策。

2. 应将信息充分告知所有家庭。有关会议的消息应传递给所有家长，不论他们是否能够参加工作坊或会议。工作坊场地不一定要局限在学校里，主题内容的讨论应该安排在家长方便的时间和地点(Epstein，2001)。例如，工作坊的过程可以录像或录音，以方便所有家庭获得信息。工作坊的内容可以提炼出来，用各种形式向家长宣传，如简报、学校网页、电话录音信息等。家长可以在家、在学校的家长室或公共图书馆里了解到这些内容。提供机会让没能参加会议或工作坊的家长在网络上与教师和发言人交流。

3. 提供详细通知。要求家长在同一时间、同一地点集中参加的工作坊或会议需要详细的通知。这样的通知应包括：地点、日期、时间、对主题的简要介绍和发言人的姓名。

4. 地点应有变化。工作坊可以在学校进行，也可以安排在居民区附近的其他场所。

5. 时间安排。工作坊信息提供应该安排在多个时间点，而不是一个固定时间。此外，家庭一般都有其他重要事务，所以尽可能准时开始、准时结束。

6. 信息应简洁、清楚、通俗易懂。关于家庭教育的口头和书面的信息必须简洁、清晰，语言应通俗易懂，避免使用教育术语。对母语为非英语的家庭，需要提供翻译版本(Epstein，2001；National PTA，2000)。

第二类：交流

有效的交流是建立成功家校关系的基础。它要求学校建立与家长互通信息的双向渠道，学校应有意识地发起互通有无的对话，建立共同目标，维护学校与家庭的互动(National PTA，2000)。如果学校与家庭缺乏双向交流，其他层面的交互将很难实现。儿童在第二种类型的家长参与中扮演很重要的角色。儿童可以承担通讯员的任务，将信息从学校带回家，再把信息从家带回学校。

学校的基本义务是在学校—家庭和家庭—学校的交流中，持续地、有效地提供有关学校项目和学生进展的信息。做到这一点，就能减少彼此之间的冲突和压力。很多学校采取的措施是通过学校和班级简报、成绩单或叙事报告、家长—教师座谈会以及电话，来分享教学活动和学生学习情况。随着科技的进步，学校越来越多地使用电子邮件与家庭沟通，并运用语音信息和学校网页向家长发布信息。

◎ **有效建立双向交流机制的样例**

1. 创办具有互动性的简报和公告板，便于家长对教师、管理者和其他家长做出回应。下面的一些例子可供参考：提一个问题，让家长来回答，然后在下一期中提供答案；给家长提供一个平台，互通关于汽车合乘、交换孩子不穿的衣物、周末儿童照料及食谱的信息，还可以给家长提供购物优惠券以及家长写的文章。

2. 每周或每月将孩子的作业收集在文件夹里，送给家长，让他们审阅和评价孩子的学习进展。

3. 建立可与教师和管理者讨论交流的网上论坛。目的是：交流和澄清信息与认识；支持家长、教师和管理者；提供意见和建议。学校工作人员的电子邮箱应该收录在学校的手册和公布在学校网页上。

4. 放置一个意见箱或网络意见箱，鼓励家长提问和提建议。鼓励大家发表关于儿童学习的讨论。使用其他语言的家长可以用母语写。

5. 根据需要开家长—教师座谈会。安排翻译人员帮助不说英语的家长进行口头和书面交流。当家长无法参加会议时，计划和安排电话会议。

6. 学校或家长手册应包含有关学校政策、角色、课程以及学校、家庭和社区责任的明确信息。提供方便的双向交流渠道，让家长看完后发表评论、提出问题。可以在手册最后附一个简短的开放式调查问卷或鼓励家长在意见箱里留言。

7. 建立一个固定的常规发送通知，如学校和班级简报、日程表和其他交流通告，告知家长重要的学校纪念日、学校活动、家长—教师座谈会、家长会议和其他重要信息。

◎ **成功计划并实施双向交流的建议**

1. 信息应清晰、易于阅读和有用。定期回顾所有书面交流材料，确保内容新颖、清楚、容易理解，与家长的需要息息相关，有实际意义。

2. 特别考虑不能阅读和书写英语的家庭。教师和家庭之间的语言障碍是有效交流的最大困难。如果一所学校内有好几种语言，挑战就更大。这使得学校和家长—教师的面谈更困难。TALK 系统(TS)可以帮助翻译者翻译所说的话并通过接收器和耳机向听众传递信息。这个系统能同时供五名翻译者使用(National PTA, 2000)。

3. 提供各种途径让家长与学校交流。交流手段包括留言条、日志、电子邮件、网页、计算机处理的信息、语音信息等能方便家长获取信息的途径。这为工作时间不规律或时间特别紧张的家长提供了弹性和便利。

4. 印制一份"电话树"（电话网络图）或家庭电话号码簿，将学校工作人员（教师、管理者、顾问、家庭协调员、护士、班级家长和家长组织）的电话号码和电子邮箱地址都包含在内。这对家庭将有很大帮助。

第三类:志愿者

这一类型的活动是家长对教师和管理者提供帮助,支持学校项目,帮助儿童完成课业和各项活动,包括校外考察、班级聚会和班级表演等。志愿者可分为不同层面的参与。家长可以只做观众,也可以参与决策,投入更多的时间和精力。

很多学校面临志愿者数量过少的问题,常常是同一群家长反复地从事志愿者工作。大约70%的家长从未在班级里帮助过教师,只有4%的家长(每个班1—2名家长)特别积极(Epstein, 2001)。尽管在这个方面的家长参与比例非常小,教师和管理者仍非常欢迎家长参与(Epstein, 2001)。家长全职或半职工作的儿童数量急剧增加。6—13岁儿童中有七成家长双方或一方在外工作(Children's Defense Fund, 2000)。要解决这个问题,爱普斯坦恩建议重新定义家长的志愿服务,把家长在任何地点和时间对学校目标和儿童学习的支持都包含在内。

很多学校已经开始更灵活地安排时间和地点,让家长志愿奉献他们的才能和兴趣。例如,家长可在学校、家中或其他社区场所,在方便的时间,如晚上、周末、学校放假或节日假期提供志愿服务。为家长提供灵活安排的学校发现家长志愿者的数量增加了,而且其他志愿者也参与进来了。有弹性的安排有助于常规的和临时的志愿者汇集力量来实现共同的教育目标、分享乐趣和获得技能,同时给志愿者提供了在学校不同领域服务的机会。

◎ **学校内外志愿者服务的样例**

1. 对教师:

• 课堂上的志愿者。听儿童读书和鼓励儿童练习书写;在计算机实验室帮忙;担当户外考察、学校舞会、班级聚会或运动会的监护人;邀请家长参与课程教学,分享业余爱好和文化等。

• 课堂外的志愿者。翻译儿童的书籍或书面交流材料(如简报);更新班级网页或寻找辅助儿童学习的网站;在家组织烹饪或手工制作活动;为长期或短期项目贡献力量,如为戏剧中心或校园戏剧表演制作道具、写剧本;为特别活动收集资源或材料;担任初中生或高中生的教练、家教或导师。

2. 对管理者:

• 校内志愿者。鼓励家长到学校走廊散步,权作锻炼。成年人在场可以减少儿童的行为问题。此外,家长可以担任学校舞会、运动会和戏剧表演的监护人;家长可以加入各种组织的委员会,如家长教师协会、家长教师组织等。

• 校外志愿者。创建和维护学校网页;拍摄和编辑儿童的照片供学校使用;为教育问题而组织联名写信;在当地购物中心或商场计划并组织学校展览(如美术、科学、俱乐部展览等);编写家长资源"黄页",包括家庭业余爱好、专长、特殊兴趣、工作地点等;召集、培训和组织志愿者的表彰典礼。

- 志愿者观众。参加学校或班级活动、运动会、开放日及表彰与颁奖典礼。

◎ 成功计划和实施志愿者项目的建议

要成功地实施和保持第三类家长参与自愿项目,学校需要做好以下工作:招募、培训和监督、表彰。

1. 招募。总体上招募工作有两个要点:

- 发现潜在志愿者。志愿者不局限于在校儿童的家长。相反,志愿者应该代表社区内不同年龄、性别、教育水平、社会经济地位、种族、民族、宗教、职业和居住区域的家长及居民。志愿者的招募可以在社区的各种场所进行,如大学、老年人或退休人员活动中心、电视台和广播电台、商业场所、博物馆、图书馆、公园和教堂。

- 寻找志愿者的策略。招募方式的采用取决于学校的规模和志愿者的需求量。学校需要进入社区,宣传学校为什么需要志愿者服务,需要什么样的服务以及志愿者在学校如何服务。学校可以安排人在不同的社区活动或会议场合演讲,如老年活动中心、退休协会、商业机构、社会机构、委员会和各类组织等。招募活动应包含讨论、问答和信息的澄清。其他招募方式有:与当地媒体合作,如电视、广播、报纸,宣传学校的志愿者项目;开发宣传册、海报和宣传单,在退休者团体、医院、社会机构、银行、教堂和杂货店广泛发放;在当地购物中心或社区集市上设立招募站。

2. 培训和监督。在招募志愿者之前,学校就需要对志愿者服务的需要进行评估和审视。在评估和反省的过程中,学校工作人员,包括教师、顾问、俱乐部顾问、看门人、秘书和管理者,都应出力帮助学校了解需求。同样,对特定年龄及年级或特定项目的课堂志愿者的需要也应进行评估和检查。在明确了需要以后,可以将这些需求转换成对志愿者工作的清晰、简洁的描述。(见表7-1)

表7-1 课堂志愿者工作描述样例

课堂志愿者工作描述
年级:幼儿园小班
教师:丽莎·梅尔斯
工作责任:监督绘画区
时间和日期:10:00—11:00/15:00—16:00(周一至周五)
志愿者角色:
• 帮助要画画的儿童带上围裙,先鼓励他们试着自己做。
• 和儿童一起讨论颜色、颜色的混合、形状和大小等。有些儿童会告诉你自己画的是什么,但不要强求孩子说。你可以问:"你愿意告诉我你画的是什么吗?"
• 在画的左上角写上儿童的名字,或者问孩子愿意把名字写在哪里。使用大小写(如John)。

续表

> - 帮助儿童把画放在晾干架上,把围裙放好,洗手。
> - 如果颜料不够,艺术柜里有备用颜料。
> - 需要时清洗画笔和容器。
>
> 帮助儿童发展以下知识和技能:
> - 颜色、形状、大小和质地的概念。
> - 手眼协调。
> - 表达想法和感受。

强烈建议对每一位志愿者进行面试,以评估他们的技能、兴趣,以便做相应的工作安排。项目介绍和在岗培训对志愿者项目的成败至关重要。项目介绍会应包含以下内容:

- 校园参观。提供一份地图,带领志愿者参观学校设施(包括内部和外部),强调一些重点场所,如卫生间、主要办公室、图书馆、休息室和志愿者储存个人物品的地方。
- 政策和程序。提供一份学校手册,以便志愿者必要时做参照。讨论学校的理念和使命、现行政策和程序、对儿童的引导和纪律规范以及隐私的保护、学校工作人员的职业道德、出勤情况和稳定性。
- 认识学校工作人员。向志愿者介绍学校工作人员,如管理人员、办公室人员、教师、食堂和监护人员。

介绍会应该引入培训,培训可以在工作中开展或通过个人、小组讨论来进行。培训单元应该是非正式的(友好的、支持性的),注重实际经验,明确清晰,与每个志愿者的具体工作职责相关。所有志愿者都应得到一份工作描述,以便于他们在必要时用作参照。有效的培训能减少学校人员与志愿者之间的矛盾,例如,交流障碍和对期望、责任的含糊不清。对志愿者来说,培训也能缓解其紧张和焦虑,促进他们与学校工作人员之间的积极合作关系。

监督对所有志愿者来说都是必要的。志愿者有权利从监督者那里获得反馈。这也给志愿者提供了与别人分享经验和为工作增加投入的机会。这里的监督指的是非正式的评估,这样的系统评估有助于志愿者自我评价对项目的贡献,有助于学校工作人员评价志愿者,也有助于判断项目是否达到了预期目标。

3. 表彰。不论志愿者在学校贡献的时间有多少,每一名志愿者都应得到对其承诺和服务的认可。与志愿者合作的工作人员应该不断地在日常工作中表示对志愿者的感激。年底应举办表彰活动,如招待会、晚宴或表彰晚会,向在儿童教育工作中贡献了力量的所有志愿者表示感谢。例如:

- 在学校显眼的地方设置一个特别的展示板。展示志愿者在不同的项目和地点工作的照片。标明志愿者的名字、工作时间,并简要介绍他们所做的贡献。

• 提供激励措施。印制一些兑换券,志愿者可凭工作时间获得兑换券,并用它在"志愿者商店""购买"别人捐献的物品,如家用的和个人用的物品、不易腐烂的食品、贺卡和礼品等。

• 宣传志愿者。在每月的简报、学校网页或地方报纸上宣传报道志愿者的事迹 (National PTA,2000; Rockwell, Andre, & Hawley, 1996)。

第四类:在家学习

在儿童教育领域,最基本的理念是家长是孩子最初的,也是影响最深的老师。家长影响儿童在家做什么——儿童观看电视的时间和类型,儿童玩电子游戏的时间,儿童听音乐的类型及他们学习和做功课的时间。当儿童达到上学年龄,他们在学校的时间比在家和在儿童看护机构两者加在一起的时间少。所以,儿童在校外的时间对于学习和树立对教育的积极态度来说非常珍贵。

基于家庭的学习不仅能丰富儿童的学习体验,还能在其他方面起到积极作用。它"应该强化、支持和加深在学校学习的内容"(Trahan & Lawler-Prince, 1999)。它涉及家庭与孩子之间的游戏似的活动、家庭作业、与课程相关的活动,如数学、科学和社会科学方面的活动。这也包括家长辅导他们上高中的孩子确立学年目标或未来目标,联合决定选修哪些课程。这些活动可能有,也可能没有来自教师的指导和建议。这些活动基本上既需要综合技能和行为,也需要特定技能。综合技能活动包括那些促进批判性思维或问题解决技能、提升语言技能、促进社会性和情感发展或通过一贯的儿童引导技巧强化特定行为的活动。特定技能活动指那些家长帮助儿童复习、完成或拓展教师在课堂上教授的技能的活动。特定技能活动在儿童处于小学和初中阶段时更常见。

大多数家长依据自己过去的学校生活经验和学科知识来帮助孩子。大多数小学和初中家长希望得到更多关于孩子功课、家庭作业规定和指导孩子的方法的信息。根据爱普斯坦恩(1986)的调查,85%的家长在教师要求的情况下,会花15分钟或更多的时间在家帮助孩子。这些家长说,如果教师能给予一些指导的话,他们愿意花平均40分钟时间来辅导孩子。超过90%的家长说他们偶尔辅导孩子的作业,不到25%的家长说他们从教师那里接到如何辅助孩子学习特定技能的要求和指导。

◎ **促进家长参与家庭学习活动的样例**

1. 书包阅读。儿童把一本书放进书包带回家,要求家长每晚给他读或听他读。材料包括一本书和一份要求家长填写的测试表。

2. 流动学习中心。每个学习活动包中含2—3个容易操作的活动,以提高几个发展领域或提升某项具体技能。每个包中包含一封给家长的信、每个活动的指南、家长的反馈记录以及活动需要的材料。每个儿童把活动包带回家一到两个星期,然后带回来。教师重新整理材料,给下一个儿童带回家。

3. 家庭匣子。活动按主题设计,家庭匣子里包含一本书和相应的读后活动。儿童可以把匣子借回家一个星期。

4. 家庭学习助手。这是一个促进家长参与儿童学习的便宜办法。家长可以使用家用材料教儿童,而不需要花很多钱购买材料。教师每个星期将"家庭学习助手"活动材料发给儿童带回家。活动卡片上包含活动名称、活动目的、需要的材料、活动操作指南、完成活动所需时间、变通方法以及一份家长填写的评估表。

5. 家庭借阅图书馆。家长有机会借阅图书、材料以及教师演示或示范特定技能和活动的音像材料。儿童也可以借阅图书、杂志、玩具和家庭活动匣子。

6. 互动家庭作业。这是为小学、初中和高中年级大一些的儿童设计的。互动作业直接与课程目标挂钩,要求儿童与家庭成员或社区成员互动和交流(Epstein, 2001; Gorter-Reu & Anderson, 1998; Patton & Jones, 1997; Trahan & Lawler-Prince, 1999)。

◎ **成功计划并实施家庭活动的建议**

1. 提供信息和培训。目的是从学期一开始就解释清楚本学期将开展哪些家庭活动。培训可安排在家长开放日和家长会上。培训应贯穿整个学期,提供机会让教师演示活动案例,让家长练习一些策略,同时也给教师与家长交流的机会。

2. 将活动融入家庭日程表。活动应简短。对于孩子在幼儿阶段的家庭,设计一些能纳入儿童日常作息常规的活动,如吃饭时间、睡觉时间和洗澡时间的活动。

3. 增加家庭作业的互动性。布置一些需要学生与家长、家庭成员或社区成员互动和讨论才能完成的作业。

4. 资源或材料容易获得。如果不给家长提供材料,那么活动材料必须是家庭常用的东西,但要考虑材料的安全性和是否适合儿童的年龄。

南希有两个孩子和三个继子女,他们都在史密斯小学就读。南希和现任丈夫结婚18个月,刚搬到这个学区不久。南希目前只工作半天,她希望更多地参与孩子们的学校活动。以前,她是个单亲妈妈,还要全天上班,实在没有能力积极与学校联络。南希还希望通过学校参与更多地了解她的继子女,她再婚后,家里矛盾不断。

问题和思考:

1. 什么样的学校活动适合南希?为什么?

2. 对南希来说,家长参与活动会有哪些好处?

3. 本章既讨论了家长给学校提供帮助的机会,也讨论了学校可以给家长提供的帮助。史密斯小学可以如何帮助南希?

第五类：决策

家长参与决策可以有多种形式，如择校，审查和评价一个学校的项目，评估财务预算，雇佣工作人员，为学校委员会担任顾问，为学校、家庭和儿童争取权利。每所学校家长参与决策的形式取决于学校的办学理念和家长参与的目的与政策。决策需要家长和教师联合起来，分享思想和观点，共同解决问题、采取行动以最终实现学校的目标。

家长可以通过表达观点、主张和关心成为其他家长的领导，这一切都是为了孩子的学习和发展。同等重要的是，家长领导者将学校决定和政策信息带回给学生家庭。对于真正扮演领导角色的家长，教师和管理者应提供充分的背景信息和培训，帮助他们担负责任，做出明智的决定。

家长还可以成为学校、家庭和儿童权益的倡导者。大多数家长作为个人都在为自己的孩子谋福利。例如，家长站出来发表意见以求改善孩子在学校的境遇。另一个层面的倡导是家长作为群体来发表对一些重大问题的集体意见，如教育公平、儿童教育和家庭生活的改善等问题。成为倡导者，意味着同家长和教育者要联合起来，发现问题、研究问题、发布研究结果、开会讨论问题、寻找解决途径、确定策略、提供最新信息，以及招募和培训倡导者用书面或口头方式对立法者、媒体和社区成员发表他们的意见。

◎ **促进家长参与决策的活动样例**

1. 家长组织，顾问委员会。顾问委员会可以是长期的，也可以是短期的。短期委员会可由家长和教育者组成，合作完成短期项目，如确定数学课程设置，审查和修订学校评估表和评估过程，组织学生俱乐部，为家长室选择材料，或组织一个特定的学校活动，如开放日、学校舞会或学生及志愿者的颁奖典礼。长期委员会（如家长教师协会/家长教师组织）需要家长和教师定期开会讨论有关学校计划和政策、财政预算、学校课程与活动以及人事安排的事务。

2. 倡议组织。这些组织以具体活动为目标，在地方、地区、州或全美国范围内，教育者与家长联手为学校、儿童和家庭境遇的改善进行呼吁和倡导。热点问题包括：教室师生比例、安全和健康规范、为非残疾儿童提供的服务、教师工资、校舍扩建等。

3. 城镇会议。这些会议不仅邀请本社区的家长和学校工作人员参加，还邀请其他社区的成员一起来讨论学校目标、儿童教育和家庭需要。

4. 对家长和教育者的培训。邀请家长、教育者和社区成员帮忙确定培训需要；然后开发和提供培训项目，帮助家长和教育者有效地完成在决策和倡导领域所担负的任务。

5. 家长与教师课堂委员会。家长与教师在一起讨论、策划与课程内容相关的学校活动和家庭活动,策划暑期学习任务包或活动,策划特别的纪念或庆祝活动,满足儿童的需要,丰富他们的经验。

◎ 成功计划并实施决策参与的建议

1. 一个委员会中家长代表的数量和多样性。家长代表的数量应该等同于或超过教育者代表数量。家长代表应尽可能发表对家庭和学校的多种意见,因此不同年龄或年级、种族和民族群体、父亲和母亲、不同居民区和不同兴趣的代表比例应均衡。

2. 提供信息以做出明智决策。教育者需要坚持不懈地为家长提供相关的、清晰的背景信息,让家长能够有效地参与决策。教师应该给家长足够的时间阅读发送到家里的信息,回顾和考虑下一次会议需要讨论的问题。

3. 不断给家长提供培训。家长在很多技能方面都需要得到培训,才能有效地承担领导者和团队成员的责任,从而为决策做贡献并在不同政治层面争取权益。

4. 建立常规会议制度。常规会议有助于委员会成员形成紧密的团队关系,保持对重要问题的关注,减少重新回顾所讨论内容的时间。会议时间和地点应该灵活,以照顾家长和家庭的一些需要。

5. 建立和维护教育者与家长之间及内部的分权原则。有些教育者认为家长和专业教育者之间应保持一定的界限,以"维护教师通过正式训练和经验而获得的权力和权威性"(National PTA,2000)。尽管管理者和教师的专业训练与经验对于给儿童提供高质量的教育和安全的环境来说十分重要,家长参与不应被看成是对教师权威的威胁。积极参与家长教师协会的家长"可能被管理者(以及其他未参加PTA/PTO的家长)看成是对学校事务感兴趣的内幕刺探者"(National PTA,2000)。这不利于家长内部的团结,家长领导者需要耗费更多的精力去说服其他家长,让他们相信所有家长的想法、见解和关心都会受到欢迎。

第六类:与社区合作

自 20 世纪 70 年代起,美国的家庭和社会结构发生了巨大变化,在很多方面对家庭产生了影响,并造成了压力。家庭面临的问题增多,如经济负担、单亲家长的增多、扩大家庭减少造成的家庭帮助和支持缺乏、上有老下有小的"三明治夹心层"家庭增多(Fredriksen-Goldsen & Scharlach,2001;Rockwell,Andre,& Hawley,1996;U.S. Bureau of the Census,2001)。家庭生活的质量和儿童发展与学习密切相关。当家庭在危机中挣扎,学校需要与社区联络并合作,以便为家庭争取各种服务和资源,来帮助家庭改善生活,促进儿童的学习。

学校和教师应将社区看成一个更广阔的教育背景,应欢迎和接纳关心教育质量的社区成员。社区成员能够为学校提供材料、人力、自然资源,因此学校需要和各种社区成员建立联系,如大大小小的企业、宗教团体、文化群体、政府部门以及其他组织。服务型学习是一个新兴的做法,而且通常为大专院校所采用,鼓励大学生发挥才干,为学校和社区提供帮助(Epstein & Salinas,2004)。

◎ 与社区合作的活动样例

1. 借助社区资源和服务为家长和学校工作人员提供信息,方法有很多种:

- 创建对家庭、儿童和学校有益的社区资源和服务黄页(通讯地址簿)。写明机构的名称、地址、电话号码、电子邮箱和网站,以及对每一项资源或服务的简要介绍(如免费培训项目:育儿,英语课程以及 GED)。
- 告知、鼓励和支持个体家庭获取可用的资源或服务。

2. 保持与社区商业机构、社会机构、组织和群体的常规联系、沟通和合作,加强上文提到的其他类型的家长参与活动。

促进有意义的家长参与的基础

家长,无论其收入水平、教育背景、家庭结构或与学校的过往经历,都想要积极参与到孩子的教育中。他们希望学校告诉他们如何参与(Epstein & Sanders,1998)。教育者越来越意识到家长与教师交流的渴望,他们想知道孩子在学校的学习进展,希望有机会参与关系到孩子教育问题的决策。一旦管理者和教育者决定与家庭建立合作关系并分担责任,为儿童提供高质量的教育,第一步就必须建立合作伙伴关系(Gestwicki,1996)。以下是一些有助于建立与发展建设性家校关系的常见因素:

良好的学校氛围

一些学校的经验显示,要想和家长成功建立联系,首要的一步就是创造良好的校园和课堂氛围与文化。学校的氛围对家长参与的程度和儿童的教育有着直接的影响(Comer & Haynes,1991;Dauber & Epstein,1993)。

管理者应该带头创设环境,让教师和员工向家长展现出一种充分合作的意识。管理者还应该制订思路清晰的计划,以促进家长积极的、有意义的参与。学校要保持积极氛围和态度,所有学校工作人员(办公室人员、监护人员、餐厅人员、管理人员和教师)都必须注意。下面是一些有助于营造积极校园氛围的态度和行为的例子。

- 友善和容易接近的程度。以友善的、专业的方式招呼来访者和接电话。
- 开放性和热情。让家长感到"我们是一起的",花时间倾听家长的担忧、看法和疑问。
- 同理心,同情心。认识到家长的时间紧张,家庭责任繁重。在和家长交往中表现出耐心,能体谅家长独特的反应和感受。

• 尊重他人。理解、包容和尊重来自不同文化背景,有着不同育儿方式、饮食习惯、观点和价值观的学生及他们的家庭。

常规交流

交流是创建和维护合作伙伴关系的最重要的元素。学校和家庭之间常规的、一贯的双向交流非常必要。家庭的阅读能力和交流方式不同。由于不同的工作时间表和家庭事务,不是所有家庭都能在上学时间参与交流。学校需要运用一系列交流手段,促成学校和家庭之间的信息共享。下面是一些例子:

• 教师提供灵活的时间选择来适应家长的日程表。选择方式包括:事先预约的电话交谈、晚间会议、教师在家长接送孩子时抽时间与家长交流。

• 管理者给需要在下班时间(如晚上和一大早)见家长的教师提供补助。

• 教师使用印刷或非印刷材料进行交流,如学校或班级简报及家长教育简报,这些材料在必要时可以转换成音像材料。

• 运用高科技手段,如语音信箱、电话信息、电子邮件和学校网页。这有助于家长在任何时间、任何地点都能获得信息或给教师、学校留言。

多样性

一个全纳性的家长参与项目需要学校及教师理解并认识到学校和课堂里呈现出的儿童及其家庭的多样性。家庭的差异体现在其结构上(双亲或单亲家庭;青少年或幼儿家长;工作的、不工作的或失业的家长;有残疾孩子的家庭),也体现在经济地位、种族、民族背景和教育背景上。意识到学生及其家庭的信仰、态度、文化习俗和价值观对有效计划并实施家长参与项目十分关键(Bradley & Kibera, 2006)。认识家庭的多样性不仅仅表现在学校或教师对各种文化材料的展示上,还包括以下一些方面:

• 学校的代表应主动接触不同背景的家庭。需要努力鼓励和支持少数民族的家长积极参加各种家长参与活动,从决策中的领导角色、参加家长课堂到辅导孩子完成家庭作业。

• 倾听和寻找个体家庭的信息。鼓励家长说出对他们的育儿方式、饮食和交流方式及教育理念影响重大的文化背景。

• 促使儿童及其家长形成归属感。教育者应寻求和邀请学生家庭、其他长者、文化群体专家来帮忙将儿童的母语文化融入到课程中。

• 邀请家长参与到对儿童的评估和建议中。对儿童的评估不能仅限于标准考试或正式的评分表,而应该将教师和家长的观察记录包括在内。当学校给学习困难的儿童推荐弥补方法时,如果能邀请家长给予反馈和建议,就能找到更恰当的、与儿童的家庭文化和社会习俗相一致的方法。

- 与家长的书面和口头交流必须有意义。在与家长交谈和给家长写信或寄送材料时,学校和教师应能敏感地注意到家庭的文化和教育背景,并相应地采取恰当的方式。
- 尊重家庭的个性。教育者需要意识到文化群体的差异,同时要避免把家庭概括到一个特定群体中,如低收入家庭、单亲家庭或美国印第安人家庭。同一群体中的家庭也会有个体差异(Coleman & Wallinga,2000;Hoover,1998;Walker-Dalhouse & Dalhouse,2001)。

对教育者和家长的培训

管理者需要支持教师、学校工作人员和家长,促进他们建立有效的家校关系。管理者不仅要提供情感和社会支持,还要努力确保经费的充裕。

对教育者。给管理者、教师和学校工作人员提供经常的、常规的专业发展机会将有助于他们计划和实施家长参与活动,提高交流技能和家长—教师关系。这样,当他们跟不同学生与家庭合作,了解家长的需求和兴趣时,就会更敏感、更有效。当教育者在建立积极家校关系方面得到充分的培训时,学校的氛围将得到显著改善。

管理者需要有明确清晰的家长参与活动的计划和实施措施,并做好与教师和学校工作人员的沟通工作,这样才能保证家长参与措施的持久一致。

对家长。家长需要被持续的指导、培训和传达信息,以了解如何积极参与对儿童的教育,如何参与小组合作,如何成为领导,如何参与决策以便为学校目标的实现做贡献。

提供全面的家长参与活动

学校应开发全面的和多种类型的家长参与活动,并认可家长参与的各种渠道。家长有各种不同的技能和能力、兴趣和需要、时间表和家庭责任,他们的孩子的年龄和年级也不相同。因此,家长和家庭对家长参与活动的要求反应也不同。有些家长能够在上学时间参加活动,有些更愿意选择可以在家进行的活动。多面性和灵活性有助于家长发挥优势和利用资源。所有这些将影响家长参与的数量和类型。

推荐活动

1. 成立家长参与小组,邀请不同学校的校长、教师(如幼儿园、小学、中学、高中)

来谈谈促进家长参与的最好措施。比较不同年龄教育机构的措施的异同。

2. 成立一个小组,邀请不同年龄和年级孩子的家长(如婴儿、学步儿、幼儿、小学生、初中生、高中生)来讨论他们在儿童教育中的角色以及学校可以如何支持他们扮演好自己的角色。比较不同年龄儿童家长的角色。

3. 访问一所"开端计划"项目学校和一个"开端计划"家庭项目,访问家长协调员,了解他们的家长参与活动。

4. 假设你是一名教师。选择一个年龄阶段或年级,为你的班级设计一个学年的家长参与活动。

5. 假设你是一名学校管理者。选择一个教育年龄阶段,为你的学校设计家长参与活动。

补充资源

图书:

巴博·C.,巴博·NH.(2004)
《家庭、学校与社区:为儿童教育建立伙伴关系》
Barbour, C., & Barbour, N H. (2004). *Families, schools, and communities: Building partnerships for educating children*. (3rd ed.). Columbus, OH: Prentice Hall.

爱普斯坦恩(2001)
《学校、家庭与社区合作:培养教育者,促进学校教育》
Epstein, J. L. (2001). *School, family, and community partnerships: Preparing educators and improving schools*. Boulder, CO: Westview Press.

盖茨维基(1996)
《家庭、学校和社区关系》
Gestwicki, C. (1996). *Home, school, and community relations*. Albany, NY: Delmar.

洛克威尔,安德烈,豪利(1996)
《家长、教师伙伴关系:问题与挑战》
Rockwell, R., Andre, L., & Hawley, M. (1996). *Parents and teachers as partners: Issues and challenges*. Orlando, FL: Harcourt Brace & Company.

腾布尔·A.P.,腾布尔·H.R.(2005)
《家庭、专业人士及其他:一种特殊的伙伴关系》(第五版)
Turnbull, A. P., & Turnbull, H. R. (2005). *Families, professionals, and exceptionality: A special partnership* (5th ed.). Columbus, OH: Prentice Hall.

社会团体:

Alliance for Parental Involvement in Education
www.croton.com/allpie

Center on School, Family, and Community Partnership
www.csos.jhu.edu/p2000/center.htm

Hispanic Policy Development Project
www.infolit.org/members/hpdp.htm

National Coalition for Parent Involvement in Education (NCPIE)
www.ncpie.org

National Congress of Parent and Teacher Associations
www.pta.org

National Network of Partnership Schools (NNPS)
www.csos.jhu.edu/p2000

National Parent Teacher Association
www.pta.org

No Child Left Behind (NCLB)

U. S. Department of Education
www.ed.gov/nclb/landing.jhtml

The Partnership for Family Involvement in Education
U. S. Department of Education
www.ed.gov/pubs/whoweare/index.html

参考文献

Bradley, J., & Kibera, E (2006, January). Closing the gap: Culture and the promotion of inclusion in child care. *Young Children*, 34-39.

Children's Defense Fund. (2000). *Yearbook 2000: The state of America's children*. Washington, DC: Author.

Coleman, M., & Wallinga, C. (2000, Winter). Teacher training in family-involvement: An interpersonal approach. *Childhood Education*, 76(2), 76-81.

Comer, J., & Haynes, N. (1991). Parent involvement in schools: An ecological approach. *Elementary School Journal*, 91(3), 271-278.

Dauber, S. L., & Epstein, J. L. (1993). Parents' attitudes and practices of involvement in innercity elementary and middle schools. In N. Chavkin (Ed.), *Families and schools in a pluralistic society* (pp. 53-71). Albany, NY: SUNY.

Eccles, J. S., & Harold, R. D. (1993). Parentschool involvement during the early adolescent years. *Teachers College Record*, 94(3), 568-587.

Epstein, J. L. (1996). Improving school-family-community partnerships in the middle grades. *Middle School Journal*, 28(2), 43-48.

Epstein, J. L. (2001). *School, family, and community partnerships: Preparing educators and improving schools*. Boulder, CO: Westview Press.

Epstein, J. L. (2006, January). Families, Schools, and Community Partnerships. *Young Children*, 40.

Epstein, J. L., & Salinas, K. C. (2004). Partnering with families and communities. *Educational Leadership*, 61(8), 2-18.

Epstein, J. L., & Sanders, M. (1998). What we learn from international studies of school-family-community partnerships. *Childhood Education*, 74(6), 392-394.

Fredriksen-Goldsen, K. I., & Scharlach, A. E. (2001). *Families and work: New directions in the twenty-first century*. New York: Oxford University Press.

Gestwicki, C. (1996). *Home, school, and community relations*. Albany, NY: Delmar.

Gonzalez-Mena, J. (1998). *The child in the family and the community*. Upper Saddle River, NJ: Prentice Hall.

Gorter-Reu, M. S., & Anderson, J. M. (1998). Home kits, home visits, and more. *Young Children*, 53(3), 71-74.

Henderson, A. T., & Berla, N. (1994). *A*

new generation of evidence: The family is critical to student achievement. Washington, DC: National Committee for Citizens in Education.

Hoover, J. (1998, Winter). Community-school alliances: The road to successful learning. *Winds of Change*, 13(1), 28-31.

Illinois State Board of Education. (1993, March). *The relationship between parent involvement and student achievement: A review of the literature* (ERIC Document Reproduction Service No. ED 357 848). Springfield, IL: Department of Planning, Research, and Evaluation.

Moles, O. (1992). Synthesis of recent research on parent participation on children's education. *Educational Leadership*, 44.

National PTA. (2000). *Building successful partnerships: A guide for developing parent and family involvement programs*. Indianapolis, IN: National Educational Service.

Patton, M., & Jones, E. (1997, March/April). CHILD-PACs make for happy families. *Teaching Exceptional Children*, 29 (4), 62-64.

Rockwell, R., Andre, L., & Hawley, M. (1996). *Parents and teachers as partners: issues and challenges*. Orlando, FL: Harcourt Brace.

Sheldon, S. B. (2005). *Getting families involved with NCLB: Factors affecting schools' enactment of federal policy*. Paper presented at the Sociology of Education Section *No Child Left Behind* Conference at the annual meeting of the American Sociological Association, Philadelphia.

Shoemaker, C. J. (1996). Home learning enablers and others helps: Home learning enablers for ages two to twelve. *Program Enrichment Paper*. (ERIC Document No. ED 394 694)

Simon, B. S., Salinas, K. C., Epstein, J. L., & Sanders, M. G. (1998). Proceedings of Families, Technology, and Education Conference, Chicago, IL, October 30-November 1, 1997. See PS 027 175.

Trahan, C., & Lawler-Prince, D. (1999). Parent partnerships: Transforming homework into home-school activities. *Early Childhood Education Journal*, 27(1), 65-68.

U. S. Bureau of the Census. (2001, June). *America's families and living arrangements*. Washington, DC: U. S. Department of Commerce.

U. S. Department of Education. (2004). *No Child Left Behind: A toolkit for teachers*. Retrieved December 20, 2005, from www.nclb.gov.

Walker-Dalhouse, D,, & Dalhouse, M. (2001, July). Parent-school relations: Communicating more effectively with African-American parents. *Young Children*, 56, 75-80.

White, K. R., Taylor, M. J., & Moss, V. D. (1992). Does research support claims about the benefits of involving parents in early intervention program? *Review of Educational Research*, 62(1), 91-125.

Wolfendale, S. (1989). *Parental involvement: Developing networks between school, home, and community*. London: Cassell Educational Limited.

第八章
家庭与残疾儿童

卡里·齐亚森
北达科他州立大学

艾米苏·雷利
奥尔本大学

有特殊需要儿童的家庭在生活上与其他家庭并无二致，只是更困难些。残疾儿童的家庭同样充满爱、亲情和尊严，但他们常常承受着别的家庭所没有的压力。本章重点讨论这类特殊家庭的生活状态，目的是帮助读者了解：

◇ 特殊教育和家长参与的历史。
◇ 影响针对特殊需要儿童及其家庭的立法。
◇ 家庭成员得知孩子残疾时的反应。
◇ 家庭所做的调整和适应。
◇ 父亲、母亲及兄弟姐妹的适应。
◇ 社区的反应。

有残疾儿童的家庭与其他家庭一样,也期望自己的孩子拥有发展、学习、与人交往和享受生活的机会。为了增加这样的可能性,家庭和专业人员必须合作才能保证这些儿童获得他们所需要的经验,来探索周围的世界。

本章将引领读者去了解有残疾儿童的家庭的生活状态。通过阅读本章,读者能了解将残疾儿童融入家庭、学校和社区环境的一般过程。随后,我们将回顾近几年来对得到服务的特殊需要儿童的统计数据。最后,我们将概括介绍相关的法律法规。

历史视角

几百年来,社会的漠视态度造成了人们对待残疾人的漫不经心。想一想,有些文化会遗弃或杀死那些有明显残疾的婴儿,而另一些则利用残疾儿童作为噱头来卖艺。在20世纪的历史里,收留残疾人的机构往往更像看守所而不是医疗机构。

古代和中世纪

有趣的是,古代两位伟大的空想家提到过残疾人的人道待遇。希波克拉底(内科医生,公元前460—377年)认为情感问题是自然力造成的,而不是超自然力造成的。同样,柏拉图(哲学家,公元前427—347年)提出了一个假设:精神上不稳定的人不能为其行为负责。

中世纪时,有一些宗教法令为那些被迫离开了家的残疾人提供基本照料和住所。残疾儿童往往被修道院收留。他们按能力大小参与修道院的日常活动,干杂活、看门或种庄稼。不幸的是,这些人常被认为是魔鬼附体,所以要受到严酷对待,才能把魔鬼驱除出来。

19世纪的发展

让·马克·加斯帕德·伊塔德发现一个被遗弃的、全身赤裸的男孩生活在法国爱威龙(Aveyron)附近的密林里。这个男孩被取名为维克多,又被称为"爱威龙的野孩子",他长期生活在荒蛮而远离人烟的环境中。伊塔德是一名内科医生,也是研究聋人的学者。他深信,学习的最好途径是具有一定挑战性的实际体验。依据他改变维克多的成功经验,他认为任何人都能在恰当的刺激下学习。19世纪中期,爱德华·塞昆,伊塔德的学生,将这一理念带到了美国,并积极倡导将这一理念用于寄宿学校的智障人群。

19世纪,美国建立了一些聋哑人和盲人寄宿学校。这些学校的建立是因为欧洲的寄宿学校教育已经显现出了适宜教育的益处。1817年,托马斯·加劳德在康乃狄格州的哈特福德创办了美国的第一所聋人学校。

1829年，塞缪尔·豪尔在马萨诸塞州的沃特城创建了伯金斯盲人学校。安妮·沙利文就是在伯金斯学校接受的训练，她后来受雇于凯勒一家，为他们的女儿海伦提供全天的教育。在沙利文女士的悉心教育和凯勒一家坚持不懈、毫不动摇的努力下，海伦成为美国闻名的励志演讲者和受人尊敬的作家。以前被认为不可能的事情成为了可能。也就是说，在感官能力上有严重缺陷的人也可能成为有用的社区成员。

20世纪的发展

波尔·巴克（Pearl Buck）的《永远长不大的孩子》(The Child Who Never Grew)讲述了一个家庭养育智障孩子的感人故事，它让有着类似经历的家庭得到了所渴望的支持和鼓励。读完作者坦率、动情的叙述，很多残疾儿童的父母也开始与别人分享自己的经历，从而逐渐形成了一个家长互助群体的雏形。

社会也越来越关注婴儿死亡率、儿童疾病和虐待童工的问题。与此同时，约翰·杜威的教育改革开始，以儿童为中心的教学和育儿理念逐渐深入人心。这些由家庭、教育者和医生参与的呼吁和倡导促使了社会对残疾人，尤其是对智障和心理疾病患者治疗和服务态度的转变。

20世纪中期的不同寻常与一位身有残疾的国际领袖密不可分。富兰克林·罗斯福总统向世人展示了他非凡的毅力，尽管他因小儿麻痹症而瘫痪，但他在轮椅上仍能出色地担负起领导者的重任。

美国前总统约翰·肯尼迪的姐姐有智力障碍。他在职期间，成立了"与智障作斗争的全国行动组织"，发起了针对智力障碍问题的总统授命项目，并创建了残疾人教育局（现在的特殊教育项目办公室）。肯尼迪总统坚决支持智障人士（及所有其他残疾人）获得充分机会的权利，这对特殊教育的发展起到了深远的影响。

几年以后，当时的副总统休伯特·汉弗莱（Hubert Humphrey）因外孙女患唐氏综合征，对残疾儿童的早期教育特别关注。他也支持早期刺激能给儿童增加学习机会从而促进未来生活技能培养的观念。

另一位支持特殊教育发展和促进关键立法的公共官员是康乃狄格州的议员罗威尔·维克特，他的儿子也是一名残疾人。《所有残疾儿童教育法案》也被称为"公共法94-142"，在1975年生效，为美国所有年龄阶段的残疾儿童和成人的教育改革奠定了基础。

接受特殊教育服务的儿童数量

对接受特殊教育服务的儿童的统计开始于1976年，要求给所有残疾儿童提供特殊教育服务的"公共法94-142"（《所有残疾儿童教育法案》）通过以后。

在 2000—2001 学年,570 多万年龄在 6—21 岁的残疾儿童接受了特殊教育(U. S. Department of Education,2002)。

将近一半受特殊教育的学龄儿童被划为有学习障碍的儿童。有言语和语言障碍的儿童的比例位居第二(19%)。有智力障碍的儿童(10.6%)和有情感问题的儿童(8.8%)也占较大比重。其他接受特殊教育的儿童被纳入低概率残疾类别:如多重残疾、听力缺陷、外形缺陷、其他健康缺陷、视觉缺陷、自闭症、聋盲儿、外伤性脑损伤或发育迟缓。

1986 年早期干预项目开始实施后,接受特殊教育服务的年幼儿童逐年增多。"公共法 99-457"强制要求各州为婴儿和学步儿(从出生到两岁)提供服务并要求给幼儿(3—5 岁)提供恰当的教育机会。从那时起,接受早期干预服务的幼儿数量明显增加。在 2000—2001 年间,大约 200 000 名婴幼儿(0—2 岁)和 598 922 名幼儿(3—5 岁)接受了特殊教育服务(U. S. Department of Education,2002)。

上述统计数据表明,有更多的残疾儿童及其家庭需要各种早期干预和进入社区教育项目的过渡服务。对这些儿童及其家庭来说,特殊教育立法尤为重要。

联邦特殊教育法律法规

20 世纪 50 年代早期,随着美国智障儿童家长与朋友协会,即如今的美国智障公民协会(American Association of Retarded Citizens)的成立,家长开始了参与立法的进程。ARC 长期以来一直致力于为智障者及其家庭争取权益。其他家长组织在家庭的共同努力下也建立起来(如大脑性麻痹联合会和美国自闭儿童协会)。在 60 年代后期,一群智障儿童的家长联合宾夕法尼亚州智障公民协会状告州政府。他们赢得了诉讼,法庭支持有智力障碍的儿童获得免费公共教育和培训的权利(Pennsylvania Association for Retarded Children v. Commonwealth of Pennsylvania,1972)。在这一事件的推动下,联邦立法的时机成熟了(Turnbull, Turnbull, & Wheat, 1982; Turnbull, Turnbull, Shank, & Leal, 1995)。

《残疾人教育法》(Individuals with Disabilities Education Act)(IDEA 1997)为州和地方教育机构提供经费,资助 0—3 岁儿童的早期干预、3—9 岁儿童早期特殊教育及 6—21 岁个体特殊教育和过渡项目。IDEA 规定了特殊教育是特别为残疾儿童的特殊需要而设计的教育项目。

IDEA 提供了六大原则或法律框架来规范和管理对残疾人的教育服务。"零拒绝"规定了不得拒收任何有残疾的学生。"非歧视性评估"要求学校公正地评估学生,应毫无偏见地判断一个学生是否残疾、有什么样的残疾以及残疾的程度如何。"免费、适宜的教育"要求学校依据评估结果为每个学生提供量身定做的教育,必要时增加相关的补充服务。"最小限制环境"(LRE)要求学校在教育残疾学生时和非残疾学生最大限度地融合在一起。"程序的合法性"确保学生及其家长在与校方意见不一致时,有权拒绝接受学校做法。"家长和学生参与"要求学校和家长及学生联合商议确定学生的教育方案。

2004年12月4日,乔治·布什总统签署了"公共法108-446"——2004年《残疾人教育法案》(IDEA 2004)。"IDEA2004"的目的是将特殊教育与2001年《不让一个孩子掉队法案》(NCLB 2001)结合起来,确保在残疾儿童的需要得到保障的基础上,提高教育效果。法案中增加了一些新的定义,以求更好地满足所有残疾儿童的需要。其中包括"核心学习科目"、"高资历"的教师、"流浪儿童"、"英语水平有限"的儿童、"州被保护人"及"通用设计"。

"IDEA 2004"中对残疾儿童及其家庭影响最大的变化是,该法案为免费、适宜的公共教育设立了一个高标准,有助于残疾儿童为之后有意义的生活做好准备,包括独立生活、就业和继续教育。

该法案的另一个变化是,要求学区担负更多的责任。为残疾儿童设计的个人教育计划(Individual Education Plan,IEP)必须运用基于科学研究的方法,并确保年度目标全面、具体且可评估。除此之外,残疾儿童必须每年在学业上和生活能力上有足够的进步。法律还对IEP团队的出勤、交接和会议做出了明确的规定。

"IDEA 2004"还对特殊教育的一些实施环节做了详细说明,其中包括评估程序、多年个人教育计划展示、法定程序、纪律条例等。

公共法94-142(1975)

各种家长组织(ARE和其他代表各类残疾人的家长组织)联合起来发起了强大的政治倡导。这些组织竭力敦促联邦立法,以确保所有残疾儿童获得免费而适宜的公共教育(FAPE)。在这些家长和专业教育人士的共同努力下,国会通过了《所有残疾儿童教育法》(Education for All Handicapped Children Act)(Public Law,94-142)。

1975年,福特总统签署了这一标志性的法案。这一法案给6—21岁的残疾人的教育权利以及他们的家庭带来了巨大的变化。其中很重要的一点是,这一法案的精神明确支持家庭积极参与孩子的教育。法律认可了家庭在他们的孩子生活中的决策地位。

公共法105-17(1997)

美国国会四次修订了"公共法94-142"(1983、1986、1990、1997)。最近的一次修订中,这条法案的名称改成了《残疾人教育法》(Individuals with Disabilities Education Act,IDEA)。这一变化反映出了一种理念的转变,人们把焦点放在一个人所具有的能力上,而不是他/她不具备的能力上。

1975年原法案的基本特征和要求没有太大改变,只是修正案中增加了残疾儿童家长的权利。这些权利规定保障了家长的合法权益和参与机会,有力地加强了家长参与和投入(Hanson,1985;Turnbull et al.,1995)。

残疾儿童家长的五项基本权利得到了保障,相应的,他们在特殊教育项目中的参与权也得到了保证。具体规定如下:

1. 为残疾儿童提供免费、适宜的公共教育。
2. 学校系统必须采取保障措施以维护这一权利(如在评估和安置儿童前必须得到家长同意)。
3. 儿童必须尽可能与非残疾的同龄人在一起,并尽可能在最小限制环境中接受教育。
4. 家长与孩子作为个人教育计划团队的正式成员参与孩子IEP的设计与实施。
5. 家长在孩子的教育决策过程中扮演主要角色。如果家长对孩子的教育决定不满意,可以要求重新决议。

公共法99-457(1986)

1986年的第二修正案("公共法99-457"),要求各州在五年内规划和实施为残疾婴幼儿(0—3岁)提供的综合跨学科服务,并拓展为幼儿(3—5岁)提供的服务。这一法律生效后,各州所有符合联邦幼儿园资助条件的3—5岁的残疾儿童都能获得免费而适宜的教育。

"个人化家庭服务计划"进一步拓展了对婴幼儿和幼儿园儿童的综合跨学科服务,它要求教育服务开发家庭计划,让儿童和他们的家庭都参与进来(Howard, William, Port, & Lepper, 2001)。职业人士需要了解儿童的生活和行为等各个方面的信息。教育者和家长对儿童的认识常常因讨论的语境和深度而出现差异(Dunst, Trivette, & Deal, 1988)。一些专业人士对儿童的描绘并不是儿童整体的写照。

坐着听其他参与者(教师和治疗师)一个接一个地描述比尔的缺陷和他每年取得的微小进步,总让我感到伤心和无望。每一年的这一天,我会看到其他人眼中的比尔,不是那个我眼中的独特的比尔,不是那个我陪伴、了解和深爱的人(Statum, 1995)。

残疾婴幼儿项目(IDEA的一部分)为各州的残疾婴幼儿及其家庭的早期干预综合项目提供经费支持。服务必须是家庭主导的,在恰当的前提下最大限度地给孩子提供自然的环境。这些特殊服务、评估、测评和项目计划只能在得到家庭同意后,且只能在家庭能够参与并感到舒服的条件下才能进行(Howard et al., 2001)。此外,有效的残疾婴幼儿早期干预必须在 IDEA 法案 C 部分规定的五项基本原则的指导下开展。早期干预项目应在限制最少、最自然的环境中实施。而且这些项目必须是以家庭为中心的,以跨学科服务的模式开展(角色由包含家庭的小组成员分担)。服务必须建立在实证研究的基础上,运用有价值的、符合发展规律和个人需求的方法(Davis,Kilgo,& Gamel-McCormick,1997;Howard et al.,2001)。

1973 年康复治疗法案第 504 条

1973 年的《康复治疗法案》第 504 条(Section 504 of the Rehabilitation Act of 1973)是联邦反歧视条例。它是一个民权法案,用以保护残疾人的民权和宪法赋予的权利。条例将残疾宽泛地界定为:明显限制了一项或多项生活活动(包括行走、看、听、学习和呼吸)的损伤。第 504 条还列举了一些疾病、健康状态和能力缺陷的例子,如伴随或无多动症状的注意力缺损/外动症、哮喘、行为问题、中央听力处理紊乱、抑郁症、一些慢性健康问题及一些暂时疾病(Miller & Newbill,1998)。不像 IDEA,504 条款的实施没有联邦经费的资助,任何符合第 504 条规定的儿童服务和支持项目由当地学区负责。

美国残疾人法案,公共法 101-376

《美国残疾人法案》(Americans with Disabilities Act,ADA)是另一部维护残疾人权利的标志性联邦法案,它保障了更广范围的社会活动中对残疾人的无歧视。这项 1990 年生效的民权法案禁止对人的残疾的歧视。ADA 保障了所有年龄段的残疾人的利益,也维护了各种公共和私营部门的利益(不仅是就业和教育)。它要求地方、州和联邦政府的项目必须保障残疾人的可及性,商业场所和公共设施必须做出合理调整来确保残疾人的使用。ADA 还强制规定公共交通、通讯和其他公共场所必须铺设残疾人通道。ADA 的规定还应用于儿童日托机构、幼儿园甚至"开端计划"项目。

一体化教育的理由

一体化教育一般指将残疾儿童和非残疾儿童纳入社区学校的常规课堂中一起接受教育的做法。IDEA 解释了残疾儿童的特殊化教育问题,声明必须为残疾儿童提供免费、适宜的教育,并尽可能将他们和非残疾同龄人融合在一起接受教育。"公共法 99-547"指出,为婴幼儿提供的多学科服务应该是家庭取向的,并尽可能安排在儿童的自然环境中(Etscheidt & Bartlett,1999;Howard et al.,2001)。这就是"最小限制环境"概念。这一术语用来规定残疾儿童的教育不能与非残疾儿童隔离开来(Howard et al., 2001)。目前一种受欢迎的做法是,将残疾儿童纳入常规班级,同时为他们提供特殊服务。一体化教育包含一系列不同程度的服务,取决于儿童的需要、家长的选择和相关服务的需要及常规课堂的进展水平(Howard et al., 2001)。

儿童在一个环境中的表现无法反映这个儿童在各种环境中表现的全景。因为这个及其他原因,职业工作者应该尽可能为家庭提供机会,让家长分享他们对儿童的了解(Salisbury, 1992; Turnbull et al., 1995)。家长的分享十分宝贵,因为它能为专业人员提供在临床观察或教学过程中无法获得的关键信息。而且,这样的分享能提醒专业人员,儿童是独特的个体,有着各种需要,在不同环境中由不同的人来满足。

总的来说,这些重要的法律法规极大地改善了所有残疾的婴幼儿、学前儿童、学龄儿童、青少年和青年的教育项目,为他们增加了受教育机会。家庭的参与为儿童获得机会和促进立法起到了关键的作用。这就是为什么专业教育者必须继续学习如何在家庭系统内有效开展工作的一个重要原因。

家庭系统

本部分的前提是,残疾儿童的家庭和其他所有儿童的家庭一样,都希望自己的孩子过上有意义的、快乐的、成功的生活。而且,我们认为,职业工作者必须尊重和欣赏每个家庭为了达到这一目标而采取的方式。本部分首先讨论家庭的总体生活状态因残疾儿童的存在而受到的影响。其次,我们将介绍残疾儿童的父亲和兄弟姐妹的看法,他们的视角常常被忽略,因为传统上人们强调母亲在家庭系统中的角色。最后,本部分将讨论家长对社区残疾儿童一体化教育的观点和意见。

调节:应对残疾

反应。当一个家庭得知他们期待已久的"快乐包裹"有缺陷时,每个家庭成员的反应是很难预测的(Powers, 1993)。大多数家庭在医院的婴幼儿病房里从医疗人员那里得到消息(Long, Artis, & Dobbins, 1993; Pearl, 1993)。获悉孩子有先天缺陷的确是如雷轰顶(Buck, 1950; Long et al., 1993; Meyer, 1986)。

每个家庭成员的反应各异,从情绪激烈到情感耗竭,但最后往往都会感到困惑、不能理解和充满疑问。当然,与这类家庭合作的关键一条是:尊重他们宣泄情感和情绪波动的权利(Fewell, 1986; Gibbs, 1993)。

多年来,我一直听别人说家长必须学会接受孩子残疾的事实。我所认识的家长没有不接受孩子残疾的。当你早晨起来,用力把孩子的腿塞进矫正支架,让孩子坐进轮椅,喂他们吃早饭,给他们吃抗癫痫药物,你就已经接受了,而且在应对孩子的残疾(Statum, 1995)。

专业人员会很自然地对家长对待孩子残疾的可能反应做出种种概括,目的是为了更好地与家庭合作。然而,家长的感受、情绪和行为往往很难预测。毕竟,很少有家庭能够对他们即将面对的复杂问题做好充分准备(Singer & Powers,1993)。

情感冲击。家长对孩子残疾的预期取决于残疾的类型和严重性(Fewell,1986;Kroth & Edge,1997)。家长在等待孩子降生的漫长过程中总是满怀希望和梦想。面对残疾的婴儿,家长的哀伤源自于他们失去了一个"正常"的孩子(Murray & Cornell,1981)。

因此,残疾儿童的降生会引发各个家庭成员的各种情绪、行为和反应,使家庭笼罩在忧愁压抑的氛围中(Dunst, Trivette, & Jordy, 1997; Featherstone, 1980; Murray & Cornell, 1981; Turnbull, Brotherson, & Summers, 1985)。法伯尔(Farber,1975)描述了残疾儿童家庭的各种适应方式。穆雷(Murray,1980)指出,家庭通常会经历一系列反应。另一些研究者发现一些家长和其他家庭成员,包括兄弟姐妹、祖父母以及扩大家庭的成员,在残疾孩子降生后会产生各种感受、情绪和反应(Kirk & Gallagher,1989; Kubler-Ross,1969)。这些情绪和反应会随着生活的继续而改变,尤其是当内部和外部资源增加时(Kroth & Edge,1997)。

家庭成员认为残疾儿童给家庭造成了压力的同时,也带来了一些积极的影响。两位研究者对47名有发育缺陷儿童的家长进行了访谈(Taunt & Hastings, 2002),家长谈到了残疾儿童带来的积极效应:家长把注意力放在孩子积极的一面;他们看待生活的视角发生了改变;他们有机会了解孩子、自己和其他人;家庭生活的状态发生了变化;他们有机会和其他残疾儿童的家长聚会并分享体验;他们能够影响政策的制定。

专业人员已经越来越意识到家庭成员如何受到残疾儿童的影响,但还需要充分考虑每个家庭成员的角色和需要(Goldenberg & Goldenberg, 1980; Turnbell et al., 1985)。有学者提出了一个理解家庭系统情感、状态和元素的框架,对专业人员与家庭的合作非常有帮助(Turnbell & Turnbell, 2001)。这个框架的4个基本元素是:①家庭资源,②家庭成员之间的日常互动,③不同家庭成员的需要,④随着时间推移影响家庭成员的变化(Turnbell & Turnbell,2001)。

适应:让生活继续

适应性。家庭对孩子需求的适应性极强(Seed, 1988; Lobato, 1990; pearl, 1993)。而且,每个家庭成员承担的角色会因对残疾儿童的态度和行为而发生变化(Meyer, 1986; Nixon, 1993; Seed, 1988)。

在努力平复因孩子残疾而产生的感受时,家庭成员可能经历一个复杂的心路历程(Hawkins, Singer, & Nixon, 1993; Meyer, 1993; Seed, 1988)。痛苦和压力会压得人喘不过气来,但最终,每个家庭成员都学会了用一种机制有效地让家庭渡过难关。换句话说,当家庭成员相互依赖时,这些家庭变得更亲密了。

平衡的生活方式。一个家庭的日常活动通常围绕着残疾的孩子。要达到家庭作息的平衡是非常艰难的,因为家长必须千方百计地安排好各种医疗专家、治疗师(理疗、职业治疗、言语和语言治疗)和早期干预师的家访。而且,去拜访多家专业机构,寻求有关孩子诊断和治疗问题的答案也相当耗费时间。此外,寻求对孩子最好的服务和最新的信息更是令人精疲力竭。所以,对有残疾儿童的家庭来说,找到一种必要的平衡和正常感是一个颇费心力的问题。

同伴关系。家长总是尽量为残疾儿童寻找与同龄人相处的机会,让他们体验正常的童年(Boswell & Schuffner, 1990; McLean & Hanline, 1990; Ruder, 1993; Statum, 1995)。对这些孩子的发展同样重要的,是他们在与家庭成员的互动中不断体验到的成长(Frey, Fewell, Vadasy, & Greenberg, 1989; Pearl, 1993; Statum, 1995)。因此,家庭的另一个困难是为这些特别的孩子寻找积极的同伴互动的机会,好让他们增加学习体验(Bailey & Bricker, 1984; Guralnick, 1990; McLean & Hanline, 1990; Ruder, 1993)。

儿童照料。寻找合适的儿童保育场所对任何家庭来说都不是容易的事,对残疾儿童的家庭来说格外困难(Fewell, 1986)。坦率地说,儿童保育员通常不知道如何照料有残疾的儿童,因而他们不愿意承担这样的责任,尽管现在这样的需求越来越多。

寻求服务。家庭总希望自己的孩子得到最好的服务。因此,这些家庭就像纽约中央车站一样,忙着安排各种所需服务的时间表。而且,让各种专家上门为孩子提供服务影响了家庭的隐私,这是其他家庭所没有的问题(Hanson, Lynch, & Wayman, 1990; Pearl, 1993)。可无论如何,为了确保孩子取得进步,这些家庭必须接受针对性的服务。

早期儿童特殊教育干预专家努力以一种充满关爱、敏感的、支持性的方式与家长及残疾儿童合作(Fewell, 1986; Pearl, 1993)。显然,服务的提供必须灵活,能够针对不同家庭的具体需求和资源(DeGangi, Wietlisbach, Posison, Stein, 7 Royeen, 1994; Hanson et al., 1990)。

除了应对日常生活压力,家庭需要学习如何满足孩子的不同需求。因此,早期干预服务必须保持对家庭友好、以家庭为焦点和以家庭为中心。此外,服务要能够按照家庭的要求安排在不同场所,如家庭、日托机构、社区。

价值观。文化和宗教价值观对家庭结构和残疾的看法有深远影响(DeGangi et al., 1994; Hanson et al., 1990; Howard et al., 2001)。家庭在文化、经济和宗教方面以及所属群体和家庭自身结构方面千差万别(Hanson et al., 1990; Howard et al., 2001)。价值观影响家庭对干预策略的接受和实施意愿。因此,专业人员必须尊重各个家庭的价值观,并能调整服务来适应不同家庭价值体系和文化(DeGangi et al.，1994；Hanson et al.，1990；Linan-Thompson & Jean，1997）。

大家庭。另一个重要因素是大家庭,这是为照顾残疾儿童提供额外帮助的绝好资源。大家庭的成员包括祖父母、姨妈、姑妈、舅舅叔伯、表亲、邻居和家庭圈子里的密友。这些成员能给家长和其他家庭成员不断提供鼓励、暂时解脱、精神支持、安慰和无条件的理解（Fewell，1986；Gallagher, Cross, & Scharfman，1981；Long et al.，1993；Pearl，1993）。

支持群体。残疾儿童的家长常常需要专业服务以外的额外支持（Long et al.，1993；Meyer，1993）。因此,家长支持组织的网络在全美国不断扩大。网络可以帮助愿意与其他类似家庭交流的家长相互建立联系,他们都有类似的经历——感到痛苦,需要解脱,奋力为明天开拓道路（Frey et al.，1989；Gibbs，1993；Grossman，1972）。这些拓展支持网络有助于家庭成员通过分享个人经历而成长。

家庭成员的观点

父亲。传统上,专业人士重点关注母亲对家庭和残疾儿童的观点。有趣的是,这些母亲早就认识到父亲参与儿童的干预项目的必要性（Gallagher et al.，1981）。对此,专业人员开始关注儿童干预项目对父亲及其积极参与的需要（Lamb & Meyer，1991；Young & Roopnarnine，1994）。

"一个男人对孩子能力的自豪会影响他对自己育儿能力的看法,提升他对自己作为父亲的能力的自豪感"（Meyer，1993）。一个父亲对待残疾孩子的态度常常影响整个家庭对孩子的态度（Frey et al.，1989；Lamb & Meyer，1991）。

通常,当一个男人成为父亲,他会以自己供养和影响孩子发展的能力来预估将来。他会评估自己的成就、事业满意度、家庭和婚姻。对残疾孩子的诊断能够直接影响一个男人对家庭生活的评价（Meyer，1986）,继而直接影响他对整个家庭的感知。

基于对父亲重要性的认识,目前有一些专为父亲设计的支持项目（Meyer，1986；Young & Roopnarnine，1994）。一个例子是,给父亲提供机会讨论他们对成就和家庭的看法,在得知孩子的残疾后发生了什么样的改变（Meyer，1993）。父亲带着孩子来参加项目,他们有机会承担主要照料者的角色,因而更能感到自己在孩子残疾问题方面是个"专家"。以父亲为核心的支持小组帮助家庭应对日常生活压力,同时有助于家庭满足孩子的各种需求。

当人们说起接受现实,意思是家长必须理解:是孩子的残疾阻碍了他们获得正常人拥有的一切,这些孩子不可能成为我们社会的真正一员。他们必须被分开,尽管这很糟糕,很痛苦。但接受现实不是残疾儿童的家长应该做的事,我们应该竭尽全力地去改变现状（Statum，1995）。

兄弟姐妹。专业人员在为残疾儿童提供服务时，往往无意中忽略了他们的兄弟姐妹。文献显示，残疾儿童的兄弟姐妹会体验到孤独、愧疚、憎恨、学习压力增大、照顾弟妹的责任加重、对未来生活角色的不确定感（Harland & Cuskelly，2000；Hannah，1999）。所幸的是，专业人员已经开始关注残疾儿童的兄弟姐妹的需要和他们参与干预项目的真诚兴趣。

兄弟姐妹对自己兄弟或姐妹的残疾很好奇，非常希望了解和理解他们的处境。同时，根据梅尔（1993）的调查，"兄弟姐妹十分讨厌那些把他们残疾的兄弟或姐妹贴上'残疾'标签的人"。因此，残疾儿童的兄弟姐妹需要更多信息和技能来帮助他们与其他人分享自己所了解的知识。

一些兄弟姐妹项目已经开办起来，帮助有残疾兄弟或姐妹的人在一起分享体验（Meyer，Vadasay，& Fewell，1985；Powell & Ogle，1985）。通过这些项目，"参与者可以交流解决相关问题的策略，比如当听到同学对残疾人麻木不仁的言论，自己的残疾兄弟或姐妹在公共场合让自己难堪时该怎么办"（Meyer，1993）。

给残疾儿童的兄弟或姐妹带来的除了挑战，还有意想不到的收益（Gibbs，1993；Meyer，1993）。这些益处包括：更能理解他人、对人更宽容、更富有同情心，对自己的健康和智力有更积极的认识（Grossman，1972）。在获得这些（或其他）益处之后，"兄弟姐妹往往会表达对自己的残疾兄弟或姐妹取得进步后的自豪，并从他们能做到的事情的角度看待他们"（Meyer，1993）。

母亲。母亲，和父亲一样，个性纷呈，对孩子的残疾反应也不一样。但很多母亲有一些共同的体验。不少母亲觉得自己对孩子的状况负有责任。她们责备自己怀孕期间不够小心。她们怀疑是自己做了什么或疏忽了什么才造成这样的结果。这样的想法往往会让母亲陷于自责（Buscaglia，1975）。

母亲通常会发现，自打残疾儿童降生后自己的生活发生了天翻地覆的变化。原本积极参与社区活动、有个人爱好、在外工作的女性发现个人世界一下子变得非常狭小。因为照顾残疾儿童要付出大量时间、精力和情感，母亲们的整个生活都改变了，几乎没有时间留给自己的兴趣和需要。筋疲力尽的枯竭感是这种情况下的一个常见反应（Berger，1995）。

和其他家庭成员一样，母亲为失落而哀伤——"完美孩子"的梦破灭了。但由于母亲总觉得自己有责任帮助其他家庭成员摆脱忧伤，她们会忽略自己表达哀伤的需要，从而延长了这样的感受。

不同背景的家庭。想一想与孩子及其家庭关系密切的重要人物。孩子的家庭成员、同龄伙伴、教会成员都会对孩子产生影响。一个家庭的文化背景对每个家庭成员的行为都有着巨大的影响（Nieto，1996；O'Shea，O'Shea，Algozzine，& Hammitte，2001）。家庭文化有一整套价值观和信仰，主导着家庭成员的差异和动态(Shimoni & Baxter,1996)。因此,理解儿童的文化和民族背景关系到对家庭的习俗和传统的理解(O'Shea et al.,2001)。对多样性的接受和有效的交流有助于我们尊重差异,包括残疾。在这一点上我们可以与家庭达成共识,尽可能在儿童及其家庭的利益基础上做决定(Kroth & Edge,1997;Shimoni & Baxter,1996)。

大家庭。有些大家庭的成员包括亲戚或长期住在一个屋檐下的亲密朋友(Shimoni & Baxter,1996)。另一些则包括亲戚或不住在一起的亲密朋友,但这些朋友在家庭中承担着重要角色和责任。大家庭给残疾儿童及其他家庭成员提供支持(Shimoni & Baxter,1996)。理解家庭结构及其对家庭生活的影响有助于我们提供更有效的服务。

重组家庭。重组家庭越来越普遍。近乎三分之一的人是重组家庭的成员(Larson,1992)。在不同家庭的传统和价值观融合的过程中,复杂的家庭问题不断浮现。家庭功能的质量在家庭成员建立纽带时格外重要。家庭成员建立有效的交流渠道、凝聚力、信任,有助于应对和度过家庭的难关。

社区。

完全一体化能给残疾儿童带来与别人同等的机会:过上有意义的生活。我知道安娜在与正常孩子融合的环境中度过的每一天都是有意义的一天。她和其他孩子的每一次互动都有作用。每天她也在教别人一些东西,那是其他人所没有的。她把别人内心最好的东西激发出来,其他人也把她最好的一面激发出来。她有权利得到这个机会,其他人也应该有这样的机会(Statum,1995)。

家长和家庭非常重视给残疾孩子提供支持性的、有助于成长的环境(Rainforth, York,& Macdonald,1992)。IDEA(公共法102-119)确保了专业人员将做好让早期干预项目中的婴幼儿过渡到幼儿园项目的工作。帮助这些儿童及其家庭顺利地从早期干预项目过渡到社区内的项目,应该是所有相关人员的首要任务(Seed,1988;Singer et al.,1993)。

家长与家庭很担忧残疾儿童会遭遇同伴的孤立。但事实上,这些儿童能够在与同伴的交流中更好地学习。相应地,非残疾的同龄伙伴也能从中获益,并认识到这些新朋友是他们居民区的一员。一些研究显示,在与残疾儿童融合的环境中,非残疾儿童发展良好,有残疾的儿童也能取得进步(McLean & Hanline,1990;Odom & Strain,1984)。一个重要的教训是,儿童只有在缺乏与残疾人共处的经历时才会表现得冷酷(Seed,1988)。

我让她退出了待了好几年的特殊教育中心,进了一家"开端计划"项目中心。安娜是班上唯一一个坐轮椅的孩子,也是唯一一个不会说话的孩子。老师以前从没教过严重残疾的儿童。第一天早晨,当我们推着轮椅进入满是4岁孩子的喧闹教室后,老师对我们说:"回去吧,别担心,不会有事的。"真的没发生什么事。每当有问题产生,我们就一起想办法。在那一年的年底,安娜开始说话了。我认识到,教育一个残疾孩子并不需要特殊的人。这个人只要是个好老师就行了(Statum,1995)。

小结

专业人员、社区和残疾儿童家庭的观点逐渐成熟了。残疾儿童的诞生不再被看成是个负担。当家庭和家长从经验(应对、适应、寻求支持)中获得力量,他们就开始积极地为孩子探寻学习机会。家庭还学会了有效采用最适合自己的策略和措施来达到家庭的目标。

所有家庭,包括有残疾儿童的家庭都对孩子抱有希望和梦想。对于有残疾儿童的家庭,他们的期望更难实现。为了达成目标,家庭和专业人员必须学习建立合作伙伴关系。在合作中,双方应学会彼此尊重和理解。大家都心存一份渴望和信念:在各方共同的努力下,社会将带着尊敬接受这些有尊严的残疾儿童(Santelli, Turnbell, Lerner, & Marquis, 1993;Seed, 1988)。

在这个世界上有一片属于残疾儿童的未被认可的土地,我们需要去认领它。目前推广的一体化教育给了我们希望,这是过去几代残疾儿童家长不敢奢求的。这个希望就是:当我们的孩子长大后,他们可以被社会接纳为正式成员。我们比我们原来预想的要幸运(Statum,1995)。

劳伦斯女士在罗斯福小学教书两年了。她班里的22个三年级学生中,有一个名叫马修的可爱男孩。马修一家是夏天刚搬到这个镇上的。他父亲在一家电脑公司上班,母亲是钢琴教师。

新学年开始后不久,劳伦斯女士就对马修的阅读感到担心。马修认识所有的字母和一些单词,但他阅读一级中等水平以上的课文时就有困难了。劳伦斯女士尝试了很多策略来帮助马修,但都不奏效。

离家长—教师座谈会还有两个星期,劳伦斯女士打算和马修的父母谈谈,是不是让马修做个测试看看他是否有阅读障碍。

问题和思考:
1. 在提及测试之前还可以采取什么措施?
2. 如果你是劳伦斯女士,你会怎样向马修的家长说起心里的担忧?
3. 你会在家长—教师座谈会上提起这个问题吗?为什么?
4. 和马修的父母会面时,有无必要请其他专业人员加入?

儿童读物

《安静点,玛丽娜!》
作者:克里斯滕·迪拜尔　摄影:劳拉·德怀特
唐氏综合征与大脑性麻痹
Be Quiet, Marina!
Kristen DeBear, Laura Dwight (Photarapher)
Star Bright Books (2001)
Down syndrome and cerebral palsy

《别叫我特殊儿童》
作者:帕特·托马斯　插图:莱斯利·哈克
肢体残疾
Don't Call Me Special
Pat Thomas, Lesley Harker (Illustrator)
Barrons Educational Series (2002)
Physical

《学校的朋友》(第2版)
作者:罗切利·贝内特　摄影:马特·布朗
不同类型的残疾
Friends at School (2nd ed.)
Rochelle Bunnett, Matt Brown (Photographer)
Star Bright Books (1995)
Different disabilities

《听公共汽车:大卫的故事》
作者:帕特里西亚·麦克马洪　摄影:约翰·高兹
失明和听力缺陷
Listen for the Bus: David' Story
Patricia McMahon, John Godt (photographer)
Boyds Mills Press (1995)
Blindness and hard of hearing

《我的朋友伊莎贝拉》
作者:琼·法斯勒　摄影:乔·莱斯克
唐氏综合征
My Friend Isabella
Joan Fassler, Joe Lasker (illustrator)
Woodbine House
Down syndrome

《特殊的人,特殊的方式》
作者:阿莱尼·马奎尔
肢体残疾和认知障碍
Special People, Special Ways
Arlene Maquire
Future Horizons, Inc. (2000)
Physical and cognitive

《苏珊笑了》
作者:珍妮·威利斯　插图:托尼·罗斯
肢体残疾
Susan Laughs
Jeanne Willis, Tony Ross (Illustrator)
Henry Holt and Company (2000)
Physical

《多动症女孩手册》
作者:贝丝
多动症
The Girls Guide to AD/HD
Beth Walker
Woodbine House (2004)
ADHD

《我们走进一个圈》
作者:佩吉·佩里·安德森
肢体残疾
We Go in a Circle
Peggy Perry Anderson
Houghton Mifflin/Walter Lorraine Books (2004)
Physical

有关残疾儿童的更多书籍可在以下网址搜索:
http://ericec.org/fact/kidbooks.html.

补充资源

残疾儿童的家庭
图书:

巴特肖(2000)

《当你的孩子有残疾:日常照料和医疗护理信息大全》(修订版)

这部家长手册提供了针对各类具体残疾进行日常及长期护理的详细信息,包括智障、唐氏综合征及其他遗传缺陷、脊柱裂、癫痫症、大脑性麻痹、听力缺失、交流障碍、视觉缺陷、自闭症、多动症及学习障碍。本书涉及的话题包括儿童发展、行为、营养和喂养、药物治疗、其他疗法、教育和早期干预、合法权益和遗传咨询。

Batshaw, M. (2000) *When your child has a disability: The complete sourcebook of daily and medical care* (rev. ed.). Baltimore: Paul Brookes.

鲍伊(2004)

《儿童早期特殊教育:从出生到8岁》(第三版)

本书是一部关于0—8岁儿童早期特殊教育的基础概论,书中提供了《美国残疾人教育法》的基本信息,儿童早期特殊教育的问题和趋势以及儿童发展过程中的各类残疾。

Bowe, F. (2004). *Early childhood special education: Birth to age eight* (3rd ed.). Albany, NY: Delmar Publishers.

柯兰(1989)

《与家长合作》

本书针对从事家长教育的职业工作者,内容包括:增强家长能力的团队建设、对家长的传统印象的重新审视、对家长需求的倾听与了解。

Curran, D. (1989). *Working with parents*. Circle Pines, MN: American Guidance Service.

戴特莫,瑟斯顿,戴克(2005)

《服务于特殊需要学生的咨询、协作与团队合作》

本书是一部指导普通教师与特殊教育教师合作教育有特殊需要的学生的培训指南。内容包括:团队合作过程、教育角色和机会、教学与互动过程、如何促进教育合作关系以便为特殊需要学生服务。

Dettmer, P., Thurston, L., & Dyck, N. (2005). *Consultation, collaboration, and teamwork for students with special needs*. Boston: Allyn & Bacon.

费尔维(2005)

《相信我的孩子!帮助有特殊需要的孩子在学校发挥潜力》

作者既是一名残疾孩子的母亲,也是一名教育工作者。她根据自己的切身体会帮助家长理解孩子的权利,争取让孩子接受一体化教育,加强与个人教育项目成员合作,促使孩子接触常规教育课程,鼓励教育者调整教学方法和评价策略,支持孩子的社会技能发展,设计过渡计划。

Falvey, M. (2005). *Believe in my child with special needs! Helping children achieve their potential in school*. Baltimore: Paul Brookes.

费泽斯通(1980)

《家中的变化:与残疾孩子共同生活》

书中一位母亲分享了自己的个人经历,讲述了一个残疾孩子给家庭整体及每个家庭成员带来的影响。她描述了家庭的变化以及关于残疾孩子的开诚布公的决策讨论。

Featherstone, H. (1980). *A difference in the family: Living with a disabled child*. New York: Penguin Books.

吉尔(1997)

《因孩子而改变:给残疾孩子家长的随身笔记》

本书收录了很多家长抚育残疾孩子的心得与

体会。

Gill, B. (1997). Changed by a child: Companion notes for parents of a child with a disability. New York: Broadway Books.

哈里（1992）

《文化差异，家庭和特殊教育体系：沟通与赋权》

这部发人深省的著作探讨了贫困的、母语与学校语言不一致的少数族裔残疾儿童家长所面临的四倍于常人的困难。

Harry, B. (1992). *Cultural diversity, families, and the special education system: Communication and empowerment*. New York: Teachers College Press.

霍华德，威廉斯，博特，雷珀（2001）

《有特殊需要的年幼儿童：21世纪的启蒙式途径》（第二版）

本书介绍了从事早期教育和早期特殊教育的职业工作者如何为儿童及家庭提供服务和为年纪幼小的残疾儿童实施干预。这部概论性的著作介绍了与残疾儿童早期干预和服务相关的哲学、历史、家庭影响、法律问题、医疗问题。

Howard, V. F., William, B. F., Port, P. D., & Lepper, C. (2001). *Very young children with special needs: A formative approach for the 21st century* (2nd ed.). Upper Saddle River, NJ: Merrill Prentice Hall.

乔格生，舒尔，尼斯波特（2005）

《一体化教育辅助者指南》

本书讨论了一体化教育辅助者作为学校与社区改革倡导者的角色，指导教职人员如何为推进一体化教育应对种种挑战。本书的内容包括：承诺坚持一体化教育的十大要素，成功领导合作小组和提供信息与支持，学习辅助学生充分参与并融入普通教育课程和课堂的策略，推进具体领域机构改革，如时间安排和技术运用。

Jorgenson, C., Schuh, M., & Nisber, J. (2005). *The inclusion facilitator's guide*. Baltimore: Paul Brookes.

卡尔恩珀，哈里（1999）

《特殊教育中的文化：建立家庭与专业人员的交互关系》

本书帮助教育者理解制订教育计划必须促进儿童学习并尊重儿童家庭的文化信仰。书中包含了个人故事、案例、详细的理论探讨。本书揭示了特殊教育领域文化预设对家长—专业人员关系的影响。

Kalyanpur, M., & Harry, B. (1999). *Culture in special education: Building reciprocal family-professional relationships*. Baltimore: Paul Brookes.

克莱恩，谢尔弗（2001）

《你会做一个新的梦：残疾儿童家长的感人故事》

残疾儿童的家长分享了自己的切身经历，讲述养育有特殊需要儿童的艰难旅程。

Klein, S., & Schive, K. (Eds.) (2001). *You will dream new dreams: Inspiring personal stories by parents of children with disabilities*. New York: Kensington Publishing Corporation.

克洛斯，埃奇（1997）

《与残疾孩子家长沟通的策略》（第三版）

这本沟通技巧指导书强调了一个基本理念：每个家长都具备教育孩子的优势，也有自己的个人需要。本书的目的是帮助教师提升与家长合作的能力。

Kroth, R. L., & Edge, D. (1997). *Strategies for communicating with parents of exceptional children* (3rd ed.). Denver, CO: Love.

玛什（1995）

《发自内心：做一位有特殊需要孩子的母亲》

九位母亲分享了她们抚养有特殊需要儿童的个人经历。她们讨论了与专业人员的关系、家庭生活和学校问题。

Marsh, J. (Ed.). (1995). *From the heart: On being a mother of a child with special needs*. Bethesda, MD: Woodbine House.

马丁(2005)

《个人教育计划团队合作指南》

Martin, N. (2005). *A guide to collaboration for IEP teams*. Baltimore: Paul Brookes.

本书是一本针对管理者、教师、人力资源专业人员和家长的技能指导书。这本书可以帮助个人教育计划成员设计、反思和调整有特殊需要儿童的个人教育计划。

麦克修(2002)

《特殊的兄弟姐妹：与残疾孩子共同成长》

McHugh, M. (2002). *Special siblings: Growing up with someone with a disability* (rev. ed.). Baltimore: Paul Brookes.

本书作者有一位患大脑麻痹症、有智力障碍的兄弟，她在书中分享了自己作为一个残疾人姐姐或妹妹的经历。作者还采访了其他有残疾兄弟姐妹的人，讨论了他们在童年、青少年和成年阶段遇到的问题。

梅尔(1995)

《不寻常的父亲：抚养残疾孩子的反思》

Meyer, D. (Ed.). (1995). *Uncommon fathers: Reflections on raising a child with a disability*. Bethesda, MD: Woodbine House.

19位父亲分享了各自抚养残疾孩子的经历和想法。

梅尔,瓦德赛(1994)

《同胞坊：有特殊需要孩子的兄弟姐妹工作坊》

Meyer, D. J., & Vadasy, P. F. (1994). *Sibshop: Workshops for siblings of children with special needs*. Baltimore: Paul Brookes.

兄弟姐妹坊是一个简单易行的工作坊，用于将8—13岁的孩子集中在一起表达自己对有残疾的兄弟姐妹的感受。

纳西弗(2001)

《特殊的儿童，艰难的家长：抚养残疾儿童的艰苦历程》(修订版)

Naseef, R. (2001). *Special children, challenged parents: The struggles of raising a child with a disability* (rev. ed.). Baltimore: Paul Brookes.

本书作者从一位父亲的角度描述了自己抚养自闭症儿子的艰辛过程，以及如何与医疗及教育人员有效合作的经验。

奥希亚,贝特曼,埃格泽恩,奥西恩(2004)

《特殊教育的法定程序手册》

O'Shea, D., Bateman, D., Algozzine, B., & O'Shea, L. (2004). *The special education due process handbook*. Longmont, CO: Sopris West.

本书是供家长、管理者、特殊教育教师、普通教育教师使用的指导书，提供了特殊教育法定程序的相关信息。

鲍威尔,盖伦格(1993)

《兄弟与姐妹：特殊家庭的特殊部分》(第二版)

Powell, T. H., & Gallagher, P. A. (1993). *Brothers and sisters: A special part of exceptional families* (2nd ed.). Baltimore: Paul Brookes.

本书包含了特殊儿童的兄弟姐妹的真实故事。话题包括：兄弟姐妹的调适、有效倾听及创新式的教学项目。

瑞恩弗斯,约克-巴尔(1997)

《帮助严重残疾学生的合作团队：治疗与教育服务相结合》(第二版)

Rainforth, B., & York-Barr, J. (1997). *Collaborative teams for students with severe disabilities: Integrating therapy and educational services* (2nd ed.). Baltimore: Paul Brookes.

本书的主要内容是:如何集合专业人员与家长的力量,建立有效的跨学科合作团队。书中讨论了教学环境中的各种有效合作方式,并运用具体的案例分析了如何将治疗与教育结合起来的方法。

斯诺(2005)
《残疾是自然的:成功培养残疾孩子的颠覆性理念》(第二版)
Snow, K. (2005). *Disability is natural: Revolutionary common sense for raising successful children with disabilities* (2nd ed.). Woodland Park, CO: Braveheart Press.
作者分享了自己抚养早产7周的儿子——本杰明的故事。因为早产,本杰明和家人都被抛入了一个充满了治疗、专家和特殊教育的"残疾世界"。作者提出了使用以人为本的语言的重要性,并指出残疾是人类经验的一部分。

网站:
Circle of Inclusion
www.circleofinclusion.org

Clearinghouse on Disability Information
www.ed.gov/about/offices/list/osers/codi.html

The Council for Exceptional Children
www.cec.sped.org

Eric Clearinghouse on Disabilities and Gifted Education
http://ericec.org/digests/prodfly.html

Family Village: A Global Community of Disability Related Resources
www.familyvillage.wisc.edu/index.htmlx

Inclusion.com
www.inclusion.com

National Information Center for Children and Youth with Disabilities
www.nichcy.org

National Resources for Parents of Children and Youth with Disabilities
www.washington.edu/doit/Brochures/Parents/naparent.htm

参考文献

Bailey, E., & Bricker, D. (1984). The efficacy of early intervention for severely handicapped infants and young children. *Topics in Early Childhood Special Education*, 4(3), 30-51.

Berger, E. (1995). *Parents as partners in education: Families and schools working together* (4th ed.). New York: Merrill Publishing Co.

Boswell, B., & Schuffner, C. (1990). Families support inclusive schooling. In W. Stainback & S. Stainback (1990), *Support networks for inclusive schooling: Interdependent integrated education* (pp. 219-230). Baltimore: Paul Brookes.

Buck, P. (1950). *The child who never grew*. New York: John Day.

Buscalglia, L. (1975). *The disabled and their parents*. Thorofare, NJ: Charles B. Slack.

Davis, M. D., Kilgo, J. L., & Gamel-McCormick, M. (1998). *Young children with special needs: A developmentally appropriate approach*. Boston: Allyn & Bacon.

DeGangi, G., Wietlisbach, S., Possison, S., Stein, E., & Royeen, C. (1994). The impact of culture and socioeconomic status on family-professional collaboration: Challenges and solutions. *Topics in Early Childhood*

Special Education, 14(4), 503-520.

Dunst, C. J., Trivette, C. M., & Deal, A. G. (1988). *Enabling and empowering families: Principles and guidelines for practice*. Cambridge, MA: Brookline Books.

Dunst, C. J., Trivette, C. M., & Jordy, W. (1997). Influences of social support of children with disabilities and their families. In M. J. Guralnick (Ed.), *The effectiveness of early intervention* (pp. 499-522). Baltimore: Paul H. Brooks.

Etscheidt, S. K., & Bartlett, L. (1999), The IDEA amendments: A four-step approach for determining supplementary aids. *Exceptional Children*, 65(2), 163-174.

Farber, B. (1975). Family adaptations to severely mentally retarded children. In M. J. Begab & S. A. Richardson (Eds.), *The mentally retarded and society: A social science perspective* (pp. 247-266). Baltimore: University Park Press.

Featherstone, H. (1980). *A difference in the family: Living with a disabled child*. New York: Penguin Books.

Fewell, R. (1986). A handicapped child in the family. In R. Fewell & P. Vadasy (Eds.), *Families of handicapped children: Needs and supports across the life span* (pp. 87-104). Austin, TX: PRO-ED.

Frey, K. S., Fewell, R. R., Vadasy, P. F., & Greenberg, M. T. (1989). Parental adjustment and changes in child outcome among families of young handicapped children. *Topics in Early Childhood Special Education*, 8(2), 38-57.

Gallagher, J., Cross, A., & Scharfman, W. (1981). Parental adaptation to a young handicapped child: The father's role. *Journal of the Division of Early Childhood*, 3, 3-4.

Gibbs, B. (1993). Providing support to sisters and brothers of children with disabilities. In G. Singer & L. Powers (1993), *Families, disability, and empowerment: Active coping skills and strategies for family interventions* (pp. 27-66). Baltimore: Paul Brookes.

Goldenberg, I., & Goldenberg, H. (1980). *Family therapy: An overview*. Monterey, CA: Brooks/Cole Publishing Company.

Grossman, F. K. (1972). *Brothers and sisters of the retarded children: An exploratory study*. Syracuse, NY: Syracuse University Press.

Guralnick, M. (1990). Major accomplishments and future directions in early childhood mainstreaming. *Topics in Early Childhood Special Education*, 10(2), 1-17.

Hannah, M. (1999). Competence and adjustment of siblings of children with mental retardation. *American Journal on Mental Retardation*, 104, 22-37.

Hanson, M. J. (1985). Administration of private versus public early childhood special education programs. *Topics in Early Childhood Special Education*, 5(1), 25-38.

Hanson, M. J., Lynch, E. W., & Wayman, K. I. (1990). Honoring the cultural diversity of families when gathering data. *Topics in Early Childhood Special Education*, 10(1), 112-131.

Harland, P., & Cuskelly, M. (2000). The responsibilities of adult siblings with dual sensory impairments. *International Journal of Disability, Development and Education*, 47(3), 293-307.

Hawkins, N., Singer, G., & Nixon, C. (1993). Shortterm behavioral counseling for families of persons with disabilities. In G. Singer & L. Powers, *Families, disability, and empowerment: Active coping skills and strategies for family interventions* (pp. 317-341). Baltimore: Paul Brookes.

Howard, V. E, Williams, B. E, Port, P. D., & Lepper, C. (2001). *Very young children with special needs: A formative approach for the 21st Century* (2nd ed.). Upper Saddle River. NJ: Merrill Prentice Hall.

Kirk, S. A., & Gallagher, J. J. (1989). *Educating exceptional children* (6th ed.). Boston: Houghton Mifflin.

Kroth, R. L., & Edge, D. (1997). *Strategies for communicating with parents of exceptional children* (3rd ed.). Denver, CO: Love.

Kübler-Ross, E. (1969). *Death and dying*. New York: Macmillan.

Lamb, M. E., & Meyer, D. J. (1991). Fathers of children with special needs. In M. Seligman (Ed.), *The family with a handicapped child* (pp. 151-179). Boston: Allyn & Bacon.

Larson, J. (1992). Understanding step families. *American Demographics*, 14, 360.

Linan-Thompson, S., & Jean, R. E. (1997). Completing the parent participation puzzle: Accepting diversity. *Teaching Exceptional Children*, 30(2), 46-50.

Lobato, D. J. (1990). *Brothers, sisters, and special needs: Information and activities for helping young siblings of children with chronic illness and developmental disabilities*. Baltimore: Paul Brookes.

Long, C., Artis, N., & Dobbins, N. (1993). The hospital: An important site for family-centered early intervention. *Topics in Early Childhood Special Education*, 13 (1), 106-199.

McLean, M., & Hanline, M. (1990). Providing early intervention services in integrated environments: Challenges and opportunities for the future. *Topics in Early Childhood Special Education*, 10(2), 62-77.

Meyer, D. J. (1986a). Fathers of children with special needs. In M. E. Lamb (Ed.), *The father's role: Applied perspectives* (pp. 227-254). New York: John Wiley & Sons.

Meyer, D. J. (1986b). Fathers of handicapped children. In R. Fewell & P. Vadsey (Eds.), *Families of handicapped children* (pp. 35-73). Austin, TX: PRO-ED.

Meyer, D. J. (1993). Lessons learned: Cognitive coping strategies of overlooked family members. In A. Turnbull et al. (Eds.), *Cognitive coping, families and disability* (pp. 81-92). Baltimore: Paul Brookes.

Meyer, D. J., Vadasy, P. F., & Fewell, R. R. (1985). *Sibshops: A handbook for implementing workshops for siblings of children with special needs*. Seattle: University of Washington Press.

Miller, L., & Newbill, C. (1998). *Section 504 in the classroom: How to design and implement accommodation plans*. Austin, TX: Pro-Ed.

Murray, J. N. (1980). *Developing assessment programs for the multi-handicapped child*. Springfield, IL: Charles C. Thomas.

Murray, J. N., & Cornell, C. J. (1981). Parentalplegia. *Psychology in the Schools*, 18,

201-207.

Nieto, S. (1996). *Affirming diversity: The sociopolitical context of multicultural education* (2nd ed.). New York: Longman.

Nixon, C. (1993). Reducing self-blame and guilt in parents of children with severe disability. In G. Singer & L. Powers, *Families, disability, and empowerment: Active coping skills and strategies for family interventions* (pp. 175-201). Baltimore: Paul Brookes.

Odom, S., & Strain, P. (1984). Classroom-based social skills instruction for severely handicapped preschool children. *Topics in Early Childhood Special Education*, 4(3), 97-116.

O'Shea, D. J., O'Shea, L. J., Algozzine, R., & Hammitte, D. J. (2001). *Families and teachers of individuals with disabilities: Collaborative orientations and responsive practices*. Boston: Allyn & Bacon.

Pearl, L. (1993). Providing family-centered early intervention. In W. Brown, S. Thurman, & L. Pearl (1993), *Family-centered early intervention with infants and toddlers: Innovative crossdisciplinary approaches* (pp. 81-101). Baltimore: Paul Brookes.

Pennsylvania Association for Retarded Children v. Commonwealth of Pennsylvania, 343 F. Supp. 279 (E. D. Pa., 1972).

Powell, T. H., & Ogle, P. A. (1985). *Brothers and sisters—A special part of exceptional families*. Baltimore: Paul Brookes.

Powers, L. (1993). Disability and grief: From tragedy to challenge. In G. Singer & L. Powers, *Families, disability, and empowerment: Active coping skills and strategies for family interventions* (pp. 119-149). Baltimore: Paul Brookes.

Rainforth, B., York, J., & Macdonald, C. (1992). *Collaborative teams for students with severe disabilities: Integrating therapy and educational services*. Baltimore: Paul Brookes.

Ruder, M. (1993). The provision of early intervention and early childhood special education within community early childhood programs: Characteristics of effective service delivery. *Topics in Early Childhood Special Education*, 13(1), 19-37.

Salisbury, C. (1992). Parents as team members: Inclusive teams, collaborative outcomes. In B. Rainforth, J. York, & C. Macdonald (1992), *Collaborative teams for students with severe disabilities: Integrating therapy and educational services* (pp. 37-56). Baltimore: Paul Brookes.

Santelli, B., Turnbull, A., Lerner, J., & Marquis, J. (1993). Parent to parent programs: A unique form of mutual support for families of persons with disabilities. In G. Singer & L. Powers, *Families, disability, and empowerment: Active coping skills and strategies for family interventions* (pp. 27-66). Baltimore: Paul Brookes.

Seed, P. (1988). *Children with profound handicaps: Parents' views and integration*. Philadelphia: Falmer Press.

Shimoni, R., & Baxter, J. (1996). *Working with families: Perspectives for early childhood professionals*. Reading, MA: Addison-Wesley Publishers Limited.

Singer, G., Irvin, L., Irvin, B., Hawkins, N., Hegreness, H., & Jackson, R. (1993). Helping families adapt positively to disability: Overcoming demoralization through community supports. In G. Singer & L. Powers, *Families, disability, and empowerment: Active coping skills and strategies for family interventions* (pp. 67-83). Baltimore: Paul Brookes.

Singer, G., & Powers, L. (1993). *Families, disability, and empowerment: Active coping skills and strategies for family interventions*. Baltimore: Paul Brookes.

Statum, S. (1995). Inclusion: One parent's story. In P. Browning (Ed.), *Transition IV in Alabama: Profile of commitment*. State Conference Proceedings, January 1995 (pp. 65-68). Auburn, AL: Auburn University.

Taunt, H. M., & Hastings, R. P. (2002). Positive impact of children with developmental disabilities on their families: A preliminary study. *Education and Training in Mental Retardation and Developmental Disabilities*, 37, 410-420.

Turnbull, A. P., Brotherson, M. J., & Summers J. A. (1985). The impact of deinstitutionalization on families: A family systems approach. In R. H. Bruininks (Ed.), *Living and learning in the least restrictive environment* (pp. 115-152) Baltimore: Paul Brookes.

Turnbull, A. P., & Turnbull, H. R. (2001). *Families, professionals, and exceptionality: A specia, partnership* (4th ed.). New York: Merrill.

Turnbull, H. R., Turnbull, A. P, Shank, M., & Leal, D. (1995). *Exceptional lives: Special education in today's schools*. New York: Merrill.

Turnbull, H. R., Turnbull, A. P., & Wheat, M. (1982). Assumptions about parental participation: A legislative history. *Exceptional Education Quarterly*, 3(2), 1-8.

U. S. Department of Education. (1993). *Fifteenth annual report to Congress on the implementation of the Individuals with Disabilities Education Act*. Washington, DC: Government Printing Office.

U. S. Department of Education. (2002). *Twenty-fourth annual report to Congress on the implementation of the Individuals with Disabilities Act*. Washington, DC: Author.

Young, D., & Roopnarnine, J. (1994). Fathers' childcare involvement with children with and without disabilities. *Topics in Early Childhood Special Education*, 14(4), 488-502.

第九章

家庭参与模式

本章中，六位作者将介绍家庭和家长参与学校教育的不同模式。这些模式涵盖了从婴儿到 15 岁儿童的服务项目。作者们将介绍全国性模式 (McLenn, Shaeffer, Lim, & Glessner) 或可用于初中或高中的模式 (Johnstor & Fogelloerg)。请记住，本章选取的只是一些代表性的样本，还有很多模式可供讨论。阅读本章后，你应该能够：

◇ 了解幼儿园、小学、中学和特殊教育中各种家长／家庭参与模式。

◇ 比较不同教育水平上家长参与模式的异同。

◇ 了解成功的家长／家庭参与模式的要素。

◇ 理解为什么有的模式在一个教育水平上可行，但在另一个水平上则行不通。

特殊教育中的家庭参与

玛丽·麦克林　威斯康星大学

玛格丽特(佩吉)·谢弗　詹姆斯麦迪逊大学

一体化教育使得所有孩子都成了"常规"班级教师的责任。不幸的是，大多数教师对于如何与有特殊需要儿童，家长合作没有做好准备。本章的特殊教育部分将与你分享成功的家长参与模式以及其他对教育者有帮助的信息。

在特殊教育领域，家长参与很大程度上受到联邦法律建立的司法系统的影响，法律规范了对残疾人的特殊教育。第十章将提供特殊教育法律和受法律保护的家长权利的信息。《残疾人教育法》(IDEA)，原《所有残疾儿童教育法》(PL94－142)，对家长参与残疾儿童教育产生了重大影响。1975年对该法律的修订确定了残疾儿童获得免费、适宜的公共教育的权利。在此之前，家长们屡屡被那些不为残疾儿童提供教育服务的学校拒之门外。法律还为家长提供了程序上的保护，如家长有权查阅自己孩子的教育记录(其他人无权查阅)，对儿童进行初步评估和安置前必须获得家长的同意，如学校提出改变或拒绝改变服务，必须事先给家长发送书面通知。另外，如果家长和学校之间因孩子的教育问题发生分歧，家长的既定程序权得到保护。

毫无疑问，法律规定对残疾儿童家长与学校之间的关系产生了显著影响，在很大程度上，这些法律为双方的互动搭建了结构框架。而事实上，很多项目超越了法律的规定，所提供的服务不仅满足了儿童的个性化需要，还顺应了不同家庭的特定需要。这些项目将自己定位为家庭的支持者，当家庭在努力保持正常运转，照顾残疾孩子时，这些项目为他们提供一些帮助。这样的项目包含着以家庭为中心的理念。

有趣的是，IDEA 最近的两项保障残疾婴幼儿服务的修正案，也反映了以家庭为中心的理念。该法案要求进行"家庭导向"的评估，并开发"个体家庭服务计划"，其中必须写明儿童和家庭接受服务的预期成果，以及为取得这些成果所提供的具体服务。

家庭系统概念框架

20世纪70年代后期和80年代早期，家庭系统理论成为干预教育领域的基础理论。家庭系统理论将家庭看成一个社会系统，其中所有的家庭成员相互影响(Minuchin, 1974)。应用到特殊教育中时，这一理论强调对某一家庭成员进行的干预会影响到所有其他家庭成员。换句话说，专业人员必须认识到，对一个儿童的特殊教育服务不仅影响这个孩子，还影响整个家庭的功能，其结果可能是有益的，也可能是有害的。

腾布尔(2001)提出了一个融合了家庭系统理论和特殊教育理论的家庭系统概念框架,为评价特殊教育服务对家庭功能的影响提供了一个参考依据。运用这个框架来检验给残疾儿童提供的特殊教育服务,可以引导教育者考虑教育活动对家庭的影响,并从家庭的角度看问题。这个框架要求我们考虑输入变量、家庭互动的特征和生命周期的变化。每个家庭都是独特的和复杂的,家庭的信仰和价值观、资源、面临的挑战以及家庭成员的应对和互动方式上也存在各种差异。另外,教育干预的影响并不局限在残疾儿童一个人身上,而是对整个家庭系统都会产生冲击。家庭随着时间流逝而变化,干预系统必须适应家庭系统的变化,因为这些变化将对残疾儿童产生影响。读者可以阅读腾布尔(2001)的著作来获取更多家庭系统框架的信息。

> **反思** 家庭系统理论或以家庭为中心的理念是这一部分的重要内容。你认为这些内容为什么重要?这一理论或理念在本书的其他部分是否也有体现?这是否只是作者的个人偏好?

以家庭为中心的干预

随着教育者对家庭功能认识的加深以及家庭对于干预效果的影响的认识的加深,一个以家庭为中心的干预理念逐渐凸显出来。家庭中心的理念将以机构为中心的干预方式转变为家庭取向的方式。腾布尔和沙默斯(1985)在书中这样写道:

哥白尼出现了,提出了一个惊世骇俗的观点——他认为太阳是宇宙的中心。地球不是独创的经典,而是与其他行星一样的星球。看待宇宙的视角的彻底转换,颠覆了整个古代哲学系统,这被称为"哥白尼式的革命"。让我们暂停一下,想一想如果在残疾人领域来一次"哥白尼式的革命"会怎样。想象这样一个画面:家庭是宇宙的中心,而服务输送系统是很多围着它旋转的无数行星之一。再设想这样一个画面:服务输送系统是中心,而家庭处在它周围的轨道上。你认识到视角的革命性变化了吗?我们将重点从家庭参与(家长参加项目)转到了家庭支持(服务项目为家庭提供各种支持)。这不是一个文字游戏——这样的革命将引导我们去承担一系列新的任务,看到服务项目的新前景。

一段时间以来,为了更好地满足儿童及其家庭变化的需求,专业工作者重新检验和调整以家庭为中心的干预理念和实践,这些理论的构成要素和关键特征之间的关系逐渐显现出来。邓斯特(Dunst,2000)检验了分辨和操作化家庭系统干预法关键要素的多种方法,考虑了家庭、环境和计划的与未计划事件等复杂因素。新一代的家庭中心模式带领我们进入更深的领域,以求最大限度地保持儿童和家庭的自然环境来支持孩子的发展。家庭的概念拓展到了家庭以外,将学校和社区也囊括其中(Bruder & Dunst,2001)。无论使用什么术语或采用哪种具体理念,大家形成的共识是:干预必须包含家庭成员的合作,要支持家庭的决策地位并以家庭的利益为先。为了充分实现以家庭为中心的理念,我们必须转换教学方法。干预必须从以儿童为焦点和机构主导的方式转换为以家庭为焦点和家庭主导的方式。下面介绍三个充分体现了家庭中心理念的服务项目。

家长到家长项目

家长到家长模式首创于1971年,最先被应用于内布拉斯加州奥马哈市的实验性家长项目中。该模式的基本信念是残疾儿童的家长可以像专业人员一样成为其他残疾儿童家长的资源(Turnbull,1999)。基本上它是一个配对项目,让有经验的"老兵"家长和刚开始艰辛旅程的家长建立联系。据说有将近650 000个家庭通过大约600个地方和州立的家长到家长项目获得了服务(Turnbull,Turnbull,& Shank,& Leal,2001)。

家长到家长项目由志愿者家长运作,规模不等,有两三个家长的小组织,也有由志愿者和专业人士支撑的全州网络。项目的推荐渠道很多,有医疗、教育和社会服务机构,也有家庭和朋友的个人联络。一旦家庭与该项目接触,工作人员就开始认真寻找最匹配的家庭。配对要考虑各方面的因素:地点、残疾、家庭结构和生活方式、文化影响。新家庭的优势和担忧也能决定配对家庭之间互动的方式和类型。例如,有些家庭偶尔通过电话交流,接触较少;而有的家庭可能通过问题讨论会、社区资源介绍和倡导技能培训等渠道获得比较强的支持。

有文献记录了利用家长为其他家长和专业人士提供教育的效能。腾布尔(1999)指出,接受家长到家长项目服务的家长能更好地应对残疾儿童给家庭生活带来的挑战。此外,参加该项目的家庭和其他家庭有着相似的经历,这种同患难的感受能为家长学习应对技能提供心理支持,并能为家长获取必要技能和信息提供资源。

儿童教育方案选择项目

儿童教育方案选择项目(Choosing Options and Accommodations for Children,COACH)(Giangreco,Cloninger,& Iverson,1993)实际上是一个评估和计划工具,用来为中度残疾及严重残疾的儿童设计和实施一体化教育方案。COACH辅助设计是在普通教育课堂中实施的特殊教育服务。在这里我们选择这个项目作为家庭中心特殊教育项目案例，是因为该项目强调家庭的作用，把家长视为"有意义的、长期的教育计划的基石"。COACH 的目标之一是帮助家庭成为教育过程中专业人员的合作伙伴，更好地利用为他们的孩子提供的服务。以下五个信念被确定为建立家长与专业人员之间合作伙伴关系的基础：

- 家庭了解他们的孩子在某些方面比其他任何孩子都强。
- 家庭最希望看到孩子取得学习进步。
- 家庭有可能是唯一能够自始至终参与孩子教育项目的群体。
- 家庭有能力对社区提供的教育服务产生积极影响。
- 家庭必须承受教育团队所做决策的后果，从早到晚，日复一日。

COACH 系统开始的第一步是与家庭面谈，讨论家长认为最重要的问题，以确定家庭在孩子教育上最优先考虑的方面。COACH 的这一做法将将家庭确立为教育项目的合作设计者，而不是简单地让家长同意事先由专业人员定好的方案。COACH 然后运用合作小组、协调计划和问题解决策略，来制定目标和确定在普通教育环境中达到这些目标的可行途径。

联合教学

正如上文提到的，以家庭为中心的服务要求我们从让家庭同意专业人员制订的干预计划转变为让家庭作为合作者参与整个项目的评估和干预过程。这个转变对有些专业人员来说很困难，因为这与他们所受的训练和以往经验差别太大（Bailey, Buysse, Edmonson, & Smith, 1992）。

提高专业人员与家庭合作能力的一个策略是在高等教育中实施联合教学。根据怀特海德和桑塔格（Whitehead & Sontag, 1993）的观点，联合教学的主要目的是让学生体验干预项目中消费者的视角。视角的拓展能让专业人员更敏感地意识到自己的行为对家庭造成的影响。

让家庭成员参与特殊教育人员的职业培养过程并非首创，但传统的方式非常局限，如组织家长客座演讲或家长座谈会；描绘家庭故事的录像或电影；分享家庭成员写的文章、诗歌或书（Featherstone, 1980; Fialka, 1994）。而近来，这一模式有了更多进展，尤其在早期教育干预领域，家庭成员深度参与了专业人员的岗前和在岗培训的计划和实施过程（Bailey, McWilliam, & Winton, 1992; Gilkerson, 1994; McBride, Sharp, Hains, & Whitehead, 1995）。这一家庭参与专业人员训练的趋势给"家长培训师"这个称呼赋予了新的含义，原来在 60 年代和 70 年代，这一名称用来指代教家长如何教育孩子的专业人员。自 90 年代起，家长培训师是指同意教专业人员如何与家庭合作的家长。

麦克布莱德等人（McBride et al.，1997）指出，在工作人员培训中可采用多种联合教学的方式。他们建议考虑联合教学角色分工的各种可能性。家长一般参与和家庭合作有关的课程，也可能参与有关评估和课程设计的课程。家长可参与少量的活动，也可以每节课都在课堂上。家长可以只提供一些家庭的观点，也可以教授核心内容。每种具体情况都不一样，这取决于家长的经验、他们的参与意愿、对教学的认同以及他们在家长—教师团队中的优势和舒适水平。

提供家庭观点的家长可以被邀请围绕某一主题分享他们的家庭经历，如得到最初的残疾诊断、参加评估、选择干预服务时的体验等。这可以采用很多不同形式：请家长作报告、用幻灯演示或非正式对话。教学人员可以帮助家庭成员选择他们喜欢的方式分享经验。有一部录像片也可以指导家长如何讲述他们的故事（King，1994）。

> **反思**　你就读的大学有无使用联合教学的方式？如果没有，向你的学校描述这一方法的好处。如果有，你学校所用的模式有哪些需要改进的地方？

有些家长在养育残疾儿童的过程中积累了很多专业知识。这些家长有足够的知识来讲授一些话题，如特定的诊断方式、残疾、医疗程序、特定的干预策略、资金募集机制和倡导工作。让这些专家式家长把它们所获得的信息传递出来，对专业人员会非常有价值，因为他们能从中学习如何与家庭合作。

联合教学原本是一个员工发展模式，最近才被用于岗前和在岗培训。它的形式很多，能够用家庭视角来影响为儿童服务的专业人员。从家庭角度理解问题的能力对于提供以家庭为中心的教育服务来说至关重要。

本部分所描述的三个模式反映了以家庭为中心的理念。这些模式都努力提高家庭在教育服务中的重要性。我们所有人都必须继续努力去发现更多行之有效的项目，并想办法改善这些项目或将他们纳入我们自己的教育体系中。

早期教育中的家庭参与模式

素音·林　明尼苏达大学

早期幼儿教育者很早就认识到了家长积极参与儿童早期发展和学习的必要性。早期儿童教育的基本理念是：家长是孩子的第一任老师，他们最了解自己的孩子，有很多宝贵见解与信息值得老师借鉴。同时教师有儿童发展的背景知识和与幼儿共处的经验，也是家长的宝贵资源（Balaban，1985）。教师与家长有共同的出发点和兴趣——让儿童最大限度地成长和发展,充分发挥学习的潜力。

下文介绍了几个为促进家庭与学校合作,由美国国家和州政府牵头,目前正在实施的项目模式。

开端计划

"开端计划"(Head Start),首创于1965年,是覆盖范围最广的全美国低收入家庭幼儿教育项目。该项目多年来不断探寻和调整鼓励家庭参与的策略(Zigler & Freedman,1987)。"开端计划"为3—5岁儿童及其家庭提供整体性的、全面的教育,其中包括四个方面:健康和营养,教育,社会服务以及家长参与。该项目的服务设计不仅要符合每个儿童的发展水平,还需要适应不同家庭的文化、民族和语言环境。目前"开端计划"项目为一百多万儿童服务,该项目由开端计划项目局、儿童、青少年和家庭管理部、健康与人类服务部以及儿童与家庭管理部主管。"开端计划"项目的经费来自两个渠道:80%是通过健康与人类服务部下拨的联邦拨款,其余20%来自社区的单个项目经费。

"开端计划"项目的总体使命是加强儿童的学前准备和促进低收入家庭儿童的健康发展。在大多数社区里,"开端计划"项目既包含以幼教中心为基础的服务,也设有以家庭为基础的服务。儿童通常上半天幼教课程,教师、家长与家庭协调员定期上门家访。一般情况下,"开端计划"项目和地方公立学校的日程安排一致,但有些项目包含全天和全年幼教服务。参加"开端计划"项目的儿童在上幼儿园前要接受全面测查。测查内容包括儿童各个发展领域的评估、语言和言语、听力、视力、营养、身体健康和发育以及疫苗接种。测查结果将通报给家长。儿童的成长和发展情况的即时评估会贯穿全年。

家长参与措施

在"开端计划"项目中,家长参与备受重视,家长被视为儿童最重要的教育者、抚育者和权益维护人。根据"开端计划"项目家长参与手册,家长参与应该在五个方面取得积极成果:有效的家庭教育,自尊和自信,家庭生活,家长教育以及就业。"开端计划"项目政策指南规定了四个领域的家长参与标准:

1. 提供机会让家长直接参与项目计划制定和方案实施。
2. 提供机会让家长和教师及工作人员合作,与自己的孩子一起完成任务。
3. 提供机会让家长作为志愿者参与课堂活动,并让家长有可能成为带薪员工。
4. 提供机会让家长策划和实施家长活动。

家长不仅被鼓励,而且被要求与"开端计划"项目工作人员合作以为自己的孩子和家庭确定目标,并尽量多参加活动。该项目鼓励家长参观孩子的教室,担任志愿者或教师与工作人员的助手,为项目的开展贡献自己的才干和提供服务。家长有机会在制定课程和评估"开端计划"项目课程设置及服务时,提出自己的意见和想法。"开端计划"项目的所有家长都是该项目的家长委员会成员。委员会定期开会讨论有关课程、服务和政策的问题。家长委员会推选代表进入管理机构——"开端计划"项目政策理事会。这些家长还可能被推举进入地方、州或国家的政策理事会。

"开端计划"项目还定期开办有关家庭和育儿的学习班和工作坊。这些课堂内容涉及各种话题,这些话题是家长通过兴趣调查选择出来的。"开端计划"项目常常与社区内的成人教育和工作安置项目联合起来,支持家长实现自己的教育和事业目标。

教师通常会在开学和学期结束时对家庭和儿童进行家访。在开学初的家访中,教师与家长回顾课程设置,合作完成一份计划表,这期间教师有机会听取家长的意见和建议。在学年末家访时,教师会帮助儿童和家长计划如何帮助孩子过渡到学前班。教师会告诉家长如何帮助孩子顺利适应新环境,以及学前班注册的信息。家长和家庭协调员会在学年中另外进行家访。每年至少开两次家长—教师座谈会。

早期开端计划

"早期开端计划"(Early Head Start)是"开端计划"的延伸,专门服务于有婴幼儿和孕妇的低收入家庭。1994 年,美国国会通过了对"开端计划"项目的授权更新,要求开端计划局开发一个新项目以便为上述家庭提供全面的早期干预服务。"早期开端计划"开始于 1995 年,从最初的 68 个项目发展为全国范围内 635 个社区级项目,有 45 000 儿童受益。"早期开端计划"的经费由儿童与家庭管理部管理。

"早期开端计划"的宗旨是"改善怀孕妇女的产前健康,促进婴幼儿的发展和促进家庭功能健康"(Head Start Bureau,2001)。项目的目标包括提高婴幼儿的生理、认知、社会性和情感发展,帮助家长学会给孩子最好的照料和教育;帮助家长获得经济独立。"早期开端计划"和社区机构(包括婴幼儿保育机构)密切合作,满足儿童和家庭的需要。

有资格接受"早期开端计划"服务的儿童必须在 3 岁以下,3 岁以后即可转入常规的"开端计划"项目。这有利于社区保育、人员关系和服务的延续性(Head Start Bureau,2005)。服务的形式包括以家庭为中心的、教育中心为基础的和混合式选择,可满足不同家庭的需求和特定的社区需求。以家庭为基础的项目包括每周家访和每两个月一次的小组交流聚会。以幼教中心为基础的项目包括教师和工作成员的定期家访。此外,家庭和儿童还可以选择有资质的入户儿童照料服务。

家长参与措施

"早期开端计划"对家长参与的要求与常规开端计划的标准一样。该项目的管理系统包括：家长委员会和政策理事会，通过这些渠道家长能够参与课程计划、政策制定和决策。和"早期开端计划"的员工一起，家长参与制订和更新自己孩子的个人成长和发展计划以及家庭伙伴协议。这将有助于确保服务能针对家庭的目标和需要。怀孕妇女得到家长教育和医疗保健服务，项目必须依据程序记录和跟踪对家庭的医疗服务。有婴幼儿的家长可以得到机会学习儿童发展、育儿技能和儿童教育相关知识。家庭支持和干预项目对婴幼儿和依靠福利生活的家庭来说至关重要。家庭可以得到所需的身体和心理健康服务（Jerald，2000；Head Start Bureau，2005）。

平等起点

"平等起点"（Even Start）是一个以家庭为中心的教育项目。"公共法 100－127"的第一条规定联邦政府为地方教育机构提供经费，"将早期儿童教育和成人教育整合成一个统一的家庭中心项目，来提高全国 1—7 岁儿童及成人的教育机会"（Gestwicki，1996）。当前，全美国大约有 800 个项目为近百万家长和儿童提供服务。家庭为基础的项目是一种拓展性服务，其宗旨是：①提高成人读写能力及其他基本技能，获取普通教育发展评估测试（GED）证书和劳动技能；②帮助家长做好准备支持孩子的教育和成长；③帮助家长理解自己在儿童教育中的角色；④帮助孩子做好成功学习的准备。

全美幼儿教育协会

全美幼儿教育协会制定了职业标准，为认定高质量早期教育项目的资质提供了指南。幼教项目质量认证的十条标准中有一条涉及教师和家长关系。强调家长参与的理由是"幼儿与家庭密不可分。幼教项目不可能充分满足儿童的需要，除非他们认识到家庭的重要性并采取策略与家庭有效合作。幼教中心与家庭的所有交流必须建立在一个关键概念上：家长是，而且必须是孩子生活的首要影响人"（National Academy of Early Childhood Programs，1998）。

有资质的幼儿教育项目的家长参与计划中必须包含以下 11 个具体领域的员工—家长互动：

1. 向家长介绍幼教项目的理念和实施规章与程序。
2. 给新来的儿童和家庭举办介绍会。
3. 和家庭保持常规的、随时的交流以建立相互信任和理解关系。

4. 欢迎并鼓励家长在任何时候以任何形式参与学校活动。
5. 建立口头和书面交流系统，及时交流可能对孩子有影响的日常事件。
6. 鼓励共同决策来确定支持儿童发展和学习的最好方法。
7. 用各种方式向家长传达项目活动信息。
8. 给家长提供机会交流衔接方案，确保儿童和家庭能顺利地从一个项目转到另一个项目。
9. 表现出对不同家庭结构和文化视角的接纳和尊重。
10. 熟悉社区服务和资源，帮助家长联系他们需要的服务和资源。
11. 制定用于协商解决困难和分歧的政策和策略。

明尼苏达早期儿童家庭教育

"早期儿童家庭教育"（Early Childhood Family Education,ECFE）项目始于1974年，是明尼苏达州最早的一个州资助项目。ECFE的发展在1974到1983年间取得了很大进展，当时一系列实验性项目由明尼苏达州质量教育理事会协调管理，由明尼苏达州立法保障经费。1984年，法律规定每个设有社区教育项目的学区都必须建立一个ECFE项目。这些项目目前有多种资金渠道，包括地方税收、州补助、注册费以及其他经费来源。

ECFE的使命是加强家庭的功能，帮助家长创造一个能促进孩子健康成长和发展的环境。该项目面向所有0—5岁儿童的家庭，不管家庭的结构、收入或是否有特殊需要。ECFE还与教育、健康和人类服务机构合作，为家庭和儿童提供所需服务。

该项目设计课程给儿童提供各种学习经验，为家长提供和孩子互动的机会以及家长小组讨论时间。课程可以按特定年龄组安排，也可以将不同年龄儿童混合在一起。一般来说，一学年中每周安排2—2.5小时课程。户外考察和特殊活动往往安排在正常课时之外。其他活动和服务包括家访、借书、分享玩具和学习材料。

家长参与措施

ECFE项目认识到家长是孩子的第一任也是最重要的老师。ECFE的家长参与的基本理念是：在孩子生活早期，家长最愿意接受信息和支持。项目特别设计了让家长带孩子一起参加课程和活动。这些经验是为了帮助家长更关注和更理解孩子的兴趣和能力。一位有资质的做教师的家长主持家长小组讨论，他/她的角色是提供信息和推动有关育儿的各种话题的讨论。家长相互之间的支持和鼓励也是家长小组讨论的重要元素。个人的ECFE项目需要有一个顾问委员会帮助项目工作人员制订计划、设计和监控项目的实施（典型的ECFE家长与儿童活动单元的机构见表9-1）。

表 9-1　典型的 ECFE 家长与儿童活动单元

> 典型的 ECFE 日程包括：亲子互动、家长教育和早期儿童教育。
>
> 亲子互动时间约 30—45 分钟，孩子和家长一起参与活动。活动设计的目的是帮助儿童发展，并帮助家长理解自己孩子的兴趣和能力。
>
> 家长教育时间为 60—90 分钟，让家长讨论家庭问题，如自尊、兄弟姐妹竞争和营养等。一位有资质的家长教育者负责引导讨论和提供最新信息。家长之间的相互支持和鼓励是该单元的重要部分。
>
> 早期儿童教育安排在孩子的父母参加成人讨论的时间，孩子在与同龄伙伴相处时获得学习经验。一位有资质的幼儿教师负责策划和监督一系列活动，包括绘画、搭积木、火车游戏、读故事和玩拼图等。

经明尼苏达州儿童、家庭与学习部门允许转载。

"进步"项目

"进步家庭支持和教育"项目是一个私人的、非盈利组织，位于德克萨斯州的圣安东尼奥。格洛丽亚·罗德里古兹(Gloria G. Rodriguez)在 1973 年创建了这个项目，泽尔基金会(Zale Foundation)提供资助。"进步"项目(AVANCE)面向有困难的边缘家庭和西班牙裔人群，提供全面的、社区为基础的家庭支持项目。AVANCE 是西班牙语，意思是"向前迈进"或"取得进步"。目前，"进步"项目有十个分部位于德克萨斯州各地，有一个分部在加利福尼亚，由纽约卡耐基集团和其他各种基金会组成的资金募集协会支持该项目。1995—1996 年，超过 7 000 名成人和儿童接受了"进步"项目的服务。现在，"进步"项目向所有居住在特定区域的 4 岁以下儿童家庭开放。

"进步"项目的使命是"通过最有效的家长教育和支持项目，加强西班牙裔社区里困难家庭的力量"(AVANCE,2003)。该项目提供"加强家庭单元、提升育儿技能、促进教育成功、辅助家长个人和经济成功"的服务(AVANCE,2000)。"进步"项目为家长提供家长教育、社会支持、成人教育、早期儿童教育、青少年项目、个人发展及社区增能(AVANCE, 2000；Hyslop, 2000；Sandell, 1998)。

家长参与措施

"进步家长教育"是一个以教育中心为基地的项目，为期 9 个月，家庭每周上一次课，共三小时，一小时为一个时段。教师用英语和西班牙语两种语言授课，通常第一个小时主要学习玩具制作，随后一个小时讨论儿童发展和儿童养育的话题，最后交流如何获得社区里可用资源和服务的信息。在家长上课的同时,他们的孩子参加早期儿童教育互动。其他服务包括每月的家访,侧重观察家长和孩子的互动情况,为父亲开设的特别服务以及读写训练。"进步"项目建立了一个政策中心来解决与西班牙裔儿童和家庭相关的政策问题,鼓励家庭和个人参与决策过程,并代表和支持家庭的呼声。"进步"项目还有一个全国性的培训中心,向全国 40 多个州及海外发布信息。课程资源在 15 个州销售,个人培训项目已经分布在 24 个州(AVANCE,2000;Hyslop,2000;Sandell,1998)。

家长与儿童教育

肯塔基州的"家长与儿童教育"(Parent and Child Education,PACE)项目创办于 1986 年,并成为第一个政府资助的家庭扫盲项目。近来它又被称为 PACE 家庭独立项目,该项目通过学区获得经费并由隶属于劳动力发展内阁的成人教育扫盲部管理。该项目从 1986 年的 6 个试点项目发展到 1995 年的 36 个点,并被选作联邦资助的"平等起点"项目和其他州立项目的典范。

PACE 的使命是改善教育程度低下的家长的教育前景,同时为他们提供高质量的幼儿教育。该项目的创立依据是:文盲和学业失败容易在下一代重演。获得该项目服务的条件是:没有高中毕业文凭,或虽有高中毕业文凭但实际读写水平很低的 0—8 岁儿童的家长。

家长和还没有进入公立学校的孩子每周上三次课。该项目包含四个要素:成人基本技能教育,早期儿童教育,家长教育和支持以及常规亲子互动机会。典型的 PACE 课程安排如下:家长和孩子由项目组派车接到学校。成人教育课程包括普通教育发展证书(GED)考前辅导和基本技能训练。早期儿童教育采用高瞻课程幼儿教育课程,以满足幼儿的发展需要。家长教育为家长提供支持群体,让他们有机会讨论如何满足家庭需要(Peyton,1999;Sandell,1998)。

小结

上述七个早期儿童教育领域的模式代表了在幼教环境中鼓励家长积极参与的项目。早期教育支持以下基本理念:①家长是孩子最初也是最重要的老师;②家长有宝贵的见解和信息,值得项目工作人员和其他家长借鉴;③家长和孩子是一个家庭整体,不能被分隔开来看待。创设环境让家长和孩子在一起活动是促进家长参与的关键。

小学的家庭参与模式

玛西·格莱斯纳　北达科他州立大学

学校对孩子的关心体现在学校对孩子家庭的关心上(Epstein,1995)。

教育者早已认识到家长参与孩子的教育能带来益处,如孩子学习成绩更好、态度更积极、动力更强等。尽管研究一个项目和在学区里充分开展一个项目并不难,但了解一下家庭参与项目的各种形式还是有必要的。正如特雷维特和麦克米兰(Trevett & McMillan,1998)所说:"成功的项目不是对其他城市或州的模式的简单拷贝,每个项目都具有反映当地社区优势和需要的独一无二的特点。"

因此,当我们考察不同模式时,一定要认识到,没有一个完美模式可以适应所有学校,每个模式都有值得思考和借鉴的长处。下面的例子展示了不同程度的家庭参与模式,从以教师为中心的方式到全家参与学校决策的模式。

教师请家长参与完成学校作业

"教师请家长参与完成学校作业"(Teacher Involve Parents in Schoolwork,TIPS)项目是约翰·霍普金斯大学的乔伊斯·爱普斯坦恩于1987年创建的。该项目强调运用中小学教师、家长和学生之间的关键纽带。TIPS鼓励家长积极参与孩子的学习活动和家庭作业,这有助于家长保持对孩子学习情况的了解,进而能促进孩子的学业成功。目前,TIPS活动已覆盖多个课程领域:语言、艺术、科学、健康以及数学(Epstein,1993)。

TIPS的目标包括:设计能提高学生学术和交流技能的家庭作业活动,帮助家长理解孩子在学校学习的内容,促进家长和教师之间的交流(Epstein, Jackson, & Salinas,1992)。

一位教师、整所学校或整个学区都可以实施TIPS项目。当教育者刚开始运用这个项目时,他们可以回顾和挑选与课程目标一致的活动。如果他们愿意,教师还可以根据自己的课程设计新的互动性家庭作业。选定或设计好家庭作业后,教师可以通过讨论、信件、家长会向学生及其家长解释TIPS的过程和步骤。然后,教师每一周或每两周布置一次家庭作业。家庭作业可能只要花10分钟,也可能需要1小时来完成。当学生与家庭成员或父母合作完成家庭作业后,家庭合作者直接在TIPS活动表格上给教师提供反馈意见,发送给学校。教师一旦收到表格就开始评估学生的作业和家庭合作者所写的评语,并对当前活动进行必要调整(Landsverk,1996)。

TIPS在课堂上很容易操作,并能促进教师之间交流,以及为教师与学生及其家长的交流提供渠道。除了给家长传达学校的信息和知识,它还让学生感受到课堂老师和家庭成员都很关心他们在学校的学习。

超级技能

"超级技能"(Megaskills)项目旨在建立和增强家校之间的纽带,目前在48个州的4 000所学校开展。100 000多家庭,包括非裔、西班牙裔、印第安人和困难家庭,成功参与了超级技能工作坊。

该项目的创始人多萝西·里奇(1992)坚信:基本价值观、态度和行为对儿童在学校的成就有决定性影响,这些基本宗旨构成了终身学习者所必须具备的"超级技能"。尽管这些技能在学校课堂中得到了强化,但它们真正的能量来自于家庭的教育、示范和鼓励。

为了完成这个使命,该项目在单个学校或学区内为家长和教育者开设超级技能工作坊,并为参与者提供12个工作坊课程的学习材料,学习材料有多个语言版本,包括西班牙语和其他几种亚洲语言。通过参与工作坊,家庭学到了支持孩子教育的新方法,更积极地参与学校活动。例如,为了帮助小学生学习如何进行团队合作,可以让家长和孩子一起翻阅报纸,寻找其他国家发生的影响家庭的事件报道。然后,家庭成员讨论这些文章,提出帮助这些家庭的主意或方法。

从肯塔基州路易斯维尔的一所小学收集的数据显示,学校范围的超级技能项目提高了学生的学习兴趣,提升了学生的责任感,改善了校园风气,加强了家长对学校活动参与度,提高了家长—教师座谈会的出勤率(Edge,1996)。

儿童保育促进中心

自1974年以来,儿童保育促进中心(Center for the Improvement of Child Caring,CICC)通过其非盈利社区服务、培训和研究帮助家长获得教育、培训和支持,使他们能够用有效而人性化的方法培养出健康、有责任心和对社会有用的人(Alvy,1994)。

为了达到这个目标,CICC和学校及其他组织合作,提供符合每个社区人口需要的育儿项目。CICC对教员进行培训,然后派往当地学校和机构来加强家校关系。

根据社区的需要,CICC可以为小组家长提供为期15周的课程,也可以为一大群家长提供一天的讨论会。在上课时间,家长将学习儿童管理技能,如有效表扬、暂时隔离和计分系统等,用于自己的家庭。参加15周课程的家长,被鼓励在家练习使用所学的技能和策略,当他们回来参加下一期课程时,他们的努力将得到鼓励和反馈。

全美合作伙伴学校网络

从 1995 年开始,全美合作伙伴学校网络(National Network of Partnership Schools)通过约翰·霍普金斯大学成立,以帮助教育领导者建立与加强学校—家庭—社区合作伙伴关系。项目刚启动时,美国有 28 个点。现在每个州都建立了一个家长信息资源中心,以促进家庭的教育参与。

让我们以威斯康星州为例。作为全美合作伙伴学校网络的成员,"威斯康星州家长加分"项目侧重于通过家庭—学校—社区合作关系、家庭资源中心和家访来促进家庭在孩子教育中的参与。在合作关系领域,它们特别运用了爱普斯坦恩的六种家庭—学校—社区参与模式来培训参与者有效建立合作关系。这六种参与类型是:育儿、交流、志愿服务、家庭学习、决策及与社区合作(Epstein, 1995)。素音·林在第七章里详细介绍了这六种类型。

学校成立行动小组,小组成员至少包括三名不同年级学生的家长、三名不同年级的教师、一名管理者、社区成员。如果在中学阶段,则需包括学生。行动小组成员接受六种参与类型的培训,然后合作确定能最好地满足服务对象的目标。目标明确以后,行动小组负责设计合作活动来实现这些目标。

在培训教师、家长和管理人员的同时,"威斯康星的家长加分"项目还利用家庭资源中心来帮助家长保持在儿童教育中的参与。资源中心为家长提供有关育儿和教育的信息,以及获取社区可用资源的渠道。对有兴趣的初为人父母的家长,资源中心的工作人员会上门家访。尽管这些具体服务并不直接影响学校系统,它们的好处却值得一提。超过 100 万威斯康星人通过直接或非直接的方式接受了该项目的服务(S. Werley, State Director of Parents Plus of Wisconsin, personal communication, 2001 年 12 月 12 日)。

柯默学校发展项目

詹姆斯·柯默 1968 年在耶鲁大学的儿童研究中心创建了学校发展项目(School Development Program, SDP),通过建立学生、家长和学校的支持性纽带来促进学生的发展和学习(Comer, 1988)。柯默相信,好的教育应该能帮助学生成为有责任心的问题解决者,成为"一个民主社会的充满动力、有贡献的成员"(2001)。为做到这一点,学校需要让学生觉得自如、受到尊重和感到安全,让学生能够和家庭及学校人员建立积极的情感纽带。这种亲密关系将引发积极的学习态度并促进学生的全面发展和学术学习(Comer, 1993)。

SDP通过实施员工合作和家长参与项目来完成这项使命。尽管各个学校的实施方案因具体需求而异,但每所学校都有三个管理团队:学校计划和管理小组、心理健康小组、家长小组。

三个团队一起制订全面的学校计划,包括具体目标确定、定期评估、目标修正、员工发展。每个团队负责一项特定任务。

第一组,学校计划和管理小组,由家长、教师、管理者和支持员工组成。他们负责确定社会和学术项目的目标,并设计和监控项目活动。例如,有些小组设计了探索室,让失去学习兴趣的学生在那里活动,重新找回兴趣。

第二组,心理健康小组,在一起讨论学校环境中的社会交往和行为模式,为反复发生的问题寻找解决方案。这一小组的成员负责帮助每个表现出行为问题的儿童,同时也关注导致问题产生的学校环境因素并提出改进建议(Comer,1993)。小组成员包括教师、管理者、心理学家、社会工作者和护士。

第三组是家长群体。他们的使命是让家长从各个方面参与学校活动,从进入课堂提供志愿服务到参与学校管理。

从60年代开创时期至今,SDP已经在19个州的250所学校成功推广。

小结

家庭在孩子教育中的参与,无论在学习上还是情感上,都会产生持久的积极效应。研究显示,绝大多数家长真心愿意参与孩子的教育,但不知道从何入手。通过给家长提供各种参与机会,学校能加强家校之间的纽带。

推荐活动

1. 家长参与的模式和范例还有很多,请说出两个在你所处的州或地区正在开展的模式或案例。

2. 说出正在使用本章所提到的模式的学校或项目。请正在使用这些模式的教师或管理者到课堂上来,介绍他们的模式并解释具体的运用方法。

3. 设计一个你认为可以成功在学校开展的家长和家庭参与模式。

4. 给那些开创了各种模式的组织写信,索取项目运行方式的具体信息。

5. 讨论家庭系统理论。这个理论在本书的其他部分是否也被提及?这是一个什么样的理论?心理医生和心理学家如何应用这个理论?

补充资源

社会团体：

AVANCE National Family Resource Center
www.avance.org

Center for the Improvement of Child Caring (CICC)
ciccparenting.org

Center on School, Family, and Community Partnership
www.csos.jhu.edu/p2000/center.htm

Comer School Development Program (SDP)
Info.med.yale.edu/comer

Head Start
National Head Start Association
www.nhsa.org

Head Start Bureau
www.acf.hhs.gov/program/hsb

MegaSkills Online Education Center
www.megaskillshsi.org

Home School! Your Virtual Homeschool
www.homeschooler.com

Homeschool World
www.home-school.com

Minnesota Early Childhood Family Education
Minnesota Department of Education
http://education.state.mn.us/mde/Learning_Support/Early_Learning_Services/Early_Childhood_Programs/Early_Childhood_Family_Education

Exploring Middle School Reform
www.middleweb.com

National Association for the Education of Young Children (NAEYC)
www.naeyc.org

National Black Child Development Institute
www.nbcdi.org

National Coalition for Parent Involvement in Education (NCPIE)
www.ncpie.org

National Middle School Association (NMSA)
www.nmsa.org

National PTA
www.pta.org

National Network of Partner Schools
Johns Hopkins University
Email: nnps@csos.jhu.edu

Parents as Teachers National Center
www.patnc.org

The Search Institute
www.search-institute.org

Title 1/Even Start
National Even Start Association
www.evenstart.org

Zero to Three: National Center for Infants, Toddlers and Families
www.zerotothree.org

参考文献

Alvy, K. T. (1994). *Parent training today: A social necessity*. Studio City, CA: Center for the Improvement of Child Caring.

AVANCE. (2000). *AVANCE*. Retrieved November 10, 2001, from www.avance.org.

AVANCE. (2003). *AVANCE*. Retrieved January 3, 2006, from www.avance.org.

Bailey, D. B., Buysse, V., Edmonson, R., & Smith, T. (1992). Creating family centered services in early intervention: Perceptions of professionals in four states. *Exceptional Children*, 58(4), 298-309.

Bailey, D. B., McWilliam, P. J., & Winton P. J. (1992). Building family-centered practices in early intervention: A team-based model for change. *Infants and Young Children*, 5, 73-82.

Bailey, D. B., Simeonsson, R. J., Winton, P. J., Huntington, G. S., Comfort, N., & Isbell, P. (1986). Family-focused intervention: A functional model for planning, implementing and evaluating individual family services in early intervention. *Journal of the Division for Early Childhood*, 10, 156-171.

Balaban, N. (1985). *Starting school: From separation to independence*. New York: Teachers College Press.

Bruder, M., & Dunst, C. (2001). Expanding learning opportunities for infants and toddlers in natural environments: A chance to reconceptualize early intervention. *Zero to Three*, pp. 34-36.

Comer, J. P. (1988). Educating poor minority children. *Scientific American*, 259 (5), 42-48.

Comer, J. P. (1993). *James P. Comer, M. D., on the school development program: Making a difference for children* (ERIC Document Reproduction Service No. ED 358 959). New York: Columbia University, National Center for Restructuring Education, Schools, and Teaching.

Comer, J. P. (2001). Schools that develop children. *The American Prospect*, 12. Retrieved April 30, 2001, from www.prospect.org/print/v12/7/comer-j.html

Dunst, C. J. (1985). Revisiting, rethinking early intervention. *Analysis and Intervention in Developmental Disabilities*, 5, 165-201.

Dunst, C. (2000). Revisit, rethinking early intervention. *Topics in Early Childhood Special Education*, 20(2), 95-104.

Dunst, C. J., Trivette, C. M., & Deal, A. G. (1988). *Enabling and empowering families: Principles and guidelines for practice*. Cambridge, MN: Brookline.

Edge, D. (1996). *Maupin MegaSkills school-wide program: Final evaluation report [and] executive summary* (ERIC Document Reproduction Service No. ED 396 846). Louisville, KY: University of Louisville, School of Education.

Epstein, J. L. (1993). School and family partnerships. *Instructor*, 103(2), 73-76.

Epstein, J. L. (1995). School/family/community partnerships: Caring for the children we share. *Phi Delta Kappan*, 76(9), 701-712.

Epstein, J. L., Jackson, V. E., & Salinas, K. C. (1992). *The TIPS manual for teachers: Language arts and science/health interactive homework in the middle grades*. Baltimore: Center on Families, Communities, Schools, and Children's Learning, Johns Hopkins University.

Featherstone, H. (1980). *A difference in the family: Living with a disabled child*. New York: Penguin.

Fialka, J. (1994). You can make a difference in our lives. *Early-On Michigan*, 3(4), 6-11.

Gestwicki, C. (1996). *Home, school, and community relations*. Albany, NY: Delmar.

Giangreco, M. F., Cloninger, C. J., & Iverson, V. S. (1993). *Choosing options and accommodations for children: A guide to planning inclusive education*. Baltimore: Paul Brookes.

Gilkerson, L. (1994). Supporting parents in leadership roles. *Zero to Three*, 14(4), 23-24.

Goals 2000: Educate America Act, The. (1994, April 11). *Washington Social Legislation Bulletin*, 33, 31.

Head Start. (2004). Head Start Bureau. Retrieved January 3, 2006, from www.acf.hhs.gov/opa/fact_sheets/headstart_factsheet.html.

Head Start Bureau, U.S. Department of Health and Human Services, Administration for Children and Families. (2001). *Head Start policy manual*. Washington, DC: Author.

Hyslop, N. (2000). *Hispanic parental involvement in home literacy* (ERIC Document Reproduction Service No. ED 446340). Indianapolis, IN: Clearinghouse on Reading, English, and Communication.

Jerald, J. (2000). *Early head start*. Retrieved November 10, 2001, from www.headstartinfo.org/publications/hsbulletin69.

King, S. (1994). *Telling your family story: Parents as presenters*. Madison: Wisconsin Personnel Development Project, Waisman Center, University of Wisconsin-Madison.

Landsverk, R. A. (1996, Fall). *Families, communities, schools learning together* (ERIC Document Reproduction Service No. ED 408 029). Madison: Families in Education Program, Wisconsin Department of Public Instruction.

McBride, S. L., Sharp, L., Hains, A. H., & Whitehead, A. (1995). Parents as co-instructors in preservice training: A pathway to family-centered practice. *Journal of Early Intervention*, 19(4), 343-355.

Minuchin, S. (1974). *Families and family therapy*. Cambridge, MA: Harvard University Press.

National Academy of Early Childhood Programs. (1998). *Accreditation criteria and procedures of the National Academy of Early Childhood Programs*. Washington, DC: Author.

Peyton, T. (1999). State family literacy legislation: Kentucky. *Family literacy legislation and initiatives in eleven states*. Retrieved November 28, 2001, from www.famlit.org/policy/states.html.

Rich, D. (1992). *MegaSkills: In school and in life—The best gift you can give your child*. Boston: Houghton Mifflin.

Sandell, E. (1998). Family involvement models in early childhood education. In M. Fuller & G. Olsen (Eds.), *Home-school relations* (pp. 177-184). Boston: Allyn & Bacon.

Shea, T. M., & Bauer, A. M. (1991). *Parents and teachers of children with disabilities* (2nd ed.). Boston: Allyn & Bacon.

Slentz, K. L., & Bricker, D. B. (1992). Family-guided assessment for IFSP development: Jumping off the family assessment bandwagon. *Journal of Early Intervention*, 16, 11-19.

Trevett, S., & McMillan, J. H. (1998). *Enhancing parental involvement in urban schools: Types of programs, characteristics of successful programs, and proven strategies* (ERIC Document Reproduction Service No. ED 443 923). Richmond, VA: Metropolitan Educational Research Consortium.

Turnbull, A. (1999). From parent education to partnership education: A call for a transformed *focus. Topics in Early Special Education*, 19(3), 164-171.

Turnbull, A. P., & Summers J. A. (1985). *From parent involvement to family support: Evolution to revolution*. Paper presented at the Down Syndrome State-of-the-Art Conference, Boston, MA.

Turnbull, A. P., & Turnbull, H. R. (2001). *Families, professionals, and exceptionality: A special partnership*. (4th ed.). Columbus, OH: Merrill.

Turnbull, R., Turnbull, A., Shank, S., & Leal, D. (2001). *Exceptional lives: Special education in today's schools* (3rd ed.). Upper Saddle River, NJ: Merrill Prentice Hall.

Whitehead, A., & Sontag, J. (1993). *Co-instruction: A case study*. Madison: Wisconsin Personnel Development Project, Waisman Center, University of Wisconsin-Madison.

Zigler, E., & Freedman, J. (1987). Head Start: A pioneer of family support. In S. L. Kagan, D. R. Powell, B. Weissbourd, & E. F. Ziegler (Eds.), *America's family support programs: Perspectives and prospects* (pp. 57-76). New Haven, CT: Yale University Press.

本章重点讲述家长与学校的合法权利与责任。作者将介绍关于家庭与学校的立法史，并通过列举司法案例来讨论课程、特殊教育、学生权利、骚扰和法律责任的问题。

阅读本章后，学生将能够：

◇ 讨论家长与学校法律关系的历史。

◇ 了解学校的地方税收、义务保育法、学校学术标准、各州教师资质认定的缘由。

◇ 理解宗教问题是家长与学校间冲突的长期根源。

◇ 认识到从学前班到高中(K-12)教育系统中的性侵犯诉讼的重要性。

◇ 理解1964年布朗对堪萨斯州托皮卡教育董事会一案对于当时和今天家校关系的影响。

◇ 分辨学校权利和学生权利。

◇ 了解美国教育法修正案第九款对课外活动问题的影响。

◇ 了解2001年《不让一个孩子掉队法案》对家校关系的影响。

第十章
教育法和家长权利

格洛丽亚·珍·托马斯
爱达荷州立大学

家长一直是孩子的第一任教师。直到近期,政府才承担起儿童正式教育的责任。虽然学校成立了,但家长仍拥有影响和引导孩子成长的权利。本章侧重讨论当今法治社会中家长和学校的合法权利和责任。本章将先介绍家长和学校法律关系的历史,接着讨论州政府在公民教育中的法律角色,最后运用法庭诉讼的案例来解释联邦和州法庭对家校矛盾解决的影响。本章讨论的问题包括:义务儿童保育、疾病防疫、课程、宗教、学校费用、特殊教育、学生权利、法律责任和歧视。

家长和学校法律关系的历史

1642年,马萨诸塞海湾的殖民立法机关开始担忧——很多家长为了在这个新世界生存而疲于奔命,以至于顾不上教育孩子。没有人教儿童阅读圣经,他们必将被魔鬼所诱惑而成为牺牲品。因此,立法机关通过了一条法令,责令家长担负起教育孩子的责任。1647年,法律要求家庭数量超过50个的城镇必须指定一名教师,家庭数量超过100个的城镇必须建立一所学校。通过征税办学,这不仅保证了儿童能够阅读圣经,也为建立有文化的社会打下了基础。因此,这些法律成为美国最初的义务教育法和学校集资法,并确认了学校和家长的法律关系。

然而,家长教育孩子的合法权利远远早于成文法的出现。从人类社会开始,家长就是孩子的第一任教师,负责教孩子生存技能以及部落或社区的道德规范,以保证社会的存在和延续。因为家长引导孩子的成长和教育的权利被认为是自然的且与生俱来的,这项权利被视为美国公民的基本权利。

基本权利被这个国家的公民认为是理所当然的权利,因为它们在自由社会中一直存在。其他基本权利包括与自己选择的人结婚的权利(或不结婚的权利),生育的权利(或不生孩子的权利),选择工作、事业或职业的权利。这些权利没有写在联邦或州的法律条文中,然而他们和写进美国宪法的权利一样受到保护。因此,家长引导孩子成长和教育的权利是一项受保护的权利。

"儿童作为未成年人的法律地位"意味着未达到成人年龄(在美国绝大多数情况下为18岁)的儿童不具有成年人的判断力来确保自己的最大利益。因为未成年人被认为没有能力为自己的行为负责,法律禁止儿童签署具有约束力的合同、购买有害物品(如酒和烟制品),以及像成年人一样因违反刑事或民事法规而被拘留,儿童应受到父母的保护,家长应负责确保儿童的安全和福利,其中包括未成年子女的教育。

由于家长对孩子的教育有最终的合法权利,学校的角色是"代父母"(父母的替代者)。"代父母"一词源于古英格兰法律,当时的法律允许学校校长对学生的行为行使权力。然而,校长只有控制孩子在校行为的那部分家长权利。由于"家长和孩子之间的天然联系……家长对孩子的柔情、时时处处的关爱和出于本能而非理性的行为"(Landers v. Seaver,1859),家长永远不会放弃对孩子的全部权利。

因此,当儿童上学后,学校作为一个整体,教师作为个人就成了儿童家长的替代者。学校教职工代替家长为儿童的安全、福利和教育负责。然而家长并不会因为遵循州义务教育法将孩子送入学校而放弃对孩子教育的至高职权。

问题是如何平衡学校将儿童培养成民主社会有知识的有用公民的权利与责任(州授权委派的)和家长引导孩子成长的权利与责任(因为生育了子女而自然获得的)。所有关于家庭和学校的法律纠纷都源于这两种权利和义务的矛盾。

> **反思** 当分歧诉诸法律时,应该偏重家长权利还是学校权利?哪些需要也应考虑在内?

州宪法和教育

美国宪法中没有提到教育,可能是有意如此,也可能是因为宪法的编纂者自己都是在私立学校或通过家教和自学接受的教育。公立学校的概念虽然在马萨诸塞海湾殖民地时期已经存在,但还没有被广泛接受。18世纪,一些慈善学校建立起来,为穷人、孤儿和其他州的未成年人提供教育,但这基本上是家长的个人行为。

不过,第十修正案的解释逐渐确立了州对教育的责任。第十修正案的"保留权利"条款指出,教育应属于州的权利范围:

美国宪法既未授予,亦未禁止的权利,属于州或人民所保留的权利。

随着时间推移,各州认识到,儿童的教育对于民主实验的成功至关重要。殖民地立法机构将教育写进了州宪法。后来,地方立法机构被要求将教育条款写进当地宪法,然后才能应用于各州。大多数地方执政者沿用了过去的州宪法,因此很多州的教育条例表述十分相近。1889年北达科他州宪法与内战后加入联邦的其他各州的法律相似。其中的第八款可以在很多州的宪法中找到。

第一条 人民政府的每一名选举人都应具备高度的智力、爱国精神、正直感和道德感,以确保政府的稳定持久和人民的幸福安康。立法大会应制定法律条文以保障公立学校体系的建立和维护。公立学校应向北达科他州所有儿童开放,使其免受任何宗派控制。未经联邦和北达科他州人民的许可,立法要求不可取消。

第二条 立法大会应规定建立全州统一的免费公立学校系统,从小学开始逐渐推广到更高年级和高等教育。立法大会可以授权学费、业务费用和服务费用的收取来资助公立大学的教育。

在宪法中写进最高指示后很长一段时间,大多数州并没有介入学校的地方控制。边境村庄与世隔绝,很多学校只有一间校舍。家长是学校唯一的教师、资金募集者、建筑师、施工者、管理者和评估者。随着社区的扩大和州政府的逐渐稳定,宪法中规定的州的角色开始发挥作用。

> **反思** 你所在州的宪法对教育的规定是什么?

州立法机构和教育

从马萨诸塞州海湾殖民地开始,州立法机构承担的教育责任有限。随着城市人口的增长,教育标准低、课程不足、教师培训欠缺、学校经费不稳定、学校管理不规范的问题逐渐凸显出来。依据州宪法规定的办学责任,州立法机构渐渐介入学校教育。

19世纪,霍赖斯·曼和查尔斯·贝纳德等改革者向州立法机构谏言,推进相关法律的通过来改善学校的办学条件,实施义务教育,要求地方税收支持学校,加强教师资质要求,以及设立学校的最低学术标准。马萨诸塞州、康乃狄格州及其他勇于改革的州开风气之先,其他州的立法机构也逐渐跟进。

随着国家人口的增长,学校区域逐渐形成。依据州法律,学区由地区公民选拔组建的学校董事会负责。学校董事会成员包括州政府官员,负责监督州法律在地方学校中的实施。随着学校的日益复杂,州立法机构越来越多地参与到学校的日常运作中,通过法律来规范教师的资格认证、学校日程安排、课外活动、学校合并、联盟选举、人事记录、学生记录、纪律程序、费用收取、校车服务、教材、防疫接种、宗教仪式和考试。为了确保种种法律条文的实施,很多州在原来的协调顾问团的基础上成立了教育部,负责州法律法规的执行。

教育被认为是州的首要责任之一后,学校经费筹集的责任也从地方社区移交到了州政府。在此之前,学校的集资主要依赖于地方税收估价员和城市理事会的善心,因为学校税收通常是地方财产税。

21世纪,州对学校的责任已经成为公认的事实。当学校集资的责任从地方社区转到州,学校对决策的控制权也随之转移到了州教育机构手中。结果是,地方学校失去了控制权和对包括家长在内的与学校相关的所有人员的责任感。家长曾经参与雇佣、评价和开除教师;选择教材和课程;举办盒饭拍卖会;在学校音乐会上传递帽子募捐;捐赠土地来资助设备、器材、书籍、家具和教师工资;设计和建造校舍。而现在家长只需要缴纳州税收,并接受他们选出的州立法者的教育决定。随着州在教育系统中合法权利的施行,家长与学校的法律关系疏远了。

> **反思** 为什么学校董事会的成员是普通人员,而不是专业教育者?

州及联邦法庭与教育

尽管大多数家长与学校之间的分歧都能在地方学校董事会的讨论中化解,但还是有一些难以解决的纠纷进入司法程序。因为教育是州的责任,大多争议是针对州法律或是学校董事会作为州的代理人所通过的政策。因此,大多数法庭诉讼都需要学校出庭。只有当争议涉及联邦宪法或联邦法律时,案子才被提交到联邦法院审理。联邦法庭的介入在50年代最多,当时学校种族隔离的矛盾最为激烈。

但家长和学校之间的纠纷提交法庭审理后,法庭需要平衡家长引导子女成长的基本权利和学校为民主社会教育合格公民的权利。图10-1展示了法庭权衡家长权利和学校权利的角色。

图 10-1

家长和州,谁的权利更大的问题,一直是各级法庭乃至美国最高法院所受理的家校关系的法律诉讼的主题。1925年,美国最高法院受理的一个案件中,家长引导子女成长的基本权利是一个核心问题。在皮埃尔对姐妹会(1925)的案子中,奥瑞根法律要求所有家长将8—16岁的孩子送到当地唯一的一所公立学校就读。这场诉讼成功地推翻了这条法律。最高法院判决,家长有权利将孩子送入教会学校或其他类型的私立学校。

我们认为事实十分清楚,1922年法案不合理地侵犯了家长和监护人引导儿童成长和教育的自由……儿童不是州的产物,养育他和引导他命运的人有权利,也有重

要责任,认可儿童的其他职责并让他为此做好准备。(Pierce V. Society of Sisters,1925)

在解决家长和学校的纠纷中,法庭几乎总是必须解释州法律和学校董事会政策。家长的基本权利在这些案件中权重很大,但在家长权利未受威胁的情况下,合理的法律和学校政策也会得到支持。

1954年前的法庭介入

50年代之前,很少有家长起诉学校,原因很多。二战前,学校仍在地方社区的控制中,家长觉得他们认识学校人员,熟悉学校的活动。人们很少离开自己的小镇,教师、管理者和董事会成员都是自己的邻居。课程设置与家长上学的时期没什么差别。广播让世界更贴近他们的家乡,但国内和国际新闻所关注的地方与当地社区没有什么关系。所以,家长很少用诉诸法律的方法来改变当地学校。

50年代种族隔离案之前,联邦法庭也很少介入学校的问题。因此,50年代以前的诉讼都在州法庭受理,因为通常情况下,矛盾的焦点是州法律或学校董事会制定的政策。1954年以前,法庭受理了一些关于疫苗接种和宗教问题的案子。

除了家长的基本权利,其他家长要求很少得到法庭的支持。当家长的希望或要求有损儿童的健康、安全或福利时,法庭会驳回家长的权利。在医学还无法控制致命的流行疾病的时期,学校经常因天花、肺结核、白喉、流感和其他传染病来袭而停课。当这些疾病的疫苗培育出来后,很多学校要求学生在入学前接种疫苗。然而,有些家长以宗教理由反对疫苗接种。学校要求儿童接种疫苗的权利得到了法庭的支持(see Viemeister v. White, 1904),相反,家长希望通过不同意疫苗接种而绕开义务教育法的权利被驳回(See People v. Ekerold, 1914)。在后来的案件中,法庭还驳回了家长因天花和白喉发病率已经大幅下降而拒绝接种疫苗的要求,因为"地方教育董事会不需要等到一种流行病,甚至一个病例或死亡发生后,才决定保护公众。必须支持教育董事会的权利,否则就会破坏对疾病蔓延的预防,阻碍与疾病的斗争"。50年代开始的医学发展缓解了人们对以前致命疾病的恐惧,导致法庭修正了早期关于疫苗接种的判决。

当纷争源于涉及宗教的课程设置,常常会提交联邦法庭受理,因为这类争议往往围绕联邦宪法的第一修正案。第一修正案规定,凡教会与州的关系的问题,可提交联邦法庭解决。第一修正案的关键条款是"建立与仪式自由条款":

国会不应颁布任何法律来限制宗教的创建或禁止其自由仪式。

1943年最高法院下达了一个颇受争议的关于学校里的宗教仪式的判决。西弗吉尼亚学校董事会规定,将学生向国旗敬礼纳入学校常规。一些学生的家长是耶和华见证会的教徒,拒绝参加这样的仪式,因为这一做法违背了他们教会的信条。耶和华见证会从字面上解释了《圣经》中的"十诫"的第二条:

> 不可为自己雕刻偶像,也不可作什么形象仿佛上天、下地和地下及水中的百物。不可跪拜那些像,也不可侍奉它。(出自《出埃及记》第20章:第4至5页)

家长向地区法庭提起诉讼,要求法院下令终止这项政策。法院支持了家长的要求,但指出"这些拒绝参与这一仪式的人没有权利反对别人这样做"。(West Virginia State Board of Education v. Barnette,1943)

向国旗敬礼案引发于二战时期的爱国热潮,而战争的结束则触发了回归过去的价值观的呼吁。很多家长和宗教组织将宗教教育带进学校。在伊利诺伊州,家长和犹太教、罗马天主教及一些新教教派的牧师成立了协会,经校董会的许可,在学校里开设宗教课程。课程是自愿参加的,家长需要签署一张卡片申请让孩子参加宗教课。然而,那些不选修这门课的学生没有其他选择,只能集中在另一间教室自习。这些学生的家长和其他人认为将牧师请进学校教宗教课程违背了宗教建立条款,从而提起诉讼。美国最高法院同意"依据第一修正案直接禁止这些课程"(McCollum v. Board of Education,1948)。

然而,1952年,最高法院支持了一个自由时间项目,在这个项目里学生只要获得家长同意便可以从学校请假参加附近教堂举办的宗教课。法庭裁定,学校可以包容宗教,因为"没有宪法条款规定政府必须与宗教对立"(Zorach v. Clauson,1952)。于是,教会与州分离的格斗进入了公立学校的舞台。

这些早期案件为后来的很多诉讼提供了先例。社会越来越复杂,在二战结束时,国家发展迅速,不仅人口数量迅速增加,人口的多样性和复杂性也增加了。移民不仅仅来自于犹太基督教、欧洲国家,各地移民带来了自己的文化和宗教信仰,还有战争留下的惨痛记忆。农业的机械化迫使很多小农场主破产,农场主的后代也不再需要留在农场工作。移民、农民和其他人涌入城市寻求更好的生活,加剧了都市的问题。人口流动性增加了,人们在一个地方居住的时间很短,甚至不认识邻居。通讯系统发展了,人们可以了解全国其他州和城市的变化和趋势。义务教育法开始由国家执行。家长认识到,让孩子找到工作过上好日子的唯一途径就是在学校读完高中。美国走向了世界舞台的中央,学校被要求修订和扩展课程来确保国家在所有方面处于领先地位,从军事装备、太空旅行到工业生产。随着世界的改变,家长与学校之间随意的、非正式的、邻居式的关系转变成了正式的法律关系。

> **反思** 二战的结束给你所在的社区,包括学校带来了怎样的变化?

1954年以后的法庭介入

1954年常被看作是学校法和家长与学校关系的分水岭。20世纪50年代,有色人种促进会和其他组织与个人开始了反种族隔离运动,因为种族隔离将少数民族群体永远地打上二等公民的烙印。在堪萨斯州的托皮卡,琳达·布朗以及其他几个黑人孩子被堪萨斯州法律强制送入黑人学校。这一事件引发了一场官司,瑟尔古德·马歇尔担任原告律师。布朗对堪萨斯州托皮卡市教育董事会一案被称为有史以来最重要的一场有关学校法律的诉讼。最高法庭宣称"隔离但公平"的原则在公立学校领域不适用,从此改变了学校与联邦政府的关系,也改变了家长与学校的关系。布朗案正式消除了学校的种族隔离,也将联邦司法系统带进了学校,其介入深度是前所未有的。由于对种族歧视的抗议的持续,联邦法庭担任起了一些地区的监管者,对教师及管理人员的雇佣、招生系统、学区界限、校车服务和学校董事会选取下达了强制命令。布朗案中9比0压倒性的判决结果标志着社会变革的时机到了,所有人的民权都应得到尊重和保护,学校应该为所有儿童提供教育。这一判决还显示出,当社会不能自愿做出改变时,联邦法律将采用强制力推行变革。

> **反思** 为什么布朗对堪萨斯州托皮卡市教育董事会一案被认为是最高法庭受理过的最重要的一场有关学校法律的诉讼?这一案件对你所在地的学区有什么影响?

家长往往是最不愿意接受法庭强制变化的人。成年人向在法警保护下步行去上学的黑人孩子吼叫的一幕深深印在这个国家的记忆中。当一个群体的权利成为媒体关注的焦点,其他少数民族群体也开始为自己的孩子争取权利。对那些以前很少考虑甚至没有考虑过基本权利或宪法权利的人来说,个人权利变得重要起来。随着社会复杂性增加,人们对权利的意识也提高了。随着公立学校的吸引力下降,以及地方社区对学校控制的减弱,家长开始转向法庭来解决问题和收回对孩子的抚育引导权。当家长在学校的参与超出教职工所希望的尺度,教育者就感到了一种威胁,对抗性的关系就产生了。争议引发的法律诉讼包括:义务教育、学校收费、课程设置、特殊教育、学生权利、法律责任和歧视以及侵犯。所有这些问题至今还是家长与学校人员争论的话题。

义务教育。虽然南方有些州试图通过废除义务教育法来抵制反种族隔离法令,但最终在20世纪70年代所有州都开始颁布并施行义务教育法,以前被豁免的群体也必须遵循该法。在威斯康星州,阿米什(Amish)人传统上允许孩子在公立学校读到8年级。因害怕孩子受到世俗价值观的影响而威胁到他们的生活方式和宗教,有些家长不让孩子进入高中学习。这些家长被判违反了州义务教育法。美国最高法院在威斯康星对犹德尔一案中再次支持了家长的基本权利：

> 因此，州对普及教育的关注，无论多么重要，在与基本权利和利益相左时也不能脱离权衡过程。这些基本权利包括第一修正案的自由仪式条款和在儿童宗教生活方面家长的传统权利……家长引导孩子成长的权利是毋庸置疑的、永恒的美国传统。（Wisconsin v. Yoder，1972）

美国最高法院谨慎地说明，犹德尔一案的判决只适用于阿米什人或其他有类似历史的宗教群体。然而，其他宗教群体、私立学校、家庭学校曾用和犹德尔一案同样的理由来挑战义务教育法。

义务教育法一直受到不愿接种疫苗的家长的反对。尽管很多传染病已经被消除了或起码在美国得到了控制，法庭仍支持对天花、脑膜炎、肺炎和其他疾病的防疫接种要求。当有人提出疫苗接种有违宗教教义时，法庭作出了如下回应：

> 任何人都有权利以自己的方式崇拜上帝，但这不意味着他可以从事有损本州居民和平、安全和健康的宗教行为，这也不意味着家长，以宗教为由，有权利剥夺孩子受教育的权利。一旦侵犯他人权利，一个人的宗教自由权终止。

当新的传染病开始出现并扩散（艾滋病和埃博拉病毒），原来被控制的疾病出现致命变异（肝炎、脑膜炎、肺结核和禽流感），生物恐怖袭击造成威胁时，关于被感染学生的免疫、隔离和学校出勤的争论再次发生，因为家长觉得自己孩子的生命受到了威胁。尽管很多人认为致命疾病很快将不再威胁美国人的生命，法院仍需要在家长的宗教信仰及对疾病、防疫的个人理解和学校保护所有儿童及工作人员健康与福利的权利之间权衡斟酌。

随着性传播疾病在学生中增多，学校课程中性教育的问题成为一个争论的焦点。20世纪70年代以前，有些教师在健康课上涉及人类的性话题，但当这样的话题被冠以"性教育"的名称，家长开始担心课程的内容。他们提出，家长有引导孩子成长的权利，其中包括家长根据家庭或宗教价值观对孩子进行有关性和亲密关系的教育。然而，性教育被认为是解决日益增多的中学生怀孕问题的一个措施。考虑到中学生人群容易受到艾滋病及其他性传播疾病的侵害，学校认为性教育应该纳入义务教育课程，因为所有学生都面临这样的风险，而家长没有足够的知识来教育孩子防范性行为带来的危险。法庭对性教育问题的判决大致分为两类：一是免除，二是规定学校必须给学生开设性教育课。考虑到州对健康教育的关注，美国第二巡回区上诉法庭，驳回了一名父亲让7年级的儿子免上健康必修课的请求。学校允许家长让孩子免修六个有关家庭生活和艾滋病教育的课程，但这位父亲以宗教缘由要求让儿子免修所有的健康课程。法庭对这名父亲要求的拒绝，意味着"任何家长都没有干涉学校的教学内容的权利"（Leebaert v. Harrington，2003）。

家长对公立学校越来越失望,可想而知,义务教育法也越来越多地受到挑战。在原来就有两个教育系统的地区——公立学校和天主教教会学校——不同的教育系统发展起来并推广到了每个州。很多教会建立起自己的学校。企业家也创办起盈利性的学校。州制定各种法律允许各种类型的特许学校建立,有些学校由州资助,有些由私人赞助。在家自己教育孩子的家长更多了,有些州努力确保孩子在家确实受到了教育而不只是待在家里。随着科技的发展,网络学校跨越学区甚至州的边界建立起来。得到法庭,甚至最高法院支持的教育优惠券制度可以为家长提供资助,把孩子送入公立或私立学校读书(Zelman v. Simmons-Harris, 2002)。一些州试图规范这些新的学校,但新学校的拥护者声称州的规定反而拖延了这些新学校所面临问题的解决。

家长不是唯一对公立学校感到失望的人。自从1983年《一个危机中的国家》出版以来,联邦政府也开始对学校越来越关注。随着2001年《不让一个孩子掉队法案》的制定,联邦政府要求各州建立每个儿童高中毕业前必须达到的标准。尽管各州对该法案的多项条款有争议,该法律声明家长可以让孩子退出不能达到各州确定的年度进步标准的学校,转入另一所能够达标的学校就读。旧的义务教育法中关于儿童何时何地上学的规定已经过时了。

当家长觉得学校没有尽到教育学生的责任时,他们就会对义务教育法的有效性提出质疑。当联邦和州政府感到学校没有尽到教育学生的责任时,这些学校就会面临处罚,失去经费,失去生源。法院仍将面临平衡家长对孩子的基本教育权利和州要求每个孩子都上学并达到标准的权利。教师和管理者将需要准备好为公立学校在社会中的作用而辩护,并解释标准的课程将如何帮助儿童迎接未来生活。

> **反思** 儿童应该被强制上学吗?为什么?你所在的社区里有哪些类型的学校?《不让一个孩子掉队法案》对你所在社区的学校有怎样的影响?

学校收费。美国的公立学校教育是免费的,也就是说,学生入学后不需要交学费。然而,收费却是由来已久的,最初是学生每人轮流带一桶煤到学校生煤炉。在当今这个复杂的社会,收费的名目也日益繁多,从学校的年刊到体育课上用的毛巾,从实验器材的折损费到课外活动费和教材租用费。州法律保证每个学生获得免费教育的同时,也允许学校收费。一些家长对收取这些费用的合法性提出了质疑。法庭经常要向公众解释宪法制定者在定义学校时使用的"费用"一词是什么含义。

1978年,北达科他校区的一位官员因教科书的租借费用被一群家长告上法庭。州最高法院的判决支持了家长诉求:

未加任何修饰语的"免费公立学校"一词应被理解为包含了教育所必需的用品。很难想象一个没有教材的教育系统有什么意义。任何一种有价值的教育都不可能没有教科书(Cardiff v. Bismarck Public School District, 1978)。

然而,其他州的法庭判定"免费"的用品只提供给那些付不起学费的学生,而必需品(如教材)的收费是合法的。

其他费用的收取也遭到反对。在加利福尼亚,课外活动费被州法律判定为"不符合宪法",因为州法律规定立法机构必须"为创建一个公共学校系统提供支持,各区必须建立并支持一个免费的学校"(Hartzell v. Connell, 1984)。课外活动被认为是公共学校教育不可或缺的成分,费用收取是不允许的。可这样一来,在一些州课外活动因缺乏经费而被取消。

家长因费用问题求助法庭的事还会发生,因为学区的资源在减少,教育成本在增加,家长不得不为孩子的"免费教育"承担更多开销。教师应该尽量不要浪费学区的资源或要求家长提供很贵的物品,如精致的食品、道具或用具,来取代学校应该提供的物品。学校管理者可以考虑邀请家长作为委员会成员参与制定费用收取的标准和项目,决定在经费短缺时取消哪些学术项目和课外活动。

> **反思**
>
> 凯西和罗比有三个孩子在上中学,他们要支付相当大的一笔学校费用。艾米和弗雷德想打篮球,艾米还想踢足球、打排球和参加学校舞台剧的试演。学校的每一项课外活动都要收费,运动项目和必修体育课还另收浴巾费。此外,他们还要交费办一张卡才能参加学校活动(游戏、运动、音乐会等)。学校报纸、年刊、拍摄年刊上用的照片、上课的文具(笔记本、纸等)都需要花钱。凯西和罗比深知课外活动对孩子的价值,但他们不知道如何挤出钱来付这笔费用。
>
> - 凯西和罗比应该提出什么样的法律问题?
> - 你所在的州宪法、条令和案例法对学校费用的规定有哪些?
> - 他们应该向学区提什么问题?向校长提什么问题?

课程设置。课程设置一向被看成是职业教育者的特权,那些质疑课程的人往往被认为是故意找茬。然而,家长有权利知道自己的孩子在学校里学了什么,也应该能对课程设置发表意见。学校工作人员常常忘记家长是学校最好的同盟,能够帮助学生学得更好。课程越来越复杂,以至于很多家长跟不上教学与学习的进展。家长如果不了解学校教了什么就很难和学校配合来引导自己的孩子,尤其是在新的州和联邦规定出台后。

根据《不让一个孩子掉队法案》，各州确立了学校教学内容的标准，还开发了各种严格的考试，包括每个年级的考试和高中毕业考试。学校和教师努力依据新标准调整课程；参加培训学习各种教学方法来帮助学生达到要求的能力水平；用补课、辅导及其他方式确保每个学生达到标准并通过考试。教师、管理者、学生和家长都感到新课程、新标准和新考试要求带来的压力。邀请家长来参加课程设置修订过程，和家长交流新标准、考试要求及程序，尤其是新的高中毕业要求，有助于确保家长愿意并能够帮助孩子顺利完成学业。

对课程设置的质疑出于很多原因，但一般都能在地方学校董事会层面得到解决。诉诸法庭的绝大多数案件是因为宗教纷争。提起诉讼的家长认为学校在鼓励世俗人文主义（相信人而不是超自然者的至高无上）而忽略了对上帝的信仰，或传授一种与家庭价值观对立的价值观。另一方面，美国历史上是所有宗教信徒的避风港，因而造成了学校中各种宗教背景和信仰纷呈的局面。学校被称为是分隔教会与州的战斗阵地。第一修正案的两个条款自相矛盾，使得这些矛盾更难解决。学校认为让一种宗教行为进入学校违背了宗教创立条款，家长则认为不允许宗教仪式进入学校是违反了宗教仪式自由条款。

1963年，美国最高法院在阿宾顿校区对谢姆普一案（Abington School District v. Schemmp）的判决中宣布口头祷告违反第一修正案的宗教创立条款时引得群情激奋。在穆雷对科雷特一案（Murray v. Curlett, 1963）中，法院的判决支持了代表儿子出庭的"公开的无神论者"玛德琳·穆雷的观点，很多人指责高级法院是无神论者。教会和州之争的案件数量在高级法院受理的与学校相关的诉讼中居第二位（第一位是涉及种族隔离的诉讼）。

1985年，阿拉巴马州的一位名叫伊什麦尔·杰弗里的律师对阿拉巴马州（在案件名称上被告人是州长乔治·华莱士）提起诉讼，要求宣告两项州法令违反宗教创立条款，不符合宪法。其中一条法令授权学校安排一分钟的静默时间沉思或自愿祷告，第二条是授权教师带领"自愿的学生按指定的语言向万能的上帝……世界的创造者和最高审判者祷告"。联邦地区法院判定两条法律符合宪法，因为"阿拉巴马州如果愿意，有权成立一个地方宗教"。然而，联邦第十一巡回区上诉法庭，判决这两条法令不符合宪法，他们的理由是"个人良心的自由受到第一修正案的保护，这意味着每个人有权选择任何宗教信仰或根本不选择"（Wallace v. Jaffree, 1985）。

从此，课堂里的大声祷告和为特定祷告而设置的静默时间都被认为是不合法的。焦点很快转移到了学校活动中的祷告和其他宗教仪式上。20世纪90年代早期，公立学校毕业典礼上的祷告问题被提了出来，一位名叫丹尼尔·威丝曼的人到法庭要求，永远禁止他女儿就读的中学在毕业典礼上进行的祷告。法庭的判决没能及时阻止学校按规定邀请一名拉比来主持祷告。但最终美国最高法院在李对威丝曼一案(Lee v. Weisman, 1992)中做出如下判决：牧师带领大家在公立学校毕业典礼上祷告违反了第一修正案的宗教创建条款，即使毕业典礼是自愿参加的，牧师不是宗派主义者且出场时间短。

宗教仍将是一个引发学校纷争的问题。体育比赛或毕业之前的祷告、学生阅读圣经、学生或教师带宗教饰物、学生在艺术作品中描绘宗教内容、学校音乐或戏剧带有宗教主题都曾引起纠纷并在地方法庭受理过。2000年，美国最高法院在好消息俱乐部对米尔福德中心中学一案(Good News Club v. Milford Central School, 2000)中判定，允许宗教组织在学校操场上集会并不违反宗教创建条款，也不干扰家长抚育儿童的基本权利。甚至有家长指出，在宣誓时使用"在上帝的引领下"这样的语句违背了宗教创立法(Elk Grove Unified School District v. Newdow, 2004)。美国最高法院在对这一案件的审理中指出，作为原告的父亲是孩子的非监护方，没有资格提起诉讼，但允许第九上诉巡回法庭判决禁止这种表述方式的使用。将来还会出现关于这一争议的诉讼。随着我们国家文化多样性的丰富，因宗教观点而产生的对课程和课外活动的争议将越来越多。

> **反思**　你的学校每年都会举办圣诞音乐会，有合唱、交响乐和乐队表演各种季节的歌曲，包括一些传统的圣诞颂歌。一个穆斯林家庭刚搬来不久，他们要求学校不要演奏圣诞音乐。他们的一个孩子在交响乐队。你会如何回应？其他家庭提出反对意见，指出这是该社区的一个重要传统，所以应该继续演奏圣诞音乐。你怎么处理这个问题？

另一个涉及家长、学校和法庭的第一修正案问题是书籍的审查问题。美国宪法第一修正案的自由言论条款规定不允许以任何形式禁止书的出版发行。在20世纪80年代，对教科书和教学材料提出质疑的人数激增，一些组织开始筹集会议讨论并发表组织者认为不应出现在学校的书籍名单。纽约的一个学校董事会采取措施将这些书从学校的图书馆撤除，学生、家长和教师群体到法庭要求对书籍进行审查。美国最高法院在岛树联盟免费校区教育董事会对皮克一案(Board of Education, Island Trees Union Free School District v. Pico, 1982)中指出，"依据宪法第一修正案的精神，州不能缩小可用知识的范畴"。法院对学校图书馆书籍的处理意见是：图书一旦上架就不能被撤除。

1987年巡回上诉法庭受理的两个有关图书审查的案子十分引人注目。田纳西一案是几名家长提出，霍尔特、雷尼哈特和温斯顿阅读丛书里包含的一些故事违背了家长的宗教信仰。由于这一系列阅读材料是学生必读内容，家长向法庭主张自己的和那些被侵犯的儿童的宗教行为自由权。阿拉巴马一案中，家长要求禁用44本教科书，因为这些书宣扬世俗人文主义。在联邦区域法庭对两案的审理中，家长都胜诉了。然而，美国第六巡回区和第十一巡回区的上诉法庭驳回了下一级法庭的判决。第六巡回区法庭指出"家长提出的证据是，霍尔特丛书'可能'或'也许'会引导学生得出与其家长及家长宗教信仰相反的结论。这不足以证明这些书籍不符合宪法……"（Mozert v. Hawkins County Board of Education，1987）。第十一巡回区法庭的判决如下：

> 没有记录显示，从这些教材中删除的有关宗教的内容本身会导致世俗人文主义的扩张或对有神论宗教的敌意。（Smith v. Board of School Commissioners of Mobile County，1987）

学校工作人员需要设置规则来处理这些书籍禁用的要求。每年，学校董事会、教师、管理者和图书管理员都会面临社区组织提出的禁用《哈克贝里芬历险记》、《蝇王》、《坎特伯雷故事集》等书籍的要求。2003年，美国堪萨斯州西区法庭受理了一项关于《哈利·波特》的案子。学校董事会以3∶2投票主张禁止在图书馆出借《哈利·波特》，理由是"第一，他们担心这些书可能促使儿童不听话，不尊重权威；第二，这套书的内容都是巫术和超自然力"（Counts v. Cedarville School District，2003）。联邦法庭判决，要求学生在家长的许可下从学校图书馆借阅《哈利·波特》侵犯了宪法规定的学生的权利。

综上所述，我们必须对这样的要求做好心理准备，并事先制定好政策，这样可以减少与家长发生争执时的情绪化反应。

反思 你所在的学校对撤销阅读书目、课程或图书馆中某些书籍的要求有什么样的政策？

其他引发争议的课程领域是生物和地球科学。关于人的起源的宗教观点和科学观点的冲突可以追溯到1925年的斯科普的"猴子"案。1965年，阿肯色州的生物教师苏珊·爱普森发现自己处于一个进退两难的困境中。指定教材中包含了一章有关进化的内容，而阿肯色州在1928年制定了"反进化论"条令。在爱普森对阿肯色州一案（Epperson v. State of Arkansas，1968）中，美国最高法院驳回了阿肯色州最高法院的判决，宣称禁止教师教授进化论的条令是不符合宪法的。近20年后，路易斯安那州试图"平衡"进化论和神创论的教学。美国最高法院再次驳回了州的请求：

> 路易斯安那州神创论法案试图通过要求禁止公立学校进化论教学或通过表达

一种完全否定进化的宗教观点来宣扬某一种宗教教义。这种做法违背了第一修正案的宗教创立条款,因为它寻求政府的象征性支持和经济支持来达到宗教目的。

目前,有一项全美国性的运动要求对科学课堂进行"智慧的设计"。家长和宗教组织在州立法机构游说,希望推广不同于进化论的人类起源的学说。学校工作人员和家长需要合作决定如何让科学课既符合州的标准,又能让学生为未来生活做好准备。

家长还会不断对课程设置提出疑问。这些家长不应被看成是对学习自主权和教师学术自由的挑战者,相反,学校应欢迎并邀请他们成立教学选择委员会或课程改进与评估委员会,参与课程的设计和教材的选择。他们的建议和批评应该受到重视,但学校管理者应兼听社区内各种人群代表的声音,而不是仅采纳声音最响、组织最严密、表达能力最强的那一群人的意见。家长的意见和教师及管理者的专业见解应兼容并蓄。学校需要建立一个连贯的课程设置修订程序来确保所有教材、活动及教学方法达到教育目标和要求。教师必须确保教材、补充材料、课堂教学和活动建立在坚实的教育理论基础上,并符合地区和州的教育目标与标准。学校应建立和跟踪处理关于教材、方法和材料的质疑的程序。允许家长提一些合理期望,但学校仍需要在家长提出疑问之前就制定政策,界定哪些期望符合标准课程要求。欢迎家长作为合作者参与教学与学习的过程,即使在课程设置方面,也可以鼓励家长参与。将家长看做培养下一代的合作伙伴。

> **反思**
>
> 肯尼斯和格蕾丝很关注英语课的阅读材料中对非裔美国人的描绘。他们知道《哈克贝利费恩历险记》和《飘》是必读书目,在这两部作品中黑人都是以奴隶的角色出现的。但学生不需要阅读描绘黑人其他形象的文学作品和非裔作家的作品。肯尼斯和格蕾丝并不要求将这些书从课程中取消,但他们希望学生的必读书目中增加一些作品,如《马尔科姆自传》和《我知道为什么笼中的小鸟会唱歌》。
>
> • 肯尼斯和格蕾丝可以提出怎样的法律问题?
> • 你所在的州宪法、条令和案例法对教材选择有哪些规定?
> • 肯尼斯和格蕾丝应该向学区提出什么问题?向英语老师提什么问题?
> • 你的学区里谁负责教材选择和课程设置?

特殊教育。州宪法的编纂者在制定面向所有儿童的公立学校系统的法律规范时,并没有考虑残疾儿童。在宪法出台的那个时期,大多数残疾儿童都不在公立学校里,也很少有家长认为自己的孩子应该进入公立学校。大多数州在有精神或身体残疾的儿童的教育方面应该感到惭愧。这些儿童要么被排斥在任何形式的学校之外,要么进入某个照看机构,但几乎没有教育可言。很多州认为他们已经满足了残疾儿童的需要,因为有为聋、盲、"可训练的"儿童提供的州立住宿学校和为严重残疾的儿童提供的准医疗机构。

到20世纪70年代早期,残疾人的权益保护组织和其他有残疾的个人联合起来,为长久以来一直沉默的残疾人群体争取合法民权。结果联邦立法机构废止了对残疾人的歧视(1973年《康复治疗法案》),并提供经费建立能在最小限制环境中为残疾人提供个别化、免费、适宜的公共教育的学校(1973年《所有残疾儿童教育法》,或"公共法94-142")。这一法案在1991年修订时更名为《残疾人教育法》,这一法案超越了以往任何地方或国家法律,对家长相对于学校的权利产生了前所未有的影响。因为残疾儿童是最不能维护自己利益的人,家长为自己的残疾孩子维权的权利必须受到法律保护。实际上,家长被要求参与孩子的教育,他们必须是儿童的个人教育计划(IEP)的主要参与者。IEP团队是为残疾儿童一学年的特殊教育和其他服务做决定的团体。

IDEA是一部非常复杂的法律,其中对家长和学校的关系产生重要影响的家长主要权利如下:

- 获知自己具有IDEA保护的家长权利的权利。
- 以自己的母语和恰当的方式获知信息的权利。
- 在确定采用特殊教育方案的评估之前被告知的权利。
- 获知其他评估者和免费或低收费法律服务的权利。
- 通过加入IEP团队参与确定教育目标、服务、安置和过渡计划的权利。
- 在安置和服务计划发生任何改变之前被告知的权利。
- 查看儿童记录的权利。
- 发起符合规定的听证会的权利。
- 获得听证会笔录和决议的权利。
- 通过司法途径起诉的权利。

这个规范特殊教育的国家层面的法案刚刚生效不久,已有不少诉讼因此而产生了。实际上,在各州法院,特殊教育一直是与学校相关的诉讼的重要主题。随着医学的进步,危重婴儿和事故受害者的存活率越来越高;越来越精密的测试手段,能够更早地发现残疾,加之更多身体和心理的问题被列入残疾范畴,符合条件接受特殊教育的儿童人数每年都在增长。为残疾儿童争取权利的团体非常强势,家长和学校工作人员都需要意识到这些曾被遗忘的儿童的合法权利,并肩联手促进他们的教育。否则，就有可能引发官司。

　　所有儿童都应受教育吗？所有儿童的教育都应由公共财政支出吗？

第一个提交到美国最高法院的特殊教育诉讼涉及一个有听力缺陷的儿童，他的父母要求学校提供全天手语翻译。法院指出"这个案子反映了家长和监护人总是不遗余力地设法确保残疾儿童获得法案保护范围内的最大利益"，但最高法院还是驳回了家长的要求，因为学校已经为帮助艾米·罗利的教育付出了很大努力。法院说，校区"在为残疾儿童提供了与非残疾儿童同等教育机会前提下，没有义务一定要使残疾儿童的潜能发挥到极致"。艾米在学业上和社会交往上都取得了进步，甚至她的手语翻译证明她所得到的服务远远超出了需要。

1984年美国最高法院被要求界定法律条文里"相关服务"的概念。安博·塔特洛每隔三四小时需要换干净的导管，学校认为这是一项学校不能提供的医疗服务。家长则说这只是一个简单的程序，无需特殊训练的普通人都可以操作，他们希望安博能在特殊教育中获益。最高法院的判决支持了安博的父母。这项判决影响了家长和学校的关系，因为它要求学校提供原本由家长和护士提供的服务。

残疾儿童的安置问题一直是最容易引发家长和学校之间产生分歧的话题。不幸的是，IDEA从来没有得到过美国国会的全额资助，各州和地方各区承担了大多数费用。家长和学校工作人员常常因对残疾儿童的服务和安置问题产生争执，问题几乎总是和花费有关。家长只关心什么服务最好，而学校工作人员还需要考虑费用。于是，有关特殊教育的诉讼越来越多。

1989年，新汉普希尔(New Hampshire)学校请求法庭拒绝让有严重残疾的儿童获得任何形式的特殊教育，从而退出法律保护范围。提摩西是一个在身体和智力上有多种重度残疾的儿童，但美国第一巡回区上诉法庭判定，儿童不需要表现出任何能力来获得接受服务和享受教育权益的资格：

法律对严重残疾者教育的界定是宽泛的，严重残疾不仅包括传统意义上的学业能力，也包括基本生活技能的欠缺，而且特殊教育领域的教育方法在不断进步和改善。校区有责任获取这些新的方法来提供符合儿童需要的教育项目。校区唯一需要决定的问题就是，与家长一起为残疾儿童制定适宜的个人化的教育方案。我们强调，"适宜的个人化的教育方案"不应该是被告学区所理解的"无教育方案"(Timothy W. v. Rochester, New Hampshire School District, 1989)。

对提摩西一案的判决意味着所有残疾儿童，无论残疾多么严重，都应得到特殊教育服务。美国最高法院确认了这一判决，未做任何评论。这一案例成为其他地方法院的先例。

另一个涉及安置费用的案子是佛罗伦斯县第四学区对卡特一案（Florence County School District Four v. Carter, 1993）。这个案子源于学区与一名有学习障碍儿童的家长之间的纠纷。家长认为学校无视他们的要求，失望中让女儿夏农离开了公立学校，转入一所专门为学习障碍儿童提供服务的私立学校学习。在夏农完成学业后，家长提起了诉讼，要求学区报销孩子在私立学校读书时的学费。美国最高法院支持了家长的诉求，并作出了如下评论：

> 毫无疑问，国会令IDEA法律辖区内的各州和学区背上了沉重的经济负担。然而，不愿支付残疾儿童在私立学校学费的公立学校校方可以有以下两个选择：在公立学校给这个孩子提供免费的、适宜的公立教育，或者将这个孩子送入由州选定的适宜的私立学校。这是IDEA规定的，依据这条法规办事的学校官员不必担心报销要求。（Florence County School District Four v. Carter, 1993）

家长和学校工作人员之间关于给严重残疾儿童的教育提供最小限制环境的矛盾，曾在2002年提交到美国第七巡回区上诉法庭。贝丝患有雷特综合征，一种导致严重认知和身体残疾的神经紊乱疾病。由于具有极其严重的交流和运动缺陷，她的智力能力很难被评估：有些专家估计她的认知水平只相当于12—18个月的儿童，另一些专家认为她有4—6岁儿童的智力。在IDEA的"保持原状"的规定，贝丝进入了社区内一所公立学校的常规班级学习，在贝丝上学的7年时间里，家长和学校工作人员的争执不断。学校推荐贝丝进入"教育生活技能"项目（Educational Life Skills，ELS）。ELS项目设立在临近社区的一所公立学校中，是专为轻度、中等和严重残疾儿童服务的。交换主流课堂也是ELS的一个组成部分，常规班级的儿童进入ELS课堂和残疾儿童互动，ELS项目中儿童可以在音乐课、图书馆、艺术课、户外考察、午餐、休息时间参与主流环境。家长不同意贝丝参与ELS项目。结果，这一纷争闹上了法庭。第七巡回区法庭判定学校推荐贝丝参与ELS项目没有违反IDEA中的最低限制环境条令（Beth v. Van Clay, 2002）。

2005年，美国最高法院在谢尔弗对韦斯特一案（Schaffer v. Weast, 2005）中判决，依据IDEA条例举行的听证会上的举证责任应由提出听证要求的一方承担，无论这一方是家长还是学校。因为，通常不满意特殊教育方案的是家长，这一决定确保了在与家长产生分歧时，学校工作人员不必自动证明校方的决策是正确的，而是由家长先举证说明校方决策的不正确。特殊教育安置问题仍将是残疾学生家长与学校工作人员之间矛盾的重要根源。

遵循案例法以及不断修订变化的法律条例，如《康复治疗法案》的第504条、《残疾人教育法》和《美国残疾人法》，对于残疾孩子的家长和提供特殊教育服务及相关服务的学校工作人员来说都是挑战。教师必须了解儿童的特殊需要,学习如何通过课堂教学和课程调整来满足这些需要。由于残疾儿童的家长对自己孩子教育的参与,很多家长开始参与所有孩子的教育,其卷入程度可能超出学校的想象。有些家长提出疑问,为什么不能让每个孩子接受个性化的教育,为什么所有的孩子不能得到更多的服务。对于学校工作人员来说,这些家长对儿童教育的关注可以成为加强合作的契机。如果知道学校正在努力帮助自己的孩子获得教育,家长可以成为学校的最大支持者。家长和学校之间的敌对关系将不复存在,费钱耗时的法律诉讼就可以避免。

> **反思**
>
> 乔伊斯被告知她的女儿,贝丝,将要接受一项学习障碍测试。乔伊斯需要填写一张卡,表明她同意让孩子接受测验,并将卡交还学校。因为乔伊斯事先不知道贝丝在学校学习困难,所以她很难过,不想在卡片上签名。
> - 乔伊斯可以提出怎样的法律问题?作为家长她有哪些权利?
> - 你所在的州的法律及联邦法律对学生的评估测试和家长权利有哪些规定?
> - 乔伊斯应该向学区提出什么问题?向班级教师和特殊教育教师提什么问题?

学生权利。由于对特殊教育问题的重视,学生权利也备受关注。实际上,残疾儿童的权利直至1954年布朗案后才得到认可,人们才意识到所有儿童都有权利得到平等教育。1969年一个历史性的诉讼——美国最高法院在廷克对莫内斯独立社区校区案(Tinker v. Des Moines Independent Community School District,1969)的判决中申明:"无可辩驳,学生有权利在学校大门口行使宪法赋予的言论自由权利。"学生的合法权利有史以来第一次得到法律确认,学校、家长和学生的关系也因此发生了微妙的变化。虽然"父母替代者"仍主导着这一关系,廷克案以及后来的诉讼判决确定了学生在教育中的权利。没有法律上的正当程序,学生的权利不能被取消。当学生受教育的权利受到威胁,家长可以出面按学校的纪律程序进行干涉,或诉诸法庭。大多数有关学生权利的法律诉讼,无论是学生因打架被开除,还是穿着印有脏话的T恤被要求回家更换衣服,家长都是原告,因为几乎所有学生都是未成年人。

当学生宣称自己的权利被侵犯时,最令人困扰的问题是"什么是法律上的正当程序"。如果学校不了解法律上的正当程序,学生的主张就会获胜,因为校方往往会因为害怕侵犯学生权利而后退。但其他学生和学校工作人员获得有序教学氛围的权利就受到了威胁。一般来说，只要学校的规则给了学生作解释的机会，执行的过程公正一致，惩罚也一视同仁，那么就满足了法律正当程序的条件。学生和教师必须知道规则是什么。学生手册的作用就是告知学生和家长学校的规则和惩罚措施。违规程度越严重，惩罚越重。

有关学生权利问题的诉讼越来越多，一方面是因为学生和家长对个人权利的意识增强了，另一方面也因为学校工作人员还不太明确学生主张权利的身份。当校方没有按照学生手册上写明的法律正当程序行事，或还没有建立法律正当程序，学生的权利就有可能被侵犯，法院也将受理学生的诉讼。通常，法院并不想介入学校的纪律程序，他们更希望将这些决定留给教育专家。然而，当学生的宪法权利被侵犯时，法院就会插手。

> **反思** 在学校暴力方面，包括使用武器，学校工作人员有哪些权利？哪些算是武器？对幼儿园和高中来说一样吗？校园暴力的受害者有哪些权利？

在联邦法律通过之前就已提出的侵犯学生和家长权利的问题是学生记录。在1974年家庭教育权利和隐私法（Family Education Rights and Privacy Act，FERPA）出台之前，学生记录政策基本上不存在。家长几乎没有办法获得学生记录，而第三方（学校招生人员、军队征兵人员、警察）只要提出要求就能拿到学生档案。没有程序确保学生记录的准确性，这是对学生和家庭隐私的明显侵犯。FERPA明确指出，只有家长和教育者（有必要知情者）才可以获得学生的教育档案。档案只能包含正式成绩单和其他正式学校文件，不能包含零碎记录。家长有权利对档案里的信息提出疑问，并以书面方式指出他们认为不准确的数据。学校无须对家长查看文件、得到副本和得到测试成绩解释的要求一概予以满足。学校在事先未得到通知的情况下可拒绝向家长提供记录尤其是档案记录。只有家长才可以授权第三方查看学生记录。学校不能保存另一套档案或秘密档案用于学生的教育决定。教师应了解学生记录政策并严格遵守，教师要认识到家长有权利查看自己孩子的记录，但无权查看其他孩子的记录。每个学生只能有一份正式教育档案，教师的个人笔记不是正式记录，因此不需要向家长出示。然而，这些笔记应该用来为孩子的教育方案做决定，但不用保存在永久档案中。2002年，美国最高法院判决，学生相互改作业，然后大声报分数让老师公布在成绩簿上的做法没有违反FERAP，因为课堂作业不属于法律界定的教育记录（Owasso Independent School District v. Falvo，2002）。学校可以告诉家长他们有哪些权利受FERPA的保护，并制定良好的记录政策，这有助于促进学校与家长的关系。

家长和学校的良好关系应该是所有教育和管理者的目标。如果家长去学校、给老师打电话或为学校相关事宜拜访管理者时没有心理障碍,他们就不会只听孩子的一面之词而不去寻求学校的解释。与家长的交流渠道必须畅通,这样家长就能了解学校的规则和期望,他们就不会在孩子犯规后为孩子辩解。学生和他们的家长拥有宪法赋予的权利,学校不能任意侵犯。教师必须充分了解学校规则,并公正地执行规则,遵循在学生手册中注明的法律正当程序。将注意力放在学生的教育和与家长的合作上,则能够提高教育质量,也可避免使用法律手段解决有关学生个人权利的问题。

法律责任。当代美国人喜欢用诉讼解决问题,大多数诉讼属于民事侵权法范畴。民事侵权法范畴的案件中,原告一般要求赔偿经济损失。依据民事侵权法的规定,任何人几乎可以为任何事起诉任何人。州立学校已不再享受政府豁免政策(政府豁免权是指政府不可以被起诉),因此可能需要为在学校受伤的或在学校相关活动中受伤的任何人承担责任(如果伤害的发生涉嫌故意或监管疏忽)。越来越多的人喜欢起诉政府机构,如学校,因为他们觉得损失赔偿不会对个人造成伤害。而状告学校的诉讼给学校造成的直接和间接的代价是:准备案子的时间、为妥善解决问题而付出的情感精力、实际支付的损失补偿费或因此而提高的保险费。以过失为由起诉学校的案件频频发生,学校工作人员必须尽可能小心,防止学生、员工、来访的客人在学校受伤。

家长认为孩子在学校应该很安全,当孩子受伤后,就会起诉学校要求赔偿损失。然而大多数伤害是事故造成的,并非教师和管理者的故意、恶意或过失行为。学校照顾儿童的标准很高,当这个标准被打破时,法庭将判决损失赔偿。每个教师和管理者必须记住,法庭运用的行为标准,是将普通的、理智的、谨慎的人的行为标准调整后用于受过专业训练的有经验的教育者的标准。如果一名教师没有做到一个普通的、理智的、谨慎的人所能做到的事,很可能因为过失导致儿童受伤,教师和校区就可能要为过失行为负法律责任。同样,如果一个教师或管理者知道或本该知道某个事件、结构或人可能会受到伤害而未采取措施,伤害发生了,过失的指控就可能成立。教师应认真对待儿童的可能危及其他儿童或其自身安全的行为,要采取措施阻止伤害的发生。如果想要避免为伤害承担法律责任,不能忽视这样的危险,不能对有些行为轻描淡写"孩子只是想引起关注"、"孩子们只是逗着玩"。伤害总是会发生,家长应该在第一时间得到通知,而且应采取一切合理的行为护理受伤的孩子。所有学校活动的指南应该包括预防事故发生的措施和事故发生后的处理程序。所有教育者应该知道并遵守这些指南以避免被指控过失或故意伤害。但是,学校的规定和指南并不能取代常识,而且还应该给教师和管理者在应用上留有一些弹性。一名乐队指挥遵照学校对学生使用烟草、酒精或其他毒品零容忍政策,在一次学校旅行中将一名违规的 9 年级男生遣返回家,让他独自乘坐公共汽车旅行了 1 100 英里。男孩的父亲将学区和乐队指挥告上了法庭,指控他们未尽到保护儿童安全的责任(Ette ex rel. Ette v. Linn-Mar Community School District, 2002)。学校工作人员必须意识到,自己在保护儿童安全方面要达到的要求很高。

家长与学校的法律关系中,法律责任问题也可能在家长来学校参观,或在家长作为志愿者、辅助专业人员参加学校活动时发生。教师和员工在被雇佣期间的行为一般都享受学校的法律政策。然而,保险契约可能适用,也可能不适用于在一个员工监督下工作的人。因此,在要求家长开车送儿童参加活动、在户外考察中担任监护人、监督课堂活动如阅读或艺术创作、担任义务教练、监督操场或餐厅时,以及在家长参与的任何活动中,学校工作人员必须查看州法律责任政策。一旦有家长或儿童在家长的监护下受伤,原本顺畅的家长参与就会遇到障碍。如果有恶意、故意或过失迹象,就可能引发法律诉讼。

教师和管理者不能免责,意味着如果一名儿童或家长在教师或管理者承担监督责任时受伤,最终的责任在雇员,而不是志愿者。因此,教师和管理者应该给家长志愿者充分的培训,无论他们是谁。职业教育证书意味着教师或管理者在监管一大群儿童方面富有经验,应该能够预测可能导致伤害的行为。学校应该为家长志愿者提供指南,在志愿者的选择、培训和监督方面严格遵循指南。学校希望得到各方支持,愿意鼓励家长参与学校活动,可卷入诉讼的威胁又会令其望而却步,这确实是一个矛盾。不过,学校工作人员可以坚守一个惯用的标准:去做一个理智的、谨慎的教师或管理者在类似情境中会做的事。

> **反思**
>
> 苏珊每周有一个下午在女儿詹妮的学校里做志愿者。她在阅读小组帮忙,在下午休息时间协助教师监管操场上的孩子,还辅导个别孩子拼写、写作和阅读。一个下午休息时间,老师被一个紧急电话叫到办公室,留下苏珊一个成年人在操场上。就在老师离开的几分钟时间里,一个小女孩从秋千上摔下来,手臂骨折了。在向秋千奔跑的过程中,苏珊被一个滚动的篮球绊了一下,摔倒了,严重扭伤了脚踝。苏珊对老师把她一个人留在操场上很生气,她还担心自己的健康保险是否会赔付这次损伤。
>
> - 苏珊可以提出什么样的法律问题?
> - 学校保险契约通常能为志愿者和儿童提供保障吗?
> - 苏珊可以向学区提出什么样的问题?

法律责任领域中还有一个问题会导致家长与学校关系的紧张,那就是对儿童虐待嫌疑的举报。教育者举报儿童虐待嫌疑的责任是法律规定的义务；教师和管理者必须向州社会服务机构或其他授权机构举报儿童虐待。学校应该制定政策，明确规定辨别儿童虐待、核实虐待报告和实际举报的程序。知情不报可能导致对教师或管理者的刑事诉讼。

举报一个家长虐待儿童可能会破坏家长与学校的关系，但儿童的利益在任何情况下都是首要的。"家长替代者"的角色在这时格外重要，当家长因侵犯儿童的权利放弃自己的家长权利时，学校就要取代家长承担起"代父母"的责任。州法律中有一个善意条款，保护根据规定举报儿童虐待嫌疑的教师：即使举报最后被证明是错误的，教师也不承担法律责任，因为举报的目的是善意的。

对家校关系最具破坏性的情况是，家长怀疑学校的某位工作人员对儿童进行猥亵或性侵犯，而且家长发现学校的其他人知情但没有采取任何行动。在富兰克林对圭内特县公立学校一案中（Franklin v. Gwinnett County Public Schools，1992），几位家长向学校官员举报一名教师与他们的女儿有性接触，但校方没有认真对待这一举报，只做了简单的调查，没有采取任何行动阻止这一行为，也没有将这名教师调离学校。美国最高法院判定第9条法律适用此案，为联邦法院介入此类案件的审理提供了依据，法庭判决：身为政府工作人员的教育者虐待儿童，管理者知道或本该知道这一情况却未采取措施阻止，侵犯了学生的民权。

学校对操场上发生的伤害负有法律责任，无论伤害是肉体的还是精神的。如果学校与家长建立了良好的关系，当伤害发生时双方能够合作，就可以避免因此产生的怨恨和惩罚性的诉讼。在学校范围内和学校组织的活动中，学校必须努力预防可能对儿童和家长造成的伤害。教师应该认识到儿童受伤时自己很可能被要求承担法律责任，因此要采取各种措施预防伤害发生。即使家长不会签字放弃自己的和孩子的权利，学校也要在开展校外活动前让家长填写同意条，让家长知道活动的情况，并给家长同意或拒绝让孩子参与的机会。谁也无法避免被卷入诉讼，但做一名理智的、谨慎的教育者该做的事能够阻止诉讼进入法庭或造成更大损失。

歧视与骚扰。随着美国社会多元化的进程，各个民族群体的成员对歧视的举报以及主流群体成员对反歧视的举报都呈上升趋势。并不是所有的主张都合法，因为不是所有少数群体都受联邦法律和州法律的保护。歧视受保护群体的人是违法的。不同宗教少数群体受到第一修正案的保护。少数种族和民族群体受第十四修正案和各种联邦民权法的保护。如1964年颁布的《民权法案》的第6款和第7款。女性（有时是男性，取决于在特定环境中哪个性别是传统上的少数群体）受到各种联邦法律的保护，包括1978年《教育法修正案》的第9款。残疾人受到1973年《康复治疗法》和1991年《美国残疾人法》的保护。这些群体及其他群体的主张还可能得到州和城市法律的保护。此外，所有儿童获得平等教育机会的权利受到各种联邦和州法律的保护。

对教育者、儿童和家长来说，这些反歧视法律意味着所有儿童都有在国家公立学校接受平等教育的权利。按种族、肤色、民族、宗教、性别和残疾隔离儿童的做法都是违法的。学区如被发现基于这些无法改变的特征而歧视学生，将面临失去联邦资助的危险。

另一个备受关注的歧视问题是体育运动。教育法修正案第9款明确规定男孩和女孩有同等地参与体育运动的权利。学区如不遵守这一规定将失去所有联邦资助，而不仅仅是失去运动项目的资助。当然，第9款的适用范围不仅是运动员。学区必须为男孩和女孩提供所有运动领域的平等参与机会，包括体育课、课外活动和运动设施。

学区或学校工作人员的官方歧视一般会很快引起公众注意并通过正式渠道处理。更难处理的问题是骚扰，法庭将骚扰定义为歧视的一种。性骚扰和种族骚扰案逐渐增加，原因是人们对这一问题的意识增强了，媒体的关注增加，人们对文化多样性的包容增加了。骚扰很难被界定，因为每个人对玩笑、评语、调侃、抚摸、涂鸦和威胁的容忍度不同。然而，侵犯者和受害者的相对地位往往是判断骚扰是否成立的依据。处于更高地位的人（雇主、上司、管理者、教师）需要特别谨慎，避免处于下属地位的人（雇员、学员、学生）将你的语言或行为理解为骚扰。

教师和其他学校工作人员必须坚决避免对儿童的任何形式的骚扰，也不能让自己管理的儿童被其他人骚扰或欺负。法庭最近受理的案件中就包含儿童对儿童的性骚扰和种族骚扰。在明尼苏达州的一个案子中，家长告诉学校管理者他们的孩子被其他孩子骚扰，但校方没有采取行动制止这样的行为。当法院开始受理这些骚扰案时，无论是教师对儿童，还是学生对儿童，判决通常都是支持受害者和家长的，尤其是有文件证明家长向校方投诉过，而骚扰或欺侮行为仍在继续的情况下。

> **反思**
>
> 凯西和罗比对艾米和弗雷德所讲的学校的事情非常担心。一天中午在操场上，几个五年级男孩开始捉弄几个一、二年级男孩。他们嘲笑那几个小男孩，偷走他们的飞碟、球和其他玩具，甚至将一个男孩的牛仔裤拉了下来。弗雷德中午不敢出去，但学校规定，除非天气不好，学生不许待在教室里。
>
> - 凯西和罗比应该提出什么样的法律问题？
> - 你所在的州的法律对骚扰有哪些规定？
> - 凯西和罗比应该向学区提出什么问题？向校长提什么问题？

随着美国社会多样性、复杂性的增强,歧视和骚扰事件也可能增多。要帮助解决国家的这一问题,学校就不能容忍校园里发生的歧视和骚扰,还需要教育儿童包容与自己有差别的人。很多家长会不遗余力地保护孩子免受歧视和骚扰所带来的精神及身体伤害,即使步入法庭也无所畏惧。因此,教师和管理者必须采取一切措施制止学校里的歧视、骚扰和欺侮行为。

小结

由于联邦法律和州法律的制定和法院判决的下达,家长与学校的法律关系日益复杂。然而,法院并不愿意介入学校纠纷,他们更愿意让家长和学校工作人员在法庭之外解决分歧。学校工作人员决定家长参与的基调。如果学校拒绝承认家长引导孩子成长的基本权利,家长和学校的关系就会变为敌对。如果学校工作人员害怕打官司,在家长要求参与孩子教育时总是求助律师,家长也可能为自己找个律师来进行防御。如果教师不尊重儿童和家长的权利,不能维持良好的教学秩序,那么所有的儿童都会遭殃,家长会对学校失去信心。如果学校真心欢迎家长参与,共同促进教学和学习过程,学校和家长就可能成为儿童教育的合作伙伴,而不是两败俱伤的法律诉讼的当事人。

约翰逊一家将在夏天搬到双湖去,因为孩子的爸爸——杰克·约翰逊,在那里的一家工厂找到了工作。除了杰克(45岁),家里还有孩子的妈妈芭芭拉(44岁)、孩子杰瑞(16岁)、大卫(13岁)和茱莉亚(9岁)。约翰逊一家是一个中产阶级家庭,他们希望孩子得到最好的教育,所以他们尽可能地了解双湖学区的情况,然后再决定买哪个区域的住宅。

杰瑞将要上初中了,他希望继续踢足球和打篮球。他还想要尽可能多地选修高级课程,因为他希望毕业后能进入常春藤联盟大学。大卫将成为8年级学生,去年他在学校里很不愉快,因为有些学生总欺负他。大卫不像杰瑞那样有运动天赋,他想试试田径项目,但他更感兴趣的,是在爵士乐队吹小号和为校报写稿。茱莉亚有唐氏综合征,去年上四年级,大多数时间在特殊教育课堂,完成IEP确定的社会交往和学业目标。

约翰逊一家是虔诚的基督徒,他们曾想过在家教育孩子。在他们的家乡,杰克和芭芭拉属于一个促进学校开明办学的组织。他们对这次搬家充满期待的原因之一是,双湖社区更大,能给孩子提供更好的教育机会。

> 双湖(人口 40 000)是一个中西部的城市,内战以前就已经打下根基。虽然原先是一个蓝领工业城市,但现在双湖已经发展成了一个有更多专业人士聚居的地方,社区大学也从职业教育转向学术教育,一些科技公司在这里落脚。学区有两所高中,四所初中,六所小学。去年,在地方和州学校董事会的批准下,一所通过网络课程支持独立学习的特许学校也建立起来。
>
> **问题和思考**:
> 1. 约翰逊一家搬到双湖市以后有哪些法律问题要考虑?
> 2. 约翰逊一家应该向学区工作人员提什么问题?
> 3. 约翰逊应该找谁了解双湖的教育情况?
> 4. 如果你是双湖学区的管理者,你会给约翰逊一家什么样的建议?

推荐活动

1. 阅读你所在的州宪法中有关教育的条款。和北达科他州的宪法进行比较,看看有什么异同。

2. 你所在的州下一个立法会议以后,请索取一份有关学校的新法案的复印件。想一想这些法律将如何影响你所在地的学校以及当地家长。

3. 你所在学区的学校是如何处理宗教问题的?你对这些做法是否赞同?

4. 参访几位 1969 年以前担任教学的教师,问问他们对儿童权利的认识。从 60 年代到 80 年代,他们看到的学校和儿童的变化有哪些?家长权利和家长参与的变化有哪些?

5. 如果有家长说,性教育是家庭或教会的职责,与学校无关,你会如何回应?

6. 你所在学区收取学生哪些费用?为什么收这些费用?

7. 你所在的州的课程标准是什么?你所在的州或地区规定了哪些标准化考试?采访一些管理者、教师、家长,问问他们对标准和考试的看法。

8. 十月是国家禁书月,很多图书馆会把学校禁止的图书陈列出来。采访一家展示这些图书的图书馆,问问为什么这些书被禁。

9. 同特殊教育教师和普通课堂教师一起,讨论如何调整课堂教学来满足特殊教育的需要。

10. 拜访一所小学、中学和高中,观察走廊、餐厅、操场和其他公共场所中学生对学生的欺侮、骚扰行为。

11. 普通教师需要了解哪些特殊教育的知识?你的学区为残疾儿童提供了哪些相关服务?为什么特殊教育成为很多学校争议的焦点?

12. 你所在地区的学校有哪些规则约束学生的行为？这些规则有没有印刷出来？

13. 学校工作人员如何在不侵犯学生权利的前提下控制毒品、酒精、帮派和武器？

14. 在你的学区里哪些教科书或其他教育材料受到过质疑？谁提出的疑问？出于什么理由？

15. 花一天时间跟随一名教师，记录下可能引发诉讼的事件。你有没有发现过失行为？有学生受伤吗？可以采取什么措施避免法律责任？

16. 你认为未来法庭将在家长和学校的矛盾中扮演什么角色？

补充资源

教育法律与家长权利
网站：
American Bar Association
www.abalawinfo.org

American Civil Liberties Union
www.aclu.org

Children's Defense Fund
www.childrensdefense.org

Children Now
www.childrennow.org

National Child Rights Alliance
www.ai.mit.edu/people/ellens/NCRA/ncra.html

Native American Bar Association
www.nativeamericanbar.org

参考文献

Abington School District v. Schemmp and Murray v. Curlett, 374 U.S. 203, 83 S. Ct. 1560 (1963).

Beth v. Van Clay, 282 F. 3d 493 (7th Cir. 2002).

Board of Education, Island Trees Union Free School District No. 26 v. Pico, 457 U.S. 853, 102 S. Ct. 2799 (1982).

Board of Education of Hendrick Hudson Central School District Board of Education v. Rowley, 458 U.S. 176, 102 S. Ct. 3034 (1982).

Board of Education of Mountain Lakes v. Maas, 152 A. 2d 394 (App. Div. 1959).

Brown v. Board of Education of Topeka, Kansas, 347 U.S. 483, 74 S. Ct. 686 (1954).

Cardiff v. Bismarck Public School District, 263 N. W. 2d 105 (ND 1978).

Cornwell v. State Board of Education, 314 F. Supp. 340 (D. Md. 1969), affirmed 428 F. 2d 417 (4th Cir. 1970), cert. denied 400 U.S. 942, 91 S. Ct. 240 (1970).

Counts v. Cedarville School District, 295 F. Supp. 2d 996 (W.D. Ark. 2003).

Cude v. Arkansas, 377 S. W. 2d 816 (Ark.

1964).

Edwards v. Aguillard, 482 U. S. 578, 107 S. Ct. 2573 (1987).

Elk Grove Unified School District v. Newdow, 542 U. S. 1 (2004).

Epperson v. State of Arkansas, 393 U. S. 97, 89 S. Ct. 266 (1968).

Ette ex rel. Ette v. Linn-Mar Community School District, 656 N. W. 2d 62 (Iowa, 2002).

Florence County School District Four v. Carter, 114 S. Ct. 361 (1993).

Franklin v. Gwinnett County Public Schools, 112 S. Ct. 1028 (1992).

Good News Club v. Milford Central School, 121 S. Ct. 2093 (2000).

Hartzell v. Connell, 679 P. 2d 35 (Cal. 1984).

In re Interest of Rebekah T. , 654 N. W. 2d 744 (Neb. Court of Appeals. 2002).

Irving Independent School District v. Tatro, 468 U. S. 883, 104 S. Ct. 3371 (1984).

Lander v. Seaver, 32 Vt. 114 (Vermont, 1859).

Lee v. Weisman, 112 S. Ct. 2649 (1992).

Leebaert v. Harrington, 332 F. 3d 134 (2nd Cir. 2003).

Medeiros v. Kiyosaki, 478 P. 2d 314 (1970).

Mozert v. Hawkins County Board of Education, 827 F. 2d 1058 (6th Cir. 1987).

Owasso Independent School District v. Falvo, 534 U. S. 426, 122 S. Ct. 934 (2002).

People v. Ekerold, 105 N. E. 670 (1914).

People of State of Illinois ex rel. McCollum v. Board of Education of School District No. 71, Champaign County, Illinois, 333 U. S. 203, 68 S. Ct. 461 (1948).

Pierce v. Society of the Sisters of the Holy Names of Jesus and Mary, 268 U. S. 510, 45 S. Ct. 571 (1925).

Schaffer v. Weast, No. 04-698, decided on November 14, 2005.

Smith v. Board of School Commissioners of Mobile County, 827 F. 2d 684 (11th Cir. 1987).

Smith v. Ricci, 446 A. 2d 501 (1982).

Timothy W. v. Rochester, New Hampshire School District, 875 F. 2d 954 (1st Cir. , 1989).

Tinker v. Des Moines Independent Community School District, 393 U. S. 503, 89 S. Ct. 733 (1969).

Veimeister v. White, 72 N. E. 97 (New York, 1904).

Wallace v. Jaffree, 472 U. S. 38, 105 S. Ct. 2479(1985).

West Virginia State Board of Education v. Barnette, 319 U. S. 624, 63 S. Ct. 1178 (1943).

Wisconsin v. Yoder, 406 U. S. 205, 92 S. Ct. 1526 (1972).

Zelman v. Simmons-Harris, 536 U. S. 639, 122 S. Ct. 2460 (2002).

Zorach v. Clauson, 343 U. S. 306 (1952).

第十一章
家庭暴力对教师、家长和儿童的影响

塔拉·李·穆劳瑟
儿童与家庭服务分部副主任
北达科他人类服务部

道格拉斯·诺尔顿
达科塔州立大学

理解家庭暴力的影响对于我们认识儿童虐待、忽略和家庭暴力的发展动态十分重要。本章将向教师介绍儿童受害者、家长虐待者和忽略者的特征,以及家庭暴力对家庭和儿童的影响,并提出相应的行动和决策建议。本章的目的是帮助阅读者:

◇ 理解儿童虐待、忽略和家庭暴力对教育和发展的影响。

◇ 充分认识家庭暴力问题的严重性。

◇ 学会在发现暴力迹象后与儿童和家长交流的技能。

◇ 理解教师在举报和分辨高危险处境方面的角色。

◇ 了解县、州及国家层面的信息和资源渠道。

◇ 理解儿童虐待和家庭暴力之间的发展动态和内在关联。

每一位教师都渴望看到班上的儿童朝气蓬勃、热情洋溢、反应敏捷——儿童来到学校时快乐健康、无忧无虑,可以不受干扰地积极参与学习过程。这个愿景并不总能实现,我们越来越认识到"家庭并不总是幸福的"。很多儿童到学校时,带着焦虑、恐惧和受伤的自尊心,他们显然是虐待和忽略的受害者(Becker et al.,1995;Miller-Perrin & Perrin,1999)。下面的统计数据会警示我们儿童虐待问题的严重性:

- 2003年,美国大约有906 000名儿童受到粗暴对待;60%被忽略,20%被体罚,10%被性侵害,5%受到情感虐待。
- 全美国范围内,大约有180万儿童接受了干预服务。
- 2003年儿童保护服务机构接到300万起儿童虐待和忽略的举报。
- 2003年大约有1 500名儿童死于被虐待或被忽略。
- 一半以上的举报来自专业人员,包括教师、执法官员、医生和儿童保育员。
- 每四名妇女中有一名在一生中经历过家庭暴力。
- 研究显示,70%有过家庭暴力的家庭发生过儿童虐待,40%—60%殴打妻子的男人会打自己的孩子。

儿童作为家庭暴力直接受害者的数据令人揪心,而在家里目睹一个成员对另一个成员施加暴力(如配偶暴力),也会对儿童产生严重的负面影响。过去,家庭暴力和儿童虐待是分开对待的,由社区的不同机构进行干预。近来,机构工作人员意识到两方面联合起来才能有效地、迅速地解决暴力家庭中出现的问题(Effective Intervention in Domestic Violence and Child Maltreatment Cases,1999)。正如研究显示,配偶之间的暴力常常与虐待儿童的暴力发生在同一个家庭(The Future of Children: Domestic Violence and Children,1999)。

任何一个在暗藏威胁、喜欢动粗的家庭中生活的儿童都需要费心劳神地去应对受伤害的可能性,要么是想方设法避免威胁,要么没完没了地揣测放学后会发生什么,他们很难集中精力学习。他们可能发展迟缓,在社会交往方面困难重重(Gerwitz & Edelson,2004)。

研究预计大约45%—50%在家殴打女性伴侣的男人也虐待儿童。一项早期研究发现,三分之二被虐待的儿童的母亲也被打(Stark & Flitcraft,1988)。其他研究,包括最近研究也证实了这一发现(The Future of Children,1999)。这些虐待可能是对儿童的直接攻击,也可能是因为孩子"在错误的时间出现在了错误的地点",例如,有时孩子只是想要保护一个家长,或只是碍事了。鉴于家庭暴力的儿童目击者也可能成为受害者,我们有必要了解家庭暴力的状况。据估计,每年有400万妇女被殴打——每9秒钟就有一人被打。200万被严重打伤,FBI估计每年有1 400—1 500名妇女被前夫或男友谋杀。美国司法部估计95%的对配偶/伴侣或前伴侣的攻击是男人对女人的侵害(Alsop,1995)。

此外,我们不能忽视一个全美国都在忧虑的问题——儿童暴力和反社会行为的增多。如果我们想要探究这些反社会行为产生的根源,尤其是青少年在学校和社区中暴力行为的根源,了解各种可能的解释就成了首要任务。20多年的大量研究数据表明,儿童受到的粗暴对待是这种攻击性行为产生的重要原因之一(Hoffman-Plotkin & Twentyman, 1984; Wodarski, Kurtz, Gaudin, & Howing, 1990)。儿童的攻击性行为受到广泛关注的同时,研究者还发现了家庭暴力对儿童发展造成的其他严重后果:焦虑(Wolfe & Mosk, 1983)、抑郁(Kaufman & Cicchetti, 1989)、依恋和社会互动缺陷(Crittenden, 1992)、学业障碍(Salinger, Kaplan, Pelcovitz, Samet, & Kreiger, 1984)和自尊下降(Fantuzzo, 1990)。这些后果中的任何一项都会对儿童的学校表现产生影响,所有这些后果都关系到学生学校生活的成败。

从这些数据我们知道有些来上学的儿童经历过创伤,他们在课堂上的反应会明显受到影响。如果我们要更好地为这些儿童提供服务,就需要了解一些家庭暴力理论,以及受害儿童的特征、受害家长的特征和施暴家长的特征。除此之外,有些社会问题被认为是造成儿童被粗暴对待的环境因素。经济因素,如高失业率和贫困与虐待的发生率相关。最近,我们发现流浪家庭在增加,这些家庭的儿童特别容易受到各种不良对待。一位著名的教师研究者最近将儿童虐待和家庭暴力与动物虐待联系起来(Ascione & Arkow, 1999)。

- 哪些环境因素造成了一个儿童频繁遭到虐待的社会?
- 什么样的态度、价值观和信仰可能支持粗暴对待儿童?
- 什么情况下"恰当的"纪律约束会变成虐待?

所有这些问题都与家长和教师的关系有关,因为对这些问题的解答可能影响儿童的学习能力。一旦我们理解这些问题的发生机制,认识到它们对学生的影响,我们就可以采取措施来支持这些家庭,并在必要时实施干预。很显然,在身体上和情感上遭受虐待的儿童会给学校和社区带来挑战。尽管有些教育者可能认为忽略这个问题或把它看成"家庭内部"问题更省事,但学生的需要和他们求助的呼喊将不断推动我们寻求更积极的策略。

举报儿童虐待和忽略

儿童虐待和忽略是非常普遍的社会现象。虐待和忽略的情况在社区的所有地方都可以看到。无论收入、种族、性别和家庭结构,成年人对儿童的暴力和这种暴力的影响跨越各种社会阶层。尽管风险因素在特定群体的儿童中更明显,我们课堂上的所有儿童都有在家被虐待和忽略的可能。

儿童虐待被广泛定义为通过运用体罚、侵犯（性和身体）、情感或心理上的粗暴对待等方式对儿童实施强权控制的行为（Tower，1999）。忽略被定义为无视儿童的需要以至于使儿童容易受到各种疾病、损伤或情感压力的侵害。忽略可分为身体忽略、情感忽略或医疗忽略，并包括"监管缺失"（Dubowitz，1999；Tower，1999）。心理虐待常常包含在其他形式的虐待和忽略中，是虐待和忽略的破坏性副产品（Tower，1999）。

尽管给这些概念下定义不难，但分辨一个人的行为或状态是否属于虐待或忽略很难。大多数情况下，对虐待、忽略行为的分类或判定取决于行为的严重程度、频率、弥漫性以及儿童的年龄和脆弱程度。

一般我们认为，那些负责照顾儿童的人有责任满足儿童的需求并保护他们免受侵害；照顾儿童的人不一定都是儿童的父母。儿童的照料者很多（如保姆、亲戚、同居的伴侣、祖父母）。

对受虐待和忽略的儿童的家庭生活的特征分析要求检查三个不同方面：儿童的照料者、儿童本人以及虐待和忽略发生的环境。这一过程一般被描述成"行为"——家长或儿童照料者的所作所为（如打孩子），或者"状态"——家长或儿童照料者面临的问题（如精神疾病、吸毒或酗酒）。

儿童虐待和忽略的家长因素

儿童照料者对儿童施加暴力常常被表述成在遇到压力时做了一个错误的决定，在暴怒中用体罚来控制局面。这种反应往往因药物或酒精的残留作用（或成瘾行为的影响）、精神疾病、身体疾病或抑郁、对生活处境的不满而变得更加暴烈。所有这些因素都可能诱发压力反应。此外，研究还发现了另外两个可预测儿童虐待风险的重要变量：儿童照料者的暴力行为是习得的（常常是因为家庭暴力史和暴力人际关系），儿童照料者缺乏育儿技能。在后者中，缺乏育儿技能可能表现为不能理解儿童的需要和弱点，同时缺乏应对儿童错误行为的技能（如婴儿总是啼哭不停）。

> **反思**
> 学校是否可用体罚和打屁股作为纪律手段一直是人们争议的问题。瑞典政府禁止所有形式的打人行为。美国政府应该采取同样的措施禁止打屁股或其他体罚行为吗？是不是应该对体罚设置具体的限制？在我们的社区里对体罚的运用是否有社会支持？要了解详细信息，可参阅哈特（Hart）编著的《消除体罚：通往建设性儿童纪律约束的途径》（2005）。

例如，缺乏经验、心力交瘁的家长因烦躁而摇晃婴儿，认为这样做可能给孩子一个信号：该停止哭闹，开始睡觉了。这样做实际上会让脆弱的婴儿处于危险中（摇晃可能引起脑部损伤），也错误判断了孩子的能力，婴儿还不能理解行为和后果的关系。很多时候，家长只是不知道自己采用的惩戒方法对孩子可能产生的伤害有多么严重。年幼孩子的家长，常常会因为挫败感达到极限而疯狂宣泄，他们认为孩子能学会听话或理解家长的意图。

儿童受到家庭成员的性侵犯（称为家庭内部儿童性虐待），也可能是儿童照料者陷入了上述困境，但两者略有不同。在这些家庭里，代际之间的界限很模糊（如家长和孩子）。对家庭成员的期望也遵循了这样的模式，儿童被期望填补成年成员的空缺来承担一些家庭功能（如性伴侣）。成年人和儿童之间不可告人的秘密，给家庭造成了极大的混乱和困惑（Faller，1990；Miller-Perrin & Perrin，1999）。

儿童照料者的认知和情感技能对他们的决策有重要影响，特别是在有压力的情况下。缺乏这些技能会使在他们照料之下的儿童更容易遭到虐待。

在忽略情境里这样的特征也很常见。忽略发生的机制也和环境因素密不可分。这些情况常常会导致儿童被忽略，很多时候，儿童在这种处境中既被忽略，也被虐待。

长期虐待是我们在学校课堂上最难处理的一种问题。因身体忽略导致情感忽略的情况在课堂里并不少见。例如，一个儿童的卫生状况差会影响这个儿童与其他同学建立和保持友谊的能力。即使采取干预措施，由于一些家长的状态和行为已经成为常态，且深深植根在家庭结构和历史中，效果也微乎其微，且不可能立竿见影。在这种情况下，不要低估积极的学校关系对儿童的影响。我们也许能满足或有机会满足儿童在家得不到的自尊、情感和发展需求。

当我们与家长或儿童照料者建立合作关系时，有些人可能会引起我们的关注。记住，他们很可能在物质上、情感上或心理上疏离了儿童的需求，因为他们为生活中其他烦恼所困。孤立无援、因缺乏育儿或社会/情感技能而挣扎，加上其他的状态因素（如酗酒或精神疾病），这些家长的问题很难快速得到解决。你可以和其他人合作成立一个团队，保持与这些家长的个人关系。

虐待和忽略的环境因素

尽管儿童虐待和忽略在所有社区都普遍存在，我们必须认识到一些重要的环境指标的风险。贫困和相关问题（失业、居住条件差、营养不良等），社会孤立和单亲家庭，或这些因素的组合，被认为是环境风险因素。当然，收入少是直接或间接造成儿童虐待和忽略的因素（Tower，1999）。例如，家长可能没有能力支付课外儿童照料服务，这使得儿童每天有几个小时处于无人监管的状态。这可能不能真正反映家长的决策能力，这只反映家长的实际经济条件以及家长如何平衡和考量风险因素（如照顾放学回家的8岁孩子就会耽误工作挣钱）。如果家长在这样的情境中不是孤立的,他们就有能力巧妙运用资源来照顾孩子,如请邻居帮忙或在游戏/娱乐小组中由家长轮流照料。如果家长在社会交往上与人隔绝,他们的选择面就小很多,这会给亲子关系带来不必要的压力,让儿童处于更不利的处境。

这个情景给家校关系提供了一个获得双赢结果的好机会。如果学校或社区为这些家长提供一些选择,让儿童放学后待在安全的课后环境,得到监护。在这样的环境中,儿童可以和同龄伙伴交往,提高各种技能。家长可以完成全天工作,不必担心孩子的安全。家长得到的这一层支持,能极大地促进亲子关系。

儿童受害者的特征

我们所有人都有可能在某个时候遇上一名遭到身体或情感虐待,受到性虐待、被忽略或目睹家庭暴力的儿童。因此,我们一定要熟悉这些儿童的特点和行为。尽管每个儿童都是独特的,所表现的症状或在课堂上的问题不一样,但他们的心理和行为状态有一些共同点。有时候,儿童会给我们一个非常简单的线索,表示他们在某种情境中很不自在或与课堂上的其他儿童不一样。另一些时候,他们可能充满敌意、愤怒,想要疏远其他儿童,包括老师和学校里的其他成年人。可能最重要的症状是儿童行为或性格的剧变。这些变化发生得很突然,例如一个外向,喜欢和其他孩子一起玩的儿童突然与他人疏远并躲躲闪闪。变化还可能体现在学习表现、分数或社会交往上。一名儿童在课堂上的反应或完成任务的减少有可能是因为他生活中发生了什么重大的事情。下面列出的是一些儿童可能经历的典型的压抑情绪,以及这些情绪将如何影响儿童发展的解释。

焦虑。儿童最早的发展需要是安全感。感到不安全的婴幼儿可能表现出明显加剧的焦虑情绪。这会在一些简单的行为中反映出来(如扭头发或咬指甲的习惯),或发展为恐惧症、惊恐失调、痴迷性/强迫性行为等。有时候这种焦虑与一个特定的人或环境相关,也可能儿童在任何情况下总是感到紧张或易怒。儿童常用回避手段应对这种焦虑或出现其他症状,如梦魇、尿床或生理症状如头痛、胃痛。

随着儿童年龄的增长,焦虑可能有其他行为表现。青春期阶段的儿童可能通过攻击性行为应对焦虑或用酒精、毒品来麻痹他们经受的痛苦或焦躁。

抑郁。儿童的抑郁情绪有一些典型症状(如胃口的变化、生物钟的变化、整体情绪问题)。需要注意的是,在青少年中,抑郁可能表现为易怒的状态,伴随多动和注意力涣散。有些被诊断为注意力缺陷或多动症的儿童也很可能是出于抑郁状态。他们的运动水平因为不安情绪而提高了。尽管我们很少给年幼的儿童下抑郁症的诊断,这些症状可能足以反映儿童处在一个被虐待的处境中。

在青少年发展阶段,抑郁更是一个严峻的问题,特别是当他与青春期冲动行为同时出现时。这种冲动增加了青少年吸毒、酗酒和自杀的可能性。

愤怒。我们需要意识到，一个年幼儿童表现出的愤怒可能只是被激怒或失控行为，但这也可能是他们无法理解或表达愤怒而导致的。有时候愤怒是自我导向的，会引发抑郁或高风险行为。另一些时候，儿童表现出行为问题，变得更具攻击性，特别针对其他儿童。这种行为在课堂上很难控制，如果我们不把这种行为看做是求助的信号，我们就会采取消极的或惩罚性措施来制止它。青少年表达的愤怒更具敌意，常表现为攻击行为、伴随性侵犯行为的增加。

自我概念。人们越来越清楚，在虐待环境中成长的儿童的自我意识将受到消极影响。自尊水平（儿童对自己的积极评价）和恰当的自我概念（儿童对自己能力的现实评价）对儿童的心理发展至关重要。对自尊的侵犯将阻碍儿童的发展进程。当儿童的自我意识缺乏或自尊降低，他们常常不能控制自己的情绪。他们可能无法在充满压力的情境中平静下来或安慰自己。这还会在儿童与人分离或独立生活时产生负面影响，分离焦虑症是这种时刻常见的症状。在儿童发展的后期，他们可能不能界定自己的界限或理解他人的需要和愿望。此外，还有报告显示这些人更容易有受暗示、上当、自我保护意识不足和被人侵害或利用的可能。

创伤后应激障碍。高度压抑或危险的环境会引发一种创伤后应激反应，被诊断为创伤后压力失调或创伤后应激障碍（post-traumatic stress disorder，PTSD）。这种失调症状会表现为：在情感或反应上对事情的麻木；频繁回顾所发生的事，有时表现为挥之不去的回忆和噩梦；易怒、睡眠障碍、注意力难以集中。受虐待的儿童一般会表现出比其他儿童更多的创伤后恐惧、注意力问题和焦虑。

尽管这些症状在接触到严重暴力和虐待行为的儿童身上最为常见，其他还有一些表现能反映出儿童受到过这种侵害。这些症状包括：自杀倾向、高风险的性行为、自杀想法和行为的发生率更高。有些孩子，特别是青少年，可能会卷入不加选择的性行为，以表达对接纳和自我价值的需要。饮食紊乱也是很常见的反应，如神经性厌食症、贪食症。贪食症的表现主要是呕吐和服泻药，这些症状往往和虐待，尤其是性虐待有关。

受害儿童的另一个特征是人际关系协调障碍。一名儿童与其他儿童的关系的突然变化可能就是一个压力信号。这些儿童可能表现出回避行为（退缩、孤立），影响他们与别人的互动。实际上，这些儿童可能认为自己不配得到友谊。总的来说，被虐待的儿童与一般儿童相比，社交能力较差、更具攻击性、更退缩。他们长大后，很难与别人建立亲密关系。即使建立了这样的关系，他们内心往往会交织着矛盾情绪或恐惧，担心自己受伤害。

 想一想受虐儿童的特征，这些特征会如何出现在你的课堂里？你如何识别这些行为？你又会如何对待这样的行为？

干预和治疗

显然,干预和治疗必须在确认儿童和家庭仍存在虐待和忽略的风险后才能开始。这就是为什么辨别和向地方儿童保护机构举报虐待及忽略事件如此重要的原因。一旦认定确有其事,社会工作人员就开始进行测评,判断儿童在当前的环境中是否安全,确定风险并推荐治疗服务。一般来说,这个过程包括由儿童保护服务机构或多学科儿童保护团队来判定举报情况是否属实。

如果儿童需要得到即刻的保护,免受进一步虐待或伤害,儿童保护机构将向法院申请将孩子从有害环境中转移出来。对儿童的临时或紧急监护一般意味着这名儿童被送到一个有爱心的亲戚家,或寄养家庭,或相关机构中,直到机构工作人员和法庭认为儿童回到家后的安全可以得到保障。如果证实虐待或忽略的确发生过,法庭一般会强制要求家长或儿童照料者接受推荐的治疗,然后儿童才被送回家中。在儿童性虐待案件中,儿童保护机构可能要求犯罪的家长离开家并停止与儿童的接触。这种情况下,有时儿童可以待在自己家与其他家庭成员生活在一起。犯罪的家长将被监控,在完成性侵犯者的治疗或从看守所释放后才可以回家。

儿童虐待的长期影响

儿童虐待和忽略的长期影响受到很多研究者和大众媒体的高度关注。可能的影响很多,很难预测会产生什么样的后果。有些人甚至说童年时期被粗暴对待可以增强自信。最近的一些对恢复能力的研究显示,儿童生活中的积极力量能够缓和一些或大多数伤害,虽然不可能完全消除受害儿童的生活或记忆中的伤痛(Wolin & Wolin, 1993)。清楚的是,粗暴地对待儿童会阻碍儿童能力的发展,至于哪些能力受阻碍以及在多大程度上受影响,则要视具体情况而定。

研究记录了神经的、认知的、行为的、心理的、情感的以及智力的影响。从教育角度看,儿童虐待及忽略的影响与学习结果和测试成绩有关,这表明对儿童的粗暴对待会削弱他们充分参与学习和取得进步的能力(Tower, 1992)。

家庭暴力

家庭暴力被定义为在成人亲密关系的环境中出现的一种攻击性和控制性行为模式。家庭暴力常常被称为配偶暴力,但后者不包含婚姻以外有关系亲密的成年人之间或在家庭环境中发生的其他暴力。攻击和控制性行为模式通常的表现形式是:胁迫、恐吓、贬低、剥削以及身体攻击的实际暴力行为(Peled, Jaffe, & Edelson, 1995; Renzetti, Edelson, & Bergen, 2001)。甘利(1993)将家庭暴力分为两类:"动手的"(指身体暴力)和"不动手的"(指心理恐怖主义,不留可见伤痕)。根据1990年

FBI制服犯罪记录的定义,施暴是通过暴力和其他形式的虐待在人际关系中施加控制和制造恐惧的方式。施暴者运用暴力和一系列其他行为,包括恐吓、威胁、心理虐待、隔离及特权来胁迫和控制他人。暴力并不一定经常发生,但它始终是一个隐藏着的(长期的)令人害怕的因素。

研究表明,30%的女性在成年后的人际关系中遭受过某些形式的虐待(Peled, Jaffe, & Edelson, 1995)。家庭暴力的影响在社区中无处不在,学校课堂也不例外。成人暴力的模式会有起伏:充满混乱和恐惧的时期之间,间隔着克制、平静、道歉和后悔。每个新阶段的暴力会升级,在后期的暴力中常常会使用武器。家庭暴力的幸存者说,他们必须竭尽全力对任何事都"捂着盖子",防止暴力的爆发。我们常常会问,他们为什么还要待在那个环境中。除了要养育孩子这个容易被理解的理由外,还有经济因素、家庭问题、到哪里去住的实际问题(很多离开虐待关系的女人发现自己和孩子无家可归)、如何养活孩子的问题以及安全问题(LaViolette & Barnett, 2000)。而且,研究证实,离开施暴者的妇女被施暴者杀害的可能性比留在施暴者身边的妇女高75%(Hart, 1990)。凯西·格温,一位著名的检察官,在圣地亚哥市工作室领导了这一领域的一项改革,她提醒我们问一个问题:他为什么要打她?

家庭暴力的特征

绝大多数暴力事件中男人是施暴者,也有少数案件中女性是施暴者。因为家庭暴力是一种犯罪行为,举报家庭暴力对一个家庭来说是一个艰难决定,更让孩子感到困惑迷茫。有很多人曾认为,生活在暴力家庭的儿童受到的影响很少,但研究却清楚地证明这种影响具有显著的危害性,因为儿童不仅被教会使用武力,而且他们是暴力和虐待行为的被动目击者(Holden, Geffner, & Jouriles, 1998; Jaffe, Wolfe, & Wilson, 1990; Peled, Jaffe, & Edelson, 1995; Roy, 1988)。

> **反思** 有些人受到殴打或欺压却不逃离,你觉得难以理解吗?为什么对他们来说,离开暴力关系很困难或很危险?离开的风险有哪些?留下的风险有哪些?你自己的关系中哪些特征可能是暴力互动的早期征兆?

我们在向有关部门举报暴力事件之前就听到儿童在教室里透露了这些事。作为教师,我们必须准备好倾听孩子的诉说并让他们讲出在家看到和听到的,并给他们机会说出自己的感受。如果你打算与家长见面,如何与家长谈论这个问题非常关键。你必须考虑受害者的安全、羞耻感和愧疚感、被施暴的耻辱以及孩子与受害家长的恐惧。暴力家庭的控制模式是弥漫性的,受害家长可能会犹豫多年才决定冒险离开暴力关系——甚至才开始承认确实有暴力存在。

亲密伴侣之间的暴力行为使家庭反复出现危机和混乱,这与我们在有虐待和忽略行为的家庭中观察到的一样。尽管饮酒、酗酒或精神疾病可能使家庭的强权与控制模式恶化,但运用强权和控制致使家庭成员的行为是习得的,不是滥用化学药品、生物因素或激素失衡导致的结果。这一领域的研究者和治疗师发现,男性施暴者总是淡化或否认自己行为的严重性;将责任推卸给情景因素或其他人;他们觉得有控制别人,尤其是控制伴侣的需要;他们将受害者隔离起来不让外界知道家庭暴力的存在(Cararelli,1997;Stordeur & Stille,1989)。

从另一个角度看,受害女性因为害怕一再退让,以至于她们回应的能力削弱了。研究显示,受害女性有如下心理特征:

习得的无助感(如认为她们即使再努力也不一定有好结果);对其他选择感知减少(特别是对暴力以外的选择);对矛盾想法的容忍度加强(我爱他,我也怕他);对施暴者实施暴力的能力或可能采取的暴力行为的范围更了解(Balckman,1996)。

这些特征会削弱女性抚育孩子及鼓励和支持孩子情感成长、获得安全感的能力。苏珊·谢齐特是一位家庭暴力领域的专家,她的一句话常常被引用——"保护孩子的最好方法是保护母亲"。因为受害妇女对暴力的反应,她们可能无法在暴力环境中充分保护自己的孩子(Roy,1988)。当然,我们不能断言一个处于暴力关系中的母亲一定不能满足孩子的需求。

干预和治疗

家庭暴力属于犯罪,因此干预是通过执法机构提供的。大多数州制定了处理家庭暴力案件的程序,规定了如何实施逮捕,如何提交刑事法庭审理。逮捕被看成是一项有效的家庭暴力干预手段。干预过程应该包含一个全面治疗方案以帮助施暴者"去除"习得的暴力行为。在治疗期间,施暴者学习新的技能和观点,练习用可接受的恰当的方式表达愤怒、使用权利和控制人际关系、放弃以前的行为。很多治疗项目也设在社区里,最好的项目结合了小组治疗环境中的教育、治疗、自我意识、危机管理。大多数综合治疗项目至少持续24周,每周治疗一次。

受害女性也接受治疗,包括正式支持小组和个人治疗,一般由社区家庭暴力机构提供该服务。很多项目也为儿童提供治疗服务,通常运用支持小组/教育过程或游戏治疗来帮助儿童分辨、表达和理解内心感受。

目前很多社区以提供即时合作小组的方式来提供服务,拓展服务和干预范围来帮助生活在暴力环境中的家庭和儿童。因为家庭暴力的影响渗透到社区的方方面面,我们也应该加入到各方的合作中,学会从家庭暴力抗议者、儿童虐待和忽略的救助机构及执法者的角度来理解这一问题(Klein, Campbell, Soler, & Ghez, 1997)。这一层面的参与有助于我们增强信心,当班级里的学生透露暴力事件或当一名家长向我们诉说自己的处境时,我们知道该怎么应对。在这类问题中出现诉讼的可能性很大,我们必须学会运用社区资源来帮助家庭和儿童找到一个安全的庇护所,摆脱暴力的怪圈。

家庭暴力对家庭成员的长期影响

家庭暴力对儿童的影响,正如前面所说,与儿童的发展阶段和受虐待的严重程度及频率有关。这些影响的评估一般是一个独立于个案的,对有些儿童,可能目击或遭受一次暴力就会造成重大创伤,而有些儿童则具有令人惊异的恢复能力。通常,研究显示目击暴力的男孩长大后在亲密关系中运用暴力的可能性是那些没有经历过暴力的儿童的三倍(Stark & Flitcraft, 1996)。同样的研究显示,暴力是代代相传的,有暴力父亲的儿子虐待女性的可能性是非暴力父亲的儿子的1000倍。相反的,目睹妈妈受虐待的女儿可能在之后的人际关系中更能容忍暴力行为(Hotaling & Sugarman, 1986)。对暴力与短期/长期影响之间关系的研究还在增加。一些专家最近注意到大约100项研究发现,目睹成年人的家庭暴力与儿童及儿童长大后的问题有关联(对当前儿童既研究了直接影响,也研究了间接影响)(Gerwitz & Edleson, 2004)。

根据一项最近的调查,目睹暴力的儿童中三分之一表现出行为和情绪失调、焦虑、睡眠干扰和学校问题。大约20%—40%的习惯性青少年暴力罪犯的家庭有家庭暴力史(Jaffe, Wolfe, & Wilson, 1990)。另一项研究显示,抑郁,语言、认知和运动能力下降能够预测儿童是否目击了成年人的暴力行为(Holden, Geffner, & Jouriles, 1998; The Future of children, 1999; Effective Intervention, 1999)。相当多的研究一致表明,儿童时期目睹暴力会导致这些儿童成年后也使用暴力来解决问题和获得控制。对成人的长期影响的研究显示,抑郁、低自尊、情感创伤和创伤后压力以及再次受害在暴力幸存者中很常见(Bolton & Bolton, 1987)。当我们审视一个具体情况,制订计划或创造机会与经历家庭暴力的家长建立合作关系时,应该把所有这些因素都考虑在内。

儿童虐待和家庭暴力的关联

教育者对儿童虐待问题越来越敏感了。我们已经知道了如何举报虐待嫌疑的程序,但很少有人意识到儿童在家目睹成人暴力造成的问题会有多么严重。人们越来越认识到家庭暴力和儿童虐待之间的关系。美国人道协会(AHA)是强调这一关联的第一批全国性组织之一,他们在协会刊物《保护儿童》中率先发表了这样的观点。AHA刊物中的一篇文章,引用了相关研究并指出,目击暴力的儿童与遭受虐待的儿童的反应模式具有关联性。很多其他作者和研究者也证明了在家庭暴力领域的这一关联。攻击性和反社会行为的增加,社会交往能力的降低,焦虑和抑郁加剧,语言、认知、运动能力的下降,这些在目睹各种家庭暴力的儿童中都会出现(Holden,Geffner,& Jouriles,1998)。对教育机构来说,认知和情感的影响格外明显。如果我们作为教师要促进儿童的学习,就必须意识到家庭暴力对儿童的影响。

家庭暴力对儿童的影响因儿童的年纪和发展阶段而不同,因此教育者和儿童保育员需要了解各年龄段和发展阶段的儿童所受的影响(Schechter & Knitzer,2004)。近期的研究进展可以成为教育者理解儿童对暴力行为和发展反应的有效工具。这将帮助教育者和儿童保育员为儿童创设一个有助于他们积极发展的环境(Gerwitz & Edleson,2004)。

由于儿童虐待和家庭暴力之间的关系,儿童保护服务机构和直接帮助家庭暴力受害者的机构之间常发生一些矛盾。例如,儿童保护社会工作者可能认定一名妇女既然不能保护自己,也就不可能保护好孩子。反家庭暴力组织的工作人员则认为受害妇女是最能判断环境中的安全和恐惧水平的人。如果她愿意继续待在家里,其他人应该尊重并支持她的决定。这些不同的观点常常引发干预推荐的分歧。因此,机构间的合作对寻求保护的母亲和孩子至关重要。

最近引起研究者和决策者关注的另一个有趣事实是,家庭暴力与动物虐待的关系(Arkow,2003;Flynn,2000;Ascione,Weber,& Wood,1999)。动物虐待和家庭暴力的重叠关系最早被反家庭暴力的倡导者"发现",他们是从来到庇护所寻求保护的妇女和儿童口中听到这样的故事的。这些妇女和儿童不仅回顾了他们的恐怖经历,还对他们逃离时留在家里的宠物表示担忧。研究发现,88%虐待和忽略儿童的家庭有被虐待和忽略的宠物(Boat,2002;Ascione,Weber,& Wood,1997)。

我们希望教室里的所有孩子都不会经受暴力,但这个期望不现实。然而,改变现状的第一步是认识到,发现和承认家庭暴力的存在。如果你对如何阻止儿童虐待和忽略感兴趣,可以阅读维克多·维斯的《进入第三代:美国120年间终止儿童虐待的呼吁》(Vieth,2004)。这一问题非常沉重,常常会让你在试图保护学生时感到无能为力。本章提供的信息只是为增强你的信心和改变学生命运打下一个知识基础。下面的建议将提供积极的行动方案。

行动建议

警惕行为信号

通过学习,我们能够意识到课堂上可能出现的各种行为表现。在学习和社会交往上的线索尤为明显。最主要的信号是学习表现的突然变化、孤立或攻击行为,也有可能是学业考试成绩下降、逃学、停学和违反学校纪律的行为。

情感和心理表征也很明显,可能是从一种行为转向另一种行为——例如,一个原本很配合的儿童突然变得充满敌意、易怒和疏远他人。

警惕家长提供的线索

你和家庭各成员的接触,如在家长会上与家长的交谈,也很可能给你提供线索,帮助你了解家庭里发生了什么。特别注意家长的以下行为,这些行为可能是潜在问题的表现:

- 责备或贬低孩子。
- 认为这个孩子与其兄弟姐妹不一样(缺点)。
- 认为这个孩子坏,邪恶或是个"魔鬼"。
- 认为这个孩子身上没有优点或可爱的地方。
- 似乎不关心孩子。
- 爽约或拒绝讨论孩子在学校的问题。
- 滥用酒精或药品。
- 举止古怪或缺乏理智。

通过与家庭的接触,我们或许能够分辨儿童和家庭成员是否处在一个危险的环境中。

与儿童交流

当我们发现儿童可能处于令人担忧的环境中,可以与他们谈谈,但交谈时有些原则需要遵守。记住,你自己去调查是不会有好效果的——那是儿童保护服务人员的角色。在有必要与儿童交谈时,记住他可能很害怕、焦虑不安,或者很痛苦。因此,尽可能让儿童感到舒服。与儿童交谈的人应该是这个儿童信任和感到安全的人。这个人可以是学校里经过专门训练并擅长进行这种访谈的人,如学校的社会工作人员或心理专家。记住谈话应该在一个私密的、友善的环境中进行,向儿童强调他/她自己没有做错任何事情。以下建议可能有助于对话的进行:

- 需要向儿童反复声明,他们不会有麻烦,也没犯任何错误。受虐儿童常常觉得被虐待、被忽略或家里的问题是自己的责任,会责备自己。与儿童谈论这些事可能强化这样的感受。需要明确地、直接地告诉儿童他们没有责任。

- 向儿童保证,他们所提供的信息不会让其他老师和学生知道,但可能会告诉社会工作者和执法官员。

- 如果我们觉得有必要举报这些情况,应该告诉儿童并让他们知道我们会继续支持他们,他们任何时候都可以来找我们。
- 与儿童交流时,确保所用的语言是这个发展阶段的儿童能听懂的。如果他说了一些含糊不清或无法理解的话,需要问清楚。
- 不要强迫儿童回答问题或描述他们不愿说的事。再次强调,这不是一次调查,应让儿童觉得他们把一些情况说出来可以保护自己。这样的初步访谈和重复访谈有时会因为访谈过程不合法而导致刑事诉讼的失败。
- 不要坚持查看儿童的受伤情况,如果他想要展示伤口,就让他们这样做,不要犹豫。但确保不要脱去任何衣服,如果有必要让他脱掉衣服检查伤口,我们必须请一位学校护士或相关的学校官员到场。

与家长交谈的指南

有时,在家长座谈会上的对话会引发我们对虐待或暴力行为的担忧。我们需要判断,教师是不是与家长交谈的最合适人选,校长或其他工作人员与家长谈话是否更妥当。通常,当家长第一次被问及是否有暴力行为时会非常不安或愤怒。因此让家长尽可能感到舒服非常重要。同样,谈话必须在私密场合,而且家长应该立刻被告知学校下一步可能会采取什么措施。尽可能站在家长的角度考虑问题,不要表现出任何愤怒、厌恶或震惊。最好不要给家长提建议,允许家长自己决定采取什么行动。在家庭暴力中受害的母亲披露信息的情况下尤其应如此,应该让她本人决定下一步该怎么办。强迫她采取某个立场或强烈建议她做什么反而削弱了母亲的力量,并会给她的家庭造成更多问题。

举报儿童虐待和忽略

州法律和联邦法律都规定教育者必须举报对儿童虐待和忽略的担忧或怀疑,有时也应举报家庭暴力。这些法律告诉我们哪些是教师必须做的。很多州的条令明确指出教育者有举报义务,有些州则指出任何公民都有责任举报。教师应该有这些指南、法律和地方法规的复印件,了解信息并做好准备。在举报事件或怀疑时,大多数州要求提供基本信息。这些信息包括:

1. 儿童姓名、年龄和住址,家长的姓名和住址。
2. 观察到的受伤情况或状态的性质和程度。
3. 以前的伤害与发现的时间。
4. 举报者的姓名和所在地(有时不需要,但这些信息对儿童保护服务人员有帮助)。

美国教育协会提供了一本名为《学校如何帮助制止儿童虐待与忽略》。这本书列出了一个提纲帮助学校制订恰当的学校政策。这样的政策应该包含对以下问题的答案：

1. 什么时候教师必须举报儿童虐待？或怀疑？有哪些合理的理由？（这不仅需要参考学校政策，还需要参照州法律）
2. 教师向谁汇报？护士？校长？学校社工人员？
3. 教师需要汇报哪些具体信息？
4. 学校中的哪些工作人员必须介入？
5. 谁去向合适的授权单位举报？以何种方式举报？
6. 报告中需要包含哪些信息？（这些在州法律和保护服务机构的条例中有说明）
7. 举报后还有哪些后续事宜？
8. 学校在社区、儿童保护团队中的角色是什么？
9. 学校在教师的在岗培训或社区项目中应该承担的任务是什么？

举报是一项艰巨的工作，因为它是一个令人焦虑的过程。对家长或儿童的个人情感会影响我们的决定。谁都不愿意做得罪人的事。我们会担心自己的安全。有时，我们觉得自己没有受到管理者或其他学校官员的保护，这也会影响我们的决定。另一些时候，曾经与儿童保护机构或执法机关打交道的困难或失败经验也会使我们犹豫不决。迟疑中还可能包含着这样的想法——"做什么都无济于事"。我们常感觉自己被划出了信息圈以外，儿童保护机构介入后，我们就不再了解孩子的情况。州保密法和政策限制了对儿童和家庭信息的交流。然而，有些州允许儿童保护机构将信息提供给其他专业人员，前提是这位专业人员是多学科治疗小组的成员。你需要阅读州的法律政策来了解你的角色是什么，你有权得到哪些信息。

了解社区、州和国家资源

了解社区为儿童和家庭设立的各种服务项目，尤其是那些为暴力家庭提供干预和治疗的项目十分重要。去社区的儿童保护机构索取一些有关儿童虐待和忽略的信息，联系家庭暴力项目或执法机构以了解更多家庭暴力的信息。这些项目能够告诉我们社区里家庭的需要以及可以用来帮助你和你的学生、同事和家长了解有关信息和服务的教育资源。

有些国家资源也能为家庭暴力问题提供信息。全美家庭暴力资源中心（NRCDV）是一个免费提供很多有用资料的信息来源处。全美儿童虐待和忽略信息交换所也能提供很好的材料和技术帮助。各州还可能有相似的机构提供各州的具体信息，你在社区联系的地方项目应该有这些资源的名称和地址。

我们作为教育者的角色

在家庭暴力情境中我们能起到的最大作用是发现和识别暴力的存在。如果暴力涉及或影响到儿童,我们需要以最妥善的方式举报和支持这个儿童和家长。这是打破家庭暴力恶性循环的第一步。

案例分析

吉娜,31岁,是一名上班母亲,有两个孩子:萨迪,7岁,在上学,比姆,16个月大。吉娜搬来道彻斯特社区才半年,和孩子住在一所公寓中。吉娜是一家小保险公司的管理助理。她和比尔——比姆的父亲分手了,他住在另一个州。

吉娜和比尔并未结婚,但在一起同居了四年,直到半年前她搬了家。他们的关系中从没有过暴力或威胁,虽然他们之间常起"风暴"。吉娜和比尔都没有因为孩子的问题而与保护服务机构打过交道。

不久前,比尔来到道彻斯特看望孩子。吉娜和比尔发生了激烈的争吵,比尔狠狠地打了吉娜。他吓坏了,跑掉了。吉娜拨打了911。争执发生时,萨迪还在学校;比姆在家里的另一个房间睡觉。在救护车到来之前,吉娜委托经常帮她照料孩子的邻居接萨迪和照顾比姆。她打电话把邻居叫了过来,然后随救护车去医院治疗骨折的手臂、内出血和脑震荡。医生让她住院治疗。几个小时后,邻居打来电话说警察把孩子带去了监护所。他们说孩子不能留给一个"陌生人"来监护。吉娜非常难过,给她的表亲(她居住在一个紧邻的州)打了电话,让她去警察分局把孩子接出来。这位表亲去了,但警察拒绝把孩子交给她。吉娜收到了法庭传票,她被指控因"卷入家庭暴力"而忽略儿童。

道彻斯特儿童保护机构的规定是,带走并安置目睹家庭暴力的儿童,因为目击暴力是对儿童的粗暴对待。

问题和思考:

1. 目击暴力是否应该被自动认定为对儿童的粗暴对待?

2. 如果是,这对儿童、成人受害者以及施暴者有什么影响?这一措施和政策对公共政策有什么影响?

3. 如果不是,还需要考虑其他哪些因素来确定目击暴力是一种虐待?

4. 如果儿童告诉你他们家里发生的暴力,你作为教育者或儿童保育专业人员会以儿童虐待和忽略为由去举报吗?

注:这是一个真实案例,取自最近的一个标志性诉讼案。你可以在相关网页上找到这个案件的详细信息和法庭判决。

小结

师范学生,甚至一些新手教师经常说他们只想"教书"。然而,正如本章所展示的,单纯"教书"是不现实的。儿童将很多问题带入学校,干扰了他们的学习。其中一个重要问题就是家庭暴力。教师需要理解家庭暴力的发生机制和症状来帮助儿童或将儿童转送到其他专业人员那里以得到求助。本章帮助你理解了儿童虐待和忽略及家庭暴力对教育和发展的影响。虽然过去教育者关注的焦点是儿童虐待和忽略,现在人们意识到家庭暴力对儿童有着极大的影响。教师需要利用资源,了解暴力的高风险指标,来帮助儿童和家庭应对暴力、逃离暴力,转移到更安全的环境。处于暴力环境中的儿童,需要知道他/她的教室是一个安全的地方。

推荐活动

1. 邀请儿童保护服务机构或反家庭暴力组织的人员来谈谈如何举报和辨别高风险情景。
2. 参加一个儿童虐待和忽略干预活动,如在四月系上蓝丝带倡导人们对这一问题的关注。
3. 调查一下,学校有没有开设特别课程,讲授家庭暴力或儿童虐待和忽略问题。
4. 让学生设计一个有关儿童虐待和忽略的海报并组织专题讨论会,讨论生活在暴力家庭的儿童。
5. 收集和分发社区内能帮助暴力家庭的机构/团体资源的信息。
6. 角色扮演一场家长座谈会,在会上你怀疑一个儿童目击了严重的家庭暴力。说说你在犹豫是否要举报或证实暴力时的感受。
7. 加入社区或机构做一名志愿者。

儿童读物

《儿童虐待》
作者:盖尔·斯图亚特
阅读级别:8—10岁
Child Abuse
Gail Stewart
Thomson Gale(2002)

《儿童虐待》
编者:威廉姆斯·切克　戴尔·加瑞尔　所罗门·辛德　罗伯特·布鲁姆　查理斯·欧文
阅读级别:青年人
Child Abuse
William A. Check, Dale C. Garell, Solomon H. Synder, Robert W. Blum, Charles E. Irwin (Eds.)
Chelsea House (1991)

《一路私语》

作者:贝弗利·路易斯

阅读级别:12岁以上

Whispers Down the Lane

Beverly Lewis

Bethany House(1991)

《有些事我不敢说:写给受虐待的小受害者》

作者:帕特里西亚·奇欧　插图:卡罗尔·迪奇

阅读级别:5—7岁

Something Happened and I'm Scared to Tell: A Book for Young Victims of Abuse

Patricia Kehoe, Carol Deach (Illustrator)

Parenting Pr. (1986)

《家庭暴力》

作者:凯特·海弗林

阅读级别:9—11岁

Family Violence

Kate Havelin

Capstone Press(1999)

《我不要再有秘密》

作者:欧来丽·沃彻　插图:简·亚伦

阅读级别:6—10岁

No More Secrets for Me

Oralee Wachter, Jane Aaron (Illustrator)

Little, Brown & Company (2002)

《斯塔尔的住处:给经历家庭暴力的孩子带来希望的故事》

作者:霍华德·肖尔　插图:玛丽·吉尔帕特里克

阅读级别:9—12岁

A Place for Starr: A Story of Hope for Children Experiencing Family Violence

Howard Schor, Mary Kilpatrick(Illustrator)

Kidsrights (2002)

《我的身体是隐私》

编者:琳达·瓦夫德·吉拉德　凯瑟琳·塔克

插图:罗德尼·佩特

阅读级别:5—8岁

My Body Is Private

Linda Walvoord Girard, Linda W. Girard, Kathleen Tucker (Ed.) Rodney Pate, (Illustrator)

Albert Whitman (1992)

《杰米看见的》(纽伯瑞儿童文学奖获奖作品)

作者:卡洛琳·科曼

阅读级别:9—12岁

What Jamie Saw

Carolyn Coman

Front St. (1984)

《我再不想去贾斯汀家了》

作者:希瑟·克拉森

阅读级别:9—12岁

I Don't Want to Go to Justin' House Anymore

Heather Klassen

CWLA Press (1999)

《你不开心,怎么了?》

作者:大卫·马克思

阅读级别:4—8岁

What Is Up When You Are Down?

David Marx

Children's Press (2000)

《妈妈和爸爸打起来了》

作者:苏珊·帕里斯

阅读级别:4—8岁

Mommy and Daddy Are Fighting

Susan Paris

Seal Press(1986)

《家是我们住的地方:一个小女孩眼中的庇护所生活》

作者:简·赫坦斯顿

阅读级别:4—8岁

Home Is Where We Live: Life at a Shelter

through a Young Girl's Eyes
Jane Hertensten
Cornerstone Press (1995)

《一个安全的地方》
作者：马克辛·特洛提尔

阅读级别：4—8 岁
A Safe Place
Maxine Trottier
Albert Whitman & Co. (1997)

补充资源

专著及事实数据

布拉格（2003）
《暴力家庭中的儿童保护》，美国健康与人类服务部，儿童与家庭管理部。
Bragg, H. (2003). *Child Protection in Families Experiencing Domestic Violence*. U. S. Department of Health and Human Services, Administration on Children and Families.

全美儿童虐待与忽略信息交换中心（Clearing on Child Abuse and Neglect Information）提供大量相关出版物，网址请见网站信息。

儿童与家庭暴力事实——全国反家庭暴力联盟（National Coalition Against Domestic Violence）
见网站信息，进入页面后，点击"资源"（resources）

家庭暴力事实——美国反家庭暴力联盟（National Coalition Against Domestic Violence）
见网站信息，进入页面后，点击"资源"（resources）

谢克特（2004）
《童年、家暴与贫困：帮助年幼儿童与他们的家庭》
本书包含六篇系列论文和一篇介绍性文章。书中阐述了目睹和受到家庭暴力影响的儿童的种种反应和后果。强烈推荐教育者和儿童照料者阅读。（本书可从以下网址免费下载：www.uiawa.edu/~socialwk/publications.html）
Schechter, S. (Ed.). (2004). *Early Childhood, Domestic Violence, and Poverty: Helping Young Children and Their Families*. Packard Foundation.

儿童虐待与忽略，家庭暴力

图书：

卡德利（1997）
《亲密伴侣之间的暴力：特征、原因与后果》
Cardelli, A. (1997). *Violence between intimate partners: Patterns, causes, and effects*. Boston, MA: Allyn & Bacon.

杜波伊兹（1999）
《被忽略的孩子：研究、实践与政策》
Dubowitz, H. (ed.). (1999). *Neglected children: Research, practice and policy*. Thousand Oaks, CA: Sage.

贾辛斯基，威廉姆斯（1998）
《伴侣暴力：对 20 年研究的全面回顾》
Jasinski, J., & Williams, L. (Eds.). (1998). *Partner violence: A comprehensive review of 20 years of research*. Thousand Oaks, CA: Sage.

坎特，贾辛斯基（1997）
《走出黑暗：关于家庭暴力的当代观点》
Kantor, G., & Jasinski, J. (Eds.). (1997). *Out of darkness: A contemporary perspectives*. Thousand Oaks, CA: Sage.

肯皮，希尔弗（1987）
《挨打的孩子》（第四版）

Kempe, C. H., & Helfer, R. E. (Eds.). (1987). *The battered child* (4th ed.). Denver, CO: Kempe National Center Division of University Health Science Center.

梅耶,伯林纳,布里埃里,亨德里克斯,詹妮,雷迪(2001)

《儿童虐待问题职业工作者手册》(第二版)

Myers, J., Berliner, L., Briere, J., Hendrix, C., Jenny, C., & Redi, T. (Eds.). (2001). *The APSAC handbook on child maltreatment* (2nd ed.). Thousand Oaks, CA: Sage.

尼尔森,克拉克(1986)

《预防儿童性虐待的教师手册》

Nelson, M., & Clark, K. (Eds.). (1986). *The educators guide to preventing child sexual abuse.*

以下资源是了解儿童性虐待问题的最好信息渠道。每位教育工作者都应阅读这些材料。

网络出版物

《暴力与家庭:美国心理学会总统特派工作组关于暴力与家庭的研究报告》

Violence and the Family: Report of the American Psychological Association Presidential task Force on Violence and the Family. (1996) Washington, DC: American Psychological Association.

陶尔(1999)

《理解儿童虐待与忽略》(第四版)

Tower, C. (1999). *Understanding child abuse and neglect* (4th ed.). Boston: Allyn & Bacon.

佩里德,杰非,埃德尔森(1995)

《终结暴力循环:社区对母亲受虐的孩子的反应》

Peled, E., Jaffe, P., & Edelson, J. (1995). *Ending the cycle of violence: Community responses to children of battered women.* Thousand Oaks, CA: Sage.

网站:

American Bar Association Commission on Domestic Violence
www.abanet.org/domviol/home.html

American Humane Association
www.americanhumane.org

American Professional Society on the Abuse of Children (APSAC)
www.apsac.org

CAVNET (Access to a network of experts and advocates in the area of family violence)
www.cavnet.org

Child Abuse and Prevention Network
www.child-abuse.com

Children's Defense Fund
www.childrensdefense.org

End Abuse
www.endabuse.org

Family Violence Prevention Fund
www.fvpf.org

Minnesota Center Against Violence and Abuse
www.mincava.umn.edu

National Clearinghouse on Child Abuse and Neglect Information
http://nccanch.acf.hhs.gov

National Coalition Against Domestic Violence
www.ncadv.org

National Council on Child Abuse and Family Violence

www.nccafv.org

National Institute of Mental Health(NIMH)
www.nimh.nih.gov

Prevent Child Abuse America

www.preventchildabuse.org

Stop Family Violence
www.stopfamilyviolence.org

参考文献

Alsop, R. (1995). Domestic violence and child abuse: Double jeopardy for families. *Protecting Children*, 11(3), 2.

Arkow, P, (2003). Breaking the cycles of violence: A guide to multi-disciplinary interventions. *The Latham Foundation for the Promotion of Humane Education*, 8-9.

Ascione, F., & Arkow, P. (Eds.). (1999). *Child abuse, domestic violence and animal abuse*. West Lafayette, IN: Purdue University Press.

Ascione, F., Weber, C., & Wood, D. (1997). The abuse of animals and domestic violence: A national survey of shelters for women who are battered. Society and Animals, 5(3), pp. 205-218.

Becker, J., Alpert, J., Subia Big Foot, D., Bonner, B., Geddie, L., Henggeler, S., Kaufman, K., & Walker, C. (1995). Empirical research on child abuse treatment: Report by the child abuse and neglect treatment working group, American Psychological Association. *Journal of Clinical Child Psychology*, 24, 23-46.

Blackman, J. (1996). "Battered women": What does this phrase really mean? *Domestic Violence Report*, 1(2), pp. 5, 11.

Boat, B. (2002). Links among animal abuse, child abuse, and domestic violence. *Social Work and the Law*. Binghamton, NY: Haworth.

Bolton, F. G., & Bolton, S. R. (1987). *Working with violent families: A guide for clinical and legal practitioners*. Newbury Park, CA: Sage.

Cardarelli, A. (Ed.). (1997). *Violence between intimate partners*. Boston: Allyn & Bacon.

Crittenden, P. (1992). Children's strategies for coping with adverse home environments: An interpretation using attachment theory. *Child Abuse and Neglect*, 16, 329-343.

Dubowitz, H. (Ed.). (1999). *Neglected children: Research, practice, and policy*. Thousand Oaks, CA: Sage.

Effective Intervention in Domestic Violence and Child Maltreatment Cases: *Guidelines for Policy and Practice*. (1999). National Council of Juvenile and Family Court Judges.

Failer, K. C. (1990). *Understanding child sexual maltreatment*. Newbury Park, CA: Sage.

Fantuzzo, J. (1990). Behavioral treatment of the victims of child abuse and neglect. *Behavior Modification*, 14, 316-339.

Federal Bureau of Investigation (1990). *Uniform Crime Report*. Washington, DC: U.S. Printing Office.

Flynn, C. (2000). Why family professionals can no longer ignore violence toward animals.

Family Relations, 49(1), pp. 87-95.

The Future of Children: Domestic Violence and Children. (1999). Packard Foundation, Vol. 9 (3).

Ganley, A. L. (1993). Workshop Notes, "Domestic violence in civil cases," North Dakota Judicial Conference, Bismarck, ND, November, 22, 1993.

Gerwitz, A., & Edleson, J. (2004). Young children's exposure to adult domestic violence: Toward a developmental risk and resiliency framework for research and intervention. *Early Childhood, Domestic Violence, and Poverty: Helping Young Children and their Families*, 6.

Hart, B. (1990). Gentle jeopardy: The further endan-germent of battered women and children in custody mediation. *Mediation Quarterly*, 7, 317-330.

Hart, S. (Ed.). (2005). *Eliminating corporal punishment: The way forward to constructive child discipline*. Paris, France: UNESCO.

Hoffman-Plotkin, D., & Twentyman, C. (1984). A multimodel assessment of behavioral and cognitive deficits in abused and neglected preschoolers. *Child Development*, 55, 794-802.

Holden, G., Geffner, R., & Jouriles, E. (Eds.). (1998). *Children exposed to marital violence*. Washington, DC: American Psychological Association.

Hotaling, G. T., & Sugarman, D. B. (1986). An analysis of risk markers in husband and wife violence: The current state of knowledge. *Violence and Victims*, 1 (2), 101-124.

Jaffe, P., Wolfe, D., & Wilson, S. (1990). *Children of battered women*. Newbury Park, CA: Sage.

Kaufman, J., & Cicchetti, D. (1989). Effects of maltreatment on school age children's socioemotional development: Assessment in a day camp setting. *Developmental Psychology*, 25, 516-524.

Klein, E., Campbell, J., Soler, E., & Ghez, M. (1997). *Ending domestic violence: Changing public perceptions/Halting the epidemic*. Thousand Oaks, CA: Sage.

LaViolette, A., & Barnett, O. (2000). *It could happen to anyone: Why battered women stay*. Thousand Oaks, CA: Sage.

Miller-Perrin, C. L., & Perrin, R. (1999). *Child maltreatment: An introduction*. Thousand Oaks, CA: Sage.

Peled, G., Jaffe, P. G., & Edleson, J. L. (1995). *Ending the cycle of violence*. Newbury Park, CA: Sage.

Renzetti, C., Edelson, J., & Bergen, R. (2001). *Sourcebook on violence against women*. Thousand Oaks, CA: Sage.

Roy, M. (1988). *Children in the crossfire*. Deerfield Beach, FL: Health Communications.

Salinger, S., Kaplan, S., Pelcovitz, D., Samit, C., & Kreiger, R. (1984). Parent and teacher assessment of children's behavior in child maltreating families. *Journal of the American Academy of Child Psychiatry*, 23, 458-464.

Schechter, S., & Knitzer, J. (Ed.). (2004). Early childhood, domestic violence, and poverty: Helping young children and their families. Packard Foundation and University of Iowa-Social Work. (Series of 6 papers).

Schlecter, S., & Edleson, J. (1995). In the best interest of women and children: A call for collaboration between child welfare and domestic violence constituencies. *Protecting Children*, 11(3), 6-11.

Shepard, M., & Pence, E. (Eds.). (1999). *Coordinating community responses to domestic violence*. Thousand Oaks, CA: Sage.

Stark, E., & Flitcraft, A. (1988). Women and children: A feminist perspective on child abuse. *International Journal of Health Services*, 18, 97-118.

Stark, E., & Flitcraft, A. (1996). *Women at risk: Domestic violence and women's health*. Thousand Oaks, CA: Sage.

Stordeur, R. A., & Stille, R. (1989). *Ending men's violence against their partners: One road to peace*. Newbury Park, CA: Sage.

Tower, C. (1992). The role of educators in the protection and treatment of child abuse and neglect. U.S. Department of Health and Human Services. DHHS Publication No. (ACF) 92-30172.

Tower, C. (1999). *Understanding child abuse and neglect* (4th ed.). Boston: Allyn & Bacon.

Vieth, V. (2004). Unto the third generation: A call to end child abuse in the United States within 120 years. *Journal of Aggression, Maltreatment & Trauma*, 12(3/4).

Wodarski, J., Kurtz, P., Gaudin, J., & Howing, P. (1990). Maltreatment and the school age child: Major academic, socioemotional, and adaptive outcomes. *Social Work*, 35, 506-513.

Wolfe, D., & Mosk, M. (1983). Behavioral comparison of children from abusive and distressed families. *Journal of Consulting and Clinical Psychology*, 51, 702-708.

Wolin, S. J., & Wolin, S. (1993). *The resilient self: How survivors of troubled families rise above adversity*. New York: Villard Books.

第十二章

贫困
——儿童与家庭的敌人

玛丽·娄·福勒
北达科他州立大学

生活在贫困之中的儿童数量在增长，教育者必须理解这些儿童及其家庭生活贫苦的复杂性。学校传统上是为欧裔中产阶级儿童设计的，目的是为这些儿童提供更好的学习环境。本章的目标是帮助读者：

◇ 理解贫困人群的特征。
◇ 审视有关贫困的错误理解。
◇ 理解贫困对儿童及其家庭的影响。
◇ 探讨学校和这些儿童及其家庭的关系。

应该通过社会对待儿童的方式来评价它,平等的生活机会一直是美国政策的目标,但这个目标尚未实现。(Rainwater & Smeeding, 1995)

本章将考察贫困对学龄儿童家庭的影响。富裕家庭和一无所有的家庭之间有些差别是显而易见的,但有些差别不易被察觉,那就是贫困对家庭整体和儿童的破坏性的影响。作为教育者,如果我们想要与低收入家庭建立良好的合作关系,就必须理解贫困对家庭的影响及其发生机制。

作为教育者,理解家庭的结构及其运作模式十分重要,同样重要的是理解经济资源如何影响家庭的功能。经济资源有限带来的后果有些很明显,有些却是隐性的。

生活在贫困线以下的儿童可能食不果腹,医疗保健不足,居住环境恶劣,得不到良好照顾。但贫困还会影响一些隐性需要,从而削弱儿童的学习能力。而且,随着儿童年龄增长,衣着对社会接纳的影响越来越重要。"圈内人"都穿着昂贵的品牌服装,而贫困家庭的孩子根本买不起。那么,谁是贫困的受害者?

什么是贫困

政府正式界定了贫困的概念。标准是依据家庭的规模、家庭总收入、每年通货膨胀率(如房租、水电、食品、衣物、交通等的价格上涨)来确定的。我们所说的国家贫困线是什么?目前,一个四口之家的贫困线是年收入 18 050 美元(Douglas-Hall & Koball, 2005)。这个数字不是说四个人的家庭能够靠这些收入满足所有需求,这个数字只表示一个家庭可以勉强为生。这还不包括基本的医疗和牙科保健——更不用提那些"额外"的需要,如矫正牙齿、去迪士尼乐园、上特殊课程或参加运动。贫困家长没有多少选择。

就数字而言,一个中等收入家庭抚养一个孩子长到 18 岁的花费是 160 140 美元,这还不包括高中以后的教育。低收入家庭要花费 117 390 美元,而高收入家庭要花费 233 850 美元。这就意味着一个有三个孩子的中等收入家庭要把孩子抚养成人必须花费 480 420 美元——如果不考虑通货膨胀,就是百万美元的一半。算上通货膨胀,中等收入和高收入家庭的这项花费要达到 236 660 美元和 334 800 美元。比较不同家庭的资源,你就可以理解贫困家庭儿童相比于中产阶级家庭的同龄人为什么缺乏经历(Schultheis, M. B., 2000)。

中产阶级家庭在如何满足孩子需求方面有更多选择。生活在贫困中的家庭支付不起那些典型美国生活方式所需的物品和服务。目前,贫富差距正在加大,此外,主流群体和少数群体的经济差距也在继续扩大,生活在贫困之中的少数群体家庭的比例严重失衡。

需要注意的是,缺钱和贫困的概念是有区别的。缺钱一般是暂时的状态,但贫困往往是一个无望的处境。很多教育者在上大学时一文不名,月月捉襟见肘,但他们知道自己的经济状况会得到改善。可生活在贫困中的人通常看不到处境得到改善的希望。

此外,讨论生活在贫困线以下的人容易(人口学数据很容易得到),但我们必须记得还有相当多的家庭生活在贫困线的上缘,他们也在为满足孩子的基本需求而挣扎。本章也将讨论这一个庞大的群体。

谁生活在贫困中,为什么

美国大约有17%的儿童生活在贫困中。更糟糕的是,6岁以下儿童(处于最重要发展阶段)的比例更高(Dalakar,2001)。美国的童年贫困在全球20个发达国家中排名第18位,在美国一个儿童生活在贫困中的可能性是英国、法国、意大利、澳大利亚和芬兰的9倍(Children's Defense fund,1996)。

只考虑生活在贫困线下的儿童会局限我们对学生人群的理解。如果17%的人生活在贫困线下,另外就有21%的人生活在贫困线的边缘,同样经受着资源匮乏的困扰。38%的儿童都生活在贫困中,这个数字令人震惊(Douglas-Hall & Koball,2004)。从教育角度看,这些儿童缺乏成功完成学业所需的经验和资源。

表 12-1 2004 年相连的 48 个州的贫困指南

两口之家	$12,490
三口之家	$15,670
四口之家	$18,850

Source:Douglas-Hall & Koball,2004.

儿童贫困近年来不断增加的原因之一是最低工资的提高跟不上通货膨胀,尤其是年轻工人和那些没有上过大学的人的工资。另一个原因是,单亲家庭数量的增多——通常是单亲母亲。单亲母亲家庭的贫困风险最大,因为家庭少一个收入来源,况且女性的工资历来比较低。

2004年贫困指南(见表12-1)并不能为家庭提供足够的经费支持,只能帮助家庭勉强维持生计。这就意味着生活在贫困线下的家庭必须节衣缩食,而削减的开支一般都在必需品领域——医疗、足够的食物和住房等。

> **反思** 为一个四口之家列一个花费清单。既要包括必需的项目(如食品、居所、水电、衣物、医疗、娱乐、交通),也要包含一些并非明显必需的项目(如汽车、健康保险、人寿保险、紧急备用基金、牙齿治疗与矫正、课程、电脑、度假)。计算总开支,比较贫困家庭和中产阶级家庭的差距。

对贫困的误解

误解：我们都听说过对贫困人群的固有成见：他们是有色人种，因为懒惰而不工作。这种偏见不仅不准确、不公平，也不利于我们对贫困产生机制的理解，从而影响恰当干预措施的采用。

事实：贫困人群中有色人种的比例并不比白人高。实际上，白人儿童的贫困率高于有色儿童。

误解：贫困人群生活在城市。

事实：生活在郊区（27%）的贫困儿童多于生活在城市的贫困儿童（11%）（Sherman，1994）。

误解：贫困家庭之所以穷是因为他们懒惰，不工作。

事实：大多数贫困儿童的家庭中至少有一个家长在工作。这些儿童从工作的父母那里得到的支持是福利项目支持的两倍（Children's Defense Fund，1996）。

误解：如果他们工作更努力些，就不会受穷。

事实：一个人每周可以工作 40 小时，可按最低工资标准计算，这个收入不足以让一个家庭脱离贫困线。与普遍观点相反的是，依靠福利为生不是大多数穷人的生活方式。绝大多数接受过福利救济的家庭享受福利不超过两年（Sherman，1994）。

贫困的影响

贫困令前途暗淡，给当前生活带来无尽压力和焦虑。它限制了机会和前景。尽管贫困儿童能够，也经常获得成功，可研究者发现，基本的经济安全才能帮助儿童，而贫困却带来伤害。阿洛克·舍曼（1994）指出了受金钱影响最大的领域。

钱可以购买食品

钱能购买好的食品，好食品养育健康儿童。营养食物的缺乏会导致缺铁、饥饿、发育迟缓、临床营养不良、低收入怀孕妇女的营养不足。

钱可以购买安全体面的居所

伴随贫困的，是缺乏安全体面的居所、无家可归、住房拥挤、不断搬迁以致不断转学。此外，还有其他问题，包括取暖、用电问题、水电切断、寒冷潮湿、霉菌和过敏、蟑螂和老鼠、剥落的油漆和掉落的石膏顶、铅中毒、拥挤、容易失火的移动房屋。

钱可以购买学习机会

生活在贫困中意味着儿童可能只能上差的学校，这类学校缺乏足够的资源，留不住有经验的教师和管理者。贫困儿童的家里缺少教育资源，缺乏激发学习的活动（如旅行、学习班、参观博物馆、音乐会等），也很少有机会接触电脑。而富裕家庭的儿童往往带着良好教育背景和使用电脑的熟练技能进入学校，这是贫困儿童难以企及的。而且，贫困家庭的儿童还需要承担与学校学习任务冲突的家庭任务。

钱可以减轻家庭压力和矛盾

随着经济困难的增加，家长的压力和抑郁水平增高。低收入对家长和儿童的心理健康都有影响。他们的生活不可预测——失去工作可能意味着无家可归。付不起取暖费可能导致疾病。由于贫困，他们常常感到羞耻、恐惧和愤怒。贫困家庭还经常因如何最好地利用有限资源发生矛盾。而且，压力增加了儿童虐待和忽略发生的概率。

钱可以购买良好的社区环境

经济拮据家庭的孩子更有可能生活在一个吵闹的、犯罪率高的居民区，或可能生活在一个有化工废料和环境污染严重的区域。居民区可能没有图书馆、集体娱乐、公园，却可能有犯罪团伙。

钱可以购买医疗服务、保健产品和安全设备

即使有医疗救助，贫困儿童的家庭还是很难付得起医疗费——尤其是预防药品，这些儿童得到的医疗服务质量差，牙齿保健也得不到保障。因为没钱，他们往往拖延治疗，因而被送进医院急救室的概率更大。家庭收入难以支付基本的保健产品和安全设备，如维生素、无菌绷带、消毒液、门窗的安全锁、烟雾警报器、儿童的车用安全座椅等。

钱可以购买安全的娱乐

低收入家庭很少能支付课外活动的费用（运动器械、活动费、制服）。他们生活的区域很少有娱乐设施，即使有也是要收费的（游泳池等）。

钱可以购买交通、通讯工具和经济机会

贫困人群缺少车（只有42%的家庭有汽车）。即使有公共交通，也很贵（一家人

周日去市区公园的花费可能使他们望而却步)。有些地方公共交通的线路还没有开通。便利交通的缺乏限制了获得儿童保育、医疗服务、娱乐、工作、就业培训、高等教育和廉价商店(市区的杂货店商品往往比临近区域的贵)的渠道。通讯方面的最大问题是没有电话。同样,这也限制了机会的获得,以及紧急服务、与学校的联络和减少孤立感的渠道。看了上面的清单,你能更清楚地理解贫困对这些家庭的影响。

贫困的受害者是我们的儿童和他们的家庭。他们的生活与那些拥有丰富资源的儿童不同,但他们的需要却是一样的。如果缺少对贫困所造成的限制的了解和关注,教育者将无法理解这些家庭发挥功能的机制,最终影响教育的成效。

学校和贫困家庭

贫困是一个严重的问题,因为遭遇贫困的儿童将面临生理和安全需要得不到满足的危险,还因为公立学校并不是为贫困儿童设计的。

由于儿童来到学校时带来了贫困造成的影响,教师必须理解和应对贫困及其造成的后果。本研究提供教师如何理解贫困以及如何与贫困儿童及其家庭建立联系的信息。但愿这些信息能够指导即将走上岗位的准教师们更好地理解和教育贫困儿童。

儿童

与中产阶级儿童不一样的是,贫困儿童往往会经历学业和生活中其他领域的中断(Banks,1993)。很多探究社会经济地位与学业成功之间关系的研究,是以中产阶级的经历与机会作为标准的。这包括中产阶级的社会交往和语言技能。来自中产阶级家庭的儿童通常在上学之前就具备了一些技能,而贫困家庭的儿童可能不具备这些优势,因而进入学校后容易不适应,因为学校是为别人设计的。

贫困儿童的父母双方或一方很可能没有美好的学校经历。这些家长中相当一部分人在高中毕业以前辍学。还有一些儿童的家长来自非英语国家,没有在美国上过学。

家庭氛围常常是贫困儿童学习进步慢的原因。他们的家长更容易被批评参与不够。然而,生存问题(如挣钱买食物、衣服、付房租、付医疗费等)消耗了低收入家长的大量时间和精力。他们还经常被描述为根本无心关注孩子的教育需要。

尽管困难重重,这些儿童不能被低估——他们的潜力无限。一位肯塔基州的科学教师讲述了她所在的贫困学区的儿童如何赢得了全国性的学术竞赛的故事。

有些孩子每天早晨起床就面临问题:你没有闹钟或没有家长叫醒,怎么按时醒来?前一晚没有床睡觉,你怎么起来去上学?这些孩子能够战胜任何人,因为他们整天都在解决问题(Sherman,1994)。

家长

低收入家长常常被认为对孩子的教育漠不关心。低收入家长在学校参与中不积极,在一定程度上是因为他们对学校工作人员的不信任和对学校运作方式的不理解。往往,教师和家长经济背景的差距使得家长在与学校打交道时感到不自在。家长与教师之间的心理距离,会导致教师对低收入家庭实际生活状况的不了解。哈伯曼(Haberman,1995)在他的《贫困儿童的明星教师》一书中讨论了"明星"教师在看待贫困家长问题上与其他教师不同的观点。

大多数教师将"家长支持"定义为家长帮助孩子完成家庭作业,或支持学校管理的措施。可明星教师将家长支持理解为家长对孩子在学校的表现感兴趣,并给孩子提供最基本的条件,如隐私、安全、睡眠、营养和健康(Sherman,1994)。

贫困家长,和所有其他社会经济阶层的家长一样,爱自己的孩子,但是他们在孩子的学校里会感到局促,在与学校和教师的关系中觉得无助。有时候,学校和家长的交流方式让他们感到自己被贬低了。哈伯曼说,"明星教师从来不责备父母。他们依据了解到的孩子及其家庭的情况来帮助孩子学习或激发孩子的学习动机"(Haberman,1995)。

贫困令人心力交瘁,在满足日常基本需求之外,贫困家长再无精力去解决家庭问题(Webb & Sherman,1989)。他们感到自己没有能力参与孩子的教育,而且他们认为学校应该承担教育的主要责任。缺少信息、技能和交通使得这些家长离学校越来越远。

案例分析

内森和贾斯汀都是8岁,在丹佛上3年级。他们都喜欢体育运动和看电视。他们各自有一个弟弟和妹妹。看上去他们的共同点很多,但实际上他们的生活截然不同。

内森

内森生活在一个单亲家庭,居住在一个中高阶层的社区。他有自己的房间,里面有很多玩具,一个放满了书籍的书架,自己专用的电脑和一个光线很好的书桌。他每天就在这张书桌上做作业。

内森非常喜欢家庭旅行。上个暑假他们一家去了大峡谷和迪士尼乐园。他渴望冬天能去滑雪。他滑雪板玩得很棒,他盼望着下一个滑雪周早点到来,这样他就可以再提高一下技术了。内森还上钢琴课,在曲棍球队当守门员。

贾斯汀

贾斯汀一家住在一所公共住宅的两居室公寓里。尽管他的父亲每周工作40小时,但因为这份工作只能领到最低工资,他们仍生活在国家贫困线以下,没有健康保险和其他福利。贾斯汀还有个问题：他有哮喘，因为他们居住的区域有几家工厂，他的病情加重了。

贾斯汀是个好学生，喜欢读书。然而他自己没什么书，公共图书馆离他家有段距离。学校图书馆只允许学生每周借一本书。

在贾斯汀家，交通也是问题。他们的车又破又旧，常出故障。贾斯汀的父亲要开车上班。他们尽量只在上班和在贾斯汀哮喘发作时送他去急诊时才用车。偶尔一家人会坐公共汽车出去一趟，但他们要精打细算一阵才能攒足两个成人和三个孩子的车费。

问题和思考：
1. 贾斯汀和内森的生活有什么差别？
2. 想想你的童年，你和谁更像？贾斯汀还是内森？
3. 贾斯汀和内森的未来会是怎样的？为什么？

与低收入家庭合作

在与低收入家庭建立合作关系的过程中，你必须记住缺乏资源并不意味着他们缺乏对孩子的爱和梦想。况且，他们虽然不是教育专家，但在了解自己孩子方面他们是专家，我们需要他们的专长。

在中等和中低阶层家庭中长大的教师已经适应了中产阶级世界。除非教育者自己经历过贫困或理解贫困产生的机制，他们一般都会下意识地怀着对中产阶级家长与学校关系的期望进入课堂。可对所有家长都寄予这样的期望很可能是不合理的。

低收入家庭的长期负担和压力之大，是大多数教育者所不能体会的。因此，与低收入家庭合作时一定要有知识的储备和足够的敏感性。教育者和家长之间有很强的关联——都希望儿童得到最好的教育，这是建立良好合作关系的基础。

与低收入家庭合作的建议

审视自己的态度

你对贫困家庭的态度是怎样的？你会责怪这些受害者吗？例如："如果他们更努力，就可以明显改善经济条件。"你否认贫困问题的存在吗？例如："既然他们有钱买电视机和录像机，他们的生活就不会太差。"你觉得贫困的人在智力上不如中产阶级成员吗？例如："如果他们更聪明一些，就不会这么穷。"

教育者通常是能够体谅别人感受的，总希望自己的学生得到最好的照料，但他们仍可能有一些自己没有注意到的态度。你对贫困的态度是如何形成的？你有没有拷问过自己的态度是否合理。

了解低收入学生的生活环境

如果你的学生来自城市/郊区或小镇，请你在社区里转转。看看他们在哪些地方玩，调查一下他们可以利用的娱乐设施的质量和数量。学生家庭在哪里购物和购买生活用品。去商店里走走，观察一下物品的种类和价格。一般在贫困的地区，商店的货物比中产阶级居民区里的价格更高，选择余地更小。居民区里有图书馆吗？有教堂吗？酒吧的数量是否超出了比例？这个区域的文化氛围如何？如果你觉得在这个地方转悠有危险（通常不会出现这种情况），你可以请一个合适的人陪你一起探险。

如果你的学生生活在乡村地区，你可以开车四处转转，熟悉环境。同样，你可以熟悉一下商店、教堂、娱乐设施、酒吧等。谁住在那儿？你可以乘坐校车沿每条路线看看你的学生都在哪里下车，他们坐车来上学需要多长时间，他们从家走到校车车站需要多久，那个区域的住宅情况怎样。记住，不要批判低收入儿童的居住环境。居住地方是儿童的一部分，因此他们会把对环境的批评看成对自己的贬低。对社区问题（如吸毒、垃圾清理）的客观讨论不应是负面的。初步探访了低收入儿童的生活环境以后，找出那个地区的优点和弱点，分析这些情况对你的教学策略有什么影响。

收集有关低收入家庭的基本信息

学校办公室是开始了解这些家庭的好地方。在那里你可以找到一些对学生家庭基本情况的记录，你可以找到信息来帮助你理解这些家庭的动态。这个家庭有几个孩子？他们多大？有没有幼儿园的孩子？家里有几个家长？他们都工作吗？是否有他们的就业单位记录？家庭住址是哪里？他们有电话吗？有没有提供电话号码？

与低收入家长交流

最好的交流模式是双向交流——家长和教育者相互交谈和倾听，这应该是每位教师的最终目标。遗憾的是，这似乎很难做到。有些家长不能，不愿意或不享受与学校的交流。无论怎样，积极地努力联络家长是很重要的。与家长交流一些积极的事情有助于以后解决问题。如果家长识字，你可以给他们写便条告诉他们孩子在学校的良好表现,这样可以表示你关心他们的孩子,而且能够发现并欣赏孩子的优点。另外,还可以给家长打个简短的电话,告诉他们孩子的进步,有助于家长积极参与和学校的交流。毕竟,如果家长开始相信,"那个老师喜欢我的孩子",他们的热情就会被点燃。当然,不是所有的低收入家庭都有电话,所以教师需要写信或家访。

让低收入家庭积极参与:建立合作关系

家长参与的观点在过去的25年里发生了一些变化。在过去,声势大、参与少的情况很普遍。家长参与的常见形式是晚间的大规模会议,家长听教育者发言。现代家庭的日程表使得这种形式的活动不再可行。最重要的是,这种会议不再符合现代家长参与的目标——那样的会议是独白式的,不是对话式的。家长参与的性质发生了改变,真正的家长参与应该是学校和家庭成为合作伙伴关系。

低收入家庭的时间很紧,没有足够的经济资源来缓解家庭需求所带来的压力。此外,他们可能有过失败的学校经历,在学校环境中感到不舒服。灵活性、实用性和创造性可以帮助你解决一些问题。例如,与家长的见面不一定都要安排在教室。你可以请他们喝一杯咖啡,去家访等。虽然和家长面对面交谈效果更好,但打电话也可以为你提供双向交流的机会。如果没有电话,你可以提供自己的家庭电话号码,并告诉家长你什么时间有空。

合作关系的基础是尊重,家长应该得到同事式的尊重。与低收入家庭合作时,我们要记住,他们生活压力巨大,因而可能没有时间和精力成为完全的合作伙伴。一位单亲父亲,靠最低工资为生,带着个生病的孩子,付不起日托服务费,正遭到房东的驱赶,他不可能把精力用在家校合作上。

参与社区活动

要理解家庭,在把它们看成独立单元的同时,还必须把它们看作社区的一部分。本章的活动建议是针对社区活动参与的建议。尽管教师的工作很忙,在情感上、智力上甚至体力上都要辛苦付出,一天或一周结束后,他们需要时间来休整。但了解儿童和家庭的机会延伸在课堂以外。你可能不能参加所有的推荐活动,但可以选择你最感兴趣的。此外,你可以邀请朋友和家人一起参加这样的活动。

如果社区有庆祝活动,如游行、民族节日等,最好去参加。尽可能接受各种活动的邀请。如果你的学生在教会合唱团里领唱,或者进入了少年联盟决赛,或者因某种才能得了奖,一定要参加。

对低收入家庭的财政状况要敏感

低收入家庭可能付不起校外考察、学校活动或特殊材料的费用。有时提供一些饼干都超出了这些家庭的能力。而且,有些儿童不能参加学校的运动项目是因为承担不起报名费、设备费和服装费。想象一下在这种处境中的儿童和家长有多么难堪和失落。

小结

总之,教育者有充分的机会和责任帮助贫困儿童及家庭。我们有足够的理由尊重这些家庭——他们的坚韧、勤奋以及为孩子争取成功和美好生活的强烈愿望。并非所有教育者都给这些家庭积极的支持。韦伯和谢尔曼(1989)认为教育者对待贫穷的态度很不乐观。他们写道:"贫困的耻辱观在美国课堂里很强大。这影响着教师的行为,他们自己往往意识不到。它降低了教师对儿童的期望,可能引起失败的自我暗示。"

有见识的教师不应受到对贫困儿童的刻板印象的影响。有知识、有技能的教育者能够提高这些儿童及其家庭的生活质量,帮助他们成为专业人才。

推荐活动

1. 到收容所做一名志愿者,记录你的经历。
2. 采访一名社会工作者,了解贫困儿童和其家庭的生活。
3. 到一个调剂品商店做志愿者。描述三位经常光顾的顾客。
4. 请一名社会工作者、"开端计划"项目的教师和 WIC 的营养师,到你的课堂谈谈贫困家庭和儿童的问题,可以单独邀请,也可以请他们一起作为一个小组来做讲座。
5. 在一个"开端计划"项目课堂上当志愿者,记录你的经历。
6. 收集贫困人群资源的人口学信息,与中产阶级进行比较。运用这些数据来预测这些家庭中每个人的童年经历。
7. 计算一个抚养 3 个孩子的最低收入单亲家庭的收入和开支。根据你的社区情况来确定开支标准、住房、食品、交通、医疗等。

儿童读物

下列推荐书目涵盖了本章涉及的部分话题。这些书籍将有助于您和学生就这些话题展开讨论。

《飞着离开家》　　　　　　　　　　阅读级别:4—8 岁
作者:伊芙·邦廷　罗纳德·西姆勒　　*Fly Away Home*

Eve Bunting, Ronald Himler

Clarion Books (1997)

《一天的工作》

作者：伊芙·邦廷　罗纳德·西姆勒

阅读级别：4—8岁

A Day's Work

Eve Bunting, Ronald Himler

Clarion Books (1997)

《缺钱的时候》

作者：芭芭拉·舒克·海兹恩　插图：特里娜·夏特·海曼

阅读级别：4—8岁

Tight Times

Barbara Shook Hazen, Trina Schart Hyman (Illustrator)

Puffin Books (1983)

《所罗门歌手的天使》

作者：辛西娅·莱恩特　彼得·卡特兰诺托

An Angle for Solomon Singer

Cynthia Rylant, Peter Catalanotto

Scholastic (1996)

《富人坐的桌子》

作者：伯德·拜勒　彼得·帕尼尔

阅读级别：4—8岁

The Table Where Rich People Sit

Byrd Baylor, Peter Parnell

Aladdin; Reprint edition (1998)

《盒子里的小姐》

作者：安·麦克加文　插图：玛尼·贝克

阅读级别：4—8岁

The Lady in the Box

Ann McGovern, Marni Backer (Illustrator)

Turtle Books (1999)

《威利叔叔和救济所》

插图：戴安·迪萨尔沃-瑞恩

阅读级别：4—8岁

Uncle Willie and the Soup Kitchen（Reading Rainbow Book）

Dyanne Disalvo-Ryan (Illustrator)

Harper-Trophy; Reprint edition (1997)

《可以去的地方》

作者：玛丽娅·泰斯塔　插图：凯伦·利兹

阅读级别：4—8岁

Someplace to Go

Maria Testa, Karen Rita (Illustrator)

Albert Whitman & Company (1996)

《家是我们住的地方：一个小女孩眼中的庇护所生活》

编者：简·赫坦斯顿　摄影：格罗斯

阅读级别：4—8岁

Home is Where We Live: Life at a Shelter through a Young Girl's Eyes

Jane Hertensten (Ed.), B. L. Groth (Photographer)

Cornerstone Press Chicago (1995)

补充资源

贫困与学生

图书：

哈伯曼 (1995)

《贫困孩子的明星教师》

哈伯曼是公认的市区学校教师教育专家。市区学校大多是为贫困学生服务的。作者在书中描述了那些被评为"明星教师"的老师们是如何教育贫困儿童的。这本书实用、细腻，提供了很多具体的建议。

Haberman, M. (1995). *Star teachers of children in poverty.*
Director of Publication

科泽尔（1995）

《惊人的美好：儿童的生活与一个国家的良心》

本书描述了生活在布朗克斯南部（全美最贫困地区）的儿童的美好心灵。科泽尔将读者带入了这些儿童和他们家庭的生活，展现给读者一个从未了解过的世界。作者运用那些儿童的语言来帮助我们感受他们心地的善良和生活的艰辛。这本书应该放进每一位教育者的书架。

Kozol, J. (1995). *Amazing grace: The lives of children and the conscience of a nation*

纽内兹《新贫困：美国的流浪家庭》

本书探讨了流浪人口问题，提出了消除无家可归、贫困、福利依赖问题的策略，描述了一个以家庭为本的解决住房、教育、就业培训问题的综合模式。

Nunez, R. *The new poverty: Homeless families in America.* New York: Insight Books.

谢尔曼（1994）

《浪费美国的未来：儿童保护基金的儿童贫困代价报告》

本书首次公布了大量确切的证据来反映美国因儿童贫困而付出的人力、社会和经济代价。

Sherman, Arloc. (1994). *Wasting America's future: The children's defense fund report on the costs of child poverty.*
Beacon Press

社会团体：

Children's Defense Fund
www.childrensdefense.org

网站：

Center on Budget and Policy Priorities
www.cbpp.org

Child Welfare Home Page
www.childwelfare.com

Child Welfare Library
www.childwelfare.com/kids/library.htm

Institute for Children and Poverty
www.opendoor.com/hfh/icp.html

Politics of Poverty
www.americanradioworks.org/features/14_million

Institute for Research on Poverty
www.ssc.wisc.edu/irp

National Center for Children in Poverty
www.cait.cpmc.columbia/edu/dept/nccp

参考文献

Banks, C. R. (1993). Restructuring schools for equity: What have we learned in two decades. *Phi Delta Kappan*, 75, 42-44, 46-48.

Children's Defense Fund (1996). Key facts about children. *Children's Defense Fund Reports*, (17) 2, p. 5.

Dalaker, J. (2001). Poverty in the United States: 2000. Current Population Reports: Series P60-214. Washington, DC: U. S. Government Printing Office.

Douglas-Hall, A., & Koball, H. (2004). Lowincome children in the United States. Retrieved August 24, 2005, from http://NCCP, org.

Haberman, M. (1995). *Star teachers of children in poverty*. West Lafayette, IN: Kappa Delta Pi International Educational Honor Society.

Rainwater, L., & Smeeding, T. M. (1995). U. S. doing poorly—compared to others—policy points of view. *Child Poverty News*, 5(3), 4-5.

Schultheis, M. B. (2000). Fact Sheet, Release No 0138.00. United States Department of Agriculture's Center. Washington, DC: USDA.

Sherman, A. (1994). *Wasting America's future: The children's defense fund report on the cost of child poverty*. Boston: Beacon Press.

Webb, R. B., & Sherman, R. R. (1989). *Schooling and society* (2nd ed.). New York: MacMillan Publishing Company.

第十三章
父亲角色、社会与学校

查尔斯·海农
迈阿密大学

格雷恩·奥尔森
北达科他州立大学

格雷恩·帕尔姆
圣克劳德州立大学

本章将帮助读者充分认识在家庭、学校和社会环境中父亲对儿童生活的重要作用。本章还将讨论父亲在学校的角色及其变化。本章的目的是帮助读者：

◇ 描述父亲角色的文化。

◇ 比较当今的父亲与过去几代的父亲。

◇ 了解家庭系统中父亲的职责。

◇ 描述父亲与儿童在校成就方面的关系。

◇ 了解父亲参与学校活动及其育儿的方式。

◇ 了解让社区和学校环境更亲近父亲的方式。

20 世纪 90 年代一项重塑已被淡忘的父亲形象的运动引发了一场争议。"今晚，大约 40% 的美国儿童在没有父亲的家中入睡。"正如布兰肯霍恩所问：父亲真的正在从儿童生活中消失吗？（1995）"对父亲的渴望或对父亲角色的意识，在美国尤其强烈。有些观察家担忧美国将成为一个没有父亲的社会，男性家长的缺位不是因为战争或疾病，而是出于选择"。美国真的会像洛夫（1994）所说的那样成为一个没有父亲的社会吗？"父职的重要性在于，对儿童的爱与支持被认为是当代美国社会家庭生活最迫切的社会需求"（Brotherson, Dollahite, & Hawkins, 2005）。

家庭与学校合作关系的优势越来越受到教育者的认同（Anderson-Butcher & Ashton, 2004; Epstein, 1995, 2001; Gadsden & Ray, 2002; Promising Partnership, 2004; National Center for Educational Statistics, 1997; National Network of Partnership Schools, n. d.; Simon, 2001; U. S. Department of Education, 2000）。学校和家庭都能从中获益，建立这种合作关系的策略也在被广泛传播。然而，有一个方面被忽略了，那就是父亲在这种合作关系中的角色及其对自己孩子学业成就的影响。审视父亲的角色是理解家庭动态及其对儿童的影响的必要之举（Bernard van Leer Foundation, 2003; Crouter, Bumpus, Davis, & McHale, 2005; Lamb, 2004; Kail, 2004; Lehr, Demi, DiIorio, & Facteau, 2005; Parke, 2004; Peterson, Bodman, Bush, & Madden-Derdich, 2000; Tamis-LeMonda & Cabrera, 2002）。"当个好父亲实在很重要。它的影响会持续很长时间，一辈子，甚至几代人"（Snarey, 1993）。例如，虽然有些父亲一直和孩子保持联系，但离婚和没有父亲的家庭普遍对孩子的学业成绩和其他方面都有可怕的影响（Amato, 1994, 1998; Cunningham & Dorsey, 2004; Dudley & Stone, 2001, Dunn, Cheng, & O'Connor, 2004; Gadsden & Ray, 2002; Henley & Pasley, 2005; Lamb, 2004; Mangum, 1999; Steinberg, 2002; U. S. Department of Education, 2005; Wallerstein, Lewis, & Blakeslee, 2000）。各种家庭系统中父亲对孩子上学的出勤、家庭作业、学业成就和个人成功方面的影响受到的关注还比较少（Amato, 1994; Bean, Bush, McKenry, & Wilson, 2003; Doherty, Kouneski, & Erickson, 1998; Gadsden & Ray, 2002; Lamb, 2004; Marsigio, Amato, Day, & Lamb, 2000; Miller, Murry, & Brody, 2005; Taylor & Behnke, 2005; Terrel, 2005; U. S. Department of Education, 2000, 2005）。本章将着重就这些影响展开讨论。

在有些人的观点中，养育孩子的性别角色从 50 年代的分工明确和功能互补（Parsons, 1955）转变为性别差异缩小的理想育儿模式（Rotundo, 1985）。而最近的父职运动似乎特别强调性别差异。父亲的角色应该放在其自身语境中考虑，而不是作为母亲角色的辅助。成为父母以后，男人和女人会采用不同的方式照顾孩子，与孩子一起进行不同的活动，并以不同的方式与孩子建立纽带。因此，我们需要理解促进父亲参与体验的复杂机制,以及男性与女性在育儿方面的共性和独特之处(Brotherson et al.,2005;Doherty et al.,1998)。社会性别这一概念深嵌在社会和政治问题中(Thompson & Walker,1995),常常在一种情绪化的氛围中被讨论。有些作家表达了一种矛盾心理,他们主张依据社会性别勾画育儿角色,同时又认识到父亲角色的变化意味着对现存状态和机会的威胁(Brotherson et al.,2005;Louv,1993;Marsiglio et al.,2000;Parke,2004;Wood & Repetti,2004)。

本章作者支持让父亲更多地参与儿童生活的各个方面。社会,尤其是家庭和学校,能够通过支持男性承担父亲角色获得益处。我们相信,父亲的角色和母亲的角色有着质的区别,尽管有些男人不喜欢特定于社会性别的育儿方式,有些人则支持更传统的育儿方式。在这里,我们强调男女特性兼具的方式,同时展现父亲在育儿过程中具有的独特之处和优势。我们尊重父亲角色的个人价值观以及有关什么是父亲和如何当父亲的观念的文化差异。

我们所倡导的方式并非没有立场。我们相信,父亲参与越多,对儿童、父亲自身、母亲、学校和社会越有利。我们还相信,无论婚姻状态和涉及儿童的生活安排如何,父亲都可以更积极地参与。尽管家庭形式和运行机制千差万别,有些特定原则和做法是普遍适用的,只是在有些情况下需要更有针对性的干预方式。例如,已婚父亲与孩子生活在一起;离婚父亲住在其他地方;再婚的父亲与继子女生活在一起,而他们自己的孩子与他们的继父生活在一起;服刑的父亲;与孩子生活在一起的同性恋父亲;各自面临不同的问题,都可以从不同的资源、支持和服务获得帮助。

基本前提

作为父亲的男人的独特特征包含着五个基本前提。这些前提显示了父亲及父职的重要性,也为促进和支持父亲在家庭及学校的参与提供了指导性原则和依据。(注:本章所指的父亲既指通常意义上的父亲,也包含承担父亲角色并发挥着父亲功能的其他人,如伯伯、叔叔、舅舅、祖父、母亲目前的爱人)

1. 父亲和母亲是不同的。个人的社会性别界限已经不再像过去那样分明,男人可以是抚育者,母亲可以是经济来源者。撇开个人差异,在生物和社会化基础上产生的共有的社会性别差异是存在的(Biller,1993;Grych,2001;Lamb,2002,2004;Parke,2004;Roberts,1996)。男人和女人对待育儿问题的目标、价值观和风格不同,他们之间的差异是微妙的,并不像帕森(Parsons,1955)所描述的那样明显体现在方式上和表达上(Amato,1998;Gottman,1998)。学者们对父亲照料孩子能力的研究显示,多数父亲很能干,对孩子的需求很敏感,能及时回应,而且在感情上与孩子很亲密。对父亲的研究越来越深入和全面,使我们对父亲育儿体验的丰富性和复杂性有了更深的理解(Brotherson et al.，2005)。

2. 父亲是不可或缺的,无法轻易被其他男性榜样所替代(Blankenhorn,1995)。男性参与的独特风格对儿童的健全发展十分有利(Brotherson et al.，2005；Doherty et al.，1998；Gadsden & Ray,2002；Lamb,2004；Parke,2004；Roberts,1996)。父亲的真正重要性在于他与母亲的不同而不是他对母亲的模仿。"儿童需要也值得父亲积极地参与其幼年和青少年阶段的成长过程。倡导父亲承担责任的最主要的理由是,这是儿童的需要"(Doherty et al.，1998)。

3. 重新修订父亲角色的标准以反映更高的共同基础(Jackson,1994)。父亲角色的标准随着家庭多样性和自我满足价值观的盛行而削弱了,原来对好父亲的明确期望变得越来越模糊(Samuelson,1996)。创建一套尊重家庭多元形式和文化习俗的更高标准非常关键(Doherty et al.，1998)。成为一名好父亲意味着在满足自己需求的同时不减少对孩子的投入精力。参与、能够接近和责任心是标准应强调的方面。这个世界需要更多有责任心的、有积极贡献的父亲。

4. 父亲和母亲贡献不同的人力资源、经济资源和社会资源。儿童发展与父母亲提供资源的质量和数量相关。人力资源是技能、知识和有助于成功的性格特质。数学和语言能力、良好的工作习惯和得体着装与说话的技巧都是家长所拥有的人类资本。人力资源多的家长更能为孩子创造激发潜能的环境,树立行为榜样,鼓励孩子树立高的学业和职业理想,从而促进孩子的认知和学业能力的发展。经济资源包括收入和购买的商品与体验。经济资源多的家长能给孩子提供良好的饮食和住所,安全的环境和进入高质量学校的机会,上大学的资助和辅助学习的资源,如电脑、网络、书籍、家教和旅行等。社会资源是与人际关系相关的资源,包括有助于家庭和儿童的认知与社会性发展的人际关系。社会资源中的一个很重要的方面是家长合作关系,家长能够在孩子面前表现出统一的权威结构的关系。这样的结构,即使家长离婚了,也可以做到让孩子看到父母之间一致的规则和纪律,相互支持对方的决定,家长的权威不是武断的。家庭中这样的等级权威有助于孩子适应其他的组织环境,如学校。相互支持型的家长关系也会影响亲子关系,母亲会更能有效地教育孩子,父亲则更能提高育儿的质量(Amato,1998)。

5. 应重新认识母亲与父亲的差异,明确各自的缺点和优点(Doherty,1991)。男人在社会化过程中形成的独特特点对其家长角色十分有益。例如,问题解决能力、幽默感、贪玩、喜欢冒险以及更喜欢运动类游戏(Gottman,1998；Gadsden & Ray,2002；Johnson & Palm,1992；Lamb,2004；Parke,2004)。与父亲互动能促使孩子在情感上和身体上的"纵深发展"。父亲推动着孩子去探索母子纽带之外的世界。孩子就能相应地发展出一套复杂的、互动与交流技能。父亲还鼓励孩子与家庭分离,这尤其能够帮助孩子在青春期发展自主性(Dudley & Stone,2001；Peter-

son, in press; Roberts, 1996)。通常男人只有在感受到自己育儿方面的长处得到尊重时,才更愿意去学习如何运用移情、表达情感和变得敏感,并从中获益(Doherty et al., 1998)。积极参与孩子的抚养任务会让男人自己也获益匪浅(Eggebeen & Knoester, 2001)。

学校应该充分认识到父亲和母亲的差异,积极鼓励男人参与到教育过程中,让他们在育儿过程中发挥独特的作用。上述前提可以帮助教育者进一步理解如何支持父亲们鼓励孩子努力学习、勇于冒险和解决问题。

> **反思** 以你的个人经验和书本知识,父亲和母亲的差异有哪些?这些差异是生物性的,还是性别社会化导致的?由于这些差异的存在,社会应如何对待这些差异?我们应该改变男人,还是改变女人,或是改变社会?我们需要兼具两性特点的男性和女性吗?

不同环境中的父亲角色

父亲角色的文化

有些人提出美国社会存在一种流行的父亲文化。这种文化是由媒体营造、无数育儿专家支撑起来的(Doherty et al., 1998; LaRossa, 1988; LaRossa & Reitzes, 1993),影响着父亲们如何当父亲。这一文化的消费者密切关注大众传媒对父亲角色以及父亲育儿行为的描述。这一流行文化包含了父亲与孩子互动的适当时间和方式,父亲的责任,以及父亲应该如何参与孩子的学校教育。这一文化推崇兼具两性特质的、新型的、现代的、建设性的、负责任的父亲角色。

有些媒体、教育者、社会科学家在努力描绘和倡导更有爱心的、负责的、有贡献的父亲。男人应该不再是只负责挣钱养家的难以亲近的、严厉的父亲,而应该是可以和孩子一起玩、一起交谈,时时关心和培育孩子的父亲。

对负责任的父职的倡导是一项道德要求。它采取的是"应该如何做,应该成为什么样的父亲"的姿态,通过理想模型来评判父亲的行为,传递对与错的道德意义,并暗示有些父亲是不负责任的。负责任的父亲的行为表现包括:等自己经济上和情感上做好充分准备后再要孩子;抚养孩子之前获得合法抚养权;从母亲怀孕开始就积极与孩子的母亲合作,在体力上和情感上参与对孩子的照顾以及对孩子的经济支持(Doherty et al., 1998;)。"生成性父亲角色"(generative fathering)这一术语用来描述父亲对孩子不断变化的发展需要做出"准备充分的、稳定一致的"反应的过程(Brotherson et al., 2005)。这一视角不强调缺陷,根植于父母满足下一代需求的伦理义务,侧重于父亲的优势而非欠缺。这一观点可以在某种程度上反映现实,但它主要用来提出达到理想状态的可行建议。有四个因素影响父亲在育儿中的参与:动机、技能、社会支持和制度性惯例。达到父亲参与的最理想状态的条件是:有强烈的动机,有足够的育儿技能,能得到社会支持,不被其职业或其他制度性机构所贬低(Doherty et al.,1998)。家长参与的方面一般包括:参与(直接参与游戏、休闲活动和照料),易接近(孩子能够经常接触),责任(了解孩子的需求并做出相应的决定)(Doherty et al.,1998)。在有关父职的文化和行为都发生了变化的情况下,父亲的角色也变得越来越复杂和令人困惑。传统的好父亲标准已经不再流行(Amato,1998)。新父亲角色并不仅限于美国。类似的父亲角色在其他社会也同样存在(Bernard van Leer Foundation,2003;Hennon,in press;Lamb,2004;Louv,1993;Tamis-LeMonda & Cabrera,2002)。

如果家长有其他更迫切的愿望和需要,阅读有关育儿的书籍不见得会对父亲的行为产生显著的影响(LaRossa & Reitzes,1993)。这些更迫切的愿望和需要包括:对失业、工作稳定性、长期加班等问题的忧虑。对社会经济发展和养家任务的关注是男人生活的焦点(Amato,1998;Doherty et al.,1998)。这一事实仍然存在,尽管现在有数据显示男人表示"家庭为先",并且他们确实比以前更多参与或关注家庭。

拉罗萨(1988)指出,父亲角色的文化转变大于父亲实际行为的变化。

> 父亲已经发生巨变的看法——也就是说现在的父亲们已经密切参与孩子的抚养——只称得上……是一个民间信仰,它对我们的生活和儿童的生活正在产生影响。从积极的角度看,起码我们开了个头。当然,男人还没有像我们中的一些人所希望的那样参与孩子的生活,但是……实际上这个转变在一个正确方向上迈出了一步。

讨论是很重要的一步,因为它可能促使行为改变。这也可以看作对男人施加的压力,让他们变成另一种人,有可能是他们不想成为的那种人。有些男人很享受父亲的角色,可以欣然接受如何更好地抚育孩子和参与孩子教育的信息及支持,另一些人却不然。有些人不这样做,是因为他们觉得当父亲是件私事,有些人则自认为已经做到了最好。他们的育儿模式很可能和他们自己的父亲一样,因为那些方法行得通。他们心目中的"最好"可能包含,也可能不包含很多直接的照顾和责任。

现代父亲

父母文化和平等主义在社会的很多领域盛行之时,父亲角色将继续变化(Brotherson et al.,2005;Cherlin,1998;Hennon & Peterson,in press;Lamb,2004;Parke,2004;Peterson & Hennon,2005)。这在白人中产阶级中更有可能。中产阶

级是变革的推进力,起码在态度上,是父亲角色文化变革的支持者。因此,在传统模式中成长为父亲的男人在接纳和改变自己进入新模式时,可能感受到压力和紧张。

有些现代父亲在改变为父行为时,可能会经受来自更传统的妻子的压力。研究指出,有些女性想要保护自己的领地,以一种让男人不悦的方式监控及评价男人做家务和带孩子的行为。或者,至少女人没有指望男人会参与(Marsiglio, 1991; Thampson & Walker, 1989)。男人和女人一般会采用不同的育儿和家务管理策略,这些策略在能力水平上不相上下。两者各自承担自己擅长领域的任务(Anderson & Sabatelli, 2003)。

父母双方可以学习掌握这些任务。然而,早期的社会化、文化和参照组期望影响着对能力的评价和"应该如何"的理解。父亲们会在妻子希望他们高度参与家务管理和儿童照料的时候参与进来,通常是当妻子在工作上投入时间较多或家里孩子数量多的情况下。低收入和蓝领父亲也可能因为妻子上班而比那些经济上有优势或身居管理职位及从事专业性工作的父亲们更多参与孩子平时的照料(Gadsden & Ray, 2002; Simons, Whitebeck, Conger, & Melby, 1990)。一个父亲作为平等的伙伴参与家庭生活、儿童照料和儿童社会化的意愿影响其参与程度(Gadsden & Ray, 2002)。而其意愿则受到文化常规和个人因素,如动机的影响(Arendell, 2000; Gadsden & Ray, 2002; Hennon, in press; Hennon & Loker, 2000; Marsiglio et al., 2000)。不管怎样,家务和儿童照料任务的分工可能更是一种权力的功能及其运用,而不是严格的育儿的社会规范。女性仍将承担这项任务的一大部分。

在你的成长过程里,谁承担的家务和育儿任务最多? 你自己结婚生子以后会一样吗? 权力对他们的决定有影响吗?

拉多斯拉夫和玛丽娅

拉多斯拉夫和玛丽娅 25 年前从欧洲移民到美国,他们居住在中西部一个大城市的民族聚居区。他们成长的文化环境强调父亲与孩子的关系,尤其是父子之间较正式的但充满爱的关系。父亲很严厉,但他通过辛勤工作来照顾和保护家庭。实际上,拉多斯拉夫和玛丽娅的父亲为了让他们来美国过上更好的生活费了很大心力。在美国,他们的家庭希望得到同化,和别的家庭一样。拉多斯拉夫和玛丽娅从小说英语、听摇滚乐、看电视和电影里描绘的美国家庭生活、在学校和美国孩子交朋友。在他们的居民区里,有些传统仍保留着,但面临被"美国化"的压力。

高中毕业后,拉多斯拉夫(拉德是他的昵称)在他叔叔的建筑公司里找了份工作。玛丽娅在社区大学里攻读非全日制的护士学位,课余时间打零工。相爱并结婚后,他们很快有了两个孩子。现在,大孩子已经上五年级,小的上三年级。玛丽娅回到学校,上白天的课,这样晚上她可以和家人在一起。前不久,大女儿遇到了问题。她在学校精神不集中,功课跟不上其他同学。学校心理专家想要与家长见面。问题是:拉多斯拉夫能请假去吗?

美国的宏观文化和故乡的文化在这里发生了冲突。或许,只有在女儿出现行为问题需要被教训一顿,或者家长认为学校错了,要去学校理论时,拉德才需要出面。他记得自己的父亲希望他在学校好好学习,他父亲总是把学校当作权威来尊重和服从。他母亲参加家长会,而他父亲却从未踏入学校一步。拉德的工友和叔叔在工作上都靠他,请假就成了问题,他不得不向叔叔和同事解释这事。拉德虽然爱女儿,支持女儿,但这是"女人的事",不是男人插手的问题(起码他的朋友们是这么认为的)。

但是中间文化(社区)可能提供不同的,甚至相反的规范。有些邻居是家长—教师组织的成员,或经常参与学校的校外考察、家长—教师座谈会等活动。有些父亲辅导孩子做作业。微观文化(家庭)也影响着"怎样做才正确"的判断。玛丽娅既要上班,又要读书,她很"现代"。她希望而且要求拉德更多参与孩子的照料。她要去学校的话,要么耽误上班,要么耽误学习。她不满:"为什么那个做出牺牲的人总是我?"此外,她记得拉德以前在做家务和照看孩子方面非常体贴。究竟是怎么回事?为什么他们对拉德的角色期待出现了分歧,是什么令他们的婚姻产生了矛盾?

父亲的行为

日常活动

尽管有些研究表明如今越来越多的男性参与家务和育儿活动,但我们并不清楚这种家庭组织的变化有多普遍(Anderson & Sabatelli, 2003; Arendell, 2000; Canary, Emmers-Sommer, & Faulkner, 1997; Coltrane, 2000; Doherty et al., 1998; Lamb, 2004; Marsiglio et al., 2000; Mintz, 1998; Wical & Doherty, 2005)。虽然女性在家务方面投入的时间有所减少,男性做家务的时间略有增加,但90年代女性承担的日常家务仍是男性的两倍(Coltrane, 2000)。但如果把带薪和不带薪的工作都计算在内,男性和女性平均每周的工作时间都是60小时,男性的带薪工作时间更多,女性更多时间用于不带薪的家务工作(Canary et al., 1997)。一个常被引用的数据是,双职工家庭的男性大约做30%的家务。在有些研究中,照料孩子也属于家务范畴。

父亲在孩子生活的参与及其变化程度方面的实证研究数据并不一致,这令人困惑。

虽然在西方媒体中，夫妻共同抚养孩子和挣钱养家的概念越来越受到推崇，事实却是父亲在孩子情感和身体发展过程中的缺位日趋严重……一项对10个国家的4岁儿童的调查研究显示，父亲每天和孩子单独相处的时间平均不超过1小时，中国香港父亲平均每天6分钟，泰国12分钟，中国大陆地区54分钟，芬兰48分钟。如果加上父母双方与孩子共处的时间，美国父亲与孩子相处的时间为1小时36分钟，比利时3小时43分钟。这些发现显示，即使父亲在家是积极成员，他们的直接参与也是十分有限的(Louv，1994)。

刊物《家长》1993年进行的一项对父亲的民意调查发现，男人逐渐与女人分担抚养孩子的责任，尤其是母亲在外从事全职工作的情况下(Louv，1994)。双职工家庭的父亲在照顾孩子这一项任务上花的时间(5.3小时)是单职工家庭的父亲的两倍(2.1小时)(Canary et al.，1997)。研究显示，自70年代以来父亲在双亲家庭中的参与在比例上和绝对家务项目上，都有缓慢上升，尽管父亲参与过程中的参与度和易接近程度仍明显低于母亲"(Marsiglio et al.，2000)。多赫蒂及其同事(Doherty et al.，1998)发现，在20世纪90年代后期，父亲与母亲在参与度上的相对比例是40%，易接近程度的相对比例是67%(其他研究报道的父母参与比例从55%到70%不等)。这一比例比20世纪70年代和80年代的数据要高。相比于瑞典的一项全球调查，男人承担45%的儿童照料，阿卡俾格米男人(Aka Pygmies)47%的时间待在与孩子近在咫尺的地方，而且每天花两小时抱婴儿；英国父亲照料儿童的时间平均是母亲照料儿童时间的33%。被调查的156种文化中，20%的文化提倡父亲与婴儿建立亲密关系，5%的文化支持父亲与幼儿的亲密关系(Bernard van Leer Foundation，2003)。

父亲参与照料孩子受以下因素影响：母亲工作时间，其他责任如就业情况、婚姻质量，以及是否与孩子生活在一起(在未婚或离婚情况下，父亲可能和孩子不住在一起)等。文化习俗与民族、个人对参与的期望、父亲和母亲性别角色观念及对传统性别角色的恪守，也对父亲参与有较大影响(Cook et al.，2005；Cunningham & Dorsey，2004；Doherty et al.，1998；Dunn et al.，2004；Gadsden & Ray，2002；Henley & Pasley，2005；Lamb，2004；Marsiglio et al.，2000；Peterson & Hennon，2005；Raikes，Summers，& Roggman，2005；Taylor & Behnke，2005；Terrel，2005；Wallerstein et al.，2000；Wical & Doherty，2005)。一般来说，男人参与照料孩子是迫不得已。"当母亲的工作时间表里安排不了对孩子的照顾时，父亲才会填补空缺"(Canary et al.，1997)。汤普森和沃克(1995)指出，女性和女孩在家庭中所承担的家务超出了份额，总体上是母亲，而不是父亲，担负着养育孩子的责任。"父亲项目"的主管詹姆斯·勒维因所说的一句话曾在《美国健康》上被引用(Schroepfer，1991)——在育儿任务的父亲参与方面，社会正在经历的是进化，而不是革命。

研究显示,父亲不会像母亲一样持续地承担大多数育儿任务,也不会为此牺牲自己的时间。父亲在提供照料、关注、回应、搂抱、安抚、安慰孩子及其他育儿任务方面的参与越来越少(Arendell,2000;Cook et al.,2005;Doherty et al.,1998;LaRossa,1988;Marsiglio,1991)。即使完成了专门设计的家长课程的父亲也不会格外积极地参与亲子互动。这可能是由于工作压力、社会义务和其他因素造成的(Brotherson et al.,2005;Doherty et al.,1998;McBride,1990)。

　　关于父亲养育孩子的研究发现存在自相矛盾的情况。尽管他们和孩子的"即时"活动少于母亲,男人自称当父亲是一桩重要的角色(Bernard van Leer,2003;Brotherson et al.,2005;Eggebeen & Knoester,2001;Lamb,2004;Tamis-LeMonda & Cabrera,2002);一些研究显示,父亲认为他们的首要责任是挣钱养家。很多研究发现,父亲参与在增加,尤其是双职工家庭的年轻人。然而,"男人在养育孩子方面显现出超出预期的责任心","男人在育儿方面的参与成了90年代代表性的特征",这样的断言与另一些言论形成了鲜明的反差,"尽管人们在思想上越来越认同父亲应更多参与孩子的抚养,但人口和社会的变化导致当今的父亲比美国历史上以往任何时候都要远离孩子的抚养"。针对父亲育儿职责的美国民意测验中心的数据表明,96%的人同意父亲应更多参与孩子的教育,54%的人认为父亲实际与孩子在一起的时间少于他们自己与父亲共处的时间,只有42%的人认为大多数父亲了解孩子的生活状况(U.S. Department of Education,2000)。根据已有数据推断,参与孩子教育的父亲可能比看起来的要多。

　　20世纪90年代,对父亲缺位问题的忧虑成为人们争论的焦点,不和孩子生活在一起的父亲的贡献也得到了更深的理解(Cunningham & Dorsey,2004;Duley & Stone,2001;Dunn et al.,2004;Eggebeen & Knoester,2001;Gadsden & Ray,2002;Henley & Pasley,2005;Mangun,1999;Mazza,2002;Reichart,1999)。这一群体主要包括离婚非监护方父亲和未婚但曾经与孩子母亲同居过一段时间的男人。这类父亲大多很年轻,他们的家庭被认为很脆弱(Garfinkel & McLanahan,2002;McLanahan & Garfinkel,2000)。另一类无父亲的儿童是女同性恋母亲抚养的孩子,或是同性恋父亲不与他们生活在一起的孩子(Lamb,2004;MacCallum & Golombok,2004)。还有一部分非住家父亲是在监狱服刑的父亲。非住家父亲不是同质的游手好闲的一个群体。男人成为非住家父亲的路径各不相同,这些父亲在孩子生活中的参与程度也各异。一项对未婚父亲的调查显示,他们在孩子4岁时的参与和孩子1岁时一样多。然而,这种程度的参与是否能维持到孩子18岁却不得而知(Gadsden & Ray,2002)。总体上,非住家父亲参与更少,尤其在日常活动方面,他们参与的增加或维持有时还面临与前配偶或伴侣之间的矛盾而引起的障碍。

　　在现实生活中,父亲可能没有认识到除了与孩子玩或给孩子提供生活保障之外的其他参与形式的必要性与恰当性。那些希望在这个现实社会中谋求改变的人可能通过直接与男人和他们的家庭合作获得更大收益。这些变革的推进者希望关注父亲们所认为重要的事以及他们对自身缺点的看法。了解男人如何理解养育儿童以及他们希望如何改变,对于促进社会变革来说可能更具有建设性。同样重要的是制定政策和提供各类服务与资源,如家庭生活和家长教育项目,这类项目不仅要针对文化特点,对文化差异敏感,还要能满足父亲、母亲和孩子的需求,并能适应非住家父亲不同的家庭环境(Dudley & Stone, 2001; Hennon, Peterson, & Polsin, in press; Jacobson, 2003; Radina, Wilson, & Hennon, 2005; Peterson & Hennon, 2005; Sorensen & Zibman, 2001)。

概念框架

兰姆(1987)提出了一个研究父亲参与的通用概念。他区分了参与度(在对孩子的抚育、游戏或管束过程中和孩子一对一互动的时间)、可及性(互动强度低,父亲在做其他事,但能够及时对孩子的需要做出回应)、责任心(使孩子的福利和照顾得到保障,如信守约定,确保孩子的需求得到满足)(Brotherson et al., 2005; Doherty et al., 1998)。负责任并不总是要求与孩子进行直接互动。一个父亲可以在从事其他事情的时候(如开车时、上班时或在打高尔夫时)为孩子而感到焦虑、担忧、满意或制订处理突发时间的计划。这一分类法指出了父亲参与的各种可能性,有些包括高质量的互动,有些则是在孩子需要时提供支持和直接或间接地为孩子的利益尽责任。这一分类法还"支持不同文化对父亲参与的不同解释",因为少数民族和宗教群体可能对什么是好父亲有不同的理解(Dudley & Stone, 2001)。例如,波多黎各父亲可能更强调自己养家的责任;亚裔父亲可能更强调孩子的学业成就、情感上的成熟、自我控制和社交礼仪;西班牙裔家庭重视母亲与孩子的关系,而父亲通过理解互动的重要性和对别人的尊重来帮助传递个人间相互关系的价值;摩门教徒父亲因家庭规模庞大而可能与每个孩子的个人接触较少,并较少帮忙做家务,但仍然在积极社会价值观方面影响孩子(Anderson & Sabatelli, 2003; DeGenova, 1997; Dudley & Stone, 2001; Radina et al, 2005)。无论差异多大,这些父亲都被认为是好父亲,他们的参与度、可及性、责任心是用特定文化语境中的参数来检验的。

在参与度、可及性和责任心三方面所用时间的相对分布和父亲育儿责任的成分差异受以下几种因素的影响:①文化和社会经济状况;②生命周期的不同阶段;③家庭的个体差异;④每个家庭中儿童的个体差异;⑤每天的差异,更不用说每分钟的变化。然而,我们认为每个家庭都会建立育儿系统中各成员任务的分配规则。育儿策略反应每个家庭的文化因而也显现出稳定性。当然,这些规则和策略是可以随情境和需要的变化而重新协商并改变的(Anderson & Sabatelli, 2003)。

家庭系统动力和主题的另一个反映是性别角色的传统化(LaRossa,1988)。总体上,不论在孩子诞生之前夫妻双方多么平等,在孩子出生后,相对于增加的家务负担,男人承担的家务反而减少了。在成为父亲和母亲的过程中,男人和女人经历角色的逐渐分离(Belsky & Pensky,1988;Cook et al.,2005;LaRossa,1988)。因此,出现了对传统文化回归的期望。有人指出,男人保持了与育儿的"角色距离"而女人敞开怀抱接受这样的角色(LaRossa & LaRossa,1981)。女人将育儿视为"母性习惯"和"母亲职责"并投身其中,与男人的育儿行为有很大的不同(Arendell,2000)。

对传统现象的一个解释是,夫妻双方的生物学和社会化经验给了他们各自在传统领域的能力(Amato,1998;Arendell,2000;Canary et al.,1997;Hennon,in press;Marsiglio et al.,2000)。性别社会化、文化价值观和期望对于父亲怎样育儿和参与程度影响很大。家庭在儿童照料和其他家务劳动方面可以协商并建立平等或不平等的分工模式。

理解父职

有时候,做父亲让男人焦躁、困惑或沮丧。有时候,男人会忘记自己的父亲角色,或者这个角色不在他们的直接意识中。但大多数时候,做父亲是快乐的、令人迷恋、轻松、不受质疑、理所当然的。在美国有一个关于父职的朴素心理学观点。这个朴素的观点就是,无论何种种族、民族,男人早早就理解了做一名父亲的实际意义。做父亲就是做父亲。大家对这样的心理习以为常,从不怀疑,因为它是自然世界的一部分。做父亲是一项复杂的任务,并不容易理解,可一个外人用科学的方式相比于父亲们身临其境、用自然的方式更难掌握其真谛。也就是说,父亲们总体上能感知到他们在社会中的位置,知道在家庭、工作、朋友群体、社区和社会中如何行事。父亲们能够发挥功能"调节或摒弃文化和情景信息,形成对父职的认同感,发展育儿技能,处理对自己父亲的情感,和孩子的母亲共同合作"。父亲在不断进化的父职的社会建构中起到了关键作用(Doherty et al.,1998)。

为了更好地理解父职,我们必须考虑关于父亲的"人种文化"(知识家族)(相对于流行文化、社会科学家或教育家了解的文化)。人种文化包括父亲的价值观、常规、信仰、态度和物质时间。在这个人种文化里,每个父亲扮演自己的角色。这是他们的参照世界,父亲的形象(作为一名父亲我是谁)至少部分植根于有意义的其他人和参照群体的期望。这是父职的个人意义。父亲与文化的交互(也就是我们所知道的生活世界)影响着他们的认知和行为。其他人,包括孩子和女人,帮助塑造父亲的生活世界和知识家族。流行的家长文化可能是这个活生生的文化的一部分。尽管人们认为主流文化的力量具有支配性,但在当代美国多元的社会环境中,谁也无法妄断主流文化对任何地方任何人的绝对影响与支配。也就是说,在总体的、社会层面(宏观)的价值观和基本理解的共性之外,还同时存在亚文化的小天地,而这些亚文化对个人的行为影响更大。在这些亚文化中,存在着特殊的个体和家庭系统(微观)行为。

再次重申一下,尽管在美国,宏观文化对如何做父亲有强大的影响力,但在中间文化和微观文化层面还是存在各种差别。例如,文化与环境因素造成的差异随处可见,威斯康星的印第安保留地和康乃狄格州的郊区家庭之间、纽约市的犹太民族聚居区和北卡罗来纳的非裔美国人家庭、带着一个孩子居住在新墨西哥的离婚建筑师和有九个孩子生活在南达科他州的已婚父亲。为了理解这种种情景下的父亲角色,并为提高和促进父亲在学校参与设计更好的方案,我们需要:①认识到差异;②以开放的心态对待不同于自己文化的定义;③理解文化语境;④接受一个精心建构的项目可能不符合特定文化的需求,难以引起共鸣;⑤理解家庭系统影响;⑥认识到做父亲只是男人的生活画卷中的一部分。

父职与学校成就

有些研究显示,父亲和母亲一样经历着育儿的欢乐、忧虑和挫败感(Entwisle, 1985; Peterson & Hennon, 2005; Thomas & Walker, 1998)。因此,有人将研究的焦点放在了父亲和母亲育儿行为的质量差异上。同样,在父亲这一群体内部也存在差异。有些父亲愿意改变目前的做法,希望能参与更多、更富有爱心、掌握更多技能等。有些父亲希望参与孩子的学校教育,可不知道该怎么做,感到自己被学校系统排斥在外(尤其是那些自己的学校经历不愉快的人),有些人在特定学校氛围中感到不舒服。有些父亲可能没有意识到积极的学校参与是恰当和有益的。

不论社会地位、家庭结构,还是儿童不同阶段的发展特点,儿童的进步明显与特定育儿风格有关。很多文章都报道,儿童的积极发展与家长的某些育儿特征密切相关:讲道理、清晰地交流、适当的监控、支持、积极参与育儿、与孩子互动,以及爱(Anderson & Sabatelli, 2003; Peterson, in press; Peterson & Hennon, 2005)。在这种育儿风格下成长的儿童在学校更成功、更能换位思考、更善于与人合作、更信任别人、自尊心更强、更能与他人建立并保持亲密关系。同样,对儿童需求敏感、对儿童不过分严格、积极回应但不过多控制、激励但不过分指导的育儿方式也能促进儿童的积极发展(Bean et al., 2003; Belsky & Vondra, 1985; Bush, 2000; Dunn, 2004; Ingoldsby, Schvaneveldt, Supple, & Bush, 2004; Marsiglio et al., 2000; Peterson, in press; Peterson & Hennon, 2005; Steinberug, 2002)。这种育儿风格被称为权威式育儿风格,研究显示这一风格最能预测儿童发展的理想结果,包括学业成功。

对学校出勤率、成就和适应的研究显示,家庭环境的各个方面对儿童的教育结果都有影响。其中包括:社会经济地位、家长的就业状态和教育背景、家庭结构以及父亲的角色。例如,有些研究显示,在控制了社会经济地位的情况下,父亲的缺位与儿童的学业表现差和辍学率有显著相关。父亲的缺位比贫困更影响儿童的学业成就和辍学率,但贫困或社会经济地位在其他问题上影响更大,如违法行为。父亲缺位的一个重要方面是对儿童抚养费的给予。儿童得到的抚养费量与其学习成绩、在学校的行为问题密切相关。这一联系与儿童的性别或种族无关。对90年代研究的回顾证实了"非住家父亲对孩子抚养费的给予与孩子的教育成功密切相关"。

在青少年中,非住家父亲与已婚父亲相比更少成为青少年讨论学校问题和未来事业的首要对象。青少年认为自己与父亲的关系不如与母亲亲近。很多女儿认为父亲的参与不够。可能,父亲向自己的青少年子女显示亲密的方式是一个活动或以某种方式帮助他们,例如修理东西。也就是说,父亲更多地通过"做事"而不是用言语表达对孩子的爱和关心。

学校适应与家庭环境因素有密切的关系,如父亲的支持,因此这就不难理解父亲和其在学校教育中的参与能够给孩子在学校的适应和成功打下更好的基础。布朗芬布莱纳(1986)强调了家庭与学校的互动。家长与孩子之间互动的质量和数量对学业成果有直接关系。尽管倡导这一理念提高了对父亲的期望,会给父亲带来更多压力,但我们相信父亲在学校和儿童教育方面的参与非常重要,值得鼓励。

> **反思** 如果很多儿童生活在单亲母亲家庭,与父亲很少或没有接触,教师和学校能为这些儿童做些什么?他们是不是注定要失败,因为他们的父亲没有参与他们的生活?考虑到当前的社会性别平等和相容模式,单独为父亲设计专门的干预项目合适吗?

父亲参与学校和学校教育的益处

促进及支持父亲参与学校和学校教育的理由很充分,方式与策略也很多。直接参与学校活动是最理想的方式,父亲们仍可以通过其他方式参与孩子在学校的学习生活,如鼓励孩子学习进步、灌输职业道德观念、督促孩子做家庭作业、为孩子提供智力和文化活动与体验。下面列举了一些理由和方法:

- 父亲应当,也需要得到参与支持和服务。很多男人对此感兴趣并愿意接受这种类型的参与,而另一些则不同。新父亲形象已经为男人在抚养孩子、学校教育和学校的参与方面提出了文化期望。这一期望要求学校和其他机构采用新的策略来邀请和促进父亲的参与(Cook，2004；Gadsden & Ray，2002；Levine，2004；Shedlin，2004)。阿灵顿高中的"保安爸爸"就是个极好的例子。学生的父亲，取代了保安，开校车送孩子们去校外考察和参加运动会(Louv，1994)。

• 儿童发展的很多积极成果与父亲的参与密切相关。有几位学者回顾了相关文献，总结了父亲对儿童发展的有益优势及其不同于母亲的独特之处(Roberts，1996；Lamb，2004；Tamis-LeMonda & Cabrera，2002)。父亲可以在很多方面帮助孩子的智力和社会性发展。移情的发展就是一个例子。如果父亲至少每星期两次常规地照顾孩子，孩子更容易成长为具有同情心的人。父亲对孩子，尤其男孩的社会行为的养成也很重要(Dudley & Stone，2001)。一项在密歇根州的欧吉巴进行的研究显示，如果父亲作为孩子的主要照料者花费的时间越多，孩子的学习成绩会越好(Williams，Radin，& Coggins，1996)。另一些研究也显示了父亲在孩子学业成就方面的重要作用，以及早期参与的持久效应(Gadsden & Ray，2002；Lopez，2001)。例如，很强的职业道德意识、了解钱的重要性、将钱与教育和好工作联系起来考虑、智力技能、学前准备充分、基本数学能力、爱读书、早期学习(在低收入家庭中，父亲的作用尤为明显)、读写能力发展、学业能力和男孩的学习动机。

在读写能力、学校教育和知识获得的价值观方面，父亲对孩子的影响既有直接的，也有间接的。父亲在孩子上学方面的参与比母亲少。高中学历以下的父亲比受过更多教育的父亲参与少。他们不参与很可能只是因为自己没有经验或不知道如何提供帮助。低收入父亲对孩子有较高的期望，希望自己的孩子将来成功，出人头地。即使父亲自己的学业成就一般，他们的参与也会促进孩子的学业进步。非住家父亲参与较少，但他们的参与也非常重要。各类父亲都可以通过给孩子读书、讲故事、说儿歌、唱歌、背诗来促进孩子早期读写能力和语音意识的发展。父亲可以在做家务时给孩子解释自己在干什么，让孩子猜下一步要做什么。举这些例子是为了展示，父亲可以通过各种形式和途径促进孩子的智力和学业能力发展。很多研究结果都显示，受到父亲积极影响的孩子能够更好地应对学校、同伴和其他成人带来的挑战(Brotherson et al.，2005；Dudley & Stone，2001)。

• 父亲参与孩子的学校教育会使家庭受益。父亲的关注和兴趣能够在很多方面强化家庭的互动和纽带，包括婚姻关系和代际关系。父亲的参与还能加强全家人对教育的重视(Brotherson et al.，2005；Doherty et al.，1998；Eggebeen & Knoester，2001；Gottman，1998；Lamb，2004；Marsiglio et al.，2000；Parke，2004)。

• 学校从父亲参与中获益。父亲的参与给学校增加了资源。也就是说，父亲的知识和技能可以为学校做贡献。教师也指出，父亲积极参与则孩子在学校的问题

(如出勤率低、考试不及格等)少(Marsiglio et al.，2000)。

• 父亲在学校教育中的参与增加对社会有利。美国文化中的男性家长育儿风格有一些有利于孩子学业成功的优势。这些优势包括：鼓励独立、鼓励竞争从而提高成绩、对孩子的高期望。社会生活能够变得更稳定，少一些暴力、成瘾行为、犯罪和其他病态的现象。有知识、愿意参与的公民可以使我们的社会更强大。父亲的参与能够协同培养优秀劳动力，帮助保持经济的发展与增长而造福社会(Brair-Lawson, Lawson, Hennon, & Jones, 2001; Hennon, in press; Hennon, Jones, Hooper-Briar, & Kopcanova, 1996)。

鼓励父亲参与的策略

鼓励父亲参与学校活动和学校教育的措施必须包含三个层面的干预：宏观系统、中间系统和微观系统的父亲文化。在有些情况下，鼓励父亲参与的措施是根本性的。也就是说，文化和社会系统的改变提供了一个框架来引导男人对称职父亲的理解。这些根本性的干预目的在于促使社会变革，推进新的男性社会化习俗和价值观。这其中包括军队、宗教、经济、教育或其他机构所持有的关于男人如何对待孩子的期望。这些类型的干预是为了社会的将来，因为它们鼓励父亲对孩子的人力和社会资本的发展提供支持。

另一类干预是次级的，因为它们的目的是打破现有的条件和模式。这类干预的对象是个体工作者、教会、家庭或男人，包括说服父亲接受除了他们已经习得的和相信的模式以外的其他更好的为父之道，即父亲可以更有爱心、更积极参与，将男人的优势带进育儿的过程。其他干预包括对那些已经愿意参与的父亲提供资源、支持和服务。

父亲可以被分为"不想改变"、"不能改变"、"想要改变"三类。那些不想改变的男人可能是"无力挽回"的。然而，有些可能正在训练自己的孩子，而有些只要加以适当的刺激就可能改变自己的行为。那些因为传统观念而被"卡"住了的不能改变的父亲，可以被推动着寻求信息、资源与服务，以接受新的模式进而转变育儿行为。这些父亲需要得到帮助来克服个人、家庭和社会障碍，以便更多地参与孩子的生活。那些"想要"改变的父亲有强烈的动机，他们需要的只是来自于家庭成员、教育者、家庭生活教育者和其他人的支持、技能、资源。

教育者可以设计或支持好的干预项目，包括恰当的资源、支持和服务。学校可以为父亲们提供或帮助其寻找资源(如学校的家庭资源中心或家长休假政策及其他员工福利)。学校还可以帮助父亲们获得他们所需要的支持或鼓励(如建立网络，境遇相似的父亲可以在网上相互提供支持和鼓励)。同样，学校可以提供增强技能的服务(如针对离婚父亲的家长课堂)，以促进父亲的参与。然而，这些干预不能削弱家庭或关系层面的干预。

育儿是一种关系,它在其他关系的影响下进行(Brotherson et al., 2005; Cook et al., 2005; Doherty et al., 1998; Peterson & Hennon, 2005)。"父亲化"的做法并不意味着削减对个人特征或心理层面上的干预。这种支持意味着指导父亲如何与妻子及前妻交流,商量如何养育孩子。资源包括技能培训,帮助父亲在不侵占母亲领地的情况下增加育儿参与。其他关系取向的做法包括学校给儿童开设有关各种家庭中的父亲的课程并和父亲与儿童合作,加强亲子间互动。面向所有家长的育儿和学校参与项目比专门针对父亲或母亲的项目效果更好。

在宏观、中间和微观文化中如何才能为父亲提供资源、支持和服务呢?下面介绍一些促成和强化社会转变的好方法。

> **反思**　为什么突然出现了关于父亲如何参与学校教育的变化?为什么这一变化没有出现在 60 年代和 70 年代?这些变化是对当今父亲角色和父亲参与不足情况的过度反应吗?你认为这一讨论在 20 年后还将存在吗?

社会层面的干预

注重父亲在学校参与的人士应该更关注根源性干预来帮助家庭和男人发展有助于父亲参与孩子生活的价值观、策略和规则。这些干预方法包括:

• 致力于和平、社会公正、财富的平均分配、社区安全以及有利于经济发展成果的均衡共享的可持续发展(Brair-Lawson et al., 2001; Hennon & Hones, 2000)。

• 倡导人们在有意义的、薪资足以谋生的工作领域正式就业,促进这方面的政策制定(Brair-Lawson et al., 2001)。

• 支持和鼓励男人使用家长休假、弹性工作时间、在家工作以及其他做法,让他们在工作之余腾出时间参与家庭活动(Hennon, in press; Hennon & Loker, 2000; U. S. Department of Education, 2000)。

• 确保获得高质量学校教育的平等机会,让所有人获得并保持起码的生活水平。

• 向媒体投稿、创办或鼓励媒体多方位描绘男人的不同家庭角色,包括父亲在育儿方面的独特优势。

• 广泛分享父亲参与而带来的积极成果,同时分享父亲是如何参与的。

• 倡导父亲权利、公平的儿童抚养权和探视规范,并促进这类法规的执行。鼓励合作性育儿(可能结合联合抚养权),以及让父亲保持对孩子的接触、参与和支持的其他措施(Doherty et al.，1998；Dudley & Stone，2001，Grych，2001；Henley & Pasley，2005；Lamb，2004；Marsiglio et al.，2000)。

社区和学校层面的干预

父亲们经常在努力平衡家庭与工作的过程中遭遇挑战。这一挑战会带给他们压力,影响他们在育儿中的参与。然而,成功实现可接受的平衡会是一种支持来源,环境因素(如常规工作时间,假期,工作稳定,能够在早晨、晚上或周末参加学校会议,或通过电子邮件与学校联络等)也可以帮助父亲保持压力水平。例如,研究显示,想要工作的失业父亲虐待孩子的可能性大于有工作的父亲(Anderson & Sabatelli，2003)。沉浸在工作中时,父亲容易被激怒和失去耐心(Doherty et al.，1998；Volling & Belsky，1991)。

学校系统可设法促进社区的发展和经济增长。整体性的教学项目,而不是以学校为中心的项目,有助于人们把学校、雇主和家庭看成同一个亚文化的组成部分。共同努力维护整个社区的利益是最好的策略(Brair-Lawson et al.，2001；U.S. Department of Education，2000)。

想要鼓励父亲参与,首先要做好预备工作。等待父亲"出现在门口"是行不通的,我们需要运用其他策略。以下是一些有助于促进父亲参与的资源、支持和服务方案。

- 帮助建立家庭友好的社区(Brair-Lawson et al.，2001)。
- 建设可接近的、与家庭友好合作的学校,与家长见面时能灵活调整时间。
- 让学校成为家长可以信赖的地方,确保学校对家庭的需求做出及时反应。
- 用行动来体现对父亲参与的重视。
- 强调父亲在育儿和支持儿童学习方面的独特性和优势。学校应该利用父亲资源鼓励儿童解决问题和发挥潜能。很多父亲喜欢扮演教师、导师的角色。这一角色能强化能力感,父亲们觉得自己在做很重要的事。邀请父亲分享技能或知识可以让他们获得这样的感受。
- 创造父亲友好的环境和父亲的良好形象。最显著的例子是男性教师。其他方式包括:校园和教室海报上展示男性在工作、游戏和与家人在一起的画面;录像、音乐和其他媒体材料描绘男人承担不同职责的形象;邀请男人到课堂,不仅仅是在父亲节来分享他们的生活经历(工作、业余爱好或特殊兴趣)。
- 提供让父亲们一展身手的机会。例如,建造和安装操场设备,帮助训练篮球队,为科学节做评委。这些可能涉及刻板印象,但这的确能让父亲们感到舒服和受欢迎。他们还有助于男人接受非传统的活动。注意不要过度概括父亲们想做或愿意做的事情。与父亲交谈，来确定他们愿意参与的程度，以及他们重视的活动。有些父亲可能愿意建造东西，有些愿意搬运东西，有些愿意读书、导演一出戏、教一节课、指导电脑的使用、辅导功课或组织操场活动（Gadsden & Ray，2002）。

- 支持自然发生的父亲参与活动，让父亲参与俱乐部、童子军、外出活动、实践项目（包括建造和修理）、比赛、露营、钓鱼等。有趣而活跃的活动是父亲观察育儿方法和分享信息的好机会，也是"专家"提供育儿信息和示范行为的机会。
- 在邀请中加上父亲。一个笼统的"家长"称呼可能被理解为母亲的代名词。父亲需要得到明确的邀请，表明学校希望和欢迎他们参加。
- 提供只邀请父亲的活动或父子活动。发一份给父亲的特别邀请。可以包含男性父亲角色（如伯伯、叔叔、祖父和母亲的男朋友）。
- 留意男性的交流风格。父亲可能希望开门见山，直接进入主题，他们把关系的建立看成是次要的。
- 建立父亲友好的家庭资源中心，能够在必要时帮助个人和夫妻提高技能以更好地养育孩子。这样的中心能够满足家庭全方位的需要（如健康、经济管理、压力管理和休闲）（Anderson-Butcher & Ashton，2004；Epstein，2001；Hooper-Briar & Lawson，1994；National Network of Partnership Schools，n.d.）。
- 鼓励父亲参与家长教师协会或家长教师组织（Cook，2004）。
- 邀请父亲和儿童生活中的其他重要男性参加早期干预服务，如那些为残疾儿童提供的服务。很多父亲，包括那些离婚的或因其他原因不与孩子生活在一起的，想要并需要参与到影响孩子健康发展的各种决策中。
- 认识到父亲参与儿童教育的方式有很多种。有些父亲已经参与了孩子的学习并正在寻求创造性的方式使其参与发挥更大作用。

鼓励父亲在学校的参与远不止营造父亲友好的校园氛围这么简单。我们有必要开展更多根源性干预或综合项目。这些综合干预能够帮助父亲们获得或提高养育孩子和与另一方家长合作的能力。在这个基础上，学校参与的重要性才能得到理解、赞赏和接受。

家长教育

多位专家发现了一些影响有效家长教育的社会性别差异。这些差异包括：

- 父亲和母亲参与家长教育的目标不一样。母亲更愿意从其他家长那里得到支持，而父亲则更关心如何与孩子建立亲密关系和学习管束策略。
- 认识到父母之间在知识和经验基础上的差异。女孩在童年时期喜欢玩扮演父母的游戏，而男孩更多扮演其他角色。女孩和年轻女性比男孩选修过更多关于儿童发展和家庭关系的课程。这些差异显示出，想要帮助父亲提高育儿方面的知识和技能，为男孩和男人创造教育机会是非常重要的。

• 男人和女人的互动风格差异也是需要注意的。有关婴儿的研究显示，父亲与孩子互动一般更多运用肢体、感觉器官，更令人兴奋，而母亲的互动方式更倾向于运用语言，更温柔，更令人平静（Arendell，2000；Dudley & Stone，2001）。兼具两性特征的父亲既能采用传统的男性互动方式（如玩激烈的游戏），也能善于表达情感。

• 纪律管束是另一个存在性别差异的方面（Bigner，1994）。严厉是父亲的特征。出于等级观念，父亲一般看起来更坚定、更坚持原则、更有权威感。可能父亲更注重立刻出现的结果（如顺从和服从）而不是对长期关系的影响。随着男人逐渐摆脱"等你爸回来收拾你"这样的观念所赋予的角色，这种风格差异可能会改变。

• 性别差异还存在于解决育儿问题上（Amato，1998；Arendell，2000；Crouter et al.，2005；Doherty et al.，1998；Dudley & Stone，2001；Grych，2001；Hennon，in press；Lehr et al.，2005；Miller et al.，2005；Peterson et al.，2000；Peterson & Hennon，2005；Taylor & Behnke，2005；Terrel，2005）。例如，母亲更擅长处理婴儿的哭闹。这一差异可能是因为母亲经常接触和经受这类问题。

父亲在学校中的参与

父亲在学校中的参与逐渐增多，原因有以下几点：

• 父亲被特别邀请参与学校教育。这些参与项目包括：家长教师组织、代替保安为儿童开车、给儿童做讲座、参与家校交流活动和家长会。

• 父亲调整工作时间，或者他们所在的工作单位制定了家庭友好的政策，允许父亲有更多个人时间参与学校活动。有些父亲在家工作（包括他们自己的产业或家族产业），使得他们有更多灵活的时间参与孩子的教育。有些男人希望雇主给予更多弹性时间，但遭遇阻力。为了更多参与孩子的生活，有些男人拒绝提升，有些变换工作，而另一些人则没有这些条件或决心。

• 父亲们发现学校正在创建更适宜父亲的环境，包括课程设置。这种状况吸引了更多父亲进入学校，担任演讲者、志愿者，参与家长教师组织或家长教师协会董事会。明尼苏达州的有些校区设有针对年轻父亲的项目。这些项目包括父亲与小学生谈论作为一名未满20岁的父亲需要担负的责任和面临的问题。有些校区与其他组织合作，与需要年长父亲指导的少年父亲建立联系。有些学校尝试举办了名为"父亲和面包圈"的父亲早餐会。另有学者提出在课程中描绘父亲形象的多种方法。美国教育部提出了创建父亲友好的环境的建议。

有些人对这类活动可能会有消极的反应。教育者应该听取单亲母亲和其他一些感到自己被排除在学校之外的人的意见。为所有家长提供机会,尤其是为单亲家长或因父亲被特别邀请而被漏掉的家长。合作性的或双方家长都参与的项目,能够将已婚的、未婚但处于恋爱阶段的、未婚但没有恋爱关系的家长都包含在内(Gadsden & Ray,2002)。

> **反思** 学校非常期望家长参与,但如果父亲参与不积极,学校该如何吸引父亲呢?这是一个性别平等的问题吗?你觉得可能会遇到阻力吗?如果有可能,会是什么样的阻力?

父亲参与学校活动的阻力

父亲可能有各种各样的理由或借口来解释自己为什么参与或不参与特定活动(Kaplan & Hennon,1992;LaRossa,1988)。这些动机的表达是在向自己或别人展示自身将呈现的"父亲"形象。自我形象可以被理解为一种故事的重述:"这就是我的故事,这就是我。"这种有关父亲角色的故事更多是讲给自己听,而不是给别人听的。父亲们需要了解自己是谁并有足够的理由让自己感到自在和安全。试图让父亲参与的项目如果主要依赖或仅仅依赖外部专家知识,并以一种预先设定好的模式来传递,就很可能失败(Hennon & Arcus,1993;Hooper-Briar et al.,2001;Radina et al.,2005)。

要排除父亲在学校参与中的障碍,就必须了解男人真正的需要、渴望和愿望。同样,那些希望促进社会变革的人必须理解男人自己感知的生活现实。这不是说要接受这些借口、理由和拒绝。我们应该相信父亲们是言而有信的。但认识到这些行动和理由是父亲自塑形象的一部分则非常重要。这些叙述是父亲的知识库的一部分,也是促进父亲参与的可利用资源的一部分。

有一项研究发现只有24%的3—5岁孩子的父亲和33%的学龄儿童的父亲积极参与学校的活动(Gadsden & Ray,2002)。其他研究发现,家长参与随着儿童年纪的增高而下降,到高中阶段家长参与非常少(National Network of Partnership Schools, n. d.;U. S. Department of Education,2002,2005)。是什么让父亲远离学校?

- 一个主要障碍是时间和日程冲突。大多数父亲是全天工作的,很多父亲的工作时间是常规的上班和上学时间。和父亲相比,母亲从事非全职工作的更多。

- 另一个典型的障碍是,父亲自认为参与学校教育不在他们的角色范围内(U. S. Department of Education,2000)。例如,一位作者与一群"平等起点"项目中孩子的父亲面谈,说起给幼儿读书的重要性。这些男人的反应是他们的妻子负责给孩子读书,这不是他们的事。

- 另一个障碍是父亲觉得自己不受欢迎。如果父亲走进一个项目,环顾四周却只看见妇女和孩子,他就会觉得这只是一个适合女人和孩子的地方。母亲也可能扮演守门员的角色,决定将父亲们推进课堂或活动中,还是把他们拦在门外。很多时候,父亲们并不知道有哪些机会可以参与,因为他们不直接和学校进行交流。如果孩子们放学回家见到母亲,他们会把消息直接告诉母亲,然后母亲负责回应学校的要求。

- 障碍还包括,有些项目对是否花费特别努力来邀请父亲犹豫不决。有很大比例的孩子不与自己的父亲生活在一起,如果特别邀请父亲就会对这样的家庭有冒犯或不够尊重。对于冒犯家长,尤其是单亲家庭家长的顾虑,使得特别为父亲设计的项目更难以实施。

上述障碍意味着在父亲参与方面还需要付出特别的努力。理解潜在的障碍是促进父亲参与的重要一步。在很多出版物和网站上都可以找到如何克服这些障碍的建议,《呼吁承诺:父亲在儿童学习中的参与》(U. S. Department of Education,2000)是一个好的起点。中北地区教育实验室(www. ncrel. org)和美国"开端计划"项目协会(www. nhsa. org)能够为促进父亲参与提供很多好主意。

家庭层面的干预

婚姻压力影响育儿质量(Hennon & Peterson, in press; Peterson & Hennon, 2005)。在有些情况下,有些家长将孩子当做满足感的来源,以弥补失败婚姻带来的欠缺。这可能会导致更积极的学校参与。但有些家长会把婚姻的失败怪罪于孩子或迁怒于孩子。孩子也会通过捣乱或乖顺来调节家庭系统的平衡。在学校表现好或坏可能是孩子将家长的注意力从婚姻矛盾转移到自己或自己的需要上的一种策略。结果是老师可能看到父亲更多或更少地参与学校教育。不管怎样,面临婚姻问题或处在婚姻交接阶段的父亲对孩子的恰当关注可能减少。

在本章前面部分,我们讨论了家长的性别动态和领地问题。母亲(尤其是离婚的或因其他原因与孩子父亲分开的),会不支持或反对父亲参与的增加。即使在良好婚姻里,也可能存在来自母亲的抵制。应对这种局面的方式之一,是让母亲了解这样的"占有领地的心理",与她们讨论有关父亲的问题。父亲不应该是"母亲二世",扮演次要角色,也不该是"竞争对手",夺走孩子的关注和爱。家长像一个团队一样合作互补对孩子最有利,父亲不需要努力成为超级爸爸,使得妻子被忽略。保持婚姻的牢固是成为好父亲的最佳途径(Anderson & Sabatelli, 2003;Gadsden &

Ray，2002；Gottman，1998；Louv，1994；Peterson & Hennon，2005）。高特曼（1998）曾提出：

　　毫无疑问……那些对妻子充满爱和仰慕的丈夫，那些积极地探寻妻子的世界和夫妻关系的丈夫，那些每天关注妻子需要的丈夫，那些能够接受妻子影响的丈夫，能够在比赛中遥遥领先。他们一旦与能够在矛盾之初就能缓和气氛、从不回应小情绪的女人结婚后，就能够平稳过渡到父母阶段……而且成为全情投入的父亲。他们不仅婚姻稳定幸福，而且他们的孩子也会进入完全不同的轨道，这对他们的认知、情感、社会性和心理发展有着积极的促进作用。

　　下面是学校如何开展家庭层面干预的方法：

- 学校可以在从小学到成人阶段的课程中纳入以价值观为基础的家庭生活教育。
- 学校系统和学校工作人员，如社会工作者或受过训练的领导者，可以鼓励、支持、宣传和提供婚姻咨询项目以及带有治疗性质的干预。可行的项目包括压力管理、积极管束技巧、离婚后的育儿、夫妻交流技巧、冲突管理策略，以及帮助父亲和母亲意识到和反思自己行为的训练。这样的资源可以帮助家长认识到他们是如何回应他人的行为，以及他们的行为是如何影响他人的。反思是提高自我意识和对自己及他人体验的敏感性的关键过程。反思是引导父亲角色转变的要素。学校还可以与行业、中介机构和宗教机构合作展开教育项目。
- 教育者能够帮助人们理解：家庭互动、人际交流能力、家人之间的关爱以及家庭成员共处与职业或其他成就同等重要。
- 学校工作人员可以建立自己的高质量婚姻和其他人际关系。

　　家庭行为是特定于情境的，受到其发生场合的制约（Gubrium & Holstein，1993）。男人经历着所谓的"组织性植入"（Gubrium，1987）。也就是说，男人所参与的社会系统不是离散的，相反，男人把一个系统中的意义带入另一个。从分析角度看，我们可以把家庭与工作分开来看待，如养育孩子和开卡车，但在浑然一体的生活中，这样的区分对这位父亲来说是没有意义的。但学者和一般人的确会讨论一个角色如何影响另一个角色。例如，驾驶载重卡车如何因时间、精力、压力等影响男人对孩子的关心，干预需要考虑到这种植入性和整体性，这样才可能更设身处地地体会男人是如何看待在家庭、工作单位和社区里的自己的。单一的、单因素的或单方面的干预（如教育）会忽略父亲们完整生活的丰富性和相互依赖性。趋向于家庭中心（必要时，以父亲为中心）的方法和措施更为有效（Hennon et al.，1996）。总的看来，要促进家长在学校和学校教育中的参与，更需要整体性的"父亲化"策略。

胡里奥·瓦尔德兹是两个孩子的父亲。小儿子在奥尔森太太的学前班上学。他的名字叫阿历克斯,他和父母从德克萨斯搬到了明尼苏达州西南部的一个小镇(人口8 000)。他们搬家是因为在德克萨斯很难找工作,他们有亲戚在明尼苏达州南部,那里有几家大工厂正在招工。胡里奥和妻子特蕾莎,正上学前班的阿历克斯以及9岁的玛利亚都是西班牙裔。尽管西班牙语是他们的母语,但他们的英语都很流利。

当胡里奥第一次把阿历克斯带进学前班时,他问奥尔森太太,他是否可以到课堂上来帮忙。奥尔森太太犹豫了一下,说行。她还不了解这位父亲,也没见着孩子的妈妈,她没来送孩子上学。而且胡里奥的手臂、脖子和肩膀上满是文身,留着长发,穿着靴子,样子有点吓人。然而,胡里奥出席了家长开学介绍会,他每天送孩子上学,不是只把孩子丢在学校大门口,而是送到奥尔森太太的学前班门口。

阿历克斯即将6岁,是个友善、懂礼貌的好孩子。在最初的几周他大部分时间都在观察,参与不多。他喜欢一个人玩,即使有其他孩子叫他一起玩时也这样。当他看到其他孩子获准把玩具熊阿尔伯特带回家过周末时很兴奋。那个把小熊带回家的孩子和家人要负责为小熊写日记,记录周末是如何度过的。奥尔森太太注意到,当提到阿尔伯特小熊时,阿历克斯就会活跃起来,她和阿历克斯聊了聊这只小熊。

到家长会之前,阿历克斯已经开始从他的保护壳里出来了。他的精细动作技能很好,但书写技能还看不出来。此外,他在前阅读和书写活动中有困难。奥尔森太太想建议他参加辅导班,因为他的情况并不需要特殊教育服务。奥尔森太太知道她需要家长签字才能让阿历克斯参加辅导班。她不清楚家长是否能接受这个意见。她只和孩子的父亲见过面,谈过话,所以她认为和胡里奥谈这事比较合适。

在家长会上,胡里奥来了,在15分钟的最后,奥尔森太太走过来和他谈了辅导班的事。他很沮丧,告诉她阿历克斯并不傻。奥尔森太太解释说,让孩子上辅导班不是因为他傻,而是他需要一点帮助,这样他就能够继续进步。她强调这只是个建议。胡里奥还说他不想让阿历克斯三星期后把小熊带回家。奥尔森太太觉得这次交谈很失败。她该怎么处理阿历克斯和阿尔伯特的问题呢?

周一,阿历克斯在班上非常安静。他告诉奥尔森太太他爸爸不想让他带小熊回家。奥尔森太太告诉阿历克斯等等看。奥尔森太太决定做个家访,和孩子的父母双方都谈谈。聊聊孩子在学校的情况,再提一下阿尔伯特的事。她打电话约好了时间。当她到阿历克斯的家时,被礼貌地请进了屋,她和孩子的父母说了阿历克斯的事。在那儿,阿历克斯又要求带小熊回家,最后恳求父母同意。那个周末,孩子父亲打电话来说同意让孩子带小熊回家。奥尔森太太第二天告诉阿历克斯她很高兴让他把小熊带回家。

阿历克斯带着小熊回家后的周一,胡里奥出现在学前班教室里。他说她来告诉老师,阿历克斯对小熊多么关心和负责,他看到了儿子的另一面,他非常感谢奥尔森太太所做的一切。他还为那天家长会上的反应道了歉,并表示愿意每周一个上午到班上来做志愿者。

问题和思考:

1. 怎样可以使家长会不出现案例中的那种结果?

2. 奥尔森太太是否应该让孩子的母亲参与进来?这个案例中存在社会性别或文化差异吗?

3. 尽管家长的西班牙语和英语都很流利,但他们从不在课堂上或有不说西班牙语的人在场的情况下说西班牙语。这其中有什么意义吗?

4. 当胡里奥提出每周一次到课堂上当志愿者时,你认为奥尔森太太会怎么想?如果她说行,她该怎样运用这位家长的才干或帮忙的意愿?如果她说不行,会出现什么结果?

小结

本章提供了背景信息和基本概念以帮助教育者理解:男人作为一个社会建构的性别,父职作为社会建构的角色,在不同的历史时期有不同的规范和角色期望。值得注意的是,即使存在关于好父亲的普遍文化期望,父亲切实的经历和行为也有着各种差异。我们认为对父亲应该提出更高标准的方面是:参与度(直接游戏、休闲和照料),可及性(孩子可以很容易接触到父亲),以及责任心(了解孩子的需要和做负责任的决定)。在倡导更负责、更具建设性的父亲角色的同时,我们需要认识到成为这样的父亲并非只有一种方式,也不是每个人都有能力和愿望成为这样的父亲。我们强调父亲不必将父亲角色和其他重要角色区分开来,父亲育儿的质量取决于父亲所生活的背景。工作条件、婚姻质量、是否与孩子母亲结婚、是否同性恋等都可能影响父亲角色。其他因素,如妻子/孩子母亲的工作时间、孩子数量、职业地位、宗教价值观、民族、文化、个人期望、父亲母亲的社会性别理念及对传统性别角色的遵守等也影响父亲育儿的质量。动机、技能、社会支持和制度性措施是父亲参与孩子教育的直接影响因素。父亲可以调节或摒弃文化和媒体对"如何当父亲"的宣传。每个父亲形成自己的父亲身份并学会技能,处理对自己身为父亲的感受并与孩子的母亲合作。父亲会参与不断演化的父亲角色的建构,每一个父亲都生活在自己的亚文化里或生活世界,对于育儿方面的参与,他们有自己的阐述。我们强调,父亲参与家庭、学校和学校教育非常有价值,应该得到教育者的鼓励。男人有独特的优势和能力,不存在某一种最好的模式或方法,但我们还是认为有更好的、负责任的、建设性的风格。父亲很重要,尽管父亲与孩子的高质量互动有利于家庭、社区和社会,但倡导兼具两性特征的父亲或将父亲角色女性化是不妥当的。赞同父亲参与并尊重社会性别差异和个人差异的教育者更能够从父亲的积极参与中获益。推动社会变革是困难的,如果不能设身处地为那些受影响者考虑(特别是父亲,也包括妻子、爱人、前妻和儿童),就会导致问题的出现。理解父亲,而不是从媒体和流行文化中获得概括性的信息。教育者应该将焦点放在"真正的人"所熟知的真正的文化上。

我们提供了如何让父亲的优势和能力得到更多欣赏和尊重的一系列案例和通用策略。这些可以用来帮助学校创建对父亲友好的氛围和促进父亲以有意义的方式参与家庭、学校教育和学校活动。尽管本章呈现的这些方案有坚实的基础,但这只是丰富多样的创意中很小的一部分。我们深信,读者将能够发现和运用其他同样有效,甚至更好的策略。我们希望将来这些好主意也能得到分享。

结束时我们还可以说些什么呢?审视所有有关家长参与的主张,看看其中是否存在社会性别偏见,兼顾母亲和父亲的需要。评价父亲参与不能只看数量,而是要看父亲和儿童体验的质量。学校在开发参与项目时应该放慢步伐,在试误中了解当地社区中的父亲对什么最感兴趣。有些社区邀请体育明星能够吸引男人参加,在另一些社区由孩子发出邀请也可以让爸爸们难以拒绝。男人自身、家庭、社区和学校中可能有很多障碍让父亲参与举步维艰。

仅仅邀请父亲到学校或只在学习材料、杂志、广播上发布有关父亲参与的信息是远远不够的。如果要改变父亲育儿的文化和行为,就必须拓展到白人中产阶级以外。有很多方法可以让男人参与进来。在起步阶段,可以尝试以下方法:①期望男人参与;②与父亲及其他承担父亲角色的男人(继父、祖父等)交谈,进行问卷调查或组织焦点组访谈,了解他们愿意在哪些方面参与以及他们感受到的参与学校活动与学校教育的障碍有哪些;③创设欢迎父亲的友好学校氛围,特别邀请父亲参与学校活动,挂上欢迎标语牌;④努力让学校、成人教育组织、宗教团体、社区团体和机构提供资源、服务和支持,提高男人的动力和技能,真正成为负责的、有创造力的父亲。

向父亲学习他们的长处,听他们谈自己的经历,充分利用他们的优势和知识,参与他们的生活,尊重他们的家庭文化和育儿方式。这些有助于教育者更好地认识到有关父亲的种种矛盾:理性的认识和角色冲突、渴望改变但不知道怎么做和不想改变、理论上存在的父亲和功能上存在的父亲。这样做也有助于教育者发现传统父亲角色为儿童和社会所做的贡献,以及建构新的父亲角色的希望。

促进父亲在育儿和学校教育中的参与的策略还包括对婚姻的支持、加强和丰富。学校工作人员之所以对提高婚姻质量感兴趣,是因为他们发现在婚姻冲突不断、缺乏监管、充满敌意、排斥和压制的家庭中成长的孩子发展受到阻碍。这些孩子的负面发展结果包括:学业失败、吸毒、攻击性、行为不良和心理疾病等(Anderson & Sabatelli, 2003)。离婚的和其他没有父亲的家庭似乎尤其容易出现问题。

教育者应关心社区和社会变化。让社区更加有利于家庭生活,创建一种尊重和支持父亲在育儿方面扮演多元角色的文化将非常有益。在有些情况下,教育者可以在根本上促进文化的改变,在另一些时候,可以采取一些间接的措施来改变原先存在的条件。从整体角度考虑问题,自信果断地采取行动,倾听和尊重真正的父亲,切实投入父亲参与的努力,虚心接受批评,只有这样,教育者才能为男人提供他们应得的和需要的资源、服务和支持。最终,儿童和社会将成为最大的受益者。

推荐活动

1. 采访20世纪40年代以后的几代父亲。讨论他们在家庭生活中的角色,包括照料孩子、工作、培养孩子、与孩子玩、与孩子共处的时间、对孩子的行为管束以及相关的社会性别问题。

2. 采访在十几岁、二十几岁、三十几岁和四十几岁有第一个孩子的父亲。问问他们是如何处理以下问题的:抚育孩子方面的年龄问题、育儿的责任、与孩子的互动类型以及做父亲的能力。

3. 观察一个主要是男性参加的家长教育课堂。父亲和他们的孩子的互动方式是怎样的?父亲与教育者的互动方式是怎样的?

4. 邀请一组父亲到课堂上从他们的视角描述做父亲的体验。与做母亲的体验是否一样?父亲的角色是否随着时间推移发生了改变?

5. 在互联网上找一个父亲讨论群。通过这个平台观察这个群体或与这个群体交流,看看父亲们都在讨论哪些问题。

6. 描述你父亲在你的生活中承担的和没有承担的角色。如果有困难,可以描述在你18岁以前对于你来说非常重要的任何男性成员。

儿童读物

《当爸爸回家时》　　　　　　　　　　阅读级别:1—3岁
作者:罗莉·安·格罗夫　　　　　　　When Daddy Comes Home

Lori Ann Grover

Little Simon

《爸爸抱抱1,2,3》

作者：凯伦·凯兹

阅读级别：1—3岁

Daddy Hug 1,2,3

Karen Katz

McElderry Books/Simon & Schuster

《晚安，艾尔非·阿特金斯》

作者：古尼拉·伯格斯托姆

阅读级别：3—5岁

Good Night，Alfie Atkins

Gunilla Bergstorm

R&S Books

《爸爸跟马戏团走了》

作者：爱特加·克里特

阅读级别：4—7岁

Dad Runs Away With the Circus

Etgar Keret

Candlewick Press

《探戈成三人》

作者：贾斯汀·理查森　彼得·帕尼尔

阅读级别：4—8岁

And Tango Makes Three

Justin Richardson and Peter Parnell

Simon & Schuster

《这面包车是爸爸清洗的》

作者：丽莎·坎贝尔·欧尼斯特

阅读级别：3—7岁

This is the Van that Dad Cleaned

Lisa Campbell Ernst

Simon & Schuster

《爸爸，你爱我吗？》

作者：芭芭拉·荷赛

阅读级别：4—8岁

Papa，Do You Love Me

Babara Joose

Chronicle

《爸爸，你不高兴吗？》

作者：林恩·普劳德

阅读级别：3—5岁

Dad，Aren't You Glad

Lynn Plourde

Dutton

《是你，爸爸！》

作者：约翰·华莱士

阅读级别：3—5岁

It's You，Daddy

John Wallace

Hyperion

《父亲节》

作者：安·洛克威尔　丽兹·洛克威尔

阅读级别：3—7岁

Father's Day

Anne Rockwell and Lizzy Rockwell

HarperCollins

《世上最好的爸爸》

作者：玛丽恩·鲍尔

阅读级别：3—5岁

Very Best Daddy of All

Marion Bauer

Simon & Schuster

《和爸爸一起吃早餐》

作者：荣·罗伊　特洛伊·豪威尔

阅读级别：1—3岁

Breakfast With My Father

Ron Roy and Troy Howell

Houghton Mifflin

补充资源

父亲在学校的参与
机构与项目：

The Center for Family Policy and Practice & Public Policy
www.cffpp.org

Online Resource for Stay at Home Dads
www.slowlane.com/d2d

National Center for Fathering
www.fathers.com

National Center on Fathers & Families
www.ncoff.gse.upenn.edu

National Fatherhood Initiative
www.fatherhood.org

National Head Start Association
www.nhsa.org

父亲育儿问题与关注焦点

American Coalition for Fathers and Children
www.acfc.org

Center for Successful Fathering
www.fathering.org

Child Trends
www.childtrends.org

Father' Network
fathersnetwork.org

National Latino Fatherhood and Family Institute
www.nlffi.org

National Practitioners Network for Fathers and Families
www.npnff.org

家庭问题
网站：

CyberParent
www.cyberparent.com

Families and Work Institute
www.familiesandwork.org

Family Education
www.familyeducation.com

Family Fun
www.familyfun.go.com

Middle Web
www.middleweb.com

参考文献

Amato, P. R. (1994). Life-span adjustment of children to their parents' divorce. In E. N. Junn & C. J. Boyatzis (Eds.), *Child growth and development* (pp. 149-169). Guiford, CT: Dushkin/McGraw Hill.

Amato, P. R. (1998). More than money? Men's contribution to their children's lives. In A. Booth & A. C. Crouter (Eds.), *Men in families* (pp. 241-278). Mahwah, NJ: Lawrence Erlbaum.

Amato, P. R., & Booth, A. (1997). *A generation at risk: Growing up in an era of family upheavel*. Cambridge, MA: Harvard University Press.

Anderson-Butcher, D., & Ashton, D. (2004). Innovative models of collaboration to serve children, youth, families, and communities. *Children & Schools*, 26(1), 39-53.

Anderson, S. A., & Sabatelli, R. M. (2003). *Family interaction: A multigenerational development perspective*. (3rd ed.). Boston: Allyn & Bacon.

Arendell, T. (2000). Conceiving and investigating motherhood: The decade's scholarship. *Journal of Marriage and the Family*, 62, 1192-1207.

Bean, R. A., Bush, K. R., McKenry, P. C., & Wilson, S. (2003). The impact of parental support, behavioral control, and psychological control on the academic achievement and self-esteem of African-American and European-American adolescents. *Journal of Adolescent Research*, 18, 523-542.

Bernard van Leer Foundation. (2003). Supporting fathers: Contributions from the International Fatherhood Summit. Report from conference held at Oxford University, England, available from www.bernardvanleer, orp/page.asp? pid=25#. Supporting and a summary from www.fathersdirect.com/index.php? id=14 & cID=256.

Bigner, J. (1994). *Parent-child relations: An intro-duction to parenting*. New York: Macmillan.

Biller, H. B. (1993). *Fathers and families: Parental factors in child development*. Westport, CT: Auburn.

Blankenhorn, D. (1995). *Fatherless America: Confronting our most urgent social problem*. Dallas, TX: Harper Collins.

Bronfenbrenner, U. (1986). Ecology of the family as a context for human development: Research perspectives. *Development Psychology*, 22, 723-742.

Brotherson, S. E., Dollahite, D. C., & Hawkins, A. J. (2005). Generative fathering and the dynamics of connection between fathers and their children. *Fathering*, 3(1), 1-28.

Canary, D. J., Emmers-Sommer, T. M., & Faulkner, S. (1997). *Sex and gender differences in personal relationships*. New York: Guilford.

Cherlin, A. J. (1998). On the flexibility of fatherhood. In A. Booth & A. C. Crouter (Eds.), *Men in families* (pp. 41-46). Mahwah, NJ: Lawrence Erlbaum.

Coltrane, S. (2000). Research on household labor: Modeling and measuring the social embeddedness of routine family work. *Journal of Marriage and the Family*, 62, 1208-1233.

Cook, J. L., Jones, R. M., Dick, A, J., Singh, A. (2005). Revisiting men's role in father involvement. *Fathering*, 3, 165-178.

Crouter, A. C., Bumpus, M. F., Davis, K. D., & McHale, S. M. (2005). How do parents learn about adolescents' experiences? Implications for parental knowledge and adolescent risky behavior. *Child Development*, 76, 869-882.

Cunnighman, B. (1994, September). Portraying fathers and other men in the curriculum. *Young Children*, 4-13.

Cunningham, B., & Dorsey, B. (2004). Out of site but not out of mind: The harmful absence of men. *Child Care Information Exchange*, 156, 42-43.

DeGenova, M. K. (1997). *Families in cultural context: Strengths and challenges in diversity*. Mountain View, CA: Mayfield.

Doherty, W. J., Kouneski, E. E., & Erickson, M. F. (1998). Responsible fathering:

An overview and conceptual framework. *Journal of Marriage and the Family*, 60, 277-292.

Dudley, J. R., & Stone, G. (2001). *Fathering at risk: Helping nonresidential fathers*. New York: Springer.

Dunn, J. (2004). Children's relationships with their nonresident fathers. *Journal of Child Psychology and Psychiatry and Allied Disciplines*, 45, 659-671.

Dunn, J., Cheng, H., & O'Connor, T. G. (2004). Children's perspectives on their relationships with their nonresident fathers: Influences, outcomes and implications. *Journal of Child Psychology and Psychiatry and Allied Disciplines*, 45, 553-566.

Eggebeen, D. J., & Knoester, C. (2001). Does fatherhood matter for men? *Journal of Marriage and the Family*, 63, 381-393.

Entwisle, D. R. (1985). Becoming a parent. In L. L'Abate (Ed.), *The handbook of family psychology and therapy* (pp. 557-585). Homewood, IL: Dorsey.

Epstein, J. L. (1995, May). School/family/community partnerships: Caring for the children we share. *Phi Delta Kappan*, 701-712.

Epstein, J. L. (2001). *School and family partnerships: Preparing educators and improving schools*. Boulder, CO: Westview Press.

Gadsden, V. L., & Ray, A. (2002). Engaging fathers: Issues and considerations for early childhood educators. *Young Children*, 57(6), 32-42.

Gilbert, L. A. (1993). *Two careers, one family: The promise of gender equality*. Newbury Park: CA: Sage.

Gottman, J. M. (1998). Toward a process model of men in marriages and families. In A. Booth & A. C. Crouter (Eds.), *Men in families* (pp. 149-192). Mahwah, NJ: Lawrence Erlbaum.

Grych, J. H. (2001). On the origins of fathering: Implications of an evolutionary perspective for understanding links among marriage, divorce, and men's parenting. *Parenting: Science and Practice*, 1, 67-70.

Enley, K., & Pasley, K. (2005). Conditions affecting the association between father identity and father involvement. *Fathering*, 3, 59-80.

Hennon, C. B. (1992). Toward the turn of the century. *Journal of Family and Economic Issues*, 13, 355-372.

Hennon, C. B. (Ed.). (in press). *Handbook on families in cultural and international perspectives*. Binghamton, NY: Haworth.

Hennon, C. B., & Arcus, M. (1993). Lifespan family life education. In T. H. Brubaker (Ed.), *Family relations: Challenges for the future* (pp. 181-210). Newbury Park, CA: Sage.

Hennon, C. B., & Loker, S. (2000). Gender and home-based employment in a global economy. In C. B. Hennon, S. Loker, & R. Walker (Eds.), *Gender and home-based employment* (pp. 17-43). Westport, CT: Auburn House.

Hennon, C. B., & Peterson, G. W. (in press). Estrés parental: Modelos teóricos y revisión de la literatura [Parenting stress: Theoretical models and a literature review]. In R. Esteinou (Ed.), *Fortalezas y desafíos de familias en dos contextos: Estados Unidos* y México. México, D. F. : Centro de Investigaciones y Estudios Superiores en Antropología Social (CIESAS).

Jackson, J. (1994, June). *The role of men in childreng lives*. Luncheon address to Family Re-Union III, Nashville, TN.

Kail, R. V. (2004). *Children and their development* (3rd ed). Upper Saddle River, NJ: Pearson Prentice Hall.

Kaplan, L. , & Hennon, C. B. (1992). Remarriage education: The Personal Reflections Program. *Family Relations*, 41, 127-143.

Lamb, M. (2002). Hormones vs. culture. *Psychology Today*, 35(2), 42.

Lamb, M. E. (Ed.). (2004). *The role of the father in child development* (4th ed). Hoboken, NJ: Wiley. LaRossa, R. (1988). Fatherhood and social change. Family Relations, 37, 451-457.

LaRossa, R. , & Reitzes, D.C. (1993). Continuity and change in middle class fatherhood. 1925-1939: The culture-conduct connection. *Journal of Marriage and the Family*, 55, 455-468.

Lehr, S. T. , Demi, A. S. , Dilorio, C. , & Facteau, J. (2005). Predictors of father-son communication about sexuality. *The Journal of Sex Research*, 42, 119-129.

Levine, J. A. (2004, January/February). Creating a father-friendly environment. *Child Care Information Exchange*, 58-61.

Louv, R. (1994). *Reinventing fatherhood*. (Occasional Papers Series. No. 14). Vienna: United Nations, International Year of the Family.

Mangum, C. (1999). A new appreciation of fatherhood. *Human Ecology Forum*, 27(4), 4-6.

Marsiglio, W. , Amato, P. , Day, R. D. , & Lamb, M. E. (2000). Scholarship on fatherhood in the 1990s and beyond. *Journal of Marriage and the Family*, 62, 1173-1191.

Mazza, C. (2002). Young dads: The effects of a parenting program on urban African-American adolescent fathers. *Adolescence*, 37, 681-693.

McBride, B. A. (1990). The effects of a parent education/play group program on father involvement in child rearing. *Family Relations*, 39, 250-256.

McLanahan, S. (1997). Parent absence or poverty: which matters more? In G. Duncan & J. Brooks-Gunn (Ed.), *The consequences of growing up poor* (pp. 35-48). New York: Russell Sage Foundation.

McLanahan, S. , & San&fur, G. (1994). *Growing up with a single parent: What hurts, what helps*. Cambridge, MA: Harvard University Press.

Miller, S. R. , Murry, V. M. , & Brody, G. H. (2005). Parents' problem solving with preadolescents and its association with social withdrawal at school: Considering parents' stress and child gender. *Fathering*, 3, 147-163.

Mintz, S. (1998). From patriarchy to androgyny and other myths: Placing men's family roles in historical perspective. In A. Booth & A. C. Crouter (Eds.), *Men in families* (pp. 3-30). Mahwah, NJ: Lawrence Erlbaum.

Mumola, C. (2000). Incarcerated parents and their children. *Bureau of Justice Statistics: Special Report*, NCJ 182 335, pp. 1-12.

National Center for Education Statistics.

(1997). *Fathers' involvement in their children's schools*. Washington, DC: Government Printing Office.

National Network of Partnership Schools. (n. d.). Retrieved August 5, 2005 from www.csos.jhu.edu/p2000/default.htm.

Parke, R. D. (2004). Fathers, families, and the future: A plethora of plausible predictions. *Merrill-Palmer Quarterly*, 50, 456-470.

Parsons, T. (1955). Family structure and socialization of the child. In T. Parsons & R. F. Bales (Eds.), *Family socialization and interaction processes* (pp. 35-131). Glencoe, IL: Free Press.

Peterson, G. W. (in press). Family influence on adolescent development. In G. R. Adams & T. P. Gullotta (Eds.), *Handbook on the treatment and prevention of dysfunctional behavior: Theory, practice, and prevention*. Norwell, MA: Kluwer Academic.

Peterson, G. W., Bodman, D. Bush, K. R. & Madden-Derdich, D. (2000). Gender and the parent child relationship. In D. H. Demo, K. A. Allen, & M. A. Fine (Eds.), *Handbook of family diversity* (PP. 82-104). New York: Oxford University Press.

Peterson, G. W., & Hennon, C. B. (2005). Conceptualizing parental stress with family stress theory. In P. C. McKenry & S. J. Price (Eds.), *Families and change: Coping with stressful events and transitions* (3rd ed., pp. 25-48). Thousand Oaks, CA: Sage.

Promising partnership practices 2004. (2004). Retrieved August 20, 2005 from www.csos.jhu.edu/p2000/PPP/2004/index.html

Pruett, K. (1987). *The nurturing father: Journey toward the complete man*. New York: Warner.

Raikes, H. H., Summers, J. A., & Roggman, L. A. (2005). Father involvement in Early Head Start programs. *Fathering*, 3, 29-58.

Roberts, P. (1996, May/June). Fathers' time. *Psychology Today*, pp. 48-56, 81.

Rotundo, E. A. (1985). American fatherhood: a historical perspective. *American Behavioral Scientist*, 29, 7-25.

Samuelson, R. J. (1996, April 8). Why men need family values. *Newsweek*, p. 43.

Schroepfer, L. (1991, June). Dad: New and improved. *American Health*, p. 64.

Shedlin, A., Jr. (2004). Is your school father-friendly? *Principal*, 83(3), 22-25.

Simon, B. S. (2001). Family involvement in high schools: Predictors and effects. *NASSP Bulletin*, 85(627), 8-19.

Simons, R., Whitbeck, L., Conger, R., & Melby, J. (1990). Husband and wife differences in determinants of parenting. Journal of *Marriage and the Family*, 52, 375-392.

Snarey, J. (1993). *How fathers care for the next generation: A four-decade study*. Cambridge, MA: Harvard University Press..

Sorensen, E., & Zibman, C. (2001). *Poor dads who don't pay child support: Deadbeat or disadvantaged?* Washington, DC: Urban Institute. Steinberg, L. (2002). *Adolescence* (6th ed). Boston: McGraw Hill.

Tamis-LeMonda, C. S., & Cabrera, N. (2002). *Handbook of father involvement*. Mahwah, NJ: Lawrence Erlbaum.

Taylor, B. A., & Behnke, A. (2005). Fathering across the border: Latino fathers in Mexico and the U. S. *Fathering*, 3, 99-120.

Terrel, B. P. (2005). The impact of ethnic socialization and ethnic identity on the self-esteem and parenting attitudes of African American fathers. *Best Practices in Mental Health*, 1, 86-104.

Thevenin, T. (1993). *Mothering and fathering: The gender differences in child rearing*. Garden City Park, NY: Avery.

Thompson, L., & Walker, A. (1989). Gender in families: Women and men in marriage, work, and parenthood. *Journal of Marriage and the Family*, 51, 845-871.

Thompson, L., & Walker, A. J. (1995). The place of feminism in family studies. *Journal of Marriage and the Family*, 57, 847-865.

U. S. Department of Education. (2000). *A call to commitment: Fathers' involvement in children's learning*. Retrieved January 15, 2001, from http://npin.org/library/2000/n00490/n00490.html.1

U. S. Department of Education. (2005, August). Father's matter! Involving fathers in children's learning a kit for educators and other profes- sionals. Retrieved August 20, 2005 from http://www.ed.gov/pubs/parents/fathers/presentation/index.html 1

Volling, B. L., & Belsky, J. (1991). Multiple determinants of father involvement during infancy in dual-earner and single-earner families. *Journal of Marriage and the Family*, 53, 461-474.

Walker, A. J., & McGraw, L. A. (2000). Who is responsible for responsible fathering? *Journal of Marriage and the Family*, 62, 563-569.

Wallerstein, J., Lewis, J., & Blakeslee, S. (2000). *The unexpected legacy of divorce: A 25 year landmark study*. New York: Hyperion.

Wical, K. A., & Doherty, W. J. (2005). How reliable are fathers' reports of involvement with their children?: A methodological report. *Fathering*, 3, 81-93.

Williams, E., Radin, N., & Coggins, K. (1996). Parental involvement in child rearing and the school performance of Objibwa children: An exploratory study. *Merrill-Palmer Quarterly*, 42, 578-595.

Wood, J. J., & Repetti, R. L. (2004). What gets dad involved? A longitudinal study of change in parental child caregiving involvement. *Journal of Family Psychology*, 18, 237-249.

第十四章
教育中的学校选择

乔·奈森
明尼苏达大学

美国的立国之本就是对自由的许诺。很多人认为家庭应该能够选择各种学校,就像选择车、宗教、住所一样。本章的目的是帮助读者理解各种形式的学校选择。本章将:

◇ 讨论各种学校选择方案存在的理由。

◇ 帮助读者理解不同形式的备选学校。

◇ 了解有关各种学校选择的争议。

◇ 展示学校选择在过去二十年的演化过程。

◇ 帮助读者形成自己对各种学校选择的见解。

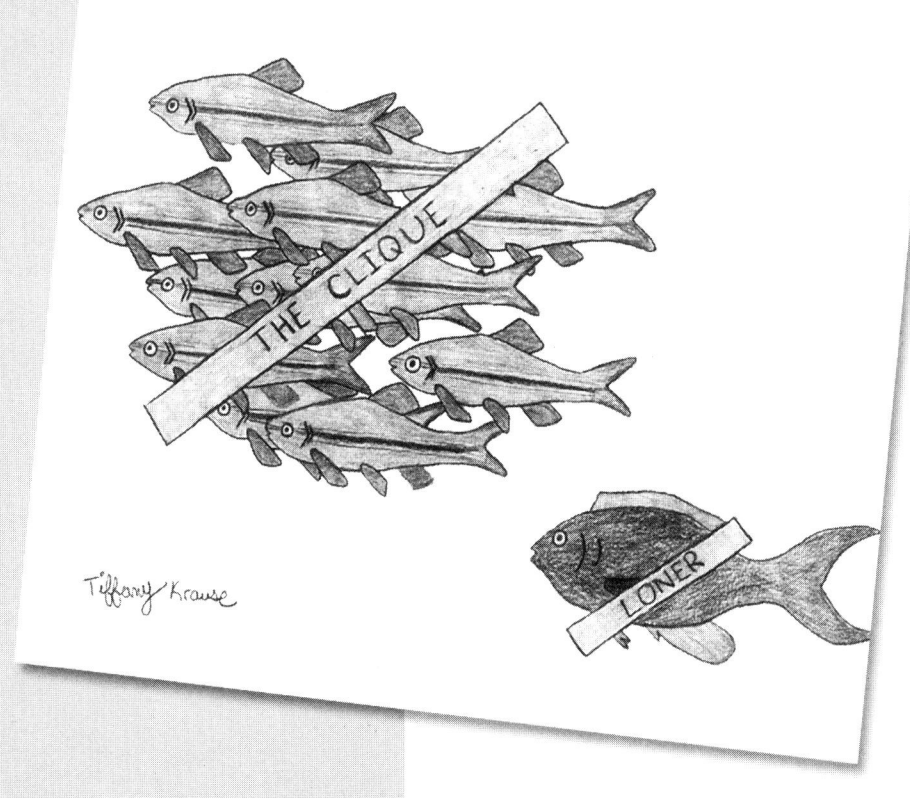

学校选择项目的四个特征

学校

学校选择项目包含公立学校、独立非宗派学校或教会学校。有些选择项目允许高中生在本校选择课程或到高等学府（社区大学或综合性大学）选课。

范围

选择项目可能只涉及学校的校舍。家庭可能在位于同一幢大楼的几所学校中做出选择。家庭也可以从一个城市或小镇的几所学校中进行选择。儿童可以在家庭所在社区或相邻社区的学校上学。有些情况下，家庭可以选择本州的任何学校，甚至可以跨州选择学校。

学生

是否只有最有天赋的学生才有选择的权利？例如，有吸引力的学校会要求学生参加非常难的入学考试。选择是否只属于那些在其他学校待不下去的学生？（这些学校被称为"备选学校"）。选择是否只面向某个促进种族融合的运动所针对的学生？我们是否会看到一些奇怪的现象：在非种族隔离的项目里，郊区的富裕学生能够进入资金雄厚的市区名校，而住在附近的非裔和西班牙裔学生却进不去（有的甚至就住在街对面）。

标准

择校项目的标准可谓五花八门。是否所有学校都需要达到特定标准？是否有些学校可以设置入学考试，而有些学校必须接受所有申请者？上述各种学校是否都可享受交通服务，如果学生在家庭所在地区里选择的学校不是离家最近的，交通问题是否必须由学生自己解决？一个项目中的所有学校是否都必须满足种族平衡的标准？是否所有教师都需要有资格证书？这些只是各种选择项目标准中的一部分。

理由

允许家庭和教育者选择学校的理由很多。其中包含教育和哲学的思想。

1. 有些人认为，单一的一所学校不可能适合所有学生。有些学生在传统学校学习得最好，另一些则更适应创新型学校。有些学生在蒙台梭利式的学校中如鱼得水,但另一些则更喜欢渐进式的或语言浸入式的学校。

2. 有些支持者认为,允许人们选择学校符合崇尚自由的民主执政理念。这些倡导者称,为孩子选择学校和选举官员、选择宗教以及选择各种商品一样重要。

3. 有些人相信,选择学校有助于促进竞争,从而提高各类学校的教学质量。

简要历史背景

首先我们要了解一点,富人总是有机会为孩子选择各种学校。早在美国建国初期,富人就建立了收费学校,筛选排除一些学生。

正如教育历史学家科林·格里尔(Colin Greer)解释的,尽管人们主张建立"公共学校",以让所有年轻人在一起上学,但富裕家庭总是可以选择不上公立学校,很多富人确实做出了那样的选择。而且,公立学校的初衷并不是将低层次家庭从低自尊中解救出来,进入社会的更高阶层。创办公立学校的目的是为了控制这些人,以确保社会安定(Greer,1972)。

二战以后,美国大多数城市的郊区发展起来。为了满足那些有经济能力搬到郊区居住的人的需求,一种新型的学校出现了。如今,政府支持的最大的学校选择项目就是郊区学校。大多数郊区家庭拥有自己的住宅,所以需要交纳房产税。郊区房产税通常都很高,由于这些税收是用来资助郊区学校的,所以郊区学校一般都比市区学校经费充足。

格里尔(1972)引用了主张公立学校的创始人霍莱斯·曼恩(Horace Mann)对商业人士的一次演讲中所说的话。曼恩鼓励他们多缴税以支持公立学校。他说道:

最后,对于拥有这个世界产品最大份额的那些人,以你们之见,是不是勇敢无畏,办事得力的警察,比我们的公共教育系统所提供的坚实而全面的教育与培训,更能够保护人的权利、财产和人格?还有什么自我保护和保险的途径,比为这类普及教育和培训而缴纳的税收更便宜?

从曼恩的话语中可以看出,他试图宣传公共教育可以为富人提供廉价保险,从而说服他们接受公立学校的思想。

真正的问题不是家庭是否应该有学校选择的权利,因为富人已经进行这样的选择。他们可以选择搬到学校环境比市区更好的郊区居住。真正的问题是,低收入和中等收入的家庭有什么样的选择?下文将就这个问题展开讨论。

优惠券

美国早期的一个争议是公共经费是否可以用于附属于宗教机构的学校。有人提出，权利法案中禁止创建宗教的条款不允许政府支持教会学校。其他人则坚持认为国家的创建者并不反对政府支持教会学校。这些人将权利法案解释为：任何人不得创建宗教，并不是不允许已成立的宗教存在。

很明显，19世纪由霍莱斯·曼恩及其他人在马萨诸塞州创建的公立学校支持新教的宗教思想。历史学家乔·斯普林（Joel Spring，1986）总结道："天主教对公立学校改革者的反对恰恰证明公立学校反映了新教理念。从19世纪开始一直持续到20世纪，很多天主教徒将公立学校称为新教徒学校。"

在1971年，伯格法官，代表美国最高法院的大多数人，同意这样的解释。他写道：

19世纪早期，新教徒取得了对纽约学校系统的控制权，并通过学校推广詹姆斯国王版本的圣经教义。新教徒和天主教徒之间的纷争引发的暴力事件，包括焚毁天主教堂，已是屡见不鲜……教会学校发展起来，但并不只是天主教学校。其他分裂出去的教派也建立起自己的学校——路德教派、圣公会、长老会以及其他教会皆是如此（Goldstein，1974）。

19世纪早期，学校的经费主要来源于家长所交的学费或地方税收。州提供一定的资助，联邦政府不拨款。在这一时期，有些社区和州同时支持新教的公共或公立学校和天主教会开办的学校。詹姆斯·布莱恩，纽约州的州长，坚决反对用税收支持天主教学校。在19世纪80年代，他说服了纽约州的立法机构制定了现在的"布莱恩修正案"，禁止州税收支持天主教学校。那个时期，对天主教的歧视非常严重，人们担心天主教徒移民到美国会对这个国家造成威胁。布莱恩将他的观念推广到了全美国，很多州立法机构在他们的州宪法中采纳了与"布莱恩修正案"类似的条款。

在此我们无法深入探讨教会学校是否可使用公共经费的问题，因为这曾是美国教育史上最激烈、最持久的争议之一，我们只能简略地将两方观点列举出来。

简单地说，支持公共经费资助教会学校的观点有：

1. 这是公平的问题。家长应该有权利为孩子选择学校，包括教会学校。如果家长必须付学费，有些人就上不起教会学校。

2. 宪法的确允许公共经费用于宗教机构。用公共经费支持附属于教会的学院和综合性大学已经施行了很多年。

3. 学校之间的竞争有助于提高学校的办学质量。

4. 为教会学校募集经费不是对教会的直接支持，而是对家庭择校权利的支持。

教育优惠券的反对者坚持以下观点：

1. 权利法案禁止为教会学校提供经费。

2. 允许教会学校使用公共经费将导致美国分裂的危险，因为儿童将无法学习到有关这个国家的多样性和共同的知识。

3. 竞争将会损害,而不是促进公共教育。

4. 动用税收资助教会学校是对教会的一种补助。

这一问题多次提交到美国最高法院。在20世纪初,奥瑞根通过了一条法律,禁止儿童进入教会学校上学。这已不是教会学校的经费支持问题,而是儿童是否能上教会学校的问题。在1915年皮尔斯对姐妹会的案子(Pierce v. Society of Sisters)的判决中,最高法院裁定家庭有权利将孩子送入教会学校学习(Goldstein, 1974)。

1971年,最高法院区分了对高等教育和对中小学教育的公共支持,法院判决:与教会有关的高等学府和教会中小学在宗教方面的差异显著。(Goldstein, 1974)。高等法院授权联邦基金资助教会相关的高等教育机构的建立,但拒绝支持与教会相关的中小学。

有些州制定了允许学费减税的法律或学费税信用法律。有些不一致的是,最高法院驳回了学费税收信用,但支持了减税,只要是教育开支,家庭支付给公立学校或教会学校的各种费用,都可以减税。

在过去的几年里,有两个案子涉及优惠券问题。第一,2002年最高法院判决俄亥俄州奖学金实验项目是合法的(泽尔曼对西蒙斯-哈里斯,Zelman v. Simmons-Harris)。这个项目允许特定克利夫兰学生进入私立非宗派和教会学校上学。高等法院以十分接近的投票结果判决这条法律没有违反美国宪法的建立条令。

2006年1月,佛罗里达州最高法院判决,允许教育水平低的地区公立学校的学生进入本州私立和教会学校学习的佛罗里达项目违反了佛罗里达州宪法(Dillon, 2006)。佛罗里达州最高法院认为,允许儿童将公共经费带入私立学校违反了本州的宪法提出的依法建立"统一的公共教育系统"的要求。其他州反对学校选择法的批评家可能会援用佛罗里达州最高法院的这一论点。

> **反思** 你如何看待用税收支持中小学的主张?你觉得给予一些支持合理吗(如提供交通服务)?你认为经费应该用于支付私立学校和教区学校的学费吗?如果私立的或教会学校收到税收资金,你认为它们应该遵循与公立学校一样的规定吗(如在招生、考试、为特殊教育学生服务等方面)?你认为该不该对附属于教会的学校给予税收支持?

家庭学校

另一个学校选择是允许家庭在家里教育孩子。通常这样的项目没有任何税收支持。然而，家庭学校这一选择似乎有增长的趋势。

没有人清楚地知道有多少美国儿童在家接受教育。美国颇受尊重的刊物《教育周刊》（"Home-Schooling"，1999）说，通过家庭学校完成学业的人的一致看法是"1999年至少有一百万学生在家接受教育"。但《教育周刊》注明"很难得到可靠的数据"，因为有些在家教育孩子的家长没有把数字上报给州政府官员。

家庭学校法律辩护协会，一个坚决支持家庭学校的团体，委托学者在1998年对家庭学校的儿童的人口学状况和学业成就进行了调查。马里兰大学的劳伦斯·朗德纳负责这一调查，他调查了20 000名在家学习的儿童。这一有限的样本提供了以下信息：

- 1997年，在家教育孩子的家庭平均收入是52 000美元，而把孩子送到公立学校读书的家庭平均收入是36 000美元。
- 大约6%的家庭学校学生是少数民族，而公立学校中32%的学生是少数民族。
- 大约24%的家庭学校中至少有一位家长具有教师资质。
- 这一样本中家庭学校学生在标准考试中的成绩比公立学校及私立学校同龄学生好。这一差距在一年级到四年级大约是一年，四年级以后，差距更大。

磁力学校

在20世纪60年代后期与70年代早期，美国面临如何实现1954年最高法院在"布朗对教育董事会"一案判决中要求的种族融合的问题。布朗案过后的几年里，政府为促进种族融合做出了种种努力，允许非裔家庭将孩子送入原本只接受白人孩子的学校，告诉白人和黑人家庭，他们必须将孩子送进原来实施种族隔离的学校。不出所料，这些努力产生了令人喜忧参半的结果，也招致了极大的争议。本章的重点不是回顾反种族隔离的坎坷历史。

然而，在20世纪60年代后期与70年代早期，出现了一个将不同种族儿童融合在一起的新主张。这就是，提供额外经费创建特别的、更有吸引力的学校来吸引不同种族背景的家庭。因此，这些学校被称为"磁力学校"。大量资金投入到这类学校的建设或维护中。磁力学校在很多社区非常受欢迎。

磁力学校一般可以分为几大类。有些学校设置了特色领域，如帮助学生进入医学或计算机行业。有些学校采用特定的教育理念，如采用蒙台梭利教育主张。有些学校则倡导发展学生的特定专长，如学业能力非常强的学生或有艺术天赋的学生。

20世纪90年代一项全美国性大规模调查显示，全国56%的磁力学校有入学考试，24%的磁力小学有入学考试。通常，学生必须通过这些考试才能进入磁力学校学习(Steel & Levine，1994)。

同样，磁力学校的特点也引起了很多争议。有些教育者和家庭认为，允许公共资金支持的学校挑选学生是不公平、不妥当的。有些研究指出，磁力学校比社区学校录取了更高比例的富裕家庭学生。这些人批评磁力学校没有为本可以从中获益的很多低收入家庭的学生服务。

另一个争议焦点是磁力学校获得的额外资助。《圣路易斯邮报》披露：1986—1987年，磁力小学获得的学生人均经费比社区普通小学多40%，磁力中学比社区学校多25%，磁力高中比社区高中多27%(Hughes，1998)。另一项研究发现，在纽约、费城和芝加哥的磁力学校的学生人均预算明显超过社区学校。这一研究很不客气地将这些磁力学校称为"改良过的分拣机"(Davenport & Moore，1988)。

有些研究支持磁力学校。例如，一项大型全美国性调查比较了24 000名8年级和10年级城市高中学生的学业成就。参与比较的学校包括大型综合性高中、天主教学校、私立学校和公立磁力学校。研究者发展，公立磁力学校学生的学习成绩高于其他学校的学生。磁力学校学生表现优秀的原因包括家长选择、学生有群体意识和归属感，以及有侧重点的课程设置(Gamoran，1996)。

> **反思** 如果你是国会议员或学校董事会成员，你同意磁力学校设置入学考试吗？你同意磁力学校比社区学校得到更多资助吗？还是认为磁力学校得到的学生人均经费应与其他学校一样？你认为磁力学校应该像其他公立学校一样接受所有学生吗？

校中校

越来越多的教育者、家长和社区成员支持在大学校里设置小学校的理念。他们在同一座校舍中创建了各具特色的小学校，供家长选择。

这一尝试源于小规模学校的理念。联邦政府最近授权一位美国著名的小型学校权威人士，玛丽·安妮·雷伟德(Mary Anne Raywid)博士，总结了对小型学校的研究成果。雷伟德(1999)检索了几百个相关研究，比较了大型学校和小型学校中的相似学生群体。她指出，总体上在小型学校上学的学生学习成绩更好，行为和出勤情况更好，毕业率更高。学生、家庭和教师对小型学校的满意度更高。雷伟德还指出,这些研究结论"证据确凿、有力,在教育研究的年刊中是很少见的"(1999)。

另一个广为引用的城市学校的例子显示了如何改进现有的大规模高中。11年前,堪萨斯州堪萨斯城的怀恩多特高中的情况一团糟。学生毕业率很低,出勤率和学习成绩也很差。新上任的沃特·汤普森校长临危受命来挽救这所学校,经过一年的听取意见和调查情况,他和学校员工在大学校里创建了8所小学校,招收了1500名学生。

"机会中心"也是其中的一所小型学校,只招收复读9年级的学生。其他7所小学校分别侧重不同的主题,如商业或创作艺术。9—12年级的学生可以在这些小学校中选择,在所选学校中选修大部分课程。

结果是令人振奋的。美国各地的人都来观摩这所学生出勤率、成绩、毕业率和行为表现都发生了巨变的学校。那么,教职员工的情况如何?他们大多是原来的工作人员,经历过学校的危机阶段。最近两次我拜访怀恩多特高中时询问过,他们明确地表示现在的学校比起过去好多了,令人满意,让他们有成就感(G. Thompson, personal communication, October 15, 2000)。

尽管德克萨斯州的郊区学校没有怀恩多特高中那样的问题,这所学校也采用了同样的方法来改进教育。十年以前,达拉斯城外的南部大草原高中,招收了2000名学生。这所学校是典型的中等以上水平的郊区高中。

教职工和学校管理者并不满意。如今,这所学校分为了5所小型学校,学生可以从中选择。每所小学校有一个主题:交流、创作和表演艺术、健康科学与人类服务、数学和工程学、商业与计算机技术。

这一改革带来了进步。更多学生选修高等课程,原来的中等以上毕业率也提高了。南部大草原高中改革的了不起之处在于:这所学校的教职工并没有面临学生表现差的沉重压力,不需要背水一战,但他们出于帮助学生最大程度发挥潜能的愿望,积极地进行了改革(R. Garcia, personal communication, October 10, 2000)。

同样的理念可以用于中小学。明尼苏达州的圣保罗学区的一幢教学大楼里有三所学校。其中的"博物馆磁力学校",被美国教育部授予"蓝丝带杰出学校"的称号,这所学校与咫尺之遥的明尼苏达州科学博物馆合作开办;第二所学校名叫"国会山",是为天才儿童创办的,它将市区和郊区的学生都吸引过来了;第三所学校是以一位著名非裔教育家的名字命名的,叫"本杰明·梅斯"学校。

纽约市也将一所濒于倒闭的学校改建成8所小学校,其中包括:小学、中学、高中以及一所儿童保育中心和一个医务室等。每所学校都可供家庭选择。

一座教学楼里包含多所学校的主意在一定程度上来源于东哈莱姆学校的巨大成功,这所学校服务的对象是美国最穷地区的学生。十年来,东哈莱姆地区将20所学校改建成了50多所小型学校。在这个过程中,这个地区从纽约32个地区的倒数排名上升到了中间位置。学生学习成绩和行为表现的进步引人瞩目,破坏行为和逃学现象明显减少(Fliegel,1998)。

在大学校中建小学校的部分原因是为了提高学生的学业水平。另一个原因是给教师创造自己的理想学校的机会。没有一所单一的学校可以适合所有学生或所有教师。因在东哈莱姆区的杰出成就而获得麦克阿瑟"天才"奖的黛博拉·梅尔,强烈反对给私立学校和教会学校提供公共经费。然而,她坚决支持给教育者和家庭提供各种公立学校的选择。梅尔认为,公立学校选择是创造优秀公共教育的"必须工具"。她觉得推行公共教育的学校需要"有特色,能让教师凝聚起来自由地创建一整套学校参考指标"(Meier,1991)。

新的小型学校

有些地区制定了允许家长和教师建立小学校的政策。这些政策是建立在上述证明了小学校价值的研究基础上的。另外,我们知道小学校并不一定更贵。研究者最近调查了每个毕业生(不只是每个学生)的学校开支。纽约市的一项研究发现,如果只看每个学生的开支,大型学校的费用要便宜些,但如果从每个毕业生的费用看,小学校的开支明显更低(Stiefel, Latarola, Fruchter, & Berne, 1998)。芝加哥大学的研究者托尼·布莱克(1994)总结道:

> 既然各地学区正忙于将大型的校舍改建成校中校,就没有理由继续建造更多大型教学楼了。鉴于成年人和学生都能在小型学校中获得更多收益,那么规模越大就越不经济。

纽约市是决定批准建设小学校的地区之一,这样的地区正在不断增多。艾尔·普恩特,一所位于纽约低收入区的小型公立学校,是一个极好的试点单位。艾尔·普恩特是教育者和社区组织在全市创建的7所小型学校之一。艾尔·普恩特的校舍是由一座教堂改建的,它招收了几百名高中学生。学校与社会服务人员共用各种设施,社会服务人员负责帮助学生及其家庭解决各种问题,包括医疗、咨询和扫盲。

在学校教职工的鼓励和帮助下,艾尔·普恩特的学生经常把学校的功课和社区服务及倡议行动结合起来。例如,他们帮助组建了非裔、西班牙裔、哈希德派犹太人联盟,成功阻止了在污染已经十分严重的社区内建造焚化厂的计划。学生将高等数学的学习和附近一座桥下的滑板公园的建造结合起来。学校的全名是"艾尔·普恩特和平与公正学院"。教师们深信,帮助年轻人发展改善世界的技能与传统的学术技能同样重要。

结果是鼓舞人心的。超过90%从9年级开始进入艾尔·普恩特的学生4年后顺利毕业(这一地区大型学校的毕业率是50%左右)。虽然艾尔·普恩特学校的老师强烈反对单纯用成绩来考察学校的业绩,但他们的学生在颇具挑战性的纽约州校务考试中成绩斐然(G. L. Acosta, personal communication, October 25, 2000)。

波士顿公立学校借鉴了纽约的办学新主张。大约9年前,学区同意给教育者一个创建实验性学校的机会。这在一定程度上是对一项刚刚颁布的特许法律的回应,最初的64个特许提案中有18个是波士顿的教育者和社区团体提出的。

第一批实验学校中有一所芬威高中,原来坐落在一所当地社区大学内。前几年,这所中学搬到了波士顿红袜子棒球训练场的街对面。芬威高中原来是泰德·西泽基本学校联盟的成员。虽然学校招收的低收入学生多,但学生毕业率和高中毕业后继续深造的人数比例很高。芬威有一个完善的导师—学生系统,学生毕业需要表现出一定的技能和知识水平。

芬威与其他两个组织合用教学空间。其中一个也是实验学校——波士顿艺术学院。这所学校与美国很多著名的艺术团体合作,给学生提供实习和学徒的机会。波士顿艺术学院还有一个项目专门教学生如何申请奖学金,因为学校认为这对那些希望在艺术领域发展的学生来说,学会写奖学金申请书的技能非常重要。

合用教学空间的另一个组织是波士顿交响乐团的图书馆。因为乐团与两所学校合用图书馆,图书馆在每天下午和周六全天开放。图书馆的藏书非常多,因为它的经费一部分由两所学校提供,一部分由乐团提供(L. Myatt, personal communication, November 1, 2000)。

开办新的小型学校并不仅限于市区。大约12年前,明尼苏达州一个郊区学区的教师和家长开始共同讨论小型学校的优势。他们计划创建7所小型学校,全部与附近的医疗中心、商业机构和其他机构共用设施。

第一所学校开办已有8年,名为"明尼苏达环境研究学校",坐落在明尼苏达州动物园的园内(校舍的土地是捐赠的)。这所"动物园学校"招收了几百名11年级和12年级的学生,2000年的学生人均经费与该地区其他学校完全一样。"动物园学校"的学生向公众宣传他们在学校和在各处实习(包括,但不只在动物园)所学到的知识。美国教育部将"动物园学校"誉为"新式美国高中"以赞许它的创造性和杰出成就。

遗憾的是,这个小区的新的管理当局还没有实施家长和教师当初计划的其他几所学校。但"动物园学校"的成功说明,郊区学生也能从小型学校和共用资源的研究中获益(D. Bodette, personal communication, November 15, 2000)。

> **反思** 你认为学区是否应该允许教师创建新型的公立学校?如果你是学校董事会成员,你认为允许建设新学校的政策中应该包含哪些规定?你会从学区预算中拨款支持新学校的创建吗?你还可以从哪些渠道获得启动资金?作为教师,你想要创建什么样的学校?

特许学校运动

1991年,明尼苏达州的特许学校运动开始。特许学校运动的核心主张是:

- 特许学校是公立的、非宗派的、对所有学生开放的。特许学校可以是新学校或是由已有学校改建而成的。
- 授权或资助学校的组织不止一个(如地方学校董事会、州、大学、城市和其他公共机构)。
- 特许学校不受州办学规定的制约(除了学校安全、反种族歧视和全州考试等规定)。
- 特许学校不受当地劳动力—管理协议的制约。
- 作为不受规定制约的条件,特许学校应提高学生的学习成绩(Nathan,1997)。

在1992到2005年间,批准特许学校的州从一个州(明尼苏达州)发展到了40个,加上哥伦比亚特区。特许学校的数量增加到了3 400个。特许学校的法律支持力度有强有弱,支持力度强的法律允许多重资助,有清楚的责任条款,允许学校不受州和地方劳动力管理要求的限制。特许学校包括新建学校和在原有学校基础上改制建立的特许学校(Center for Education Reform,2001)。

有一群教育者受到他们在日本的经历的启发,创建了一所招收几百名学生的小型特许学校,结合亚洲和美国最好的教学理念进行教学。这所名叫太平洋边缘学院(Academy for the Pacific Rim,APR)的学校位于波士顿,建在一个车厢工厂的原址上,和其他几个组织共用一幢大楼。

学生和教师每天早上集中开会,每次会议上至少有一名学生会得到"刚巴提"(gambatte)奖。这个日语词的意思是"坚持"、"继续努力"。学校服务的对象是各种各样的低收入家庭学生。学校的所有学生都不需要参加入学考试,但必须选修一种武术和一门亚洲语言。每堂课开始,学生要起立向老师鞠躬。老师也站着向学生鞠躬回礼。另一个亚洲特色是每天和每学年的学时较长。每个老师桌子上都有一台带电话的计算机。

APR运用了美国最好的主动学习理念,例如,学生学习宪法时,他们组织一场模拟的立宪大会,模仿参会人员的言行和衣着。

学校的办学成果突出。尽管学校招收的低收入学生比例很高,但出勤率和考试成绩是波士顿公立学校中最好的,超过它的只有那些有入学考试的公立学校(S. Blasdale,personal communication,November 2,2000)。

特许学校不只出现在市区。实际上,特许学校运动已经受到了很多乡村学校支持者的推广。美国最有趣的一所特许学校位于明尼苏达州的一个小小的亨德森社区中。这所特许中学名叫"明尼苏达新乡村学校"(MNCS),招收了7—12年级共125名学生。学校以合作方式运行,教职工拥有这所学校,给自己确定工资和工作条件(D. Thomas, personal communication, September 10, 2000)。

比尔和梅琳达·盖茨基金会提供了四百万美元用于复制这所学校的办学模式。每学年伊始,学校召开家长—学生—导师会议,帮助学生制订计划以保证顺利毕业,毕业完全取决于技能和知识的表现。MNCS运用多种方法评价学生的进步。学生在学习方面进步显著,出勤率和毕业率大大提高。在MNCS,没有分数和铃声,每个学生有一个带电脑的工作台,学生可以按自己的喜好用朋友和家庭照片装饰这个工作台。

学生可以独立学习,或参与小组合作完成项目。教师将自己看成是辅助者、导师和教练,整天在学生之间转来转去。每六周学校举办一个展示晚会,学生把学到的知识展示出来。晚会形式上就像一个大型科学博览会,内容很丰富。每个学生一年至少要做三次展示。

展示内容常常包括电脑制图和电子幻灯片(PPT)。学生的技能很高超,有些学生甚至被公司雇佣制作网页。在MNCS学习的内容并不局限于电脑。学生经常进入社区做研究和参与服务。一个引起全国关注的项目是,学生发现有的青蛙没有四条腿。这一发现报告提交到明尼苏达州立法机构,立法机构下拨了几十万美元用于调查是什么导致了青蛙的畸形。

还有两个近期的例子,展示了如何共用设施。在凤凰城,一群教育者来到南山社区大学,询问是否可以在大学内建一所专攻农业的小型特许高中。社区大学欣然同意。这所高中有几间自己的教室,同时可以使用那个大学的丰富资源——教师、图书馆、大型计算机实验室、大厅和运动设施以及大学教学人员。大学可以在傍晚和晚上使用中学的教室。高中和大学的管理者对双方的合作都很满意。学生的学习效果也非常好。很多高中学生选修了大学课程。一些学生获得了高中文凭的同时,也拿到了大学的文科辅修学位(D. Krug, personal communication, October 9, 2000)。

亚利桑那州的一所特许学校—"梅沙艺术学院",建立在"南梅沙男生女生俱乐部"内,主要为梅沙地区低收入家庭的小学生服务。这一地区不仅贫穷,暴力团伙也很猖獗。学校教职工和男生女生俱乐部的合作有效地帮助了学生和他们的家长。统计数据显示,亚利桑那州公立学校中学业水平提升幅度最大的就是这所学校(S. Douglas, personal Communication, October 9, 2000)。

有些研究显示,特许学校运动帮助刺激了已有系统的改良,具体的方面就是,经费可以跟着学生走了。一项对美国多个学区的研究显示:

本研究中至少五个地方的学区工作人员认识到(尽管有些人颇有怨言),特许学校刺激了他们改革的进程。虽然他们一开始反对特许学校而且特许学校的运转不在他们的管辖范围内,他们仍然感到学区内的学校最终会因为特许学校带来的变化而受益(Rofes,1999)。

特许学校受到批评是因为它们不总是按照公立学校的模式办学,而且每个州都不一样。对特许学校的审查越来越严格,因为它们依靠公立学校经费。有些特许学校的财务状况不佳。显然,特许学校和其他公立学校一样,必须努力开发出更好地评价学生的方式。无论如何,特许学校运用已经在全美国范围内推广开了。

> **反思** 如果你想要创建一个理想学校,你会采用哪些方式?你会采用哪些理念?你会去社区的哪些地方寻求帮助来开办和管理这样的学校?

高等教育选择/双重录取

1985年,明尼苏达州成为第一个创建高等学校选择项目的州。它允许高中低年级或高年级学生在社区大学与综合性大学选修全部或部分课程,学费、书本和其他费用由州资助。这个项目给高中学生决定是否选修这些课的权利。其他一些州也设立了类似项目。在有些州,如威斯康星州,法律只允许学生选修自己所在的高中不开设的课程。在其他一些州,如佛罗里达州,高中学生只有在就读学校同意的情况下才可以在社区大学选修课程。但另一些州效仿明尼苏达州的做法,认为满足学生的需求、给家庭这样的决定权有助于促进高中改革。

越来越多的研究显示,在高中阶段选修高难度课程的学生不仅更有可能进入高等学府,而且能在大学里学得更好(Martinez & Klopott,2004)。教育者和政策制定者正在努力通过两种途径推进这一项目(美国教育部)——第一,通过"中学中的大学"、高级课程班等在高中直接开设大学水平课程;第二,通过双重录取,让仍在高中读书的学生进入大学,全日制或半日制选修课程。这样的项目对参加的学生非常有帮助,在有些地方,这样的项目也使得高中的办学质量得到了提高(Kazis et al.,2004;Nathan et al.,2005)。

共享设施

减少教育费用的最好方法之一就是资源共享。而且,共享的设施可以达到一个常量,乔伊·德莱福斯(Joy Dryfoos)说。他研究过共享设施的学校,并把它们叫做社区学校。他说,这些学校对学生及其家庭有着积极影响。前面提到的几所学校,包括艾尔·普恩特、芬威中学、波士顿艺术学院、茱莉亚·里奇曼综合学校、美莎艺术学院南山社区大学内的高中的例子都代表了这一趋势。

另一个例子来自辛辛那提市的帕尔姆学校。9 年前,帕尔姆学校的学生成绩是全市所有幼儿园到初中学校中最差的。出勤率、成绩和纪律都有待改进。一位新校长,仙农·约翰森被派到了这所学校。

她立刻请求当地著名的社会服务机构"家庭向前看"的协助。贝蒂·辛顿,"家庭向前看"的主任同意派几位工作人员进驻学校。他们和家长见面,了解他们和他们的孩子想要什么样的教育项目。根据这些要求,"家庭向前看"的员工开设了课程教家长如何管束孩子、如何理财以及如何读书。放学后的课堂里包括教学生做家庭作业、跳舞和了解非洲历史。

出勤、学习成绩和纪律都得到了极大改善。这所学校因进步显著连续两年获得嘉奖。毫无疑问,课程设置和教学改革起到了关键作用。与"家庭向前看"的合作更是功不可没(B. Hinton, personal communication, November 18, 2000)。

从另一个例子中我们可以看到领导者的力量。看看诺斯菲尔德的明尼苏达社区中心,在这个乡村社区,城市、学区、老年中心和反贫困机构联合起来创建了一个 50 000 平方英尺的艺术中心以为所有年级的社区居民服务。这个中心包括各种为家庭、儿童、青少年和老年人提供的服务,以及一所小型公立学校。高中学生采访老人来补充历史研究数据、到"开端计划"中心帮忙,这些都与他们的课堂学习密切相关。查理·卡尔特,原诺斯菲尔德的主管,现任明尼苏达学校管理者协会的主任,说这个社区中心是"我做过的最好的项目"(C. Kyte, personal communication, August 30, 2000)。

莫里森一家刚搬进中西部一个大型都市地区。荣和贝蒂是三个孩子的家长。他们的女儿安、莎拉和丽贝卡分别是 10 岁、9 岁和 7 岁,原来在一个小的乡村社区小学读书。他们在六月上旬搬进了新家,这样可以让孩子们参加一些暑期项目,结交一些朋友。荣找了一份新工作,贝蒂打算待在家里陪孩子们过完暑假,等她们开学后,她再开始找工作。搬家以前她做秘书工作,尽管她有小学教师学位证书,但她选择留在家里照顾孩子,直到她们上小学。

搬入新家不久,一家人就在社区里转了转,去当地小学看了看。华盛顿小学离他们家很近。从外面看学校很不错,孩子们很喜欢那个操场,但那天他们没能进去看看。几天后,贝蒂给学校打了电话,约了时间与校长见面。

贝蒂和孩子们去见了校长,参观了学校。学校里面和外面一样棒。校长说这所学校刚开办8年。在贝蒂和孩子们参观校园时,贝蒂问校长孩子们的教师是谁,教室在哪里。校长杰克逊先生说,孩子们现在还不能马上知道。尽管他们家住在附近,但这所学校不是传统意义上的学校。华盛顿小学是一所磁力学校,侧重技术教育。孩子们可以申请入学,但不能保证都能进入华盛顿小学,可能只有一个或两个孩子能被录取。

贝蒂和孩子们回到家,等待荣下班。贝蒂有些失望,她很希望女儿们都能上这所学校。孩子们也说,两个月后就上学了,她们想知道老师是谁。贝蒂只好告诉女儿们,她不知道老师是谁,也不知道能不能进这所学校。等荣回到家,贝蒂告诉他晚饭后要谈谈孩子们的教育问题,因为这个社区学校出了点小问题。

吃过晚饭后,荣给丽贝卡讲故事,另外两个孩子自己读书。孩子们上床后,荣和贝蒂坐下讨论当地学校的事情。尽管他们买房时路过这所学校,房地产经纪人也证实他们的家离社区小学很近,但他们没有想到校长所说的三个孩子可能不能上同一所学校的情况。贝蒂解释完以后,他们做出了一致的决定——如果可能,荣可以帮忙看看有没有其他选择。这些选择中也包括磁力学校。因为不能保证三个孩子进入同一所学校,其中一个或两个必须乘坐校车去其他学校,一所私立基督教学校、一所私立天主教学校或一所附近的特许学校,或许贝蒂可以待在家里教育孩子。突然间,孩子们的教育问题变得比他们预想的复杂起来。

问题和思考:

1. 贝蒂和荣需要了解各类学校的哪些信息?
2. 各个学校的优势和弱点是什么?
3. 每种选择的成本如何?
4. 为什么荣和贝蒂在原来的学区没有考虑过这些选择?
5. 除了拜访学校之外,他们还有什么其他渠道了解各种学校选择?

小结

本章解释了学校选择项目的多元化。每种选择都有其支持者和批评者。有些人支持某些形式的学校,反对另一些学校。

本文作者认为学校选择是一个强有力的工具。就像电一样,既能带来益处,也会造成危害,这取决于它如何被使用。作者希望读者能够运用本章提供的信息,结合其他信息和经验,正确运用学校选择来帮助学生、家庭和教育者。

推荐活动

1. 看看你的社区、县和州有哪些学校选择。可以去地方学区和州教育部查询。

2. 问问你所在的州的教育部门或地方学区,家庭通常运用哪些方式了解幼儿园到高中教育选择的信息。

3. 问问你所在的州的教育部门或地方学区,教育者、家庭和其他相关人员若要开办新的公立学校,在你的社区或州有哪些机会?

4. 找几所磁力学校、特许学校或家庭学校,邀请学生、家长和/或管理者成立一个讨论小组,谈谈他们的项目与其他项目的差异。如果无法组织讨论会,你也可以对在这些组织工作的人进行一些调查。

补充资源

图书:

巴尔,帕利特(1997)

《怎样打造成功的新型、磁力和特许学校》

Bar, R., & Parrett, W. (1997). *How to create alternative, magnet and charter schools that work*. Indianapolis, IN: National Education Service.

布里克特,塔宾(2000)

《特许学校:为孩子做决定所需要的全面信息》

Birkett, F., & Tabin, J. (2000). Charter schools: Everything you need to know to make the right decision for your child. Roseville, CA: Prima.

费恩,曼诺,范诺里克(2001)

《特许学校在行动:改革公共教育》

Finn, C., Manno, V., & Vanourek, G. (2001). Charter schools in action: Renewing public education. Princeton, NJ: Princeton University Press.

社会团体:

Association of Charter Schools

Email: info@charterfriends.org

National Alliance for Public Charter Schools

www.publiccharters.org

Website Magnet Programs

www.broward.k12.fl.us.magnet_programs/home.html

网站:

特许学校

Center for Education Reform

www.edreform.com/charter_schools

Federal Government Listing

www.uschartschools.org

磁力学校

Magnet Schools of America

www.magnet.edu

Yahoo Directory of Magnet Schools

dir.yahoo.com/education/k_12/schools/magnet

家庭学校

A to Z Home Cool Home Schooling Website

http://homeschooling.gomilpitas.com

About Home Schooling
http://homeschooling.about.com

Home School Legal Defense Association
www.hslda.org

Home School World
www.home-school.com

Home School Zone
www.homeschoolzone.com

Official Website of Homeschooling Magazine
www.homeschool.com

社会团体：

Center for Education Reform
www.edreform.com/charter_schools

Minnesota Charter Schools
www.mncharterschools.org

National Alliance for Public Charter Schools
www.publiccharters.org

参考文献

Bryk, A. (1994, Fall). *Issues in Restructuring Schools—Commentary*. Madison: University of Wisconsin School of Education, 6-7.

Center for Education Reform. (2001). *National charter school directory*. Washington, DC: Center for Education Reform.

Davenport, S., & Moore, D. (1988). *The new improved sorting machine*. Chicago: Designs for Learning.

Dillon, S. (2006, January 5). Florida court strikes down school voucher program, *The New York Times*.

Dryfoos, J. (2000). *Evaluation of community schools: Findings to date*. New York: Carnegie Corporation.

Fliegel, S., with MacGuire, J. (1998). *Miracle in East Harlem*. New York: Times Books.

Gamoran, R. (1996). Student achievement in public, magnet, public comprehensive and private city high schools. *Educational Evaluation and Policy Analysis*, 18(1), 1—18.

Goldstein, S. (1974). *Law and education: Cases and materials*. Indianapolis, IN: Bobbs Merrill.

Greer, C. (1972). *The great school legend*. New York: Basic Books.

Home-schooling. (1999). *Education Week*. Retrieved March 31, 1999, from www.edweek.org.

Hughes, T. (1998, February 25). Magnets pull weakens in suburbs. *St. Louis Post Dispatch*, p. 8A.

Kazis, R., Vargas, J., & Hoffman, N. (Eds.). (2004). *Double the numbers: Increasing postsecondary credentials for underrepresented youth*. Cambridge, MA: Harvard University Press.

Martinez, M., & Klopott, S. (2005). *Link between high school reform and college access and success for low income and minority youth*. Washington, DC: American Youth Policy Forum.

Meier, D. (1991, March 4). Choice can save public education. *The Nation*, p. 266.

Nathan, J. (1997). *Charter schools: Creating hope and opportunity in American education*. San Francisco: Jossey-Bass.

Nathan, J., Accomando, L., & Fitzpatrick,

D. (2005, December). *Stretching minds and resources, twenty years of Minnesota's Post Secondary Enrollment Options Act*. Minneapolis, MN: Humphrey Institute of Public Affairs, University of Minnesota.

Raywid, M. (1999). *Current literature on small schools*. Charleston, WV: ERIC Clearinghouse on Rural Education and Small Schools.

Rofes, E. (1999). *How are school districts responding to charter laws and charter schools*. Berkeley: Graduate School of Education Policy Analysis for California Education (PACE).

Rudner, L. (1998). Scholastic achievement and demographic characteristics of home school students in 1998 [Electronic version]. *Educational Policy Analysis Review*, 7, 8.

Spring, J. (1986). *The American school*, 1642 —1985. New York: Longman.

Stiefel, L., Latarola, N., Fruchter, J., & Berne, R. (1998). *The costs of size of student body on school costs and performance in New York high schools*. New York: Institute for Education and Social Policy, New York University.

Steel, L., & Levine, R. (1994). *Educational innovation in multiracial contexts: The growth of magnet schools in american education*. Washington, DC: U.S. Department of Education.

U.S. Department of Education. Dual enrollment: Accelerating the transition to college. Available at: www.ed.gov/about/offices/list/ovae/pi/hsinit/papers/dual.pdf.

Zelman v. Simmons—Harris (001751 536 US 639 (2002).

在过去的十年里,学校暴力前所未有地在公立和私立学校频繁爆发。这些暴力事件造成了教师和学生的死亡,引起了全球关注。然而,作为教育者,我们必须记住,校园仍是一个安全的地方。我们需要处理对学校氛围有影响的种种问题:包括欺侮及其他身体或口头威胁等学生行为问题。任何形式的欺侮,包括口头攻击都是不被接受的行为。本章将讨论家长和学校如何合作,共创良好的校园环境,遏制学校暴力行为。本章的目的是帮助读者探究:

◇ 暴力行为对学校氛围的影响。

◇ 欺侮行为对攻击者、受害者和旁观者的影响。

◇ 学校和家庭在预防和阻止欺侮行为方面的作用。

◇ 有助于遏制欺侮行为和学校暴力的各类课程和其他资源。

第十五章
家校关系对学校暴力和欺侮行为的影响

约翰·胡佛
圣克劳德州立大学

凯瑟琳·约翰逊
圣克劳德州立大学

玛丽·贝丝·诺尔
圣克劳德州立大学

格雷恩·奥尔森
北达科他州立大学

学校暴力

学生在学校大门里面享受到的安全比在外面其他任何地方都多(Dovoe et al.,2002;National Center for Educational Statistics,NCES,1998;Myths,undated)。在我们这个充满暴力的社会,学生在校园里的安全是在其他地方的十倍(Goldstein & Conoley,1997)。大约 20 年平稳的增长过后,少年暴力犯罪在 90 年代有所下降(Myths,undated;NCES,1998)。这种青少年暴力行为的减少在校园内外都有体现。尽管暴力预防的范围和时间有所进展,学校安全仍没有达到教师所希望的水平(Braaten,2004)。

每年大约有三百万暴力事件发生在学校围墙里,也就是说,每天约有 16 000 起暴力事件或每三秒就会发生一起暴力事件(Stephens,1997)。以下是司戴芬斯(Stephens)指出的引发学校暴力行为的危险因素,既有个人层面的,也有制度层面的。

- 辍学,真正意义上的和象征意义上的。在遵守社会与行为规范方面有困难的学生更容易采取暴力行为,如欺侮别人和打架(Patterson, DeBaryshe, & Ramsey, 1989)。
- 纪律问题,欺侮和骚扰。各种程度的轻微暴力和欺侮行为能够预测更严重的暴力行为的整体水平。秘密服务报告指出很多校园枪击案都与欺侮行为有关,这将纪律问题的重要性突显了出来(Vossekuil, Reddy, Fein, Borum, & Modzeleski, 2000)。
- 吸毒与酗酒。吸毒、酗酒与暴力行为显著相关。最近,研究者通过观察发现:总是挑衅、欺侮同伴的学生比其他学生更多使用影响思维的药品,包括酒精。欺侮行为是滥用药品的主要预测因素(Simanton, Burthwick, & Hoover, 2000)。
- 帮派群体。"帮派内"仪式性的暴力行为和帮派成员对他人的攻击性恶作剧都会增加校园暴力发生的可能。
- 武器的可及性。在美国,武器的易于获得常常使得简单的斗殴和争执演变成血腥惨案,从而增加了重伤事件和死亡率。

要预防校园暴力,教师首先必须理解程度稍轻的攻击性行为——这类行为常常被有些教育者归于儿童行为的正常范围(Perrin & Turner, 1994)。最近,研究者对欺侮和玩笑进行了大量研究,取得了一些重要的研究发现。

欺侮和暴力

很多方面的证据显示,校园欺侮行为,如果成年人不加干预,就可能导致更严重的暴力。例如，学生之间发生小摩擦，至多被叫到校长室，但这些看似无伤大雅的行为与更严重的违规行为之间的关系十分密切（NCES，1998；Wilson & Petersilia，1995）。正如哥德斯坦恩和科诺利（1997）指出的，"与程度严重的学生骚扰、使用枪械、偷窃、恐吓及其他严重暴力行为同样具有危害性的（在很多时候是隐性的），是一般的攻击性行为"。如果学校人员不能及时阻止学生之间的小打小闹，就很有可能为严重暴力事件埋下隐患。

另一位研究者认真整理了41名攻击者制造的37次有目的的学校枪击事件的资料，指出因为样本量小，这些事件从统计学角度非常难以预测。但是，目前看来，校园枪击案的肇事者的共性特征是：他们要么曾经被欺负，要么觉得自己被欺负（71%）。此外，研究还发现相当比例的肇事者曾经说过或写过他们打算发起一场攻击。一个经常被欺负的学生对1999年科罗拉多里特尔镇枪击案的反应笔录证实了这些数据。这个年轻人回忆道，他每天走进校园时都在想用什么方法自杀或杀死欺负他的学生（Fransen，1999）。这种对暴力的幻想常常成为最终爆发的伏笔。

尽管我们不清楚欺侮行为在过去的三十年里是否如有些教育者说得那样在频率和强度上都增加了，但毫无疑问，这是一个非常严重的问题（Hoover, Oliver, & Hazler, 1992; Simanton, Burthwick, & Hoover, 2000）。据保守估计，大约10%的学生在中西部乡村学校忍受着被欺侮而造成的心理创伤。全美国范围内的欺侮行为将在下文中深入讨论。

家校合作是遏制暴力的关键

家庭与学校的合作几乎是所有针对减少危险行为的项目的核心要素。在减少欺侮、制止暴力和预防吸毒方面，家校合作也同等重要（Duncan, 2004; Sheridan, Warnes, & Dowd, 2004）。当学生在学校遭到欺负，教育者和家长必须立刻插手干预，阻止同伴骚扰的进一步发展。邓肯（1999）注意到，有些家庭容忍或鼓励家庭暴力，用冷淡或过于敌意的态度对待孩子，或对兄弟姐妹之间的打斗睁一只眼闭一只眼，这些行为助长了学校暴力的发生。下文将介绍一些成功的家校合作案例以及良好家校关系的指标。

在制止欺侮行为方面的家校合作的成功模式需要考虑几个问题。第一部分将回顾有关欺侮行为研究，然后介绍有关家庭生活与欺侮及暴力行为的关系。我们将在第三部分着重介绍如何加强家校合作以减少校园暴力。

> **反思** 除了学校,其他机构应该做些什么以帮助制止学生在校内外的欺侮和暴力行为?如果你在初中或高中被欺负或骚扰了,你会去哪里求助?学校以外有什么地方可以提供帮助吗——社会服务机构、教会、一位值得信任的成年人、一位家长或其他人?你学校里的学生有地方可以求助吗?无论在校内或校外。这些帮助有用吗?

有关欺侮行为的基本信息

定义

欺侮是一个人或一群人故意造成另一个人心理或身体伤害的行为。在欺侮事件中,欺负别人的人在体力上或心理上比受害者强大。对欺侮事件的分析有时会很复杂,因为受伤一方的表述有可能是自己的感觉而不是事实。

欺侮行为的发生频率和严重程度

设计最为严密的一项对欺侮行为的大型研究,调查了大约16 000名从初中(6年级)到高中(10年级)的美国学生(Nancel, Overpeck, Pilla, Ruunan, Simons-Morton, & Scheidt, 2001)。略超过十分之一(13%)的学生自认为是主动攻击者(欺负别人,很少被欺负),11%的学生认为自己是被动受害者(总是被欺负,很少欺负别人),另外有6%的学生是攻击—受害者(参与过欺负别人,也经历过被人欺负)。这些数据和另一项对1 000名中西部学生的调查结果相似(Simanton, Burthwick, & Hoover, 2000; DeVoe & Chandler, 2005; Hoover, Oliver, & Hazler, 1992; Hoover, Oliver, & Thomson, 1993; Perry, Kusel, & Perry, 1988)。

对欺侮行为普遍程度的估计取决于对欺侮的定义和调查者采用的研究方法(例如,采用问卷法还是观察法)。例如,胡佛和他的同事(1992)发现超过80%的中西部乡村学校的学生都反映自己在上学期间或多或少被欺负过。然而,如果将被欺负的"创伤程度"提高到中点以上,这一比例就下降到了14%。

年龄是另一个与欺侮行为普遍性的相关因素。遭到欺负(创伤程度较高)的学生比例在初中阶段达到最高,而在小学中高年级和高中阶段略有下降(Hoover et al., 1992)。

对欺侮行为普遍性的预测往往具有时间性和暂时性。很多研究者采用了传统的分类法将欺侮事件的参与者分为三大类:主动攻击者(只欺负别人)、被动受害者

（只被欺负）以及攻击—受害者或挑衅受害者（在短时间内既被同伴欺负又欺负别人）(Schwartz, Proctor, & Chien, 2001)。从这个视角看，学生的状态是静止的——也就是，欺侮事件中的地位和精神失常或人格特征一样是每个人随身携带的标签。尽管有些研究证明攻击性行为是一个相对稳定的特质（Olweus, 1978），很多专家对攻击者和受害者地位的永久性表示怀疑。有学者指出，攻击者和受害者的地位会随着年级的变化和学校管理特征的变化而发生改变（如初中到高中）(Ma, 2001, 2002)。全校学生中与欺侮行为相关的亚群体的特征以及欺侮行为模式的长期稳定性问题还有待进一步探究。

欺侮影响学生对学校安全的感知，全体学生的10%以上以及大多数长期被欺负的学生一学期中至少有一次感到害怕或表示希望待在家里（Burthwick et al., 2000）。研究显示，欺侮行为的受害者中感到学校不安全的人数比例（25%）是未受到欺负的学生（8%）的三倍。

欺侮行为

青少年描述的自己亲身经历或目睹的骚扰事件大多是口头攻击（Hoover et al., 1992）。间接的、隐蔽的欺侮行为，如社交排斥或破坏友谊，是女生中最常见的欺侮行为，而肢体攻击是男生中第二普遍的欺侮形式（Hoover & Oliver, 1991）。

学生受欺负的类别和他们经历的创伤之间在统计上没有显著的关联。换句话说，长期遭到语言骚扰和阶段性地受到轻微身体攻击一样具有破坏性。有些学者甚至指出，控制语言骚扰和嘲弄是遏制欺侮行为的关键（Hoover & Olsen, 2001）。儿童时期的语言骚扰可能成为日后性骚扰的"玩笑基础"，如果学校管理者不制止与性特征有关系的玩笑和对同性恋的辱骂，就可能助长学生日后公然违法的、致命的性骚扰行为（Stein, 1995）。当然，学校的语言环境常常反映出学生家庭的语言习惯（Duncan, 2004）。

女生中的关系攻击

在过去的十年中，对女生欺侮行为及其他攻击性行为的理解发生了很大变化。克里克及其同事的开创性研究引起了媒体的广泛关注（Crick et al., 2001; Cullerton-Sen & Crick, 2005; Ostrov & Crick, 2005）。在被称为"关系攻击"的行为中，女生的参与率几乎是男生的8倍。关系攻击被定义为：以故意伤害别人为目的的操控人际关系的行为（例如，破坏别人的友谊，与其他人的男友调情）。这些行为被认为具有短期和长期的破坏性（Crick, 1996）。

如果将关系攻击和其他纯语言形式的攻击算在内，我们一直认为的攻击性方面的性别差异就不复存在了（Crick et al., 2001）。教育者发现传播谣言和侵犯性的调情非常难以管理,因为这些形式的攻击行为非常隐蔽。实际上,连克里克自己都怀疑对这样的行为是否存在有效的干预方法。

另一种欺侮行为是网络攻击。这在中学是一个相对新的现象。这种攻击对学生来说也可能是毁灭性的,可以实施干预,因为总能找到信息和书面对话的线索。如果处理及时,网络攻击能够被制止,因为证据是可以找到的。

拿别人开玩笑是不是欺侮行为?什么情况下开玩笑可以被接受?还是任何时候都不行?为什么学生们不集体站出来制止欺侮行为?欺负别人的人为何如此霸道?如果你最好的朋友被欺负了或被人嘲笑,你会怎么办?你知道成人之间的欺侮行为吗?你是否曾听到别人被人开玩笑,而且觉得这个玩笑有些过分(无论哪方面)?

与欺侮行为相关的适应问题

专家将欺侮事件中的学生分为三类:主动攻击者、被动受害者及攻击—受害者或挑衅受害者(Olweus, 1993)。主动攻击者一般是主动出击——将问题行为指向外部(Olweus, 1993)。被动受害者的特点往往与有些专家所说的"过度控制"人格相符。具体地说,这些学生常常表现出伤感、羞怯和焦虑的情绪。长期受害者会因为受到同伴骚扰而更焦虑。另外一小群学生有时欺负人,有时被人欺负。这些学生表现出很罕见的伤感和愤怒交替的特征(Kaltiala-Heino, Rimpela, Marttunen, Rimpela, & Rantanen, 1999; Olweus, 2001; Swearer, Grills, Haye, & Cary, 2004)。

儿童时期被欺负的经历会给成长造成一系列长期负面影响。例如,因抑郁和焦虑求助于心理医生的成年人往往在成长过程中有过被人欺负的经历(Egan & Perry, 1998)。

最近,欺侮行为的长期效应被直接提了出来。例如,瑞格比及其同事(2001, 2003)阐述了欺侮行为给受害者造成的身心影响:

> 研究发现,同伴攻击与男生和女生的心理及身体的严重创伤有明确关联……我们越来越清楚,受害者比其他学生更容易经历心理和身体的痛苦,更焦虑,更抑郁,更容易出现社交障碍,健康状况更差,更容易产生自杀念头。

另一些研究者甚至发现儿童时期有被欺负的经历可能削弱其在大学时对别人的信任和对友谊的满意度。这一影响虽然不大,但有一定的相关性。换句话说,欺侮行为不仅影响身心健康,还影响生活质量。

不仅是受害者,主动攻击者本人也会随着年龄增长面临人际关系问题。依靠强权建立人际关系会成为一种习惯,进而可能导致一生的适应不良。攻击者更容易辍学和卷入吸毒及酗酒问题(Berthold & Hoover,1999;Simanton et al.,2000)。儿童时期的攻击者成年后遭遇心理问题、工作问题的概率是一般儿童的5倍(Olweus,1993)。一位全球知名的专家总结道,欺侮行为的负面影响十分强大,除了受害者长期会经历严重的后遗症,攻击者在成年后比受害者更容易遭受适应问题的困扰(Olweus,1993)。

欺侮行为之所以严重,是因为它会对学生造成恶劣的影响——不仅是受害者和攻击者,它还会破坏学习氛围,殃及学校的每一名学生。学生很难在恐惧的阴云下专心读书。同伴骚扰除了影响个人外,还导致了社会问题的产生,造成了困扰美国的暴力环境(Hoover & Olsen,2001)。

欺侮行为,在很大程度上可以通过理解家庭模式,包括育儿方式来解决。换言之,家庭生活因素可能增加,也可能减少孩子成为攻击者或受害者的可能性。因此,教育者和家长之间的合作对减少欺侮引起的问题,预防校园暴力十分关键。家校合作能有效减少学生的欺侮行为,保护他们免受侵害(Committee for Children,1997)。我们将在下面讨论与欺侮行为相关的家庭问题。

> **反思** 设想这样一个情景:一个身强力壮的5年级男生欺负一个羞怯的3年级女生。你认为这个情景中的攻击者、受害者和旁观者会有怎样的动机、体验和情绪?

家庭互动模式影响欺侮和受害儿童

与欺侮行为相关的三种育儿风格是:侵入式—过度保护型,家长心理上过度控制型及家长强制型(Perry et al.,2001)。社会与情感适应良好的健康儿童、欺侮事件中的主动攻击者、被动受害者和挑衅受害者都有可能出自这三类家庭中。其他因素,如个人气质、第一次暴力经历的结果和自我修复能力都会影响儿童在欺侮事件中的角色。然而,侵入式—过度保护型和过度控制型更容易使孩子成为受害者,而强制型似乎更容易导致欺侮行为的发生(Duncan,2004;Olweus,1993;Perry et al.,2001)。

邓肯总结了最近的研究,发现家长与孩子之间微妙的性别互动影响受害状态。男生受害者往往有一位热情但对孩子过度保护和控制的母亲。男生受害者的父亲往往很严厉、苛刻,与孩子比较疏远或者不和孩子生活在一起。女生受害者的母亲往往对孩子表现出明显的敌意——起码在语言上和心理上如此。

过度保护孩子的家长或照料者

胡佛和奥列弗(1996)将侵入式—过度保护型育儿风格的家庭比喻为"温室"。温室是一个对各种因素高度控制以保证植物健康生长的地方。但把在温室中精心照料出来的花朵移植到自然环境中时常常会凋零,因为它们受不了不够完美的条件。

同样,青少年,尤其是男孩(Duncan,2004),在家里得到过多保护后,就无法适应其他孩子粗野莽撞的行为。这样的儿童习惯了成年人的井井有条,觉得操场上混乱嘈杂,十分可怕。家长的过度保护没能给孩子进入谈判场的机会,锻炼解决问题的技能。儿童经常在与邻居争论游戏规则的过程中学会解决冲突的粗糙技能,协商及相关的社会交往技能是在与同伴的交往中自然而然学会的,但被家长过度保护的儿童缺少了这样的机会。这对于天生就有社交焦虑的儿童来说格外糟糕。

男孩在非正式的游戏中了解到参与打闹的重要性。当研究者向初中生了解攻击行为时,他们回答,他们经常会打打闹闹,但没有欺负谁。向同样这群学生问到欺侮行为时,他们说有些男孩不喜欢这种游戏,和他们打闹时就可能被认为是欺负他们。反过来,这对那些不愿参加金米尔与梅勒(2003)所说的"男性剧本"演出的儿童来说也是巨大的压力。

家长的过度控制

家长对孩子施加一定程度的控制是健康的。过度控制指的是无视孩子的感受,频繁干扰和责备孩子的行为(Perry et al.,2001)。结果,儿童常常失去自信,不敢表达自己的感受。这样的儿童往往表现出内化的症状(害羞和焦虑)。

强制型育儿方式

奥维斯(1993)归纳了十多年的研究,将攻击者的家庭生活描述为冰冷的情感环境,间歇夹杂着"炽烈"的肢体和语言暴力。佩里及其同事对强制型育儿风格的描述如下:

> 强制包括直接的语言攻击、命令、讽刺和强权纪律,毫不留情地摧毁了儿童被爱和被尊重的感受。

有体力和心理资本去攻击同伴的青少年往往是从敌意的父母或照料者那里学会了好斗的行为模式。如果儿童从小接触的都是强者控制弱者的人际关系,那么他们长大后处理人际关系时也会采用攻击性的方式。一般来说,儿童从强制型父母那里学会攻击,但有时他们对强势父母的反应是羞怯和焦虑,从而更容易成为暴力的受害者(Perry et al.,2001)。最容易助长儿童攻击性行为和欺侮事件苗头的,是家长对自己的孩子之间及孩子对其他人的暴力视若无睹,自己却对孩子实施严厉管束的行为(Duncan,2004)。

佩里等人(2001)指出,如果家长的育儿风格是敌意的、攻击性的,男孩容易成为欺负别人的攻击者。相反,在敌意环境中生活的女孩容易成为受害者。而有着无微不至、过度保护型家长的男生更容易成为被人欺负的对象。

社会认知图式:教育者理解家庭在欺侮问题中的角色的途径

当教育者确实遇到或自认为受到攻击或长期受欺负的儿童时,很容易简单地将儿童的行为归结为"家庭环境的产物"。尽管这话总体上是正确的,但它并不能解释儿童的具体反应模式是如何从家庭带到学校的。起码,我们可以打个比方说,儿童的行为风格是通过他们经历过的人际关系模式和冲突管理模式"被放进脑子里的"。

用来解释家长育儿行为怎样影响儿童行为风格的最好的理论模型是社会认知理论(Baldwin,1992),它可以用来解释长期受害者地位的形成(Perry, Hodges, & Egan,2001)。为了理解社会认知理论,我们首先必须定义认知图式,因为这个模型是建立在鲍德温提出的"关系模式"之上的。

图式

图式可以被理解为长期记忆的结构。心理学家很早就发现以概念、事实、图像,甚至情感形式存在的信息并不是随机存储的。相反,这些思维的内容是有规律地排列的。长期记忆存储由这些相关的结构组成,这一网络结构被称为图式。图式是随着儿童发展和学习而变化的记忆结构。当这些结构牢固建立,它们可以预测一个人在特定情境中会如何记忆、理解和行动。

社会图式是对个体一生的互动中所发生事件总和的内化描述。与社会互动相关的认知结构至少包括4个元素:①对家长(或其他人)的角色的理解;②对自我在社会情境中典型角色的意识或理解;③过去得到回报或避免惩罚的(对社会交互)反应模式;④伴随社会事件结果的典型情绪。

如果这种图式论是正确的,很容易理解为什么与社会情境相关的思想和行为模式的形成,很大程度上取决于儿童与其主要照料者之间互动的性质和风格。佩里等人(2001)指出,社会图式会成为"不假思索的自动路线"。

受害者和欺侮者图式

长期受害者和经常欺负别人的儿童都会用不一样的方式解释自己的认知世界。

具体地说，有些受害者意识到有办法协商解决冲突，可一旦有冲突，哪怕是很小的冲突，就会激发起特别活跃的记忆，而恰当解决矛盾的知识被压制在这些活跃的记忆中难以浮出水面。冲突情境中的认知图式总是与情绪交织在一起，而情绪会淹没一切。此外，有些长期受害者面对冲突时常常采用消极策略，他们发现把操场上自己喜欢的地方让出来可以减少压力，而这样的结果强化了消极顺从。

如果儿童曾采用攻击性行为得到鼓励，或因其他儿童的顺从而得到回报，他们对世界性质的理解就会形成一种理论，认为关系是建立在权力和控制之上的。这一认知图式变得十分顽固，攻击者总是把中性的社会信号也看成是挑衅，并把自己的暴力行为解释为自我防卫(Dodge & Frame, 2001)。

> **反思** 列举你与别人相处时的三个特殊习惯，说说这些习惯是如何通过你的家长传递给你的。描述儿童与照料者之间的互动是如何影响他对社会情境的思维结构的形成和他在社会情境中的互动风格的。

家校关系和欺侮行为：教育者和未来教育者须知

下面我们将简略讨论如何解决欺侮问题。首先，我们将介绍解决欺侮问题的全系统范围内的运动所提出的高要求。有关预防的讨论将围绕挪威教育部所采用的模式，这一模式被证明在北美也很有效。对这一模式感兴趣的读者可以参阅欧维斯(Olweus, 1993)的英文版。第二部分专门讲述了如何运用社会认知图式来理解家长对欺侮行为的影响。

遏制欺侮和暴力行为的系统方法

在丹尼尔·欧维斯(1993, 1996)的领导下，一项反欺侮运动在挪威开展起来。同样的方式在美国也得到了应用和验证，结果显示该项目开展的第一年，欺侮行为发生的频率和强度就减少了50%(e.g. California Department of Education, CDE, 2003)。这一结果在项目开展期间一直持续。欧维斯指出，我们需要在三个层面采取措施才能减少欺侮和校园暴力。这三个层面是学校、课堂和个人。

学校层面。为了减少欺侮行为和校园暴力，首先要收集有关校园氛围的数据。收集数据的方法可以包括问卷调查(Olweus, 1993; Hoover & Oliver, 1996)，观察和访谈。一些学者指出，事件记录是最敏感的数据，因为它们能反映出学校最危险的地方，而且从中可以探寻到教学楼里的人际关系氛围(Sprague, Sugai, Horner,

& Walker，1999）。

学校层面的成功项目的核心特征是学校会议日和对午餐时间、走廊和课间的加强监控。学校会议指的是鼓励学生和家长积极参与反欺侮运动的大型集会。此外，学校的调停项目在有些学校也非常成功地打破了欺侮的恶性循环。然而，调停者必须确保参与调停的双方被看作是平等的。如果受害者没有权利，或被认为没有权利成为平等的一方，调停注定要失败。目前有很多好的调停项目值得借鉴，包括几个专门制止欺侮行为的同伴参与项目。其中一个是名为"彼得、保罗和玛丽"（Peter，Paul，and Mary）的民间团体（www.dontlaugh.org），另一个是"安全学校大使"（Safe School Ambassadors，www.safeschoolambassadors.org）。

课堂层面。反对欺侮行为的课堂规则应该清晰地表达出来。教师应向儿童和家长明确地交流这些规则。最好的方式是，教师指导儿童理解课堂规范，就像学习其他课程内容一样。欧维斯的数据显示，对于违反规则的行为应给予恰当的惩罚，这样其他的措施才能够发挥效力。教师在执行规则时，应该平静、温和、尽可能控制情绪流露。

教育者（和家长）在惩罚欺侮行为时实际上是在设置边界。如果不恰当地惩罚欺侮行为，就等于告诉学生欺负同学是被接受的。然而，如果惩罚太严厉，儿童的尊严受到损害，实际上这本身就成了欺侮行为。这是一定要避免的。介于过分宽容和过分严厉之间的处置是最合适的。这被称为权威性纪律管束风格。

社会技能的指导可以通过角色扮演、常规班会来展开，有教育意义的阅读材料也能起到积极作用。很多小学教师认为安徒生的《丑小鸭》是一个可以用来教育儿童如何对待欺侮的极好故事。

我们认为欧维斯的项目是学校层面干预的优秀样板，它要求的是学校氛围的改变——或者换句话说，是学校文化的改变。当然，教育者在开展这样的项目时必须睁大眼睛密切关注可能出现的困难。例如，在很多学校里同伴氛围可能支持欺侮行为，因为这是学生积聚影响力的渠道（Espelage，Holt，& Henkel，2003），在这样的学校中，有声望的学生可能积极抵制反欺侮项目。如果学校周围的文化强烈支持传统的男性和女性行为标准，教师就很难阻止学生嘲笑那些举止不符合传统性别期望的学生（Kimmel & Mahler，2003）。

此外，其他两个系统干预项目也颇有成效——"第二步项目"（Project Second Step）（Grossman et al.，1997）和"欺侮终结者"（Bully Busters）（Horne，2004）。这两个项目都值得作为样本在学校范围内运用。

个人层面。系统模式包含对欺负别人的儿童及容易被人欺负的儿童进行劝告和社会技能强化训练。对于前者，可采用愤怒管理训练；对于后者，可采用交友与自我表达技能训练。欧维斯建议将攻击者的家长请来，一起针对欺侮行为带来的长期恶果进行深度讨论。

我们已经了解,通过社会学习理论或社会认知图式理论可以将欺侮行为与育儿风格的关联梳理清楚。但是除非这样的梳理有助于教育者找到解决问题的途径,否则并不值得花这样的功夫。下面我们介绍,最大限度地发挥教师与家长(攻击者、被动受害者和挑衅受害者的家长)之间的互动会产生怎样的影响。

知识与技能。未来的教师应该探究儿童的世界观(图式)及其行为之间的关系。此外,教育者必须认识到儿童的愤怒或胆怯常常与亲子互动的模式或整体风格有关。例如,用过于被动的方式应对冲突的儿童很难学会使用老师推荐的勇敢表达的方法对付别人的侵犯(Hoover & Oliver,1996)。此外,儿童大胆表达的困难可以帮助学校社会工作者或咨询师理解,为什么这些儿童的家长对孩子在学校遭到的轻微冒犯反应激烈,为什么这些家长会坚持要求学校保护孩子。

与家长合作。教育者了解了家长态度与儿童行为的关系之后,就能更好地与家长合作,充分发挥双方的优势(Duncan,2004;Hoover & Oliver,1992;Oliver,Oaks,& Hoover,1994;Sheridan et al.,2004)。合作的第一步是重新界定那些被教育者看成问题,而被家长看作优点的行为。我们可将对家庭优势的认可视为解决问题的一个途径,在教育者和家长的文化及语言背景不同的情况下,这种做法尤其有效。针对上文所提到的家庭模式,我们提出如下建议:

1. 教育者重新看待过度参与、过度控制的家庭,可将这类家庭的特征理解为关系牢固而亲密。孩子与成年人,尤其是家长之间的这种关系可以被视为优势和力量,用来解决儿童被动的问题。

2. 被教育者看作暴力和压制型的家庭,可以被理解为有助于儿童在一个严峻的、说一不二的环境中学会独立(Oliver et al.,1994)。

如果家庭的优势得不到一定的认可,家庭成员就不愿意与教育者合作来解决孩子欺负别人或被人欺负的问题。因此,教育者在着手实施干预之前,一定要充分认识到每种家庭互动模式都有其积极的一面。

> **反思**
>
> 你在与家长讨论孩子的行为问题时,可以如何将下列行为诠释为优势:
>
> - 一名儿童经常口头威胁其他人。
> - 一名儿童和同伴在一起时特别害羞,但是喜欢和成年人一对一交流。
> - 一名儿童在没有人监管的时候经常与别人打架,当问到他为什么打架时,他总是说别人对他不公平。

避免指责和间接伤害。当家庭处于困境或家庭成员的观念与教育者的经验不一致时,我们很容易将此归结为家庭的病态。当教育者认为学生有问题或学生的问题行为是病态的,而家长却认为正常的情况下,一个家长支持团体的介入能够帮助打破这个僵局。

儿童心理健康家庭联合会是由家长发起的互助组织,他们致力于推行一个基于双方优势的家校合作模式。这一组织对学校来说是非常有价值的资源。该组织发行了一本刊物——《为儿童争取权利》(*Claiming Children*,www.ffcmh.org)。

家长培训和支持模式。教育者需要重新思考家长的弱点是否源于知识和技能的缺乏。我们认为这是解决错综复杂的欺侮问题的一个重要环节。当家长与教育者建立起相互尊重的关系,开始共同致力于解决儿童的问题,可以建议家长进入支持和教育中心接受有关培训。

家长资源中心应该包括照料儿童和其他各种支持,而且能够让家长容易参与这些项目。如果这样的项目还不存在,教育者可以联合其他群体呼吁开创这样的渠道,募集资金建立家长教育和支持中心。

全方位服务(全包)学校模式。因为欺侮行为,不论从攻击者还是受害者角度看,都与其他危险因素密切相关。德莱福斯(Dryfoos,1994)提出的由家长与教育者合作提供全方位服务的模式能够起到良好效果。全方位服务意味着公共福利、医疗、心理健康、儿童权利支持和其他家庭与儿童服务专业人员打破行业界限,联手控制各种危险因素,从而遏制儿童之间的争斗事件。

很多全方位服务项目将健康和社会服务的点设在校园里。另一种方法是加强所有针对危机家庭和儿童的机构、项目的管理者之间的关系。北达科他州的大福克斯公立学校就参加了这样的项目,社会福利和咨询服务得到了加强,为从幼儿园到高中的危机学生及其家庭服务的管理者之间的纽带也建立起来。项目负责人通过加强学区和社区的减少家庭压力与暴力的项目来解决暴力问题。

另一种形式的全方位服务学校是加强放学后针对高风险学生的项目。这个项目在下午3点到7点为学生提供愤怒管理培训、心理咨询、娱乐、学习和艺术活动。这一时间段给家长提供了两个方面的支持。第一,这一时段是学生最容易出现行为问题和遇到困难的时间,会给原本已压力重重的家庭增加负担;第二,它提供了暂时的儿童照料和监督,对很多单亲家庭和双职工家庭来说这是求之不得的。上述这类项目的经费是由"21世纪学校"项目提供的,这些项目已经显现出了在减少危险因素(包括暴力)和促进家校关系方面的成功效果。

监控电视、网络和媒体的使用。正如一些学者所说,我们这个社会对青少年的危害根源在于,我们给他们提供了一个选择丰富的暴力菜单,而这些尚未发育完善的儿童还没有能力处理这些画面和想法(Garbarino,2000)。有证据显示,媒体对暴力的催生作用如此明显,媒体加剧社会矛盾的事实已经无可辩驳(Garbarino,2000)。

> **反思** 该如何与家长及儿童合作,帮助他们理解媒体中出现的暴力行为(电视、音乐、网络和电子游戏)?我们怎样保护儿童?是否有一些组织在制止媒体中的暴力,控制其对儿童的影响?

教育者和家长应该联合起来讨论媒体暴力及其隐含的(有时甚至公然表现的)复仇及暴力解决问题的信息。教育者可以通过在社会研究课程和语言艺术课程里增加精心设计的媒体分析课来促进这样的合作关系(Adbusters,2001;Media Awareness Network,2001)。教育者可以给家长写信,告诉他们如何防止孩子接触媒体暴力或与孩子讨论媒体暴力。在这个方面家长能够真正得到教育者的支持。家校双方通过家长教师组织或家长教师协会经常见面讨论是一种方法,教师和家长还可以针对暴力问题和媒体在促发冲突的影响方面具体合作。例如,双方可以计划和开展社区范围内的信息交流会,向广告商和当地电视网络机构做宣传。

项目。所有能有效处理学校暴力和欺侮问题的项目都包含家长合作的元素。成功的案例很多,有三个项目特别值得一提。"第二步和欺侮行为预防"(Second Step and Bullying Prevention)(Committee for Children,1997,2001)是包含了家长合作与参与的综合项目;同样,约翰逊学校的"尊重与保护"项目(Respect and Protect)特别符合教育者的需求;此外,经过挪威教育部长期检验的"欧维斯项目"在美国也得到了推广(Olweus,1993)。

塔莎,13岁,非裔美国人,在中西部一所初中上7年级。在塔莎的学校,有色人种学生明显占少数(13%)。

塔莎和她已婚的亲生父母、两个哥哥、一个姐姐生活在一起。她母亲最近被诊断出癌症,辞了职在家照顾孩子。塔莎的父亲有犯罪前科,因此很难找到稳定的工作。父母两人都没有工作,一家人生活在贫困线以下。

在7年级的最初两个月里,塔莎受到其他少数民族女生的仰慕,她们将她视为领袖。她"掌管"着这个群体,很多比她小的少数民族女生都渴望找到一种归属感,渴望加入塔莎的群体。

作为领导者,塔莎很乐于施展权力来决定谁可以进入这个圈子,谁不可以。她在走廊里迈着自信的步伐,身边跟随着很多朋友和随从。然而,塔莎圈子里的大多数女生都向老师坦白她们害怕塔莎。这个圈子里的很多人并不是塔莎真正的朋友,只是需要塔莎把她们称为朋友。塔莎通过散布有关抢夺男朋友的谣言或在校内外公开嘲笑和羞辱有绯闻的女生而控制着其他女生在这个群体的去留。这个出局者的名单不断变化,因为塔莎很擅长散布谣言和嘲弄别人。

整个7年级,塔莎的学习差强人意,尽管她在课堂上的表现并不过分。她准时到课,参与课堂讨论,对老师很尊重。但是,她总是不能完成老师布置的作业。学校的工作人员几次请家长来谈谈她的学习问题,每次都是塔莎的妈妈独自来,她当着学生和学校工作人员的面责骂和羞辱塔莎学习差。母亲的讽刺和辱骂让塔莎在学校里颜面尽失。每当这个时候,塔莎一言不发,看上去很冷淡,无动于衷。

三次家长会议后,塔莎的学习仍没有进步,而她的欺侮行为从嘲笑和公开羞辱朋友升级到了在走廊里打架。每次打架的原因都是因为被塔莎开除出局的女生试图为自己辩护,或者出局的女生发起口头攻击和侮辱,随后迅速导致殴打、扯头发和身体撞击。即便学校人员以最快的速度赶来制止,每次都会发生流血事件。一般情况是,一两个旁观者和塔莎小集团里的成员参与打斗。打斗总是发生在学校的课间学生换教室的时候,走廊里都是学生。

打斗不仅影响了直接参与者和小集团的成员。一个旁观者在她语文课的日记里说"我害怕到学校。我今天看见别人打架,看见一个女生脸上的血……学校太可怕了"。塔莎小集团里的争斗引起的紧张感迅速蔓延到学校的各个走廊和教室。

在第三个学期开始时,塔莎的小集团只剩下了几个人,因为女生们已经厌倦了塔莎的控制、无休止地打斗和她对学校越来越消极的态度。

塔莎最初三次打架后受到的惩罚对她没有起什么作用。每一次,校方都实施了停课的处罚,一次比一次处罚的天数多。她回到学校后,学校没有采取进一步措施,她回学校前向校长保证绝不再犯。一些老师对这样的处罚略有不满,因为在处理塔莎的问题上他们没有发言权。

第四次塔莎在学校打架还是因为她散布另一个女生与别人男朋友的绯闻。这次,绯闻涉及的男生在走廊上堵住了塔莎。塔莎因为有两个哥哥,毫无怯意就与这个男生打了起来。教学楼里警铃大作,受过危机处理训练的教师几分钟就赶到了现场。教师们到达时,塔莎完全失控了,她猛击那个男生并把他压在地板上。三位老师想把她拖开,但最终是校长劝说她平静下来,停止了攻击。

塔莎再一次被罚停课,这一次是整整一星期。在讨论塔莎问题的全体员工会议上,有人表示对全校师生的安全担忧。因此,等塔莎返校后,她受到了全天一对一的监控。只要塔莎到走廊上,一名教工都会跟随护送。采取这样的措施后,塔莎的行为得到了控制,但她的学习仍然毫无起色。

问题和思考:

1. 塔莎的情况核心问题在哪里?
2. 塔莎是如何在她的同伴群体中获得权力和保持控制的?
3. 为什么学生会有保持一个"群体"的需要,甚至不惜运用权力和控制来这么做?
4. 塔莎的行为算得上欺侮吗?为什么?
5. 将塔莎的情况和克里克所研究的关系暴力作比较。
6. 造成塔莎行为的因素有哪些?
7. 你会采取什么样的干预措施?
8. 谁还可以加入到干预过程中?
9. 反思一下学校的时间表。什么时候是解决欺侮问题的最好时机,应该怎样做?
10. 为什么有的学生忍受塔莎的攻击,或至少起初是这样的?

小结

学校相比于美国社会的暴力环境还是相对安全的,但校园已经不是教育者所希望的那样安全了。我们阐述了欺侮行为与暴力之间的关系,指出轻微的暴力将成为更危险的行为的隐患。

我们建议过用一种模式来分析家长育儿风格、欺侮和长期受害之间的关系。这一模式指出,社会关系和解决问题的风格是通过长期记忆图式形成的,就像其他信息和技能组织形式一样。此外,社会认知图式的形成很大程度上取决于儿童早期的社会互动和角色模仿的经验。

由于主要抚养者对儿童解决问题的风格起着耳濡目染的作用,他们也能够在干预项目中起到核心作用。本章介绍了在学校和校区层面上开展的成功干预模式,还提出了鼓励家长参与应对学校暴力问题的具体建议。

推荐活动

1. 与一名同学合作,各自描述一个自己观察到的欺侮事件或自己被人欺负的事件。这个事件既可以是发生在儿童之间的,也可以是成人之间的。选择其中一个,试着分析：什么导致了欺侮的发生；你作为教育者如何处理欺负别人的学生，或你会对他们说什么；你怎么对待受害者。尽可能详细描述事件的过程及你的应对策略。准备在大组进行汇报。

2. 就下列言论进行辩论：在教室里不允许开口头玩笑，因为它容易导致欺侮行为并增加校园暴力的风险。运用本章提供的材料和你的经验提出支持或反对的意见。进行一场正式的辩论。

3. 组成 3—4 人的小组，提出一个模型或理论解释家长的育儿方式如何影响儿童的行为方式。你可以考虑下列元素。你的理论应该尽可能具体，能够准确预测家长和儿童行为之间的关系。

    a. 幽默感和荒谬：这是如何代代相传的。

    b. 愤怒及其表达：为什么有些孩子特别容易发怒，为什么孩子应对令人生气的情境的能力有差异？

    c. 语言交流风格：家长和孩子的语言风格有什么关系？

    d. 世界观和言外之意：孩子为什么和怎样习得家长的言外之意？

4. 根据一个场景进行角色扮演：一个学生频繁欺负其他人（或者一个学生总是被人欺负），教师和家长为此开了一个会。角色可以按照以下假设来扮演：

    a. 家长很敌对，很生气，认为孩子的行为是学校的责任。

    b. 孩子的父母彼此发火，相互指责，认为孩子的错误行为是对方导致的。

    c. 家长很平静，但他们指出打架和相互欺负是生活的一部分，他们不觉得这是什么问题。他们认为有问题的是"那些整天告状的只会哭的孩子"。

    d. 家长被动地听教师讲，但拒绝或不回应老师提议的方案。

表演后请其他同学给予评价，进行修改后再试一遍。

5. 观看电影《拿破仑炸药》(2004)。评述其中敌对内容的幽默。这样一部流行的、媒体热捧的电影对年轻一代会产生怎样的影响？尤其是它与欺侮行为有什么样的关系？

6. 在图书馆收集资料，写一篇关于媒体与暴力关系的文章。在总结部分，为教育者、学校管理者和家长合作应对媒体中的暴力提出具体建议。

7. 在导师的帮助下，针对学校安全和家校关系问题进行一项调查，至少调查 20 名家长。总结收集到的信息并写出研究报告。在研究报告的最后提出与家长和监护人合作减少校园暴力的建议。

8. 在老师的帮助下，在小学、初中和高中进行有关欺侮行为的调查，至少调查 25 名学生。总结并汇报研究结果。

儿童读物

初级读物（4—6岁）：

《我们都识字——别取笑泰勒!》
作者：加纳·卡尔森 梅丽尔·特里特纳
We Both Read—Stop Teasing Taylor!
Jana Carson and Meryl Treatner
Treasure Bay, Inc.

《托伊斯托姆弗和毛毛虫》
作者：夏琳·克里考特
Toestomper and the Caterpillars
Sharleen Collicott
Houghton Mifflin

《别惹我：第一次遇到欺侮行为》
作者：帕特·托马斯 莱斯利·哈克
Stop Picking on Me: A First Look at Bullying
Pat Thomas and Lesley Harker
Barron's Educational Series

青少年读物（7—12岁）：

《去学校的漫长路途：户外安全》
作者：辛迪·里尼
Long Walk to School: Safety Outdoors
Cindy Leaney
Rourke Publishing

《丢人的郁闷》
作者：杰奎琳·皮尔斯
Dog House Blues
Jacqueline Pearce
Orca Book Publishers

《别欺负佩佩》
作者：帕米拉·鲁本
Don't Pick on Pepper!
Pamela Ruben
Peppery Press

《欺侮行为：在推搡变成冲撞之前制止它》
作者：爱莱恩·斯拉文斯 布鲁克·科里根
Bullying: Deal with It before Push Comes to Shove
Elaine Slavens and Brooke Kerrigan
James Lorimer & Company

《酒窝的快乐》
作者：弗里达·维辛斯基 路易斯-安德鲁·拉里伯特
Dimples Delight
Frieda Wishinsky and Louise-Andree Laliberte
Orca Book Publishers

补充资源

图书：

宾尼（1999）
《零欺侮课堂》
Beane, A. (1999). *Bully free classroom*. Minneapolis: Free Spirit.

加巴罗尼（2000）
《迷失的男孩：我们的儿子为何变得粗暴，如何挽救他们》
Garbarino, J. (2000). *Lost boys: Why our sons turn violent and how we can save them*. New York: Anchor Books.

科诺利，哥德斯坦恩（2004）
《学校暴力干预：实用手册》（第二版）
Conoley, J. C., & Goldstein, A. P. (Eds.). (2004). *School violence intervention: A practical handbook* (2nd ed.). New York: Guilford Press.

道恩（2005）

《犬牙石首鱼：一个孩子眼中的欺侮行为》
Dorn, M. (2005). *Weakfish—Bullying through the eyes of a child*. Macon, GA: Safe Havens International.

亨金(2005)
《直面欺侮行为：通过读写训练进行品格教育》
Henkin, R. (2005). *Confronting bullying: Literacy as a tool for character education*. Portsmouth, NH: Heinemann.

胡佛，奥利文(1996)
《欺侮行为预防手册》
Hoover, J. H. & Oliver, R. O. (1996). *The bullying prevention handbook*. Bloomington, IN: National Educational Service.

胡佛，奥尔森(2001)
《取笑和骚扰：教师和家长的框架与剧本教育法》
Hoover, J. H., & Olsen, G. W. (2001). *Teasing and harassment: The frames and scripts approach for teachers and parents*. Bloomington, IN: National Educational Service.

乔沃尼恩，格雷汉姆(2001)
《学校的同伴骚扰：弱者和受害者的苦难》
Juvonen, J., & Graham, S. (Eds.). (2001). *Peer harassment in school: The plight of the vulnerable and victimized*. New York: Guildford Press.

欧维斯(1993)
《学校的欺侮行为：情况与对策》
Olweus, D. (1993). *Bullying at school: What we know and what we can do*. Cambridge, MA: Blackwell.

埃斯普莱奇，斯维尔勒(2004)
《美国学校的欺侮行为：从社会——生态视角谈预防和干预》
Espelage, D. L., & Swearer, S. M. (Eds.). (2004). *Bullying in American schools: A social-ecological perspective on prevention and intervention*. Mahwan, NJ: Lawrence Erlbaum.

斯普朗，弗洛舒尔，西蒙尼·法布·悉尼兹(2005)
《反欺侮和取笑：幼儿园教育手册》
Sprung, B., Froschl, M., & Simone Farb Hinitz, B. (2005). *The anti-bullying and teasing book: A preschool guide*. Beltsville, MD: Gryphon House.

课程指南：

儿童委员会(1997)
《第二步：暴力预防课程》
Committee for Children. (1997). *Second step: A violence-prevention curriculum*. Seattle, WA: Author.

儿童委员会(2001)
《走向尊重：欺侮行为干预项目》
Committee for Children. (2001). *Steps to respect: A bullying prevention program*. Seattle, WA: Author.

艾格特，尼古拉斯，欧文(1995)
《重接青春：培养生存技能的同伴群体法》
Eggert, L. L., Nicholas, L. J., & Owen, L. M. (1995). *Reconnecting youth: A peer group approach to building life skills*. Bloomington, IN: National Educational Service.

加里提，金斯，波特，赛格，肖特-卡米利(1995)
《预防小学欺侮行为的综合方法》
Garrity, C., Jens, K., Porter. W., Sager, N., & Short-Camillie, C. (1995). *Bully proofing your school: A comprehensive approach for elementary schools*. Longmont, CO: Sopris West.

网站：

Anti-Bullying network
www.antibullying.net/

Bullying and Sexual harassment in Schools
www.cfchildren.org/Pubully.html

Center for Disease Control
www.cdc.gov

Early Warning, Timely Responses: A Guide to Safe Schools
www.ed.gov/offices/OSERS/OSEP/earlywrn.html

Illinois Office of Education Online Safety Assessment
www.schoolsafetyonline.org

Information on Bullying for Parents and Teachers
www.ifcc.on.ca/bully.htm

National Association of Elementary School Principals
www.naesp.org/whatsnew.html

Safe School Ambassadors
www.safeschoolambassadors.org

Stop Bullying Now
www.stopbullyingnow.hrsa.gov/index.asp?area=main

The New Jersey Commission on Holocaust Education/Getting Along Curriculum
www.state.nj.us/holocaust/curriculum

The Safe and Drug Free Schools program
www.ed.gov/legislation/ESEA/sec4011.html

What Parents and teachers Should Know About Bullying
www.accesseric.org:81/resources/parents/bullying.html

参考文献

Adbusters Culture Jammers Headquarters. www.adbusters.org.

Baldwin, M. W. (1992). Relational schemas and the processing of social information. *Psychological Bulletin*, 112, 461-468.

Berthold, K., & Hoover, J. H. (2000). Correlates of bullying and victimization among intermediate students in the Midwestern USA. *School Psychology International*, 21, 65-78.

Braaten, S. (2004). Creating safe schools: A principal's perspective. In J. C. Conoley & A. P. Goldstein (Eds.), *School violence intervention: A practical handbook* (2nd ed., pp. 54-67). New York: Guilford Press.

CDE. (2003). *Preventing bullying: A manual for schools and communities (a U.S. Department of Education document)*. Retrieved April 2, 2003, from www.cde.ca.gov/sp-branch/ssp/bullymanual.htm.

Committee for Children. (1997). *Second step: A violence prevention curriculum*. Seattle, WA: Author.

Committee for Children. (2001). *Steps to respect: Bullying prevention*. Seattle, WA: Author.

Crick, N. R., Nelson, D. A., Morales, J. R., Cullerton-Sen, C., Casas, J. F., & Hickman, S. E. (2001). Relational victimization in childhood and adolescence: I hurt you through the grapevine. In J. Juvonen & S. Graham (Eds.), *Peer harassment in school: The plight of the vulnerable and victimized* (pp. 196-214). New York: Guilford Press.

Cullertson-Sen, C., & Crick, N. R. (2005). Understanding the effects of physical and relational victimization: The utility of multiple perspectives in predicting social-emotional adjustment. *School Psychology Review*, 34, 147-160.

DeVoe, J. F., & Kaffenberger, S. (2005). *Student reports of bullying: Results from the 2001 school crime supplement to the National Crime Victimization Survey* (NCES 2005-310). U.S. Department of Education, National Center for Education Statistics. Washington, DC: U.S. Government Printing Office.

DeVoe, J. E, Ruddy, S. A., Miller, A. K., Planty, M., Snyder, T. D., Duhart, D. T., & Rand, M. R. (2002). *Indicators of school crime and safety: 2002* (NCES 2003-009/NCj196753). Washington, DC: U.S. Departments of Education and Justice.

Dodge, K., & Frame, C. L. (1982). Social cognitive biases and deficits in aggressive boys. *Child Development*, 53, 62-635.

Duncan, R. D. (1999). Peer and sibling aggression: An investigation of intra- and extra-familial bullying. *Journal of Interpersonal Violence*, 14, 871-886.

Duncan, R. D. (2004). The impact of family relationships on school bullies and victims. In D. L. Espelage & S. M. Swearer (Eds.), *Bullying in American schools: A social-ecological perspective on prevention and intervention* (pp. 227-244). Mahwah, NJ: Lawrence Erlbaum.

Crick, N. (2004). *Intervention in relational aggression*. Paper presented and recorded at the 2004 Bye-Bye Bullies Conference, June 22, 2004, Anchorage, AK. Recording available: www.bye-byebullies.com/moreinfo.html.

Crick, N. R. (1996). The role of relational aggression, overt aggression, and prosocial behavior in the prediction of children's future social adjustment. *Child Development*, 67, 2317-2327.

Dryfoos, J. G. (1994). *Full-service schools: A revolution in health and social services for children, youth, and families*. San Francisco: Jossey-Bass.

Fransen, R. (1997, April 27). With enough antagonism, violence in schools can happen anywhere—even in Grand Forks [Letter to the editor]. *Dakota Student*, p. 6.

Gamliel, T., Hoover, J. H., Daughtry, D. W., & Imbra, C. (2003). A qualitative investigation of bullying: The perspectives of fifth, sixth, and seventh graders in a USA parochial school. *School Psychology International*, 24, 405-420.

Goldstein, A. P., & Conoley, J. C. (1997). Student aggression: Current status. In A. P. Goldstein & J. C. Conoley (Eds.), *School violence: A practical handbook* (pp. 3-19). New York: Guilford Press.

Grossman, D., Neckerman, H. J., Koepsell, T. D., Lieu, P., Asher, K. N., Beland, K., Frey, K., & Rivara, F. P. (1997). The effectiveness of a violence prevention curriculum among children in elementary school: A randomized controlled trial. *Journal of the American Medical Association*, 277, 1605-1611.

Hoover, J. H., & Oliver, R. (1996). *The bullying prevention handbook: A guide for principals, teachers and counselors*. Bloomington, IN: National Educational Service.

Hoover, J. H., Oliver, R., & Hazier, R. J. (1992). Bullying: Perceptions of adolescent victims in the Midwestern USA. *School Psychology International*, 13, 5-16.

Hoover, J. H., Oliver, R., L., & Thomson, K. A. (1993). Perceived victimization by school bullies: New research and future directions. *Journal of Humanistic Education and Development*, 32, 76-84.

Hoover, J. H., & Olsen, G. (2001). *Teasing and harassment: The frames and scripts approach for teachers and parents*. Bloomington, IN: National Educational Service.

Jantzer, A. M., Hoover, J. H., & Narloch, R. (in press). The relationship between school-aged bullying and trust, shyness, and quality of friendships: A preliminary research note. *School Psychology International*.

Kaltiala-Heino, R., Rimpela, M., Marttunen, M., Rimpela, A., & Rantanen, P. (1999). Bullying, depression, and suicidal ideation in Finnish adolescents: School survey. *British Medical Journal*, 319, 348-351.

Kimmel, M. S., Mahler, M. (2003). Adolescent masculinity, homophobia, and violence: Random school shootings, 1982-2001. *American Behavioral Scientist*, 46, 1439-1458.

Ma, X. (2001). Bullying and being bullied: To what extent are bullies also victims? *American Educational Research Journal*, 38, 351-370.

Ma, X. (2002). Bullying in middle school: Individual and school characteristics of victims and offenders. *School Effectiveness and School Improvement*, 13, 63-89.

Media Awareness Network. www. media-aware-ness. ca.

Nansel, T. R., Overpeck, M., Pilla, R. S., Ruan, W. J., Simon-Morton, B., & Scheidt, P. (2001). Bullying behaviors among U. S. youth: Prevalence and association with psychosocial adjustment. *Journal of the American medical Association*, 285, 2094-2100.

National Center for Educational Statistics. (1998). *Violence and discipline problems in U. S. public schools, 1996-1997: Executive summary*. http://nces. ed. gov/pubs98/violence/98030001. html.

Oliver, R., Oaks, N., & Hoover, J. H. (1994). Family issues and interventions in bully and victim relationships. *The School Counselor*, 41, 199-202.

Olweus, D. (1978). *Aggression in the schools: Bullies and whipping boys*. New York: Wiley.

Olweus, D. (1993). Victimization by peers: Antecedents and long-term outcomes. In K. H. Rubin & J. B. Asendorf (Eds.), *Social with- drawal, inhibition, and shyness in childhood* (pp. 315-26). Hillsdale, NJ: Lawrence Erlbaum.

Ostrov, J. M., & Crick, N. R. (2005). Current dimensions in the study of relational aggression during early childhood. *Early Education & Development, Special Issue on Relational Aggression During Early Childhood*, 16, 109-113.

Patterson, G. R., DeBaryshe, B. D., & Ramsey, E. (1989). A developmental perspective on antisocial behavior. *American Psychologist*, 44, 329-335.

Pervin, K., & Turner, A. (1994). An investigation into staff and pupil knowledge, attitudes, and beliefs about bullying in an inner city school. *Pastoral Care in Education*, 12, 16-22.

Perry, D. G., Hodges, E. V. E., & Egan, S. K. (2001). Determinants of chronic victimization by peers: A review of a new model of family influence. In J. Juvonen & S. Graham (Eds.), *Peer harassment in school: The plight of the vulnerable and victimized* (pp. 73-104). New York: Guilford Press.

Pipher, M. (1994). *Reviving Ophelia: Saving the selves of adolescent girls*. New York: Ballentine.

Rigby, K. (2003). Consequences of bullying in schools. *Canadian Journal of Psychiatry*, 48, 583-590.

Rigby K. (2001). Health consequences of bullying and its prevention in schools. In J. Juvonen & S. Graham (Eds.), *Peer harassment in school: The plight of the vulnerable and victimized* (pp. 310-331). New York: Guilford Press.

Rigby, K., & Slee, P. T. (1999). Suicidal ideation among adolescent school-children, involvement in bully-victim problems, and perceived social support. *Suicide and Life Threatening Behavior*, 29, 119-130.

Schwartz, D., Proctor, L. J., & Chien, D. H. (2001). The aggressive victim of bullying: Emotional and behavioral dysregulation as a pathway to victimization by peers. In J. Juvonen & S. Graham (Eds.), *Peer harassment in school: The plight of the vulnerable and victimized* (pp. 147-174). New York: Guilford Press.

Simanton, E., Burthwick, P., & Hoover, J. H. (2000). Small-town bullying and student-on-student aggression: An initial investigation of risk. *The Journal of At-Risk Issues*, 6, 4-9.

Simmons, R. (2003). *Odd girl out*. Orlando, FA: Harcourt.

Swearer, S. M., Grills, A. E., Haye, K. M., & Cary, P. T. (2004). Internalizing problems in students involved in bullying and victimization: Implications for intervention. In D. L Espelage & S. M. Swearer (Eds.), *Bullying in American schools: A social-ecological perspective on prevention and intervention* (pp. 63-84). Mahwah, NJ: Lawrence Erlbaum.

Stein, N. (1995). Sexual harassment in school: The public performance of gendered violence. *Harvard Education Review*, 65, 145-162.

Stephens, R. D. (1997). National trends in school violence: Statistics and prevention methods. In A. P. Goldstein & J. C. Conoley (Eds.), *School violence: A practical handbook* (pp. 72-90). New York: Guilford Press.

Thomas, A., & Chess, S. (1977). *Temperament and development*. New York: Bruner/Mazel.

Vossekuil, B., Reddy, M., Fein, R., Borum, R., Modzeleski, W. (2000). *U. S. S. S. Safe School Initiative: An Interim Report on the Prevention of Targeted Violence in Schools*. Washington, DC: U. S. Secret Service, National Threat Assessment Center.

Wilson, J. Q., & Petersilia, J. (1995). *Crime*. San Francisco, CA: Institute for Contemporary Studies Press.

第十六章
让儿童发出声音
——儿童权益支持者在行动

芭芭拉·阿诺德－腾格斯德尔
玛丽大学

教育改革和文化变迁往往会导致公共政策的变化，给社会结构带来深远的影响。为了促进有利于儿童的照料和教育的社会变革，职业工作者和家长应该担负起倡导的责任。对儿童权益的支持可以体现在个人与职业的很多层面。我们需要运用儿童发展的研究和最新理论来引导我们确定什么对儿童最有利。本章的目的是：

◇ 了解改变了儿童与家庭工作的标志性公共政策。

◇ 审视最近引发公共政策议程的儿童教育及保教领域的问题和趋势。

◇ 界定权益支持的作用以及它在个人职业发展中的角色。

◇ 介绍在儿童教育方面导致文化转变的主要权益支持运动。

所有人在这个关键问题上意见都一致：在美国谁也不可以伤害儿童，每个人都可以更努力地确保儿童在充满关爱的家庭和社区中安全、健康地成长和接受教育。你有权利得到童年、安全和希望(Edelman，1998)。

1996年，在华盛顿举行的第一届"支持儿童"集会上，玛丽安·莱特·艾德曼(Marian Wright Edelman)的演讲鼓舞了30万民众。她号召各地的成年人承诺在每年的6月1日参加美国各地举办的"支持儿童"活动。在这次经典演讲中，她指出儿童生来具有获得安全感和希望的权利。这引发了一个问题——儿童有权利获得安全的生活环境、基本教育、食物和交通吗？很多支持者强调为确保儿童的基本需求得到满足的努力还远远不够，尽管联邦政府已经投入了大量的经费和资源为生活在贫困中的儿童提供教育机会、食物和医疗保障。这让人们不仅要问：是公共政策驱动了改革，如2001年的《不让一个孩子掉队法案》，还是改革的需要推动了公共政策的制定，如1990年的《美国残疾人法案》？在本章，我们将介绍几个推动了社会文化变革，促使人们改变对儿童权利看法的重要倡议运动。本章还将介绍标志性的公共政策，审视近期已经引发倡议活动的问题和趋势，以及在支持儿童权益方面个人能够扮演的角色。

儿童的权利

在新近修改的"美国儿童教育协会行为道德准则"(NAEYC，2005)中，有一条声明指出幼儿教育工作者必须将维护儿童的权利视为首要职责。1989年由联合国颁布的"儿童权利国际公约"指出，全世界所有儿童都应获得生存和得到最大限度发展的机会。美国参议院议员克里斯托弗·多德和众议院议员乔治·米勒提出的立法支持所有儿童参加"Healthy Start"、"Head Start"、"Fair Start"、"Safe Start"和"Moral Start"项目，确保他们有一个成功而丰满的人生旅程。这也是"儿童保护基金"发起"不让一个孩子掉队"的目的。这些重要的文件显示出很多群体对儿童基本权利的认识。这些声明提供了一个指南针，为那些致力于维护儿童、家庭和社区权益的职业工作者指明了方向并发出了行动召唤。

与不同文化背景的家长合作需要谨慎，因为在考虑家长特权范围的同时界定政府的责任会非常难以把握尺度。法律规定了哪些是对儿童过分的、虐待性的行为。但在如何管束孩子方面，最终做决定的是家长。我们有法律要求儿童必须上学，但家长仍有权决定是否让孩子去。家庭学校就是一个例子。公共政策是对特定行为方式或公共经费使用的法律和规章的创立。通常是公共政策促发规定与法律的制定，以用于管理和分配资源。

>
> **反思** 你曾经遇到过自己在某个问题上的职业观点与家长的观点相矛盾的时候吗——例如，看电视、纪律约束、孩子多大可以独自在家或使用电脑？

有人可能认为儿童成长的权利受到了周围世界变化的威胁，其中儿童暴力和犯罪给社区和学校笼罩了一层恐惧。在自然灾难如飓风、海啸、地震发生时，贫困让很多家庭无家可归，缺乏必要的医疗、食物、住所和交通保障。教育改革改变了公众对提高教师资质和改善教育质量的观念，因为它们关系到一个有文化的社会的创建。随着社会的变革，支配和提供经费的法律法规对处于改革核心位置的关键政策的制定有着很大的影响。因此，健康、教育和安全取决于立法者对儿童权利的认识。

促使公共政策的改变

是改革的需要推动变化的产生，还是公共政策推进改革？这取决于你在对谁说话。《不让一个孩子掉队法案》就是这样一个例子。这项标志性的法案颁布于2001年，它改变了全美国的教育。教师工会和州教育部并不欢迎这一联邦法案，因为法案提出了很多没有经费资助的学校义务、过多的考试和评判教师资质的武断标准。立法者指出了公众对学生表现差、毕业率低，以及学生升入高年级却没有阅读能力的关注，顶着教育系统的阻力推行改革。这显然是一个立法推动改革的例子。

公共政策促使系统改革的例子包括：

- 贫困家庭的临时救助（1996）。福利改革在领取现金资助资格中增加了参加就业与培训的要求。
- 《不让一个孩子掉队法案》（2001）。从幼儿园到高中的教育改革。
- 《良好开端，智慧成长》（2002）。早期教育改革，要求各州制定学习标准，职业发展体系和项目评估体系。
- 全国报告系统（2002）。要求"开端计划"项目运用新创建的评估系统提高儿童的能力水平，为进入学前班做好准备。

当文化发生转变且制度变化的需要来自于受影响的群体，而不是源于政府内部，我们会看到激进的草根阶层在迫使现有政策的变革。为一个问题大声疾呼或表明立场，并努力改善一种不利处境的行为，被称为"权益支持"。权益支持既可以是个人层面的，也可以是职业层面的。它可以有很多种形式，但往往能激发起民众强烈的情绪。基层民众多年的呼吁奔走积聚的力量促使了1990年《美国残疾人法案》的出台。在整个辩论过程中，立法者在雇主、学校和州政府所提出的经费问题和为残疾人创造一个容易进出的环境的需求之间反复争论。变革的进程十分艰难,不可能一蹴而就。个人和团体的权益支持运动历时多年,最终促使所有公共建筑铺设了残疾人通道,如今这已经纳入了所有建筑的设计标准。

一项国家政策条款要求所有4岁儿童上幼儿园。谁会受到这一政策改变的影响?这一改变带来的经济后果是什么?

促使制度改革的权益支持运动包括:

• 民权运动(Civil rights movement,1968)。促使对人权和宪法赋予的权利的认可的非暴力不合作运动。
• "开端计划"(Head Start,1965)。为贫困家庭的3—5岁儿童提供早期教育。
• 改善儿童保育行动(The Act for Better Childcare,1988)。儿童保育的执照和经费。
• 《美国残疾人法案》(Americans with Disabilities Act,1990)。所有公共场所提供残疾人通道的法律。
• 安博警报系统(AMBER Alert System,1996)。"美国失踪儿童:广播紧急回应"系统建立。这一系统的建立源于德克萨斯州阿灵顿市一名叫安博·海格曼的9岁女童。她在骑自行车时遭绑架,后来被残忍杀害。

当权益支持运动声势浩大时,就可能推动公共政策的颁布和重要法律的制定,进而推进社会体制的变革及社会各个层面上的变化。这些变化能够改变公众的理念,促使资源和经费得到重新分配以实施已经得到法律支持的改革。

标志性的公共政策

• 1942年《兰哈姆法案》(Lanham Act),联邦法律,资助WPA托儿所关闭后的儿童保育项目。
• 1965年"开端计划"的开创,反贫困运动。
• 1966年《儿童营养法案》(The Child Nutrition Act),《学校午餐法案》(the School Lunch Act)。
• 1971年《残疾人教育法案》。
• 1981年社会服务固定拨款(the Social Services Block Grant)。
• 1988年《家庭支持法》(The Family Support Act)。
• 1989年《改善儿童保育法案》,全面的儿童保育立法(the Act for Better Childcare Comprehensive Childcare legislation)。

- 1989年联合国通过《儿童权利公约》。
- 1990年《美国残疾人法案》。
- 1991年儿童保育和发展固定拨款（Child Care and Development Block Grant）。
- 1996年《个人责任和工作机会协调法案》（Personal Responsibility and Work Opportunity Reconciliation Act），福利改革。
- 2001年《不让一个孩子掉队法案》，从幼儿园到高中教育改革立法。

这些年来，很多有关儿童和家庭立法提案通过。有些在本书的其他章节详细介绍过，如"开端计划"项目和《残疾人教育法》。家庭受到这些立法的直接影响。在过去的几十年里，政府创立的权利保障项目在不断增加。法律使得一些特殊群体的需要得到满足，如残疾人、老人、贫困儿童以及其他缺少帮助就无法生存的人得到了联邦权利保护项目的帮助。权利保障项目包括：社会服务固定拨款，要求提供住房补助；贫困家庭临时救助项目，给最贫困的家庭提供现金资助和医疗服务，使那些缺衣少食、无家可归的人得到医疗救助和最基本的安全网络。这些联邦资助的项目由各州管理，各州根据当地情况制定法律和政策以决定如何完成联邦法律规定的任务。这就是为什么每个州的儿童保育资助或住房资助的资格要求或实施办法各不相同的原因。这些重要的家庭支持项目有很多变化形式。

儿童保育和发展固定拨款

儿童保育和发展固定拨款创建于1996年，当时，福利改革正在努力促使立法机构通过《个人责任与工作机会协调法案》，要求个人摆脱福利救济，积极就业。有年幼孩子的家长被要求去找工作或参加就业培训，这就需要州政府为他们提供幼儿保育服务并支付费用。拨款向各州提供经费补助低收入双职工家庭的儿童保育，并给予儿童保育提供方不同程度的经费补偿。这一灵活性较大的拨款成为了一种重要资源，用于帮助各州提供幼儿保育和相关服务、培训和对儿童保育提供者的教育，同时给家长提供儿童保育补助。

贫困家庭的临时救助

很多低收入家庭即使工作，也会因为种种原因很难摆脱贫困。贫困家庭的临时救助项目是一个州负责的项目，帮助家庭满足基本需求。和CCDBG相似，这项补助常常和其他非现金帮助结合起来，如公共医疗补助和食品券，以给低收入家庭提供基本帮助。

有些立法方案致力于开发帮助家庭摆脱贫困的项目，另一些则侧重教育，帮助公民提高职业技能以适应不断变化的社会需求。全民教育看似不涉及党派纷争,但公共政策的制定往往依赖于立法者和政府官员的政治策略。这就是为什么几十年来教育领域的改革总是在摇摆的原因。戏剧、音乐、美术曾被视为年轻人需要的有价值的课程,但十年后另一批有不同政治倾向的政治家大笔一挥就取消了这些课程项目的资助,转而支持阅读和数学课程的评估项目。教育改革成了政治家的舞台。它是选票稳定性的核心,能够引发民众和权益支持团体的强烈情绪反应。最近的一些教育方案曾引发激烈辩论,如《不让一个孩子掉队法案》和《良好开端,智慧成长》。

不让一个孩子掉队

正如上文所述,《不让一个孩子掉队法案》在 2001 年通过,其主要目的是为了达到 1990 年美国教育法案所定的 2000 年目标。其中一个目标是确保 90% 的高中毕业生能够毕业。这个看似简单、明确的目标引起了有关教育改革的激烈争议。学校开始实施年级测试,各州都在制定课程标准,教师必须达到联邦政府设定的"高级资质"。学校如不能提高后进学生的成绩就会受到惩罚。教师工会对这一法案所规定的教师资质并不认同。各州都在推动学校进行改革以达到联邦要求,儿童发现自己整天都在忙着应付考试,而老师则说这些考试并不能衡量儿童的学习能力。对新一轮教育改革有效性的质疑不断。各州收到的联邦经费都下拨到地方学区。

良好开端,智慧成长

这是在《不让一个孩子掉队法案》通过后应运产生的一个教改项目,其目的是让儿童做好上学的准备。这项提案在 2001 年通过,它要求"开端计划"项目运用全美国报告系统的评估方法来测量儿童的读写能力、语言发展能力和数学理解能力。该项目没有联邦资助,它要求"开端计划"项目运用已有的联邦基金达到该法规要求。各州必须使用 CCDBG 基金制定 2001 年《良好开端,智慧成长》法案提出的早期学习标准及其他要求。

当前趋势和问题

我们能够看到,当有些问题已经引起一种寻求改变的文化氛围时,公共政策能够起到推动作用。目前有些问题正受到政治家、教师和社区的关注和讨论,在未来的几年里可能发生变化。我们在家庭支持服务领域看到的趋势包括:

- 州对工薪家庭采用各种税收抵免的方法,补贴这些家庭的幼儿保育和居家保育的开支(Hirschhorn Donahue, 2006)。
- 家庭休假政策,在婴儿出生后的最初几年里,让家长双方都有机会休假从而和孩子在一起。
- 弹性工作制和分担工作制,能帮助那些希望继续工作的家长。
- 网络及媒体管制法律,担保家长其孩子在运用电脑学习时看不到或找不到那些不恰当的信息。
- 提高婴幼儿保育的质量和可及性。

在未来几年中,教育趋势和研究热点包括:
- 基于标准的教育,注重学生学习的成果(Schumacher, Irish, & Lombardi, 2003)。
- 全日制幼儿园,提供更多课堂体验式学习机会(Walston & West, 2004)。
- 研究经济对儿童保育产业及当地社区的影响,确定就业需求,保障劳动力供给(Rolnick & Grunewald, 2003)。
- 美国4岁儿童的教育机会,美国学前教育运动(Pre-K Now, 2006)。
- 全美入学预备指标立法提案,为入学准备制定了可测量的指标(Getting Ready, 2005年5月)。
- 质量评估系统,一个用于评估幼儿保育项目质量的系统,评估结果与奖金和经费补偿挂钩(NCCIC, 2002)。
- TEACH,早期保育和早期教育教师的职业发展与教育及培训的激励机制相关联(TEACH, 2004)。
- 早期儿童评价,对"开端计划"项目全美报告系统评估的争议不断,寻求更合适的评估系统成为热点(Horton & Bowman, 2001)。
- 负责早期保育与教育的州长(Lovejoy, 2006)。
- 环境评估量表,用于早教项目的质量测评(Harms, Clifford, & Cryer, 1998)。

思考本节中所讨论的发展趋势,哪个问题在未来十年中可能得到最大进展?

要推动一个趋势的发展或问题的解决,往往需要职业工作者付出数年的不懈努力和热情。只有大家全力以赴,精心筹划民众倡议活动,才可能使新主张和新创意得到实现。就像我们在过去几十年里所见到的,这需要很多组织和团体的积极努力和倡导。

权益支持

一个小男孩住在海边,他热爱海里的生物,尤其是海星,他常常在海滩边玩。有一天,他听说会有潮水把海星冲上岸,留在海滩上。潮来的第二天,小男孩跑到沙滩上,开始捡海星,然后扔到海里。一位住在隔壁的老人走过来看他在干什么。"我在救海星。"男孩自豪地说。老人看了看沙滩上遍布的海星,摇了摇头,说:"傻孩子,你可能要失望了。你看这边,还有那边,地上全是海星。像你这样一个小孩,是救不了多少海星的。"小男孩想了一下,然后他把小手伸向地面,捡起一个海星,扔向大海,说:"我可以保证这一只海星得救了。"(无名氏,1997)

权益倡导意味着你要为你的信念挺身而出,大声疾呼。作为效力于儿童与家庭的职业工作者,在职业生涯中我们会有很多时候需要参与权益倡导。有时候是在家长教师座谈会上,或参加社区举办的儿童支持活动,或给国会议员写信希望他们支持"开端计划"项目。这些时候,你都需要在个人层面和职业层面让别人听见你的声音。作为职业工作者,我们要运用知识和专长来确保政策和法律最大限度地保护儿童的权利和利益。从个人层面看,有些问题会影响你并引发强烈的情感。在你的教堂、家庭、学校或工作单位,你都可能为一件具体的事表明立场。当你和其他人一起共同发出声音,就会强有力得多。你能够促成变化的产生。阿黛尔·罗宾逊,全美幼儿教育协会公共政策副主席指出,有三种形式的权益倡导——个人的、公共政策以及私营部门,目的都是为了促进改变。

个人倡议是指将你个人的见解和理念与别人分享(Robinson,2002)。这可以通过与朋友对话,在教堂或其他工作以外的地方发生。很重要的是,你要意识到你表达的是个人观点,而不是职业观点。因为更有说服力,教师被家长和孩子看成专家,但这也容易让家长困惑。本章前面所提到的 NAEYC 道德行为准则恰恰可以起到指南针的作用,帮助我们更好地与家长、同事和社区交流。你的个人倡导必须发生在工作环境以外,与你的职业角色明确区分开来。例如,你可能是一个党派的积极分子,并在业余时间竞选当地学校董事会的一个职位。如果在一个具体问题上出现了明显的利害冲突,你最好不要做出决定和表决。

公共政策倡议是为关系到很多儿童的政策和法律施加影响的工作(Robinson,2002)。本章的末尾列出了已经建立起牢固权益支持网络的全国性组织,你可能希望加入其中。这些团体以及其他一些组织为很多有关儿童和家庭的问题进行呼吁。研究往往是看到未来趋势并提出新的愿景,最终推动政策支持新方法的基础。"安博警报"失踪人口广播系统开始于 1996 年德克萨斯州一名叫安博·海格曼的 9 岁女童被绑架和杀害后而引起的个人倡议活动。十年后"安博"系统在美国 55 个州建立起来,并在司法部设立一个美国协调机构负责管理这一项目。公共政策倡议是为寻求改变而发出的集体呼声。常常需要很多年才能影响国家政策的大规模变革。

私营部门的倡议是力求改变关系到家庭的私营领域政策和惯例的努力(Robinson,2002)。这类倡议活动可能发生在某个地方社区,也可能是全国性的。例如,在很多州进行的儿童保育产业对经济的影响的研究,研究结果令人吃惊。这让产业领袖和社区领导注意到创建和保持一个劳动力所需要的条件。很快,在全美国范围内,"经济增长"这个术语出现在大多数政治议程中。私营领域的倡议可以有多种形式:工作环境改善、召回一个引起多起窒息事件的玩具、强制要求安装某个设施(如儿童车座)。关于安全带使用、儿童虐待或电影评级的法律都是属于私营领域的倡议活动。

克里斯塔18岁时上了大学,学校离家有三小时路程。她住在校园内的宿舍里,能够独立生活,而且经常和学校里的新朋友聚会,这让克里斯塔兴奋不已。很快她发现自己的平均成绩下滑了,在适应学校生活方面也出现了困难。有一个周末,她在一个聚会上遇到了一个高中同学。那天晚上有点失控,克里斯塔第一次与别人发生了性关系。直到春季学期过了一半,克里斯塔才发现自己已经怀孕5个月了。她该怎么告诉父母?她的学业奖学金怎么办?她怎么养得活一个婴儿?克里斯塔觉得很无望,不知道上哪里去求助。

克里斯塔和她2岁的漂亮女儿卡门得到低收入家庭住房资助,最终搬进了属于自己的公寓。克里斯塔继续全日制大学教育,她成绩很好。晚上和周末她在当地一家咖啡馆打工。她周末打工时,母亲过来照顾卡门。卡门很喜欢白天到家里来照顾她的那位保姆。克里斯塔的日子过得非常艰难,幸好有县社会服务个案经理的帮助,她得到了好几项基金的资助,可以维持生计。下一个春季,她就要去学校实习,然后毕业。她希望为女儿创造更好的生活,她深知大学学历能够给她更多的职业选择。

就在这时,克里斯塔收到一封信。到7月1日,她将不再是幼儿保育资助的对象。州改变了资格要求,正在读四年制大学学位的学生将不能够得到该项目的资助。克里斯塔的个案专员告诉她,如果她上社区大学,攻读一个大专学历就可以得到这一资助。除了这个坏消息,她还在报纸上看到一则消息:学生的经济资助项目也被削减了。她还指望着在实习期间用这笔钱来减少在咖啡馆的工作时间。面对抉择,克里斯塔感到非常无助。她的个案专员很同情她,她知道如果克里斯塔能够完成最后一年的学业就能成功了。克里斯塔很沮丧,她知道另外还有两个单亲家长也收到了同样的信。

> **问题和思考：**
> 1. 克里斯塔可以采取什么行动来争取获得幼儿保育资助？
> 2. 如果她得不到这项资助，她还有其他什么选择吗？
> 3. 为什么有些政府机构认为两年制学历比四年制学位更重要？

寻求发言权，大声疾呼

在关系到儿童和家庭的问题上，有很多方法可以采用。第一步就是立刻行动起来。正如故事里救海星的小男孩一样，你必须努力寻求改变，哪怕只为一个孩子。你可以采取以下行动：

- 在地方、州和国家选举中投票。
- 通过电话、媒体、信件、个人拜访、电子邮件与相关的人交流。
- 联合其他人——邻居、朋友、同事和家人。
- 研究这个问题，认清事实。
- 加入一个服务项目或职业组织。
- 注册一个倡议活动的电子邮件，及时得到最新的立法活动信息。
- 参加社区论坛或镇政府会议。
- 发起一个家长团体，讨论问题，号召行动。
- 了解立法程序。
- 模仿为儿童及其他人的权益而发起的倡议活动。

儿童不能够参与选举。在很多影响他们未来的政策中，儿童没有发言权，他们只能在现有的环境中生活。你应该鼓起勇气，为他们代言。

小结

作为致力于帮助家庭的职业工作者，职业道德要求我们代表儿童，为维护他们的权益采取行动和发表观点。我们是权益倡导者。权益倡导既可以是个人层面的，也可以是职业层面的。回顾历史，我们可以看到很多重要的倡议活动推动了文化的转变和公共政策的改革。像民权运动和学校接受残疾人这样的社会活动最终促使了联邦法律的改变。有些时候，法律的制定也能推动制度的变革。

未来几年的问题和趋势将是家庭支持问题，包括工薪家庭的税收减免、媒体和互联网控制等。这些问题很可能在不久的立法中得以体现。在教育方面，对4岁儿童的全民幼教项目的推进和幼教项目评估系统的开发将是未来几年的热点。这些都需要大家齐心协力、全力以赴才能获得成功。作为职业工作者，你可以参与各种权益倡导活动：个人的、公共政策的或私营领域层面的活动。你必须谨慎区分：哪些时候你是在扮演职业角色，哪些时候你的行动是出于个人的信仰。

推荐活动

1. 采访一位"开端计划"项目负责人。问问哪些类型的信息和社区需求调查应该被放在经费延续或新经费的申请报告里。
2. 给倡导当地企业制定更灵活的家庭休假政策的编辑写一封信。
3. 研究你所在的州给受到儿童保育资助的家长和幼儿保育提供者设定经济补偿率。
4. 参访一名小学或中学校长。问问对他们学校影响最大的问题是什么，这些问题是家长和/或教师现在正倡导解决或将来能够倡导解决的吗？
5. 进入一个倡导家长和教师权益的全国性组织进行的公共政策群发功能。
6. 观看录像片"我是你的孩子"，写下你如何运用这个录像推动一个家长群体。
7. 写一篇表明立场的文章，说说你是否支持全日制幼儿园。
8. 在我们的社会中儿童得到重视了吗？从哪些方面能体现我们对儿童的重视？

补充资源

联邦政府

U.S. Department of Education
www.ed.gov

U.S. Department of Health and Human Services Administrations of Children, Youth and Families
Child Care Bureau
www.acf.dhhs.gov/programs/ccb

U.S. Department of Health and Human Services Administration of Children, Youth and Families
Head Start Bureau
www2.acf.dhhs.gov/programs/hsb

州政府

Association for Childhood Education International (ACEI)
www.acei.org

National Conference State Legislatures
www.ncsl.org

National Governors' Association
www.nga.org

社会团体与网络资源

Afterschool Alliance
www.afterschoolalliance.org

Alliance for Early Childhood Finance
www.earlychildhoodfinance.org

Alliance for Justice
www.allianceforjustice.org

American Academy of Pediatrics

www. aap. org

American Association of University Women
www. aauw. org

Center for Community Change
www. communitychange. org

The Center for Child Care Workforce
www. ccw. org

Center on Budget and Policy Priorities
www. cbpp. org

Center for Law And Social Policy (CLASP)
www. clasp. org

Child Trends
www. childtrends. org

Child Welfare League of America
www. cwla. org

Children's Defense Fund
www. childrensdefense. org

Council for Exceptional Children
www. cec. sped. org

Education Commission of the States
www. ecs. org

Families and Work Institute
www. familiesandwork. org

The Finance Project
www. financeproject. org

Future of Children
www. futureofchildren. org

High/Scope Educational Research Foundation
www. highscope. org

Kids Count
The Annie E. Casey Foundation
www. kidscount. org

National Association for Family Child Care
www. nafcc. org

National Association of Child Care Resource and Referral Agencies
www. naccrra. org

National Black Child Development Institute
www. nbcdi. org

National Child Care Information Center (NCCIC)
www. nccic. org

National Education Association
www. nea. org

National Head Start Association
www. nhsa. org

National Institute for Early Education Research
www. nieer. org

National Women's Law Center
www. nwlc. org

The Urban Institute
www. urban. org

USA Child Care
www. usachildcare. org

Zero to Three: National Center for Infants, Toddlers and Families
www. zerotothree. org

National Association for the Education of Young Children (NAEYC)
www. naeyc. org

Parents Action for Children

www.parentsaction.org

T. E. A. C. H. Early Childhood Child Care Services Association

www.childcareservices.org

Voices for America's Children
www.voices.org

参考文献

Amber Alert. (2006). *Amber Alert: America's Missing: Broadcast Emergency* Response. Retrieved February 11, 2006, from US Department of Justice, Office of Justice Programs Web Site: www.amberalert.gov/faqs.html.

American with Disabilities Act, Public Law 336 of the 101st Congress, enacted July 26, 1990. Retrieved January 30, 2006, from www.usdoj.gov/crt/ada/adahoml.htm.

Anonymous. (1997). Taken from a card benefiting Lifespring Foundation. Original painting by Scott Werner.

Convention on the Rights of the Child. (1989). *Ratification and accession by General Assembly resolution 44/25, November 20, 1989.* United Nations. Retrieved from www.unhchr.ch/html/menu3/b/k2crc.htm.

Edelman, M. W., & Yorinks, A. (1998). *Stand for children.* New York: Hyperion Books.

Getting Ready. (2005, February). National School Readiness Indicators Initiative. Retrieved from http://www.GettingReady.org.

Goals 2000: Educate America Act. (1994). H. R. 1804, enacted by the 103rd Congress on January 25, 1994. Retrieved February 10, 2006, from www.ed.gov/legislation/GOALS2000/TheAct/index.html.

Good Start, Grow Smart. (2002). *Good start,*
Grow smart: The Bush administration's early childhood initiative. Washington, DC: U.S. Government Printing Office.

Harms, T., Clifford, R. M., & Cryer, D. (1998). *Early childhood environment rating scale-revised* (Rev. ed.). New York: Teachers College Press.

Hirschhorn Donahue, E., & Duff Campbell, N. (2005). *Making care less taxing improving state child and dependent care tax provisions* (Rev. ed.) [Electronic version]. Washington DC: National Women's Law Center.

Horton, C., & Bowman, B. T. (2002). Child Assessment at the Preprimary Level: Expert opinion and state trends. Retrieved from Herr Research Center, Erikson Institute website, www.erikson.edu/files/nonimages/horton-bowman.pdf.

Lovejoy, A. (2004, May 5). *Future Directions in Early Care and Education.* Paper presented at the meeting of the National Governor's Association for Best Practices.

National Association for the Education of Young Children (2005). *NAEYC Code of Ethical Conduct* (rev. ed.). Washington, DC: Author.

National Child Care Information Center (NCCIC) (2002). *Tiered strategies: Quality rating, reimbursement, and licensing.* Retrieved on February 10, 2006, from National Child Care Information Center, a service of the Child Care Bureau, http://nccic.org/poptopics/tieredstrategies.pdf.

National Reporting System Information and Resources. *Head Start Information and Publication* Center. Retrieved February 10, 2006, from the U. S. Department of Health and Human Services, Administration for Children and Families website, www.headstartinfo.org/nrs_i&r.htm.

No Child Left Behind Act of 2001. Public Law 107 of the 110th Congress, enacted January 8, 2002. Retrieved from www.ed.gov.nclb.landing.jhtml?src=pb.

Pre [K] Now. (April 2005). *Measuring Pre-K Pressure in the States*. Retrieved from Pre-K Now Web Site: www.preknow.org.

Robinson, A., & Stark, D. R. (2002). *Advocates in Action*. Washington DC: National Association for the Education of Young Children.

Rolnick, A., & Grunewald, R. (2003, March). *Early Childhood Development: Economic Development with a High Public Return*. Retrieved from http://minneapolisfed.org/research/studies/earlychild/earlychild.pdf.

Schumacher, R., Irish, K., & Lombardi, J. (2003) Meeting great expectations: Integrating early education program standards. Retrieved from www.clasp.org.

Stand For Children Web Site: http://www.stand.org. T. E. A. C. H. (2004). *T. E. A. C. H. Early Childhood Project*. Retrieved February 10, 2006, from Child Care Service Organization website: www.childcareservices.org/teach/project.html.

The Act to Leave No Child Behind. (H. R. 936/S.448). Introduced February 2003. Retrieved from http://www/childrensdefense.org/about/default.aspx.

Walston, J. & West, J. (2004, June). *Full-day and half-day kindergarten in the United States findings from the Early Childhood Longitudinal Study, Kindergarten Class of 1998-99* (NCES 2004-078). U. S. Department of Education Institute of Education Sciences.

关键词表

Act for Better Childcare（1988）改善儿童保育法案
Active listening 积极聆听
Aggression 攻击性行为
AMBER Alert System 安博警报系统
American Association for Retarded Citizens 美国智障公民协会
Assimilation into mainstream culture 被主流文化同化

Blended families 重组家庭
Bullying 欺侮行为

Center for the Improvement of Child Caring（CICC）儿童保育促进中心
Charter schools 特许学校
Child abuse and neglect 儿童虐待与忽略
Child Care and Development Block Grant（CCDBG）儿童保育与发展固定拨款
Child Nutrition Act 儿童营养法案
COACH（Choosing Options and Accommodations for Children）儿童教育方案选择项目
Coercive parenting 强制型育儿方式
Coinstruction 联合教学
Comer School Development Program 柯默学校发展项目
Compulsory attendance 义务教育
Convention on the Rights of the Child（United Nations）联合国儿童权利公约
Corporal punishment 体罚
Cultural pluralism 文化多元主义

Defensiveness 防御心理

Depression 抑郁
Discipline problems 纪律问题
Diversity among families 家庭多样性
Domestic violence 家庭暴力
Drooping out 辍学
Drug abuse 吸毒
Dual-employed parents 双职工家庭
Dual enrollment 双重录取
Dysfunctional families 功能不健全家庭

Early childhood education 幼儿教育
Early Childhood Family Education 幼儿家庭教育
Early Head Start 早期开端计划
Education for All Handicapped Children Act（1975）所有残疾儿童教育法案
Elementary and Secondary Education Act（ESEA）中小学教育法
Enculturation 文化涵化
Enlightenment 启蒙运动
Environmental rating scales 环境评估量表
Ethnicity 民族
Ethnic socialization 民族社会化
Extended kin network 扩大的亲友网络

Family-centered intervention 以家庭为中心的干预
Family education Rights and Privacy Act（FERPA）家庭教育权利和隐私法案
Family involvement 家庭参与
Family structure 家庭结构
Family Support Act 家庭支持法案
Family system theory 家庭系统理论
Family violence 家庭暴力
Fathers and fatherhood 父亲与父职

Father involvement 父亲参与

Financial stress 经济压力

Folk Psychology 民间心理学

Full-service school model 全方位服务学校模式

Functional families 功能健全的家庭

Gang membership 帮派群体

Gay-and lesbian-headed families 同性恋家庭

Gender roles 性别角色

Good Start, Grow Smart 良好开端, 智慧成长

Great Depression 经济大萧条

Harassment 骚扰

Head Start 开端计划

Health care 医疗保健

High-risk behaviors 高风险行为

Hispanic families 西班牙裔家庭

Home-based learning 基于家庭的学习

Home-schooling 家庭学校

Home-school relations 家校关系

Home visits 家访

Homework hot lines 家庭作业热线

Housing 居所

Inclusion 一体化教育

Individual Education Plans (IEPs) 个人教育计划

Individualized Family Service Plan (IFSP) 个人化家庭服务计划

Individuals with Disabilities Act (IDEA 1990) 残疾人法

Individuals with Disabilities Education Act 1997 (IDEA 1997) 残疾人教育法案

Industrialization 工业化

Industrial Revolution 工业革命

Intact family 完整家庭

Latchkey children 挂钥匙的孩子

Least restrictive environment 最小限制环境

Liability 法律责任

Low-income families 低收入家庭

Magnet schools 磁力学校

Mainstream families 主流家庭

Malnutrition 营养不良

Marital satisfaction 婚姻满意度

Married-couple families 已婚夫妻家庭

MegaSkill 超级技能

Melting pot ideology 熔炉观念

Middle Ages 中世纪

Narrative reports 叙事报告

National Association for the Education of Young Children (NAEYC) 全美幼儿教育协会

National Clearinghouse on Child Abuse and Neglect Information 全美儿童虐待与忽略信息交换中心

National Network of Partnership Schools 全美合作伙伴学校网络

National Reporting System 全国报告系统

National Resource Center on Domestic Violence 全美家庭暴力资源中心

National School Readiness Indicators Initiative 全美入学预备指标立法提案

No Child left Behind Act (NCLB) 不让一个孩子掉队法案

Overcontrol 过度控制

Overprotective parents 过度保护型家长

Parent and Child Education (PACE) 家长与儿童教育

Parent bulletin boards 家长布告栏

Parenting 育儿/家庭教育

Parent involvement 家长参与

Parent resource centers 家长资源中心
Parent-teacher communication 家长—教师交流
Parent-teacher conferences 家长—教师座谈会
Parent to Parent Model 家长对家长模式
Personal Responsibility and Work Opportunity Reconciliation Act 个人责任和工作机会协调法案
Post-traumatic stress disorder (PTSD) 创伤后应激障碍
Poverty 贫困
Protestant denominations 新教教派
Public education 公共教育
Public Law 94-142 (Education for All Handicapped Children Act, 1975) 公共法94-142,所有残疾人教育法
Public policy 公共政策

Race 种族
Racism 种族主义
Reformation period 宗教改革时期
Rehabilitation Act of 1973 康复治疗法案
Relational aggression 关系攻击

School choice programs 学校选择项目
School-community collaboration 学校—社区合作
School-home journal 学校—家庭日志
Schools within schools 校中校
School violence 学校暴力
Segregation 种族隔离
Self-esteem 自尊
Sex education 性教育

Sexual abuse 性虐待
Single-parent families 单亲家庭
Small schools 小型学校
Social Services Block Grant (SSBG) 社会服务固定拨款
Special education 特殊教育
State constitutions 州宪法
State legislatures 州立法机构
Stepfamilies 继养/重组家庭
Stereotypes 刻板印象
Student-parent-teacher conferences 学生—家长—教师座谈会
Student rights 学生权利
Support groups 支持群体

Teachers involve Parents in Schoolwork 教师请家长参与完成学校作业
Temporary Assistance to Needy Families (TANF) 贫困家庭临时救助
Teen mothers 少女妈妈
Unmarried mothers 未婚母亲

Vaccinations 疫苗接种
Volunteering 志愿服务
Vouchers 优惠券

War on Poverty 反贫困斗争
Works Progress Administration (WPA) 工作进展管理处
Wraparound school model 全包学校模式/全方位服务模式